唐代五诗人

张炜 著

人民文学出版社

图书在版编目（CIP）数据

唐代五诗人/张炜著．—北京：人民文学出版社，2023
ISBN 978-7-02-018107-0

Ⅰ．①唐… Ⅱ．①张… Ⅲ．①诗人—人物研究—中国—唐代②唐诗—诗歌研究
Ⅳ．①K825.6②I207.227.42

中国国家版本馆CIP数据核字（2023）第123219号

策划编辑　胡玉萍
责任编辑　黄彦博
装帧设计　刘　远
责任印制　任　祎

出版发行　人民文学出版社
社　　址　北京市朝内大街166号
邮政编码　100705

印　　刷　三河市宏盛印务有限公司
经　　销　全国新华书店等

字　　数　278千字
开　　本　890毫米×1290毫米　1/32
印　　张　12.625　插页7
版　　次　2022年1月北京第1版
印　　次　2023年8月第1次印刷

书　　号　978-7-02-018107-0
定　　价　50.00元

如有印装质量问题，请与本社图书销售中心调换。电话：010－65233595

《伏生授经图》

[唐] 王维　日本大阪市立美术馆　藏

《江干雪霁图》

　　（传）［唐］王维　日本京都高桐院　藏

《江干雪霁图》（局部）

　　（传）［唐］王维　日本京都高桐院　藏

山水由来本控
橋郡美人物學
中唐卻秀矜厭
多拘束乞碌神
情自費揚輮氏
佳篇文民錄沈
家奇跡項家藏
秋御有意秋貳
戲憶舊翻因引
念長
己亥仲春下游
馮寧

《韩愈画记》（局部）

[明] 沈周　台北故宫博物院　藏

《浔阳送别图》

[明] 仇英　美国纳尔逊 - 阿特金斯艺术博物馆　藏

《浔阳送别图》（局部）

[明] 仇英　美国纳尔逊 - 阿特金斯艺术博物馆　藏

《琵琶行》

傅抱石

《杜牧诗意图轴》

[清] 超揆　台北故宫博物院　藏

《张好好诗》

[唐] 杜牧　北京故宫博物院　藏

玉溪生詩意卷四

七言律

蒲城屈　復悔翁著

襄平高士鎔景萊閱

臨潼張　坦吉人叅閱

錦瑟

錦瑟無端五十絃一絃一柱思華年莊生曉夢迷蝴蝶
望帝春心託杜鵑滄海月明珠有淚藍田日暖玉生煙
此情可待成追憶只是當時已惘然

漢書郊祀志泰帝使素女鼓五十絃悲帝禁不止故
破其瑟為二十五絃莊子昔者莊周夢為蝴蝶栩然
蝴也水經注來敏本蜀論望帝杜宇也王於蜀號曰
望帝宛其魂化為鳥名曰杜鵑亦曰子巂

李商隐诗集《玉溪生诗意》（局部），清乾隆时期扬州艺古堂刻本

目　录

人／与东坡之异同／与韩愈之异同／恐惧和诱惑／不屈的回望／我们在明处／江上琵琶／草堂岁月／养生与文颓／丹炉之妙用／知足保和观／策林内外／蚍蜉撼树之讥／精明清醒中的累与苦／想起鲁迅和托翁

王维二十五讲

· 辋川的轻与重

谈王维不可不说"辋川","辋川别业"几乎与诗人齐名。这个地方不仅产生了王维与挚友裴迪唱和的诗集《辋川集》，而且对诗人一生及其诗歌创作都具有重要意义。"辋川"之于王维，首先是作为一个物质实体存在的，其次是精神与艺术的滋生地和投影地，具有极大的象征意义。它既是诗人内在精神与理想的外化，同时又进一步支持和强化了诗人的精神。似乎可以断言，没有"辋川"，王维便会失去良好的物质条件，也就没有这段亦官亦隐的生活，也无从形成一个作为客观描述对象的基础，失去孕育诗人独特诗风的某种环境。

"辋川别业"原为初唐诗人宋之问所有，后由子孙继承，为王维购得。当时王维也正任京官，虽有一定政务，但日子还算闲散。辋川距长安不足百里，在此居住也算适宜。但以我们今天的判断，诗人毕竟位居朝堂，总有一些不可推托的事务要处理，按当时的交通条件来看，辋川离京城好像还是稍远了一点。

王维在辋川前后居住了十六年，而其一生不过是六十三年（一说六十一年），可见辋川占据了他人生最为成熟的时段，不可谓不重。"辋川时段"之前，诗人历经了两次仕途挫折：一次是从政之初，由京官大乐丞任上外贬济州，这是初踏仕途的第一次困厄，对王维产生了重要影响，令其终生难以忘怀；第二次受挫是因为宰相张九龄罢相，此后便在官场上失去了一个强大的依傍。辋川之前王维有过三次归隐，分别为淇上、嵩山和终南山，都属于权宜之计。从某种意义上说，这"三次小隐"都可以视为后来"辋川大隐"的练习和试验。所以"辋川别业"的购置与经营，是一次大隐的决意，一次成熟的人生选择与规划。

诗人准备在此好好安顿自己。好像过去的一切经历，都在为走向辋川做着准备，而后来的道路也要由此出发。他因为辋川而赋诗，缘此所成就的诗章数量居首；辋川也是他集中居住时间最长的地方。也许我们能够断言，没有辋川便没有王维的独特诗风，没有其世界观的形成、巩固和发展，所以辋川也就成为他人生和艺术的核心地带，是生命的一个节点。实际上，他为"辋川别业"付出的时间最多，经营的时间最长也最有效果。

纵观古今中外的文学人物，他们常常拥有个人的生活基地，可是要从中找出一个比"辋川别业"更大的徘徊流连之所，却不太容易。"辋谷水在县南八里，谷口乃骊山、蓝田山相接处。山狭险隘，凿石为途，约三里许。商岭水自蓝桥伏流至此，有千圣洞、细水洞、锡水洞诸水会焉，如车辋环辕，自南而北圜转二十里。过此则豁然开朗，林野相望。其水又西北注于灞水，亦谓之辋川。"（清·顾祖禹《读史方舆纪要》）今天看它的面积大约有七十平方千米，峰峦叠秀，流水潺潺，山壑林泉随处可见。王维在《辋川集并序》中描绘:"余别业在辋川山谷,其游止有孟城坳、华子冈、文杏馆、斤竹岭、鹿柴、木兰柴、茱萸沜、宫槐陌、临湖亭、南垞、欹湖、柳浪、栾家濑、金屑泉、白石滩、北垞、竹里馆、辛夷坞、漆园、椒园等"。诗人笔下历数了二十处景点,可视为他亲手创制的一部立体长卷。

展开王维所有的文字,我们发现他一生并无长篇巨制,辋川则可以作为替代物,是他人生观和艺术观的一次更为确凿的落实。"空山新雨后,天气晚来秋。明月松间照,清泉石上流。竹喧归浣女,莲动下渔舟。随意春芳歇,王孙自可留。"(《山居秋暝》)这首描写辋川秋色的诗章,即确立和代表了诗人淡远空灵的诗风。由此可见,正是辋川决定了其艺术之"轻";没有辋川,主干部分缺失,就难以形成诗人完整的诗艺版图,所以又足见其"重"。

艺术家大致可以分成两种类型:一种需要好好安顿自己,另一种则走南闯北,一生流离。李白属于后者,他在大地上四处游走,辗转不休,好像一生都没有停下来。杜甫似乎介于二者之间,年轻时"放荡齐赵间,裘马颇清狂"(《壮游》),后来有过成都草堂,还经营过果园:"杂蕊红相对,他时锦不如。具舟将出峡,巡圃念携锄。"(《将别巫峡赠南卿兄瀼西果园四十亩》)总体看来,大多数艺术家还是喜欢有一个安居之地,经营一片土地和田园,但大多苦于没有这样的条件。不仅是艺术家,所有人皆是如此:渴望安居。

一个人能够安居,肉体即有立足点,精神也才能有发力点,创造就大可期待。比如托尔斯泰的雅斯纳亚大庄园、福克纳的罗望山庄等,类似者很多。法国革命失败后,雨果流亡国外时还在英属格恩济岛上修建了一座四层的"高城别墅",并加盖一座瞭望楼作为工作间，成为全岛的制高点，天气晴朗时可以远眺法兰西海岸。瞭望楼内装饰着一幅他亲手描绘的花瓣奇异的图画，穹庐与四壁皆用玻璃制作。雨果在这间阳光灿烂、海天一色的顶楼上写出了长篇小说《悲惨世界》《海上劳工》《笑面人》，文艺批评专著《论莎士比亚》等。英国的狄更斯被视为一个游走之人，但他也经营了不止一处基地，晚年定居于著名的"盖茨山庄"。美国的马克·吐温周游世界，到处演讲，可仍然经营了舒适的"哈特福德别墅"。就是在这所房子里，他安度日月，留下了数量众多的脍炙人口的作品。当过报童、码头小工、水手、工人、淘金者的美国作家杰克·伦敦，曾耗尽所有积蓄建造豪华别墅"狼窝"，希望能够在此度过自己的后半生，可惜毁于一场大火。海明威是个终生不宁的人物，非洲打猎、西班牙斗牛，游走于世界各地，还经历过两次飞机失事。第一次世界大战时他冒着枪林弹雨担任红十字会救护车司机，二战期间以战地记者身份深入西班牙内战前线，还访问过中国重庆。太平洋战争爆发后，海明威不仅将自己的游艇改为巡艇，在加勒比海侦察德国潜艇，还参加了盟军解放巴黎的战斗。海明威的一生似乎是一部闯荡游走的传奇，但就是这样一个人，也先后建立了几个创作基地：美国的基韦斯特、古巴的"眺望山庄"。西方那些油画家们也大多如此，像毕加索晚年在法国南部海边戛纳建有一座巨大堡垒，绰号"牛头怪的巢穴"。在法国塞纳河谷的一个山坡上，有印象派大师莫奈后半生的安居地：巧妙地将附近河水引入，形成池塘，隔为水园和花园两部分。莫奈在此完成了著名的《睡莲》和《日本桥》系列。

　　类似于王维的"辋川"，是许多作家艺术家的一个梦想。这个梦想实现与否，实在是太重要了。

· 声气相投

艺术家往往需要几个真正的声气相投者，这种关系要超过一般的朋友，由他们相伴，不单是为了解除寂寞，还有更高的意义。他们相互以彼证己，反观和互补，在心灵互映、激发和活化方面，远远超过了一般的友伴意义。人对于存在方式及其意义，往往是难以确信的，这就需要得到旁证和说服，途径和方法多种多样，是一个漫长的过程。而在这个过程中，挚友的作用尤其重要，甚至是不可取代的。

古今中外不乏这种深刻而独特的友情。像俄罗斯思想家、文学家赫尔岑与俄罗斯诗人奥加辽夫之间超乎寻常的友谊，特别感人。他们少年时期曾经站在莫斯科郊外的麻雀山上，面对整个市区发下著名誓言：要为抵抗沙皇暴政和独裁专制，献出自己的全部生命。赫尔岑在《往事与随想》中记录了奥加辽夫写给他的信："那么你就写吧，写我们的一生，也就是我的一生和你的一生，是怎样从这座麻雀山发展起来的。"一个人对于道路、事业乃至所采取的方式，都需要挚友的援助。受他人影响是一种必然：相互印证、参考、借鉴、模仿和鼓励；这种作用可以长达一生，也会分为几个阶段。心志相近的朋友会让人免除孤独，增加信心，从而使其振作起来。中国历史上"高山流水"的典故，记述的是俞伯牙与钟子期之间迷人的情谊：子期离世，伯牙破琴绝弦，竟然终身不复弹琴。最孤独的人往往有最执着的友伴，他们的别离也就成为一件大事。

人之喜欢友伴，可能与动物的群居性有关，但还远远不是同一意义。动物界的孤独者都是一些大动物，如鹰、虎、豹等。人有孤独者，但他们一般来说并不缺少挚友，这孤独，是指不喜欢归入某个群落。他们常常拥有一两位挚友，有对话者和激发者。这样时间一长，彼此便会产生依赖。这种深刻而独特的友谊，有的属于阶段性，有的终生未变。

考察一个人，必须抓住人事要点，找出与其声气相投的朋友。论说王维，不可以不注意与之有关的几个重要人物，因为与之命运关系极大。首先是诗人的母亲，她对王维的生活态度、世界观，特别是与佛教的关系，影响巨大。王维的母亲一生敬佛，是禅宗北宗高僧大照禅师的弟子。其次是诗人的弟弟王缙。兄弟二人少年时代一起学习，同游京城，进出豪门，皆是博学多艺的才俊，是朝廷有名的仕人，王缙后来官居宰相。兄弟之间感情深厚，在王维遭难的时候，弟弟奏请削去自己的官职替兄赎罪。再一个是宰相张九龄，他是王维的大恩人，曾经擢拔王维为右拾遗，是其一生最依赖、信服和崇敬的人物。张九龄的官场沉浮，直接影响到王维的仕途及思想变化。

还有一些与王维往来密切的诗友，如孟浩然、储光羲、綦毋潜、卢象等。诗人内弟崔兴宗也很重要，因为他曾与诗人一起隐居。诗人最初选择终南山，便与这位内弟相伴。有一位诗友的名字经常出现在诗篇中，这就是裴迪。就影响来说，他是最重要的一位。裴迪与王维一生交好，我们考察中可见，在诗人命运的几个转折关头都出现了裴迪的身影。从终南隐居到辋川唱和，特别是王维身陷叛军之营、恐惧悲伤走投无路的时候，又是裴迪前去探望，留下了那首事关诗人生死的《凝碧池》。这就是《菩提寺禁裴迪来相看说逆贼等凝碧池上作音乐供奉人等举声便一时泪下私成口号诵示裴迪》，这首诗最终救了王维一命。没有裴迪探望、告知凝碧池发生的惨案，此诗便无从产生；没有裴迪将这首诗携走传播，这首诗的奇特功用也无从谈起。

王维诗集中与裴迪吟咏互答的诗作多达三十多首，数量超过所有人。

"不相见，不相见来久。日日泉水头，常忆同携手。携手本同心，复叹忽分衿。相忆今如此，相思深不深？"（《赠裴迪》）显而易见，没有裴迪就没有辋川唱答。在王维至艰至危之时，又是裴迪的出现，奇迹般地援助了诗人。一首救命之诗从产生到传播，简直是天意。

裴迪对王维命运的影响无与伦比，这里既指诗人的作品，也指其人生，指生死攸关的命运关节。裴迪的诗才平平，这好像更为正常：这个人的存在，客观上只为了另一个人的全面完成。或者说，这是一种冥冥中的使命。

他们二人的谐配，妙到不可思议。

· 少作有清音

王维的"少作"从哪里划分为宜？将他十五岁离家赴长安，直到进士及第，这一段划为青少年时期比较适宜。或有人将京都干谒豪门时期排除在外，如此只剩下极为短促的赴京路程，实在不够完整。纵观他一生的写作，少年时期非常重要：呈现出一股锐气，时有进取的果决，有昂扬有愤怒，有真切的刚性。"孰知不向边庭苦，纵死犹闻侠骨香。"（《少年行·二》）"报仇只是闻尝胆，饮酒不曾妨刮骨。"（《燕支行》）像这样的豪气，一生中极为罕见。这与一般的少年刚毅豪勇并无大异，但在王维这里却要格外注意，因为他最终成为诗史上散淡超然的代表。所以少年清音、儒家气概，在他这里的所有表达，都需要引起特别的关注与记录。我们要由此观察其变化，那条曲折蜿蜒的路径是怎样形成的。

王维少年之作辞章好、不贫瘠，这是因为家学渊源深厚，出身名门望族的母亲陪伴，自小阅读奋力，夯实了传统之功。由这里出发，愈走愈远。二十三岁之前的文字可视为"少作"，而它们又构成了一生之重：入世精神强烈，又非常刚健清新。虽然这是踏上仕途之前，儒家知识人通常的选择、一种稍稍概念化的人生取向，但也仍然会让我们细细体味。

在王维孩童时期母亲便皈依佛门，对其一生的影响可谓深远，却无碍于王维最初的强烈进取之心。他十五岁离家进入京都，即便有仆人跟随，毕竟年纪太小。"汉兵大呼一当百，虏骑相看哭且愁。教战须令赴汤火，终知上将先伐谋。"（《燕支行》）诗中表达的决勇令人惊叹，这与后来的疏离、超脱和散淡，呈现出两极状态。一个人行为的果敢，必然伴有心绪的激切，这些情感的波涌会在诗章中一一留痕。

这个时期的王维只有少量超尘脱俗之作，像七言古诗《桃源行》写于十九岁，取材于陶渊明《桃花源记并诗》。唐宋以来咏桃源诗的佳作还有韩愈的《桃源图》、王安石的《桃源行》，而这其中以王维之作最为有名，"古今咏桃源事者，至右丞而造极。"（清·翁方纲《石洲诗话》）清代大才子王渔洋更是对其推崇备至，甚至说"观退之、介甫二诗，笔力意思甚可喜。及读摩诘诗，多少自在，二公便如努力挽强，不免面赤耳热。此盛唐所以高不可及。"（《池北偶谈》）

少年王维进入京城，干谒颇为顺利，这与李白、杜甫当年进京求仕的情况形成对比。王维、王缙两兄弟游走京都，出入岐王宁王豪门，最后还见到了玉真公主，并得到垂青，可见一对英俊少年进取心之强、勇气之大，当然也足够幸运。儒家传统是读书入仕，兼济天下。王维为官宦望族，父母太原王氏与博陵崔氏都属于渊源深厚的高门大族。唐代世家大族在社会上拥有崇高威望，以"五姓七望"地位最尊，尤其王维的母系博陵崔氏，被公认为"天下第一高门"。从这种世家走出的少年，为官当是首选。

世上有两种人：一种是少年可畏，但随着成长，锐气及才华远不如预期；另一种人则恰恰相反，少时拙讷驽钝，老壮才华飞扬。王维基本上属于前者。视其"少作"，我们会对他产生更高更远的期待，即这种悍锐之气发扬光大，气势铺展开来，居高临下，会成为李白式的豪迈与飞扬，或杜甫式的沉郁和宏阔。然而因为各种原因，王维后来走向了另一条道路。我们发现其吟哦之声越来越清幽、柔婉，并无期待中的洪钟大吕之声。尽管这属于另一种珍稀之音，别具风采，令人赞叹，但仍旧不同于预期。

离开少作"清音"，走上另一条路径，其人生修为和诗章风韵，都与少年气象迥然不同。

·母 亲

王维的母亲不是一般女性，从信仰到其他，对王维都有特别的意义。或许有人会说，天下所有母亲对自己的孩子都同样重要，但母亲与母亲之间的差异毕竟太大。王维九岁失怙，母亲才三十左右；他是长子，兄妹六人，有四个弟弟，最小的妹妹尚在襁褓之中。母亲年轻守寡且子女众多，她的承担实在太重，需要寻找寄托，寻找出路。因此全家不得不从祁县移居蒲州。母亲苦苦打理生活，全力教子，希望能够接续王家诗礼簪缨之族的传统。也就在这个时期，她开始深入佛事，拜高僧大照为师。这位禅师乃禅宗北派宗师神秀的弟子，也是蒲州人氏。

母亲之于王维和王缙，令人想起"孟母教子"，是一种意义非凡的母教。不同的是孟子后来成为旷世大儒，而王维是先儒后佛，最终成为一个风格独特的诗人。可见他的诗艺与佛事关系深远，母亲的影响至为明显，她对王维仕途与诗性的决定力，需要充分估计。人在成熟期或者考验期，深植童年心中的影响力就得以呈现，它往往具有根本的拗气：王维的精神、生活和艺术，开始慢慢趋向佛禅。

十五岁离家，侍奉母亲时间短暂，牵挂母亲的忧伤与孤独奔波的艰辛，深烙少年王维的心田。科考入仕四处漂泊，小小年纪便饱尝羁旅思亲之苦。王维前半生似乎一直处于这种跌宕不安的状态，很少能够回到母亲身边，这让他不安和思念。所以后来他辛苦经营辋川，全力为母亲打造了一幢念经坐禅的精舍。从此他就可以安心地与母亲相伴，一同事佛。这是多大的安乐和幸福，这段时间也成为王维诗歌创作发力最大、收获最丰的时期。母亲在，一种精神力量便在，共同的事业便在，辋川所蕴含的不可思议的力量与意义，这时得以充分凸显。

王维在《请施庄为寺表》中说："臣亡母故博陵县君崔氏，师事大照禅师三十余岁。褐衣蔬食，持戒安禅，乐住山林，志求寂静。

臣遂于蓝田县营山居一所。"可见王维苦心经营"辋川别业",很大程度上也是为了安顿母亲。从此母子可以同居一处阔大园林之中,并且让母亲单独拥有一处礼佛之所。我们很难想象王维离开了母亲,其人其诗将会是一种什么风貌。所以母亲去世时,王维骨瘦如柴。《新唐书·王维传》记载:"母丧,毁几不生。"可见这是一次多么致命的打击,其精神艺术之砥,从此失去。

从"母丧"开始,王维的佛教空虚观愈发加重,元气殆尽,只剩余绪飘荡:"雀噪荒村,鸡鸣空馆。还复幽独,重欷累叹。"(《酬诸公见过》)人生的"无母时代"由此开始,空寂幻灭感倍增。

· 清雅与平淡

王维的艺术修养在古代诗人中可谓个案:古代文人诸艺兼善者不在少数,几乎皆能诗书琴棋,善画者也不鲜见。但王维仍然有所不同,精通诸项艺事,兼为音律家、画家、书法家、诗人、佛子、琴师。其操琴又远非一般通律者所能为。唐代传奇《集异记》中记载王维弹得一手好琵琶,"年未弱冠"便以一首清越幽怨的琵琶新曲《郁轮袍》赢得赞叹,并声称他之所以能高中"京兆尹解头",与琵琶曲博取"贵主"赏识有关。总之,他是一位精妙绝伦的琴师。《新唐书·王维传》中说他"工草隶",是一位书法家,虽然其书法成就已难查考,但作为中国山水画史上的著名画家,却是不争。他自己有诗曰:"宿世谬词客,前身应画师。不能舍余习,偶被世人知。"(《偶然作六首·六》)

尽管他的画作后世少存，但其崇高地位无人置疑。苏东坡非常推崇王维画作，将与有"画圣"之称的吴道子并论，甚至认为在艺术上超出吴道子，以至于让东坡"敛衽无间言"。"何处访吴画，普门与开元。开元有东塔，摩诘留手痕。吾观画品中，莫如二子尊。""吴生虽妙绝，犹以画工论。摩诘得之以象外，有如仙翮谢笼樊。"（宋·苏轼《王维吴道子画》）中国文人画自王维开始，"文人之画，自王右丞始。"（明·董其昌《画禅室随笔》）就绘画来讲，其贡献如此之大，历来论及王维的艺术创作，都会将他的画和诗并举，如苏东坡所说，"味摩诘之诗，诗中有画；观摩诘之画，画中有诗。"（《书摩诘蓝田烟雨图》）可见王维全面的艺术创造力、才情修养的多样化，在古代诗人能够与之比肩者，实为罕见。这一切与良好的家学素养、刻苦漫长的训练，与先天才华和广泛的个人情趣，皆有关系。

但也正因为如此，在一定程度上可能造成了一个人精力的分散。艺术内质相似，似可触类旁通，但生命特质仍有区别，通常在诸种表达中，必有一途一式更能贴近生命本身，由此发射力量，才能够透彻淋漓。中外艺术史上的杰出人物无不如此。兼而四顾，布力平均，多方耗散，在某个单项获得骄人成绩者，往往非常少见。这个单项，必须是生命表达最强烈的一个方向，必须呈现出一种极端的冲决方式。一个人纵然多才多艺，但如果在某个方面更加志在必得，全力倾注，就有高下悬殊之别。沿着一个方向冲激向前，获取最高目标，力量不致过于分散，生命情绪才能饱满强烈。如果不是这样，顾盼多端，就一定会减少那种单向突进的冲决力。这样的多能多趣者往往化为时代的雅士，有一种清雅平淡的气质。

在文学艺术史上，王维的画享有极高的地位，可惜留传下来的甚少，且真伪难辨。据记载他的绘画从数量到品质，并不亚于诗作，诗与画互相援助；但二者关系究竟如何，现在我们已经不得而知。艺术毕竟需要心到笔到，不同的艺术即不同的表达形式。即便是同为文学写作，在一个人身上，文与诗也往往有所偏重。比如唐宋两代的大文人韩愈、柳宗元、欧阳修、苏轼等，莫不如此。苏东坡的书画在历史上也拥有很高地位，但他显然将绝大的力气用于诗文。东坡书画在当年颇为有名，受到许多人钟爱，驸马王诜本身就是一位大画家，他即酷爱东坡的书画作品，除了直接向东坡索要之外，还不惜重金从市上购得。然而苏东坡似乎并不特别专心于这些艺事，他在《和子由论书》中写道："吾虽不善书，晓书莫如我。"可见东坡自己并不认为自己擅长书法。

书画之于苏东坡，只是自然而然的生命留痕，而不是作为一门术业专攻。因为艺术有一种共通的品质，所以苏东坡才如此自信通晓书法艺术。纵观东坡书画，其实都不过是诗文余绪。而王维稍有不同，他的雅趣广泛，修养全面，多方投入，这大概也由他的生活方式和人生态度所决定。

·人在济州

王维一生遭受的第一次打击，当是初入仕途任大乐丞便遭贬济州，这是一次始料未及的挫折。少年得志意气风发，胸怀天下昂扬勇毅，一位正处于成长期的才俊被猝不及防地重创一击。然而从其人生命运的大格局来看，这又是一次重要的镶嵌与组合：当有新领悟和新发现，从此将在一种迥然不同的生命体验中完成自己。它似乎是一条歧路，但又构成一次全新的开始：由此出发才能抵达新的峰巅。这既是一次转折和更新，也是整部人生乐章中的一段低回旋律。

王维贬官济州前后四年多，这段时间之重要，在于是他一生唯一接近民生实务之期，即做具体工作，有操劳有实绩。这还要感谢济州刺史裴耀卿，这位勤政为民的能臣对于王维极具榜样意义。他们同为山西人，王维佩服这位刺史，在他手下做了许多事情，体验良多。济州接近邹鲁，这也使王维对于儒家的理解和实践多有获益。土地与文化的关系非常奇妙，靠近儒家思想诞生地，细细体会，自然也大有不同。尤其在从政之初，这就更加别具意义。四年来他到过许多地方，周遭皆留足迹。这个时期他的诗章也有一股入世的清气，有新力新声。济州四年贬居还可以与其一生主要的朝堂生涯两相对照：自济州开始，这里的生活节奏得到了明显加强。

王维一生曾有过两次出使、一次南选，在基层为官就只有济州时期了，这对他大有裨益。事实上他每一次离开朝廷，思想都相应地增加了进取力，诗章也注入了清新气，似乎多少衔接了少年时期的干谒精神。"解印归田里，贤哉此丈夫。少年曾任侠，晚节更为儒。"（《济上四贤咏三首·崔录事》）"息阴无恶木，饮水必清源。吾贱不及议，斯人竟谁论？"（《济上四贤咏三首·郑霍二山人》）"十里一走马，五里一扬鞭。"（《陇西行》）"长安少年游侠客，夜上戍楼看太白。陇头明月迥临关，陇上行人夜吹笛。关西老将不胜愁，驻马听之双泪流。"（《陇头吟》）

正是济州之后，王维才有了献诗宰相张九龄的举动，在似乎有些拘谨的王维那里，这属于较大的官场动作。此举与济州任上的磨砺、与前所未有的基层实践，当有相当的关系，也强化了他的行动力。

还有一件事情不可不提，就是济州这个地方曾经是三国大诗人曹植的封地。曹植三十八岁徙封东阿，即济州。曹植为东阿王时，修阿井，促胶业，亲农耕，督桑蚕，做了许多有益于当地百姓的事情。他后来又改封陈地（今河南淮阳），四十一岁病死封地。第二年三月，曹植的儿子按照父亲遗愿将其葬在济州鱼山。王维贬谪济州可以追思曹植，抚今追昔，必然多有感慨。他们的出身、才趣和风格极为不同，命运也大不同；相似之处是同为"骨气奇高，词采华茂"（南朝·钟嵘《诗品》）的才俊。

四年济州任期非短，为政、结友、行走、访道、诗作，诸多方面对于王维皆有收益。

·诗人的六个时段

王维一生可粗略分为三个阶段：少年游走到进士及第；贬官济州至"安史之乱"结束；再次复官至病亡。但要真正展开生活与艺术的纹理，就需要更为细致的划分，那就让我们暂且分成六个时段。

一为"进取期"，即意气风发的青少年时代。"新丰美酒斗十千，咸阳游侠多少年。相逢意气为君饮，系马高楼垂柳边。"（《少年行四首·一》）这个时期他进京奋斗取得京兆府解元、进士及第，并受任大乐丞从八品下。

二为"初挫期"，即从大乐丞贬放济州，官衔为济州司库参军正九品下。"微官易得罪，谪去济川阴。执政方持法，明君无此心。闾

阎河润上，井邑海云深。纵有归来日，多愁年鬓侵。"（《被出济州》）

三是"徘徊期"，这个时期他分别隐于淇上和嵩山，直到献诗宰相张九龄，得以回朝任右拾遗从八品上。回京任右拾遗成为他人生的重要转折，也是他入仕的再起步。这个时期他的心情非常愉快，大概这一生中，只有接近晚年才有过如此开朗的心境。

第四个时段，即"终南和辋川期"。因为李林甫上台，张九龄外放，王维心情抑郁，进入了半官半隐的状态。尽管情绪不振，这段时光却成为他最重要的从政和艺术的成熟期。这个时期他有点心灰意懒，但奇怪的是还有过几次升迁，可见其仕途并没有因为恩人张九龄的外贬而受挫折。不过就此开始，他疏离官场，做起了隐居的打算，先后在终南山等地购置居所，往来于京城之间。也许就是这种心不在焉，或者是分寸的拿捏掌控，反而使他在官场上得以立足，争取到一个能够松弛心境的宽松环境。官场上确有这种状况：因为不思进取，反而有利于进取，这也是一个悖论。"山中习静观朝槿，松下清斋折露葵。野老与人争席罢，海鸥何事更相疑。"（《积雨辋川山庄作》）这是他此时生活与心境的写照。

第五即"惊惧期"。这一时期自安禄山叛乱国家动荡始，到"安史之乱"平定，肃宗登基，清理朝政，王维复被起用止。"安史之乱"是王维所经历的一次最可怜、最凶险的人生际遇，他甚至做好了自杀准备：药在手边，随时可以自尽。他后来吞服了痢药，不能说话，与安禄山周旋。"维服药取痢，伪称喑病。禄山素怜之，遣人迎置洛阳，拘于普施寺，迫以伪署。"（《旧唐书·王维传》）尽管如此，他还是得到了叛军首领安禄山的召见，委以官职，从此有了一个"任伪职"的人生污点。好在他对前来探望的挚友裴迪口占《凝碧池》，表现出对朝廷的忠贞与盼念，因此改写了王维的晚年处境。但这个时期所造成的巨大惊恐却无法平复，大概直到生命的终点，都在心灵上留下了深深的刻痕。这种恐惧不仅是深陷安禄山之营，更有光复后等待处理的焦灼不安：生死未卜，命悬一线。值得庆幸的是，后来他不仅免除了惩罚，还得到了两次升迁。命运就是如此吊诡。

第六个阶段即"落幕期"，从献出"辋川别业"直到终了。出于对朝廷和命运的感激，在去世前几年，王维将苦心经营的规模宏大的"辋川别业"献出为寺，同时也表达了一心向佛的心志。好像唯有如此，他的精神才有了一个更好的去处，才能够落定。

纵观王维一生的六个时段，也许第四个时段即"终南"和"辋川"最为重要。这是诗人定位和成熟之期，是主要艺术成就的完成期。好像前面一切皆为此做了铺垫，后面的一切也由此而发展和延伸出来。这一时期当为他所有艺术与人生之节点、之维纲，纲举则目张。总之比较古代诸多诗人，王维可谓颠簸不大。科举顺利，中间经历了小贬，而后知遇宰相张九龄；后来李林甫、杨国忠为相，对之非但没有加害，反而有过三次重用和两次升迁：出使河西，知南选，出使榆林和新泰二郡；迁侍御史、迁库部郎中。唯有"安史之乱"的历险，也算有惊无险，后来复又升迁，至尚书右丞，这个职位大概接近今天的副部级。至人生落幕之时，他又非常主动，献出了经营一生的"辋川别业"，从容向佛。

比较历史上那些大诗人大文人，王维应该说是少见的平顺，最大的跌宕不过是"安史之乱"。所以他的精神与艺术可视为其人生的书写和倒影：没有大起伏、大波澜、大奇崛、大陆峭；偶有痛楚，也为佛经所消解。"寒灯坐高馆，秋雨闻疏钟。白法调狂象，玄言问老龙。"(《黎拾遗昕裴秀才迪见过秋夜对雨之作》)可见决定其内心冲突的刻度和规模，也大致如此。越是后来，越是趋佛趋静，远离幽暗和恐惧，更没有撕裂的剧痛。"吾生好清静，蔬食去情尘。今子方豪荡，思为鼎食人。"(《戏赠张五弟𬤇三首·三》)"晚年唯好静，万事不关心。自顾无长策，空知返旧林。"(《酬张少府》)

伟大灵魂之炼成，除了原有生命质地所决定，还需要付出许多后天的代价，通常不外乎两条途径：一是个人的勇敢投入，二是与厄运不期而遇。而王维则是回避的，这是个人才华与资质所不能补救的，同时又是一个相互关联的结果。

· 王陶之比较

谈及田园诗人，人们多将王维和陶渊明作比。二者文字多涉自然风光，超然通脱，心情境界似有接近。宋代陈师道《后山诗话》云："右丞、苏州皆学于陶，王得其自在。"另外我们还可以找出王维与陶渊明四点相似之处：一是早期刚健，都写有行役、游侠类的诗作；二是都擅长五言，虽然三国时期就有了曹丕所创作的第一首文人七言古诗《燕歌行》，但七古作为一种古老诗体在唐代才走向成熟，所以陶渊明留下的田园诗作皆为五言古诗，而王维诗作中五言占比最大；三是皆得田园之乐；四是皆能疏离官场，或者弃官隐入自然。

实际上这四点仅为貌似，内容与质地全然不同。如果不求甚解，只看取形式与风貌，就会忽略内质区别。譬如边塞行役的雄壮气，在王维是亲历，虽无上阵之险烈，但毕竟曾经以监察御史的身份出使边塞，经历马上远行，并留在边城凉州河西节度幕兼做判官，戍边将近一年。"单车欲问边，属国过居延。征蓬出汉塞，归雁入胡天。"（《使至塞上》）"风劲角弓鸣，将军猎渭城。草枯鹰眼疾，雪尽马蹄轻。"（《观猎》）而陶渊明这方面的诗作多出于向往和想象，有强烈的主观性。王维的边塞诗属于客观呈现，实感很强。

王陶二人的山水田园诗在风格上存有差异，区别更为显著。王维五言诗虽然写风光之美，却超然清淡，超脱于山水；而陶渊明与自然山水则有肌肤相摩之情，有共存共荣的依偎性。王维专注山水是享用和欣赏，陶渊明则是深深依赖和投入，二者迥然有别。陶渊明与山水相交融："芳菊开林耀，青松冠岩列。怀此贞秀姿，卓为霜下杰。"（《和郭主簿二首·二》）而王维与山水遥遥相对，两相分离："荆溪白石出，天寒红叶稀。山路元无雨，空翠湿人衣。"（《山中》）王维始终在官场徘徊，直到最后也没有弃官，反而数次升官，最多是半官半隐；而陶渊明为官不成即最后退出。

王维偶尔涉足田园，重在观望欣赏，是士大夫的一种闲逸情趣，"屋上春鸠鸣，村边杏花白。持斧伐远扬，荷锄觇泉脉。"（《春中田园作》）"宿雨乘轻屐，春寒着弊袍。开畦分白水，间柳发红桃。"（《春园即事》）是兴之所至，没有以此为生，并不依赖田园收获维持生计。陶渊明是以躬耕为生："桑麻日已长，我土日已广。常恐霜霰至，零落同草莽。"（《归园田居·二》）"贫居依稼穑，戮力东林隈。不言春作苦，常恐负所怀。"（《丙辰岁八月中于下潠田舍获》）王维始终有官俸，有大资产，而陶渊明大部分时间是窘迫的，最后饥饿而亡。王维在清静和放弃物质中主动终了，而陶渊明则是在贫病交加的悲剧中谢幕人生。

陶渊明回归田园不是为了做隐士，而直接为生存。王维则是隐意明显，且有做隐士之本钱，而陶渊明却没有。如果仅仅是为了做隐士而回归田园，陶渊明做不到，这对他来说太奢侈了。而在王维这里却可以将"隐"视为一种雅好，是追寻佛心禅境的一条蹊径、一种生活方式。总之，面对山水田园，王维要独立和超脱许多。

在人与山水田园的主客体关系上，陶渊明与王维的区别是如此之大，所以他们诗作的本质区别也就更大，大到超出想象，有时甚至呈两极之别。

·仙圣佛之谬识

历来之文学史及多种诗论，经常提到"诗仙诗圣诗佛"的概念和比喻，以此强调李白、杜甫、王维之特殊地位，有并列"三鼎"之意。一般说说倒也无妨，但几成通识之后就成了一种谬识，对诗与诗史的深入理解造成了妨碍，有可能严重脱离艺术审美的实际。就艺术成就的高度与规模，这三人非但不可以并列，而且在层级与性质上距离较远。这种比喻和称谓主要源于学术上的类型化惯性，有时做学问者为了学术条理，往往也就以类为重，艺术理性却是退后的。诗学研究离开审美的深刻性，不仅了无价值，而且会造成混淆和误导。

李白"仙"之由来不仅是对他求仙之切、仙道之好的强调，更与当年贺知章等人称其"谪仙人"有关；而且更为重要的，还是对其强大的形而上之思、对其生命仰向高阔之探究、对其飘然潇洒之境界的综合命名。杜甫"诗圣"之谓也是对其罕有其匹的卓越、对其难以企及的文学成就之推崇、对其人生苦难之神圣表达之敬服，极尊为圣，如此倾倒。就"圣"而言，"仙"之神奇固在，但却似有不及。而王维的"佛"，仅仅因为他爱佛好佛的行迹特征，或诗章的某些所谓"禅意"，而非诗歌艺术成就本身之高度、审美价值之权衡。当然作为类型化的称谓也无可不可，但就其艺术成就而言，似乎还不能与李杜二人并立三鼎。

王维从小受母亲影响，信仰佛教，或者说与佛结缘；后来踏上仕途，忠耿之臣张九龄罢相遭贬，阴鸷狡诈的小人李林甫专权，促使王维对腐败的朝政更加厌倦，也就愈加躲入佛教。这对他当是莫大的精神安慰。他一生写下了许多富有禅意的文字。"木末芙蓉花，山中发红萼。涧户寂无人，纷纷开且落。"（《辛夷坞》）"空山不见人，但闻人语响。返景入深林，复照青苔上。"（《鹿柴》）这些玲珑短章历来为人称道，被视为物我两忘的"入禅之作"。但就诗人与其抒写的自然山水的关系而言，冲和、幽远、灵妙、清绝，却少一些物我交融的深刻的生命体验。像陶渊明的"采菊东篱下，悠然见南山"（《饮酒二十首·五》），是人与大自然的同生共长，是来自与土地、菊花、南山、夕阳、飞鸟的耳鬓厮磨，是一种生存的体悟。

《鹿柴》在意境营造上简古浑妙，无言而有画意，被视为"五绝圣境"，但这毕竟是诗人作为自然旁观者剥离于自然之外的欣赏和品味。此种"圣境"得益于诗歌绘画艺术的高超修养，却缺少源于生命深处的、与大自然微妙契合的脉动。唐代以至于后代出现过许多诗艺超绝的高僧和上人，像唐代的寒山大师、皎然和尚、灵澈上人，还有南宋的道济禅师，明代的郁堂禅师、苍雪大师等，他们的诗作都有类似的风貌和格局。

　　仅就唐诗而言，王维实为特色鲜明的极重要的诗人，但仍不可以与李杜并列为划时代的巨匠。唐诗至少有五六位甚至更多，在成就上不差或实际上超越于王维者，比如韩愈、白居易、杜牧、李商隐等。文学艺术之评判要依靠生命感悟力即审美感受力，而非某些外在的类型化的划分，不能量化；这其中，影响力都要降到次位，而需要自始至终依据艺术品质本身。"文无第一"之说，主要指艺术的复杂性、个体的不可替代性，而并非是不可以比较和鉴别，更不是舍弃了标准。

　　王维的诗作当然是唐诗艺术中的瑰宝，在中国诗史上自有其独特的风韵与价值。不可取代性，这是所有艺术之基本特征，一个必要的前提，而不是价值高下的核心内容与最终依据。

·如何说服自己

　　一个人在性情上发生的转折与改变，或虚幻，或急促，或疏淡，或偏激，或颓废，都必定有其内在的原因。一个人受到生活的某些刺激，比如现实压迫所带来的诸多挫折，就此带来的变化常常令人始料不及。他们的人生轨迹时而清晰，时而隐晦，也就在这形形色色的改变中追索痕迹，捕捉踪影，从而获得一些启发与答案。对于一个深邃的思想者和诗人，这个过程就显得尤其必要。

　　王维的生活道路及思想艺术特征大致统一，矛盾冲突和费解者较少。他的转变大致是由儒及道及佛，最后一心向佛，走入佛教禅理的深处。王维的生活态度大致由积极进取、入世为仕，再到犹疑失望、疏离出世，最后献出自己最爱、最耗心血，也是最用力经营的"辋川别业"。这也说明了一切：至大至爱的半生经营，结果却让它化为无、化为空，脱离自己，一切归于遥远淡漠的精神之中。他的空寂是多么彻底，同时又在某种程度上获得了极大的充实与成就感。

自我就像一面多棱镜，当进入一个侧面的时候，只要将其充分展开，就会获得一个慰藉与稳定的世界。我们不能说王维因为母亲的影响，或现实生活激烈冲突的逼迫，才走向万物皆空的佛禅境地，他的自我之中，原来就存有这样的一个棱面。不仅是王维，许多人的性格中皆有类似的存在，即多种多样的自我，它们互相映照又互相矛盾。仅仅因为现实的压迫而使人发生精神的蜕变和腾挪，既有可能，或者还远远不够。特别是那些丰富曲折、灵魂深邃的文化人，也许需要从更高的意义上来说服自己，与自己的心灵达成一致。王维的世界观发生了更新，放弃一切实有之欲念，归于平静无为之人生观，艺术与之相谐，一路走上虚无，将实在性不断地减少和弱化。这大概不是一时兴起，而是从进取到挫折、到怀疑、到退却、到空虚，是一个不断说服自己的、漫长而繁复的过程。

如果仅仅是对现实失望，那么最终达成的结果一定是强制性的，有一种不得不如此的生硬。这种情形于王维身上屡屡出现，也会有一种警示的力量和作用，使其研究佛理的兴趣与动力得到强化。人生之虚妄空寂、困苦坎坷，他所见所感实在是太多了。从少年、青年时代于京都干谒奔走，在岐王、宁王、公主等王公皇族以及达官贵人之间周旋，有多少期盼、欢欣和得意，也有多少失望和沮丧；初踏仕途受挫、隐居，再到宰相张九龄提携，人生迎来大喜过望的转折期；其后口蜜腹剑的李林甫入相，伴随而来的是忐忑、恐惧和不安；面对朝中人士的诸多变化，他的升迁、忍受和张望；一部分是旁观，一部分是亲历，痛楚多多、惊悸多多。混乱而跌宕的局势，旦夕祸福，转换频仍，这一切足以让王维惊恐戒惧。

王维早年的入世思想源于传统和家族的说服力，当然非常强大。作为一名儒生，这种兼济和独善的思想是自然而然形成的，而且有一种惯性。由此出发愈走愈远，最后是徘徊、观望以至于疏离。少年植根心中的佛理与现实形成了互证，这时候母亲的影响力就彰显出来。佛理本身的作用不可以看得过重，因为说到底，书本的力量只有在现实中得到互证，才会爆发出来。纵观唐代，盛世杀戮时有发生，更不必言"安史之乱"，鲜血之浓色当超书本说服力数倍。

有人会提及诗人性格中懦弱的一面，因为生命构成中的先天部分是难以改变的，它只会在现实的诱发下得到强化，也就在这个过程中，某种哲学理念才会给予有力的援助。所以，经历了种种人生困厄的王维，终于在佛教经典中找到了哲学与精神的依据。佛学经过几千年的积累，已变为深不见底的大智慧。它的丰富性与难以穷尽性，每每使某些个体在它面前显出了渺小。个体被征服概率之大，怎么估计都不过分，所以古往今来不知有多少大智者，最后都走向皈依，这种行为绝不可谓之浅薄。

一个人若超越佛理、超越宗教，实为至难之事。因为在无限的时空里，这种心智的、形而上的积累，有一种难以估测的深邃性，仅仅在有形的文字典籍面前，就足以耗尽无数生命。它经过了其中杰出者的归纳、提炼和实践，在一些登峰造极的代表人物所开辟的世界里，获得了单纯明朗和清新奇异的创造化提升。一种宗教思想、哲学理念伴随着个人的无限魅力生长，乃至于形成一片独特的风景，会愈加强烈地吸引庸庸碌碌的潮流中人，只要他不甘沦落。这是从智慧与文明层面而言，但宗教和信仰还远远超过这个层面。如同前面所说，由于各种各样的原因，它们将变得更加神秘高远。

在王维那里佛与道不同，与其他世俗理论也不同。佛是超越的、至高的，在它的映照和对比之下，深深植根于少年和青年时代的儒家传统，作为中国士人最高和不可舍弃的巨大培育力，竟然远远止步和让步了。他倾心半生的儒学理念，在现实面前不足以回答自己，更不足以说服自己，于是重新寻找一种对现实生活更高一级的、难以尽言的大归纳，也就适时发生了。在这场寻找的过程中，自我的某个侧面展开、扩大、加强、停留，最终的一个世界得以完成，他也由此蜕变成一个新的自我。

· 省略的方法

王维去世之后，非常喜欢他的代宗皇帝让诗人的弟弟王缙搜寻其诗。当时身为宰相的王缙回奏：经过诸多变故，特别是"安史之乱"后，兄长诗作已经十不存一。这是怎样的概念？王维现存有四百多首诗，如果按此推算，他当年的创作总量应该在四千首左右，这好像不太可能。唐代诗歌创作总量最多的是白居易，他不仅创作时间长，而且为诗疯魔："酒狂又引诗魔发，日午悲吟到日西。"（《醉饮二首·二》）即便如此，也不过写了两千八百余首。北宋第一高产诗人苏轼所存诗作两千七百多首，词三百五十多首，文章四千八百余篇，已经是相当惊人的了。王缙的说法显然有点夸张。因为当时诗人离世并不太久，更没有经过苏东坡那样的大跌宕，作品不会有太大失散。

当然，王维的诗文有相当一部分丢失不存也是可能的，这或许在许多人看来不好理解，因为诗人总是格外重视个人的作品，比起现实生活中的其他世俗物事，心灵积存当然异常重要。除非是迫不得已，他一定会珍视并努力保存，这和其他的一些世俗事功非常不同。随着宋代毕昇活字印刷术的发明，越来越多的古代诗人生前或亲手或由他人编选诗文集。即便是印刷术不算发达的唐朝，白居易和李商隐也曾多次编纂自己的诗文集。并未经过人生大跌宕的王维，为什么会将自己的大部分诗文丢失？但从另一方面看，他最爱、最看重的"辋川别业"苦心经营多年，尚且可以舍弃。王维生性淡泊、冷寂，对一切有形和无形的积存，或许都不特别看重。

除了看轻文字积累之外，就写作本身来看，王维也常常处于一种极简的、聊作抒发的状态。他一生基本上没有长诗长文，七言诗的数量明显少于五言诗，可见在形式上也选择了简单。他信佛习禅，讲顿悟，其特征都是少与简。对佛教经典的精心研究，可能使之抵达此种境界。在现实人事纷争方面，他越来越讲究避锋和忍让。对于提携自己的恩人张九龄，他多有感念，曾经写道："所思竟何在？怅望深荆门。举世无相识，终身思旧恩。"（《寄荆州张丞相》）对于奸相李林甫，则以淡漠应之，毫无攻击性，甚至十分顺从，还留下了与李林甫唱和的诗作："天子幸新丰，旌旗渭水东。寒山天仗里，温谷幔城中。"（《和仆射晋公扈从温汤》）观其一生，他在"安史之乱"中所受折磨是最大的，但这也多由自身软弱所致，对方并没有强加多少摧折。尽管如此，在威势胁迫之下还是处于一种恐惧状态，那种软禁生活也实在折磨人，所以就心路而言，比起同时期陷入乱局中的杜甫，当要艰难曲折一些。

对于"安史之乱"，王维并没有留下多少文字记录，杜甫却写下了许多泣血之作。这种人生磨难、心灵巨创，在诗人身上本该留下更多痕迹才是，但在王维这里似乎全都省略了，诗集中仅存两首，即《凝碧池》与《口号又示裴迪》。《凝碧池》一诗中的"万户伤心生野烟，百官何日再朝天"，后来成为思念天子的最好佐证，得到肃宗嘉许，成为不事新朝的明证，故而将其赦罪。"安得舍尘网，拂衣辞世喧。悠然策藜杖，归向桃花源。"（《口号又示裴迪》）流露的仍是脱离嚣嚣尘世、归隐山林的志趣。得到赦免之后他当然欣喜，甚至大喜过望，写下了"花迎喜气皆知笑，鸟识欢心亦解歌"。（《既蒙宥罪旋复拜官伏感圣恩窃书鄙意兼奉简新除使君等诸公》）惊魂甫定，喜出望外之情溢于言表。

王维的克制与省俭，让我们想起杜甫"安史之乱"中的呼号与狂歌，对比之下两人心理情状还是有相当差异的。面对国破家亡，杜甫写下："国破山河在，城春草木深。感时花溅泪，恨别鸟惊心。烽火连三月，家书抵万金。白头搔更短，浑欲不胜簪。"（《春望》）当朝廷在洛阳附近打了胜仗，消息传来，杜甫又写下："剑外忽传收蓟北，初闻涕泪满衣裳。却看妻子愁何在，漫卷诗书喜欲狂。白日放歌须纵酒，青春作伴好还乡。即从巴峡穿巫峡，便下襄阳向洛阳。"（《闻官军收河南河北》）一个满脸喜泪、奔走踉跄的诗人形象出现在我们面前，明媚春光照耀在诗人饱经忧患的脸上，珠泪闪烁，何等感人。此诗被誉为杜甫"生平第一快诗"，衬比王维之节制和平静，差别就更为明显了。王维的生命力远未发散，他向内收敛，越来越走向平静、淡漠和简约。李白和杜甫式的强烈抒发、深切悲恸，那种忘我投入、沉醉和挣扎，在他这里都隐去和省略了。这种生命的省略，使之在精神上有着另一种显现、另一种表达，诗章连同生活，都为省略做出了最好的注解。

对于少年时代就努力追求的仕途生涯，后来的王维渐渐表现为一种可有可无和随遇而安，这与他的人生哲学统一，与其所寻找的自我的一个侧面叠印。他原有的某种生命棱像即性格被发掘出来，产生了至大作用，结果是长短互见：避免了激烈冲突，保全了生命；心灵脉动与情感波澜变弱变小，归于平淡和闲适。虽然这在审美上也能抵达另一种境界与格调，具有独特的价值，但毕竟让我们感受到一些空白和遗憾。也许这种期盼有些过分，只是一种审美奢望而已。

我们总是渴望看到生命棱镜的更多侧面，看到自我寻觅中的那些深刻曲折、交错重叠、充满矛盾的生命辙痕。我们需要和诗人一起经历坎坷、莽撞和跌宕，在跟跄的人生之途上去历险、去激越，去愤懑和不安。是的，有时候阅读就需要心灵历险，审美通向奇异和险峻，但有时也需要平静和谅解。我们稍微遗憾的，是这种平静单一漫长而持久，使我们在枯寂和淡漠中，感到了一些缺憾和不满足。

不可否认的是，省略也是一种功力和修养，也需要一种磨炼的韧性。这种态度和方式贯彻在王维的一切方面，从生活到写作，都是如此，甚至超乎寻常和预期。比如对于李林甫之凶狠和张九龄之知遇，二者在现实的强烈对比中，似乎并没有激发出诗人心理上相应的一些情感元素，我们从作品中看不到心灵的波涌，少有激切愤痛之辞。他这时的文字大致是无言，是置身事外。"行到水穷处，坐看云起时。偶然值林叟，谈笑无还期。"（《终南别业》）"人闲桂花落，夜静春山空。月出惊山鸟，时鸣春涧中。"（《皇甫岳云溪杂题五首·鸟

鸣涧》)

　　要知道李林甫专权之期，正是张九龄受贬之时，这爱恨亲疏之间隐伏了多少东西，都被省略和简化了。躲闪、空虚、闲坐、无为、远遁，以至于爱上清冷和空寂，进入并享受一种"禅境"。如此一来，政敌也就不成为敌，诗人在同僚的竞争中也可忽略。一个人既不被设防，危险也就减去，出其不意的机会说不定就会降临，这就使我们看到接下来发生一些怪事：在政治靠山被贬之后，王维竟然可以得到几次升迁。在他人眼中，这可能是一个无足轻重之人。

　　王维在官场中的机会，与其艺术上的机会，说到底是一体的。淡漠，取消自己，平静无为，反而有了另一种进取的可能。这是极为特异的情形。"禅"本身即极大简化与省略，"顿悟"和"了悟"晦涩之极，与其说是一种深刻的哲学与宗教，还不如说是一个更为开阔、更具有含纳性的极其模糊的心智地带，这里可以包容更多的遁词。也许这种世俗化的诠释会导致很多误解，但客观上确实如此。"禅"不是一种状态，而是一个过程，是追求自我、自由的全部努力，包括最后抵达的一个"总和"。如果仅仅将"禅"看成一种逃避、安静、平淡，是片面而简单的。我们由此可以追问诗人，只择取了整个过程的前半段，只停留于某种形式之中，而没有继续向前，最后并没有抵达那种大自由，反而把它变成了另一种束缚；正是这种束缚，让他完全舍弃了反抗和追究的欲望，走向一种稍稍廉价的消极。

　　现实中的反抗与追究是一种激烈或不安，也许还有其他。"禅"所抵达的最终结果，即自我的大解放、大自由，它到底是什么？如果能够回答，"禅"即不"禅"。它虚妄而又实在，阔大繁复而又狭窄和简单，有时候它体现在世俗个体的行为之中，是那样模糊和费解。

但我们也可以肯定地说："禅"绝不是个人面对苍茫世界的一次出神，一种痴呆观望，一种万事不再入心的慵懒，当然也绝不是简单的淡漠与空寂。

诗章最能够体现诗人的心灵状态。王维之诗不可能有太多长制，因为他的一切只在简与省中存在，并在这种极致的减法中引起猜测与共谋式的再创造。直到今天，某些现代诗人的所谓"减法"，也有类似的倾向和功能。但是这一切的反效果也同时存在：一旦消极到了一个极端，一定会滋生出难以承受之轻。也就是说，它们本身有可能轻淡到可有可无之境。

· 压抑与转化

压抑是人生常态，人在生活中不可能不感到压抑，也不可能总是处于一种释放与张扬、激励与奋发的状态。问题是作为一种制约和压迫，它会引起怎样的效果。有压抑就一定会有转化，怎样转化、朝哪个方向，即发生了生命的差异。不同的方式决定了不同的人生，产生出迥然不同的创造和发现，更有不可思议的建设力。只要生命力足够强大，就不会在压抑下萎缩、萎靡以至于变得一筹莫展。如果一个生命孱弱而畸形，那么除了萎缩一途，也就谈不上焕发创造的张力。某些学说主张用"无为"去应对一切，这有可能是一种极端的消极。王维在压抑中便采取无为的方式，好在认真而诚实：认定无为的必要性及其价值。这种处世之方和认识，最终需要佛道相助才能完成。

无为作为人生的一种应对方法，是经常发生的。因为一个人反抗的角度可以错位和转移，当它与现实胁迫的锐角不发生针锋相对时，也可能被视为一种无为。有时候这种隐性抗拒反而具有另一种强力，它虽然不完全表现为激烈和愤怒，也未必焕发出表面的激情，看上去并没有呼叫与怒号。比如屈原、陶渊明、李白、杜甫、韩愈、白居易、刘禹锡、柳宗元、李贺、杜牧、李商隐、苏轼、陆游、辛弃疾等诗人，他们的表达就是各种各样的，并非总是在压抑中时时表达怒愤，不一定直接对立与反抗，而是发生了许多难言的、不尽相同的转化。这种转化可以移情他处，比如对大自然、爱情、亲情、友谊等种种抒发，这些抒发或浑厚深邃，或表现出迷人的柔情。这一切来自哪里？有时就来自压抑，没有压抑，就没有这些转化。此时生命的挥发富有张力，而且难以遏制，极具感染力。生命冲动原来可以表现在许多方面，激情可以转移，在转移中发生多种变异。强大的生命力只要存在，这种力量就可以随时移作他用，并照样有力。

王维虽有转化，更多的却是销蚀这生命力，让其锋芒磨失，渐渐消解，变得无力，然后真的松弛下来。激情在压抑中一点点消磨、发散，最后化实为无，也就真正无为了。这就丧失了那种避开锋锐而加以转化的能量，即转移的生命张力。虚假之"无为"，在王维这里只是时而出现，但毕竟太少了，他是真的"无为"："中岁颇好道，晚家南山陲。兴来每独往，胜事空自知。"（《终南别业》）"终年无客长闭关，终日无心长自闲。"（《答张五弟》）他一生最大的作品不是诗文，不是展现生命冲决和冲突的文辞；如果说有，也只是那些青少年时期表达儒家情怀的惯性文字、那些与青春朝气谐为一体的文字，而这样的文字在生命的其他时段是不多见的。

　　就一个人的创造力来说，"辋川别业"的经营和建设，成为王维一生最大的投入。这时候他要耗费许多精力和心血。但这种投入的结果，反而是人生的大退让，是为生存打造一个闲置的后方。这个过程的运筹和设立，正是化无为有，化虚为实，当然需要他付出、坚持和韧性，最终使一种物质实体得以矗立和留存。"辋川别业"建成之后，他的力量仿佛就耗尽了，然后就是终生退却。

　　陶渊明四十多岁退居田园，晚年食不果腹，家徒四壁，灶无炊烟，穿着破棉袄在呼啸的寒风之中，还曾经写过"丈夫志四海，我愿不知老"。（《杂诗十二首·四》）李白垂暮之年流放夜郎，途中遇赦，依旧高歌"两岸猿声啼不住，轻舟已过万重山"。（《早发白帝城》）年迈多病的苏东坡被贬至偏远荒蛮的惠州、儋州，经受了七年颠沛流离之苦，在遇赦北归途中，横渡琼州海峡时还写下"九死南荒吾不恨，兹游奇绝冠平生"。（《六月二十日夜渡海》）陆游临终写下绝笔诗《示儿》："死去元知万事空，但悲不见九州同。王师北定中原日，家祭无忘告乃翁。"而王维写下的则是："宿昔朱颜成暮齿，须臾白发变垂髫。一生几许伤心事，不向空门何处销。"（《叹白发二首·二》）这些记录人生片段的文字，这些出示和引用，当然不是偶然，而是一种生命的必然呈现。

　　在大自然的安抚之中，在对激烈现实的观望之中，将王维和陶渊明相互比较，同样可以看到两者的差异。陶渊明之压抑在诗文中展现得十分明显，他的表述自然而直接，并没有隐藏起自己的抱怨、不平和愤懑。"天道幽且远，鬼神茫昧然。结发念善事，僶俛六九年。弱冠逢世阻，始室丧其偏。""夏日长抱饥，寒夜无被眠。造夕思鸡鸣，及晨愿乌迁。在己何怨天，离忧凄目前。吁嗟身后名，于我若浮烟。

慷慨独悲歌，钟期信为贤。"（《怨诗楚调示庞主簿邓治中》）陶渊明与王维都经历了早年丧偶，陶渊明在物质与其他方面所受摧折远大于王维。王维的一生整体来讲还是富贵优游的，没有经历物质方面的困顿，所以陶之压抑转化的结果，就比王维强烈得多。谈文学艺术成就，原理复杂，不可一言以蔽之，但最终还是要看生命所凸显的力量与趣味，这二者需要同时，或起码有一项是鲜明和强烈的。"力"指进击力、反抗力，是深度和强度，如同测试地震所用的"裂度"；"趣"是指独异鲜活的个性，即它的丰富性和诱惑力。

王维自然不可以谈"力"，因为其性本软弱，愈到老年愈是如此；但是在其极淡泊的方向上，就可以谈"趣"。王维之淡然、超然，即"趣"之所在；但是仅有此"趣"或许不够，还需要更丰富，这是由精神特质所决定的。淡漠和空寂既是一种美学精神，又常常以贫瘠作为巨大代价，极简和极贫瘠之间常常有因果关系。一个生命哪怕是极为超脱，仍有某些时刻会表现出强烈的矛盾冲突，因为这是生命的一种本质状态，如果失去了这种状态，生命的感染力就会隐伏和折损许多。这是一种对立和矛盾中产生的美学问题。

在压抑中、在极复杂的生命转化中理解王维，是王维诗学研究的一个重要命题，也是一个棘手的命题。我们需要分阶段来看取王维，并防止陷入歧途：夸大消极本身的美学意义。

· 亦官亦隐之谜

王维似乎平淡而顺利的为官经历，让人冷静思之，进而发出惊叹：

从主客观综合达成的结局来看，简直是不可复制的人生奇迹，如果要在现实中效法和操作，难度极大。他所做的，其实不是顺其自然，也不是随缘认命，更不是简单的消极，而是另一种"进取"：一味寻找和创造退避的空间。而这个空间又相当诡异，它产生的效果非常隐晦。

观其一生，从他十五岁离开家乡开启求仕之路，进出两都，周旋于长安、洛阳的王公贵妇之间；后来进入仕途，不久遭受挫折。这其中有许多东西可以寻觅和归纳。青少年时代的都城游历，他写在《从岐王过杨氏别业应教》《从岐王夜宴卫家山池应教》《敕借岐王九成宫避暑应教》里，从中可以窥见风流倜傥的王氏兄弟是何等得意和欢畅。岐王是当朝皇帝最宠爱的弟弟。"座客香貂满，宫娃绮幔张。洞花轻粉色，山月少灯光。"（《从岐王夜宴卫家山池应教》）"林下水声喧语笑，岩间树色隐房栊。仙家未必能胜此，何事吹笙向碧空。"（《敕借岐王九成宫避暑应教》）这都是王维进士及第之前，在长安交友干谒的盛况记录，其情其景足以羡煞与他同时代的李白、杜甫、王昌龄、孟浩然、岑参等大诗人。

杜甫在《奉赠韦左丞丈二十二韵》里面这样描述自己京城求仕的状况："骑驴十三载，旅食京华春。朝扣富儿门，暮随肥马尘。残杯与冷炙，到处潜悲辛。"单讲他与王维的起步处，差异真是太大了。一个可谓"春风得意马蹄疾"，另一个则困顿潦倒不堪。也许正是因为不可思议的难堪和艰困，锤炼了一部分人的顽韧和强悍，使他们始终保持一种生命的冲力，一种不甘屈服的进取心，一种强烈的道德感。而作为一个周旋于达官贵人、宴游于王公府邸的得意者，在花光月色的照拂之下，往往也是比较脆弱的，所以像王维一样，在经历了最初的一点挫折，便开始了亦官亦隐的生活设计。

实际上这种半官半野的生活方式操作起来难度很大，比如隐居地与官衙之间如何往来？一个身负职责者隐逸山中，如何不影响朝中公务？一年左右的终南山隐居是辞官之后，但"辋川时期"的王维是担任公职的。辋川所在的蓝田县离长安远达百里，一个在京城任职者又如何得以兼顾？当年交通不便通讯阻隔，这样隐居而不耽搁公务，简直不可思议。而且当时执政的李林甫为人苛刻，记载中是一个"口蜜腹剑"的阴毒之人，一代名臣、著名诗人李邕就被他杖杀，很多杰出人物都感到畏惧。而王维又是被张九龄重用之人，正常情况下被疏远和排挤在所难免，为官之难似可想象。王维就在这种情形之下远离京都，隐居辋川，他究竟怎样做到了随叫随到未受责罚，实在令人费解。

从记载中我们可以知道，除了终南山有过短暂隐居之外，王维曾长期居于辋川，这段时间并没有弃官离职。他既非"顾问"也非"员外"，属于公务在身的编内人员，竟然在阴险专横的李林甫执政期间三次改职两次升迁，实非高人而不能为。杜甫在《解闷十二首·八》中这样描述王维："不见高人王右丞，蓝田丘壑漫寒藤。最传秀句寰区满，未绝风流相国能。"在这里，"诗圣"杜甫称王维为"高人"。

按照今天的理解，王维或可以请长假比如称病，但这种方法不可能一再重复。就其当年身份而言，如何做到分身有术，其中必有相当技巧和学问。如果认为王维当年进取心极弱，在松弛和无所谓的状态下生活，将仕途看得淡而又淡，只任其发展，也不能确切解释当时的情状。因为就在后两个隐居时期，他分别做过殿中侍御史从七品上、左补阙从七品上，后又升迁为侍御史从六品下、库部员外郎从六品上、库部郎中从五品上、给事中正五品上，可以说是一路升迁。在矛盾激烈、竞争严酷的朝官之中，这样一个诗人竟然如此幸运。公务人员必然有基本的事务责任，所谓责权利分明，古今皆然。在纪律松弛期会有不同，具体人事环境也会有一点差异，但无论如何在长达近二十年的时间里，王维都是半官半隐的状态，且一再升职，这种宽松自由和官运，实在令人诧异。

"辋川别业"是一个庞大的工程，面积大到不可思议。园内景点多达二十处，所费人力、物力、财力和心力难以想象，如此营建该有多难。最难的还是怎样使用，如何流连，从中可以透射出一个人的行动力及周密性，这一切又与淡然无为的表象形成了巨大矛盾。我们对此，可以解释为一种强大的心灵召唤，使他有了行动上的超常发挥，一旦完成即归于散淡无为，归于佛心。然而，同时存在的官场约束又该如何应付？这就不得而知了。

从王维应对宰相张九龄与李林甫这两极人物的态度和方法上，让我们觉得诗人的确不凡。他对张九龄是敬服，对李林甫是周旋。敬服好办，周旋就异常困难了。他在诗中与李林甫唱和："长吟吉甫颂，朝夕仰清风。"（《和仆射晋公扈从温汤》）李林甫和王维作为扈从陪驾唐玄宗临幸温泉宫，李林甫作诗《扈从温汤》，王维和诗盛赞宰相，不仅颂其政治清明无为而治，而且足智多谋文才出众。虽是违心应酬之作，倒也写得讲究，阿谀之意还是非常明显。李林甫死后是杨国忠执政，李、杨二人主政期间，诗人往来之人多是操守正直的大臣，记载中诗人对李、杨并无攀附之意，但也没有表现出多少反抗之心。

"安史之乱"使王维经历了最初的大惧，随后仕途顺畅，这个时期的隐逸就变得相当主动和从容了。有时候物极必反，极无为者或有大作为。比如怀念恩人张九龄、唱和恶相李林甫，竟然可以为同一人所为。王维青少年时期奔走长安，得以进出岐王、宁王府邸，还结识了玄宗胞妹玉真公主。当年，就是同一位权势显赫的玉真公主，曾经让李白在终南山为求一见而不得，苦苦等候。可见命运之神何等垂顾王维。他在干谒期间如此幸运，身处险境又会如何？"安史之乱"被俘可谓极险之境，许多人或惨遭杀戮，或被迫依附，而王维身陷叛逆之营，竟然能够吞药腹泻装聋作哑："维为贼得，以药下利，阳瘖。"(《新唐书·王维传》)这一举动也非常人所能为。奇怪的是他担任了伪职却又留下一首奇诗，最终被肃宗赦免复官，并迁太子中允加集贤殿学士，又迁中书舍人，后升至尚书右丞，此时已经是正四品下之高位了。

就此种种观之，可知王维本来就是一个周旋高手，是一个外表散淡而内里精敏之人，一位审时度势之高手、敷衍之高手。而这一切精明之智，又在无为无争的佛性中得到了掩护。"凝碧池头听乐时，不能身死但能悲。辋川他日成名胜，藉得朝天一首诗。"(南宋徐钧《王维》)

没有这种超越之力，就不会有"终南别业"，更没有"辋川别业"，即便得到了，也没有好的结局。因为这都是为隐所置，也必要为隐所用。时官时隐，二者并获，难度不可谓不大。

· 四隐之别

王维一生共有四次隐居，即淇上、嵩山、终南、辋川。诗人之命运在四个时期各有不同，隐之时间与深度也大为不同，需要从细部加以辨析才能稍稍深入探究其思想与艺术，这也是极为必要的。

淇上隐居是暂隐，是外贬济州之后的短期等待。此时他刚从基层归来，教训和见识互存，对未来毫无把握，处于一种犹豫观望状态。因为正逢气盛志壮的青年时代，锐气尚在，机会固有，仍然具有一种寻获的强烈欲望，不会甘休。淇上小隐距离长安干谒不过四五年，身上强大的冲力还在，只不过是环境发生了变化。王维经历了一次贬斥即变得谨慎了许多，第一次隐居也成为反思、总结和筹划的一个重要阶段。"屏居淇水上，东野旷无山。日隐桑柘外，河明闾井间。牧童望村去，猎犬随人还。静者亦何事？荆扉乘昼关。"（《淇上田园即事》）

青年之隐与中年晚年之隐，隐之性质、目的和心态都有区别。没有淇上之隐便没有嵩山之隐，从淇上到嵩山，当有一种深思之后的行动感。嵩山之隐包含了许多生命的主动性，没有一般意义上的退让和消极，而是蕴藏着某种积极。"山中多法侣，禅诵自为群。城郭遥相望，惟应见白云。"（《山中寄诸弟妹》）第二次嵩山隐居非常重要，它是王维一生命运的枢纽所在。因为退隐之前他曾献诗张九龄，未获回应，于是一路追随唐玄宗巡幸东都的人马来到洛阳，隐居嵩山等待机会。在张九龄提拔之下获得右拾遗职位，虽然是位卑职微的从八品上，但跟从皇帝身边，能够直接进言，地位显赫而重要，像陈子昂、白居易也曾为右拾遗，而杜甫和高适做过左拾遗，后来白居易与高适都官居二品。诗人一生仕途就此展开，所以嵩山之隐为最大的人生契机与关节，诗人要一生感激和怀念张九龄。

王维第三次隐于终南山，"终南别业"预示诗人的隐逸之心愈重，将做长久疏离的打算。因为这时张九龄已经去世，从此恶相李林甫当道，王维自然畏惧，不遭厄运已是大幸。这个时期他与内弟崔兴宗、好友裴迪一起，流连于烟霞翠霭，问禅访道，精研佛理，吟诗弹琴，啸咏终日。终南隐居为躲避和等待，采取无争之智。因为李林甫对张九龄原来的班底一定会警惕，最后观察下来，看到的是一个散淡无为的王维。王维得以升迁左补阙从七品上，又一次成为皇帝身边的谏官和近臣。王维在这个任职上怎样进取不见记载，因为人们注目最多的还是"辋川别业"：买下前辈诗人宋之问的宅第修葺、扩建，为母亲修建一座精舍，显然怀有终生大隐之志。作为一个宫廷人士，如此超脱无争，同僚不再提防，也不会成为政争的焦点。不过作为张九龄提拔重用之人，最后还能够得到几次升迁官至正五品上，也算是官场奇迹了。

在以人划线的官场政治中，王维现象值得研究。

背向官场，免除竞争之酷，先得保全，然后进取；最难的是内心修持之功，正好于此时完成。辋川唱和，侍母修佛，聚诗友写华章，成就一生事业。"寒山转苍翠，秋水日潺潺。倚杖柴门外，临风听暮蝉。渡头余落日，墟里上孤烟。复值接舆醉，狂歌五柳前。"（《辋川闲居赠裴秀才迪》）隐居辋川期间，裴迪干谒不遂郁郁不乐，王维与其对酌，为其排解，这就有了他们的辋川唱和。越是后来的隐居期，王维越是以逸待劳，相得弥彰，颇富闲居之乐。这一切不仅减轻了焦虑与痛苦，获得心灵宁静，而且收获了标志其一生至高之成就的空灵、澹逸之诗，所谓"诗佛"之称，由此确立。

　　四次隐居，在时空上一次比一次更长更大，效果也更明显，世俗与精神两个方面，都呈现出一种递进和攀升的状态。如果想找一个古代隐居的榜样，那么没有比王维更可取的标本了。隐之效果证明隐之路径，四次隐居并非简单重复，而是在循环往复中总结与递进、更新与创造，是别样的积极和进取。在这进取之中，不断走向另一个极致，即朴素的消极；而朴素的消极之后，又趋于另一极端化的完成，即走向"从心所欲不逾矩"的智者的散淡。

　　这种散淡是真散淡，从容、质朴、自然。但奇妙的是：其人生在世俗与精神两个方面，都同时抵达了最高之境。

　　王维的经历让人想到一个曲折而明显的路径，即"消极的支援"。他的一生给人留下的突出印象为闲寂超脱、虚空消极，表面看入世的奋发励志只发生在青少年时期，而后尽管时有起伏，但大致已不再积极进取，好像彻底告别了儒家；其实不然，王维一生都没有放弃儒家的伦理纲常，忠君爱君及家国情怀并未泯灭，只是将佛道的出世精神寓于生命之中，成为独善其身的一股必然助力。

　　他年轻时壮游、隐居，李林甫时期又出塞为使、知南选、出使榆林和新泰二郡，写下的辞章中虽不乏壮气之歌，但多数是即景素描。这是王维的壮游诗、边塞诗与其他同一题材诗作的显著区别：壮怀固在，客观呈现，唯静唯美，如画如歌。"言入黄花川，每逐青溪水。随山将万转，趣途无百里。声喧乱石中，色静深松里。"（《青溪》）"居延城外猎天骄，白草连天野火烧。暮云空碛时驱马，秋日平原好射雕。"（《出塞作》）"楚塞三湘接，荆门九派通。江流天地外，山色有无中。"（《汉江临泛》）

　　在李林甫执政时期，如果王维的出世行为不是过分明显，没有终南与辋川的两次隐居，没有亦官亦隐的那种疏阔感，反过来一味专注于朝廷政务，就会表现出很强的进取心，意想不到的麻烦也将接踵而至。正是若即若离、有形无意之间，官场大忌才得以免除，个人生存环境就变得宽松了。可见消极到了极处，也可以产生另一些积极的因素，所谓祸福相依、物极必反。极度的消极之举有意无意间成为人生的可靠支援。这支援在"安史之乱"的巨大风险中得到检验：王维未被安禄山杀戮，被迫留任伪职又想法致病躲于荒寺，以拖待变。这种智慧实非常人，其中当然还不能一味用"机心"去解释，因为王维毕竟是一个具有家国情怀的儒臣。这也是一种抵抗，一种智慧的较量。

在极大的险境中，王维吞食泻药，泣哭和悲吟，如此而已。这种应付看上去似乎有些被动，没有什么激烈撞击，更没有迎合与参与。一首短短的口占诗《凝碧池》以轻拨重，以小博大，竟然起到了意想不到的超级作用。后来这首诗成为弟弟王缙手中最可利用的佐证，也是肃宗重新起用诗人的口实和凭据。"贼平，皆下狱。或以诗闻行在，时缙位已显，请削官赎维罪，肃宗亦自怜之，下迁太子中允。"（《新唐书·王维传》）正是这种看上去的随遇而安、拖延被动与隐性抵抗，为他赢得了时间，战胜了危难，取得了另一些奋力搏击者都难以抵达的效果。

就其思想艺术来看，这种消极性也有"至功"，它从一个方向强化了诗境韵致，成为一种极致化的表达：空灵冷寂，禅意佛境，清静无为，简古淡远。此种意味和特征突出到罕见之境，也就不可替代，因为世上无匹，独此一份，意义固在。"独坐幽篁里，弹琴复长啸。深林人不知，明月来相照。"（《辋川集·竹里馆》）"轻阴阁小雨，深院昼慵开。坐看苍苔色，欲上人衣来。"（《书事》）而处于同时期的李白和杜甫，他们的诗风却完全是另一番品貌。

王维少涉外部之急遽躁动，也无内心之激越不安，观其一生，除"安史之乱"的历险，可以说大致平顺。济州外贬的经历与同时期诗人相比，几乎算不得多大颠簸，但仅有此次曲折坎坷，即让他获取了足够的教训，一生再无闪失。

·生命的趣与力

文学表达的至为动人处，其感染力，其价值，其审美性之强弱，仍旧以生命力为源头，说到底不过是一个人最终所表达的强烈性，如冲决力、洞悉力、勇气等，除此之外还要有丰富的趣味性。后者主要指一个生命的丰腴和复杂、特异与多面，即鲜明的迥然不同的人性特征。当然后者也是生命力的另一种表现方式。就这两个方面看，王维似乎都留下了相当大的缺憾。按一般情形论，一个生命缺少了力与趣，艺术上必然较少建树，但在王维这里，情况却稍有特异：作为艺术上某一方面的代表人物，他无论在当时或后来，从文学史上看都不失为一枝奇葩，不可忽略。也正因为如此独特和不可或缺，也就获得了极大的肯定，诗史要为其立章专论。

作为个体的存在，王维看上去不激烈不偏执，似乎有些单调。他不像我们所熟知的一些诗人那样放纵自己的情感，并无太多爱与恨的冲决，一生少有孤注一掷之举。除了青少年时期所表现的早熟和机敏，作为一个翩翩才子的形象被人称道，其余时段只是一个隐意较浓的闲散官人，一个性格平淡的知识人士。"草色全经细雨湿，花枝欲动春风寒。世事浮云何足问，不如高卧且加餐。"（《酌酒与裴迪》）"城隅一分手，几日还相见？山中有桂花，莫待花如霰。"（《崔九弟欲往南山马上口号与别》）一般来说，无激烈之情怀即无好诗，无感怀激烈之表达即无震撼，这几乎是无一例外的艺术规律。然而在王维这里，一切又当别论：他于另一极踏出蹊径，随着生命的成熟，进一步催促老化而告别青生，愈加走入空寂平淡，即人们所熟知的另一种生命况味。它像老酒一样，有一种绵绵的力道。

正因为简到了极致，才别有一种淳厚。若论趣味，淡中求索，属于无味之至味。从社会政治层面看，他没有强大的进取力，从思想艺术层面看，他没有灼人的情感热度，二者交互集合，即归入稍稍陌生的一条精神与艺术的路径。

王维的诗写情含蓄蕴藉，似乎更符合中国诗教传统，即"哀而不伤、怨而不怒"。他写分别、送行，表达友谊，甚至写情爱闺怨，也都是"词不迫切而味甚长"（南宋·张戒《岁寒堂诗话》）。"劝君更尽一杯酒，西出阳关无故人。"（《送元二使安西》）这两句千百年来脍炙人口的送别绝唱，也是情感内敛韵味深长，正因为如此，才别有滋味，吟咏之间思绪悠远。这种特征实际上在其少年诗作就有体现，比如那首著名的《九月九日忆山东兄弟》："独在异乡为异客，每逢佳节倍思亲。遥知兄弟登高处，遍插茱萸少一人。"情意真率而深婉隽永，蕴藏丰厚。他目光缅邈，遥思幽远，安静不喧，情至意新，心底的流淌波澜不惊，却绵绵不绝水光潋滟，空蒙之下是一番悠旷动人的风景，令人回味无穷。

他的大量羁旅诗、送行诗、应制诗，也包括日常的山水田园诗作，表面看似乎都少一些心灵"燃烧"：只写事，少抒发，动情不彰。这种生命特质当然更多来自先天，而不仅是客观世界的制约与改造。先天生命中的某一元素可以被后天引诱和激发，但不会无中生有。"为善吾无矣，知音子绝焉。琴声纵不没，终亦继悲弦。"（《哭祖六自虚》）王维自称写此诗时只有十八岁，然而收敛和超然的性格已经非常明显，似乎平淡冲和已成基调。他一生的主要力量好像都投放到一个去处，即"辋川别业"的建设。大功告成之后即安于诵经，小诗伺候，不再激动。似乎"辋川别业"就是一切，成为他精神的固体。作为一个生命的行动力、建设力，既体现于辋川的筹划布局，更显示于兴味盎然的景点游赏。孟城坳、文杏馆、斤竹岭、茱萸沜、白石滩等，每一处都留下了他与诗友的咏唱。"轻舸迎上客，悠悠湖上来。当轩对樽酒，四面芙蓉开。"（《辋川集·临湖亭》）这是怎样优哉游哉的闲适生活，高雅而美妙。他的趣与力转化如此，不再辐射到更多和更远，最终成为一个显著的存在。

手无缚鸡之力，此力绵软淡弱，然而不绝，进而成趣，趣在久远。他于沉默无声中完成了一个特别的精神建构。原来这"趣"与"力"是于无察中进行的，是分散的，最后汇集于一处名叫"辋川"的地方。它们形成文字，淡淡的、隐隐的、寂寂的、虚虚的。

这里也有一个逐渐收敛的过程。王维豪情满怀的抒写，愈是后来愈是稀有。少年时期的诗文富有青生气，十六七岁写《洛阳女儿行》，通篇极尽描摹东都洛阳权贵之家的豪华骄奢，刺讥寓于其中，君子不遇之气铿然作响。十八九岁写《李陵咏》："结发有奇策，少年成壮士。长驱塞上儿，深入单于垒。"后人激赏其"能道陵意中事，雅正，雄浑，顿挫"（《王维集校注》引明代顾可久语）。这种取向与力量感，后来仍有延续。比如他出使河西写下："长安少年游侠客，夜上戍楼看太白。陇头明月迥临关，陇上行人夜吹笛。关西老将不胜愁，驻马听之双泪流。"（《陇头吟》）"一身转战三千里，一剑曾当百万师。汉兵奋迅如霹雳，虏骑崩腾畏蒺藜。"（《老将行》）意气豪迈，慷慨悲凉。这样的诗章气势刚健、宏阔，风骨苍劲，意境雄浑。但后来这一切就收敛起来，更多的情绪藏于内而不露于外。

诗是用来发泄和表露的，但在王维这里是越来越趋于收敛。他远无太白之张扬浪漫，更无少陵之忧愤悲沉，其主要作品气质在唐代诸多诗人中确为个案，历代诗人中这一向度者也是极少数。如果说有的诗人是"英雄气短，儿女情长"，那么在王维这里可以说是双双皆短而无长。除了少数、偶有一见的诗篇，如某些边塞诗，基本上不见男人之果勇气概，也少有儿女之缠绵气息。朱熹说："维以诗名开元间，遭禄山乱，陷贼中，不能死，事平，复幸不诛。其人既不足言，词虽清雅，亦萎弱少气骨。"（《楚辞后语》）当为中肯之言。

许多时候诗章之长度取决于气，对于王维来说，没有长篇巨制是自然而然的事。他于社会生活中隐忍，在诗文中节减。或许有人以现代人"玩文学"之谓论说王维，其实并无贴切。他并没有多大玩兴，只是冷寂超然，是将锐气收起来、隐伏下，进入另一种生命品格。这也是一种生命性格的认真，统一于一心向佛的志趣。由此可见，母亲的影响是决定性的。他一生的诗文都没有谈到父亲，这有点出乎我们的预料。这与韩愈的情形正好相反：韩愈一生不提自己的母亲。韩愈三岁失父，一直以父辈为自豪，其父亲和叔父都是李白的好友。父亲代表社会的一面，象征进取和入世。比如少年王维进京干谒之举，很难说没有父辈的影响。少年不言父，而后机会更少。踏入政界，特别是稍有挫折之后，母亲的佛心即强烈地左右了他。"爱染日已薄，禅寂日已固。忽乎吾将行，宁俟岁云暮。"（《偶然作六首·三》）此诗写于二十七岁。我们不可忘记：当王维一生之大作"辋川别业"完成之后，他做的第一件事即接来母亲，让她在精舍中诵经修持。对他来讲，这是最为充实、幸福和安宁的岁月了。可惜时间不长就结束了，母亲病逝，他自己也走入人生的最后一程。

他是上苍的一个作品，如同辋川是他的作品一样，二者终将全部献出。所以最后就有了王维晚年所做的一件引人注目的大事：将耗去大量心血和财力的"辋川别业"献出，改作佛寺。从此之后，他即住进了长安城里的那座老宅，每天所做的事情不过是与人谈佛参禅，身边只有药臼、茶铛、绳床，财产几乎没有，物质大致归零。"在京师日饭十数名僧，以玄谈为乐。斋中无所有，唯茶铛、药臼、经案、绳床而已。退朝之后，焚香独坐，以禅诵为事。"（《旧唐书·王维传》）在人生的最后时段，王维确乎做到了真正的空无，生命也走向了一种新高度：收起最后的一丝俗欲。

表面看，直到晚年王维都是一位朝中人士，大半生都身居庙堂而没有彻底归隐。但他归隐之念，他的向佛之心，的确是愈到后来愈加强烈。然而无论如何，他仍然还是一介儒生，一名朝官，特别是晚年被肃宗宽宥并委以高职之后，他对隐居的态度甚至有了一些微妙变化。可见现实生活的压抑或舒畅，对其入佛归隐之心仍有深刻影响。"近有陶潜，不肯把板屈腰见督邮，解印绶弃官去。后贫，《乞食诗》云'叩门拙言辞'，是屡乞而多惭也。尝一见督邮，安食公田数顷。一惭之不忍，而终身惭乎？此亦人我攻中，忘大守小，不恤其后之累也。"（《与魏居士书》）在这篇文章中，他竟然批评陶潜等隐士，仿佛忘记，曾几何时他还大赞陶潜的弃官归隐："条桑腊月下，种杏春风前。酌醴赋《归去》，共知陶令贤。"（《送六舅归陆浑》）或许王维这里的意思是，如果真能看空一切，则无论入世或归隐，"道"行与否，都不会感到不适意。

总之，王维尽管晚年整日焚香诵经，信佛已深，但仍然未能离情绝俗。"鹊乳先春草，莺啼过落花。自怜黄发暮，一倍惜年华。"（《晚春严少尹与诸公见过》）鹊乳春草，莺啼落花，春景诱人，虽至暮年，倍惜年华，一颗心尚未枯寂，而非古井无波。

· 文学的儒释道

中国士人对儒释道往往兼收并蓄，而且多数得到助益。三者皆在中国文人的现实生存与文学写作中打上了深刻印记，只是因时因地而变化浓淡，各有功用。它们往往以不同的面目出现，但究其实质无非是三者混合，或者是某几项的折中。这是一个根深蒂固的无法消除的现象，是生命存留之方，少有例外，更是中国人实际生活和精神道路的体现。它们作用于文学艺术创造则各有不同，利弊互现，对于生命力的消长，不同情状之下将起到不同的作用。

就儒释道的影响来看，无论是庙堂还是民间，儒家最为深入人心，影响最大。它强烈的入世精神、民本主义、对人之怜惜，都是建立在爱与仁的基点之上。我们平常所说的儒家面目，往往单一模糊，刻板固定，是一种相当概念化的思想。所谓君君臣臣父父子子，等级分明，呈现一种固化状态。实际上真正的儒家是由孔子和孟子等共同完成的。儒学思想的核心是"仁"，即"仁者爱人"（《孟子·离娄下》），具有浓郁的人文主义色彩。虽然它不同于现代个人主义、个性自由等定义，但在当时已经是极其接近的学说了。孟子继承发展孔子的"仁"，并做出进一步厘清："民为贵，社稷次之，君为轻。"（《孟子·尽心下》）非常现实化、社会化，有力地补充了"仁者爱人"的具体内容。还有孔子的"道不行，乘桴浮于海"（《论语·公冶长》）的观点，此说尤其重要，是儒学思想通向现代的最有力最深刻的一次精神与思想的远航，真理作为最终目标，它的边界，得到了肯定，标划出求真求道至高的、不可撼动的地位。所以，孔子和孟子的这些论说，应该视为真伪儒学的分界线。

　　纵观历史，真儒强大的爱人热情、追求真理的勇气，是无可比拟的。那种超越当年所有学问的现代品质，至今还在感动我们。这一切综合的思想高度与道德力量，以及它所蕴含的无可比拟的理性主义，打动了一代又一代探索求真的知识分子。我们要辨析儒学之真伪，真儒乃时代知识分子的精神动力，其代表人物孔子与孟子的言行，给人的力量是何等巨大。古往今来仁人志士追求的无畏的"浩然之气"，"知其不可而为之"的强烈的牺牲精神，是生命力的发挥和张扬，是冲击客观世界的锋利的思想触角，是人类尊严与自由的共同价值所在。但是，经过封建专制统治阶层改造和歪曲的儒家则当作别论，它将极大地束缚人性自由，将封建专制统治的工具化思想强行塞入"儒学"。这种"伪儒"无论对艺术还是社会人生，皆有极大的负面作用。封建士大夫文人中那些真正的入世者，其心中的"真儒"与"伪儒"界垒分明，水火不容。有时候他们身处庙堂，貌似有一些经过改造和妥协的说辞，但这仅是策略而已，一些最杰出者的实际行为及他们的诗文，仍然燃烧着寻求真理的不竭的激情。就文学而言，没有比"真儒"更能给予攀峰登巅的强大精神助力了。

佛教更多的意义上是一种深刻的人生智慧，用来应对、思辨和解脱生之痛苦。人生必须面临诸多纠缠不清的复杂而沉重的问题，那些堆积如山的困厄与烦恼，有时候需要运用智慧进行深刻的梳理与排解。而在这种时候，灵魂需要升跃到很高的维度上辨析和思考，并且需要不断地切换视角。佛教具备这样的功能，这种智慧最依赖的还是人的升华力、感悟力。这种力量愈高愈大，人生便愈能得益，其思想艺术便表现出一种非凡的超越姿态。但就一般意义来讲，佛学仍然与艺术家极力入世、追求真理的执着大有不同。许多时候它是以消极和迁就的方式出现的，力避人生与社会的冲击，所以许多时候佛家思想还是大多为权力者所容忍，并加以利用。在这种深不见底的思辨与极其放纵的想象力面前，一般的个体是无力进入的。佛学就像经过封建统治者改造的"真儒"一样，日渐变成一种肤浅而概念的思想，被导入众生和现实之中。作为一个人、一个艺术家，混淆和屈服，混沌和漠然，都是非常可怕的。

就文学艺术来讲，艺术家常常只有"偏执"、有钻牛角尖之顽固、有某种悲剧性格，才具有深刻的生命之美。而一般意义的表面化肤浅化的佛教普及与人生引导，虽然不能说完全消解了诗性艺术，在多数情形下只能是无益的。当它作为一种风格、一种极致化的美学格调时，才会焕发出一些审美魅力。这种美在民族性、地域性的结合中，会表现得极其特殊和鲜明，比如日本岛国的艺术像俳句，还有一些诗、散文、小说和其他艺术形式，生出一种清美，而这种清美大致也可以说是受益于佛学。

　　诗人王维深受母亲和大照禅师等人的佛学影响，但我们并不能认为其思想艺术是对佛教简单化、概念化的引用。他的家学传统和知识渊源无比丰厚，完全可以有深入而高阔的领悟，将佛学智慧与个人的生命经验加以融合，使精神发生飞跃。可是其深刻的贯彻性并非时刻如此，这又会与激烈的政争、混乱的社会局面，以及回避和退让的人生策略加以结合。这个时候妥协的不仅是儒家思想部分，还有佛学部分。在这种状态下，佛学之于诗人就不是一种助益作用，而是一种消解生命力和探究力的不良因素。其负作用当然是有后果的，最终的情形，还需要进行极其细致的诗学、写作学以及思想方面的分析。

　　道家思想对人生的影响似乎更加复杂。它的玄思、仙人思想、内外丹之术，其荒谬性被反复谈及。然而事物往往有多个侧面，比如道家常常会催发一种天外思维与想象，一种形而上的元素。这些元素在李白、李贺、苏东坡等人的作品中多有体现，甚至有明显的向上牵引。"我本楚狂人，凤歌笑孔丘。手持绿玉杖，朝别黄鹤楼。五岳寻仙不辞远，一生好入名山游。"（李白《庐山谣寄卢侍御虚舟》）"南风吹山作平地，帝遣天吴移海水。王母桃花千遍红，彭祖巫咸几回死。"（李贺《浩歌》）"挟飞仙以遨游，抱明月而长终。"（苏轼《前赤壁赋》）

　　李白的一生是儒释道混合一体的，某个生命时段突出其中一项，但总体上看，道家思想对他的正面吸引、对其诗歌美学风格的形成是不可或缺的。从瀛洲思绪那种高远缥缈、迷离神往的深沉之中，我们可以感受无尽的遥视与天外之思。在这一点上，很少有人能出其右。李白的《月下独酌》，他的"举杯邀明月，对影成三人"，他的"永结无情游，相期邈云汉"，这些天外之思绝无一般意义上的道家习气，没有那种玄虚无力的怪癖和隔膜，给予的是远远峭拔于世俗人生之上的超越感，是一种凌空飞舞的气概和美。

道家思想与佛教有部分相通之处，如随遇而安、乐天知命、迁就顺应，追求尘世解脱，这种"应物"思想既包含了人生智慧，也有消极的一面。道教与佛教相比，还多了一层天外神仙之思、之实践。佛教主张修性而不修命，认为身体是一具臭皮囊，而道家是性命双修，比如内外丹的操作，追求重点并非来世和转世，而直接就在当世，这又化为另一种入世之追求。只要专注于当下，就有现世之收益。这种具体的个人追求有其积极性。佛教虽然讲积善、功德，但将因果效应放在过去、现在、未来的轮回之中，多为现世痛苦寻找解脱。所以佛与道表现在文学艺术方面，必会导致内容和风格上的差异。

唐朝统治是儒释道三教并用，使三教之间既相互争斗又相互融合。儒道属于中国的本土宗教，上千年来一直为互补状态，两者之间矛盾较少。三教调和的思想对唐朝知识阶层产生了超过以往的深远影响。唐代诗人进身之路，比如考进士、明经，仍然需要熟读儒家经典，这一点并无改变。但是儒家经典在后期仕途上的转化是必要发生的，这种转化途径，统治阶层当然是希望转向被改造的"伪儒"。而知识分子在入仕的漫长人生实践中，他们悲剧的产生，也往往源于对"伪儒"的反拨。

如果能将改造过的"伪儒"、肤浅的佛教及一般意义上作应物之用的道教加以结合，那么这样的士大夫文人，其人生就会相对顺利，坎坷降到最少。因为个体在应对、解决与朝廷和社会等客观矛盾冲突方面，就能够找到强大的生命润滑剂，而其代价，则会留在其他方面，比如削弱作为精神结晶的文学作品的创造力与艺术张力。现代人常讲"世上没有免费的午餐",其意义也在这里：有得必有失,想找一条和谐共赢的中间道路,是非常困难的。事物当有自身的规律与路径,几千年来都少有例外。

王维的诗歌艺术散发着一种佛禅之美,它的空灵和清寂令人陶醉。可是在这种极大的审美满足之余,我们又渴望另一境界和格局,但它不会产生于王维。他不是一个强烈的沉甸甸的人生,不是一个富有生命张力的舞者。在儒释道中,王维比较安于佛教徒的角色,而且似乎看不到其个人之佛教,与作为整个社会和民众之佛教,这二者之间有何差异。

·超越之难

一个人要具备强大的超越力是困难的,只有那些特别的人物,如那些大艺术家、大思想家,才有这样的力量与气概。超越什么？超越时代之局限、人生经验之局限,超越人生常情、文化,甚至是宗教之局限。宗教也会有局限,而且非常显性地存在着。比如宗教组织、宗教的世俗实践,有时是与崇高深邃的教义内质相反和对立的,这就需要宗教信仰者具备更高的超越之力。任何强固的人性,模式化概念化的元素,都需要极为清晰的理性与高阔的人生视野、顽强的奋争力,才可以做到一点超越。这个超越过程是最难的,充满艰辛,甚至是牺牲。有些元素的形成既已固定,比如一些概念和学问等,但人生面对的问题却非常具体,而且随时变易,这就需要巨大的理性和勇气去加以应对,做出更真实、更有力的生命表达。

一个人童年生活形成的习惯、处理问题的方法和特征，都可以视为一些固有之物，当这些固有之物与眼前事物，与追求真理、真实、正义之间发生矛盾，能否超越那些固有之物的束缚，将是一场严峻的人生考验。王维信仰佛教与母亲影响关系很大，而在现实生活中，他一次又一次地感受了无常和苦难，当然会有一些回避的需求，但这回避需要智慧，这智慧正是为了当下生存。这些世俗的需要，这些恐惧感，与佛教思想的影响结为一体，其负面力量也就充分显现出来。对王维来说，应对现实之需，就成为一种宗教信仰的迫切理由。在这种理由的具体支持之下，会变得更加心安理得，不断退让。如此一来，就会越来越缺少生命的超越之力，这有可能是他人生与艺术的重要问题。

王维所处时代佛教非常兴盛，学佛、皈依，是一种极为盛行的社会潮流。禅宗北宗创始人神秀被朝廷亲迎至东都洛阳，王公贵族和士子庶民闻风前来，争相目睹，望尘跪地拜伏竟日以万数。神秀所行之处，刺史、官吏、士女纷纷怀抱幡花，拥挤围观。就是在这样一种社会气氛之下，王维成为一名虔诚的佛教徒。可见他不仅是一个宗教的信仰者，更是一个潮流中人。他不在潮流之外，更不在潮流之上，而是在潮流之中。而最杰出的人物，却常常不是如此。

为了解决世俗的困厄而皈依宗教，终身不移，这本身就是一种妥协。反过来说，如果一个人本来就从容而超脱，其人生与客观世界的冲突并非特别剧烈，却能够于佛教智慧的超然和空寂之中综合、寻找，产生出很高的领悟，其意义又当别论。一个人超越社会风气、个人经验尚且如此困难，要超越宗教信仰，那就更加困难了。

一个人的伟大，表现于一己生命具备强大的超越力，尤其是对待宗教信仰的态度。雨果、托尔斯泰、鲁迅之所以伟大，就因为他们有强大的思索力，有为真理和正义献身的勇气，以及对世间万事万物的怜悯，为此可以不顾一切地挣脱固有的束缚与牵扯。托尔斯泰是忠实的东正教徒，但他却没有将身心安全地浸泡在某种世俗的精神温泉中，而是直面真实，理性辩证。最终结果就是与东正教会闹翻，被革除教籍。托尔斯泰为何不是一个最忠实最虔诚的东正教徒？因为他更求真，更超越，生命力更强大，这才能够发现教会正统与真理真实之间的差距。

　　反观王维，也许以其理性与能力，于某个局部某个环节，不难发现整个社会所盛行的佛教观念与具体生活之矛盾，从而获得一种勇气，时有清醒和察觉。这样讲就多少类似于托尔斯泰与东正教的关系，期待生命力出现那样的挺拔和雄峻。这样的期待当然是不现实的。王维不仅无力超越，反而以世俗的遵循为最好的选择，这也成为他回避和迁就的理论依据。"因爱果生病，从贪始觉贫。色声非彼妄，浮幻即吾真。"（《与胡居士皆病寄此诗兼示学人二首·一》）这类的认知和表达很多，即一般意义上的对于积极人生的否定。所谓"觉悟"，实际上是一般佛教徒惯常的说辞，并没有个体生命与客观生存紧密相连的深刻认识和表达。

　　我们发现各个民族各个时期的一些超拔人物，那些最卓越的精神结晶，比如诗歌、戏剧、小说等文学艺术，对于一个时期、一个族群的文化，都具备一定的拷问性和对峙性，甚至是冲突性。这种逆向的探究和执拗，绝不是一种疯狂的纵情使性，而是一种求真和思辨，是不愿在一种惯常的气氛围拢之下，被平庸地同化和销蚀。

　　宗教在文学价值里不能是强固原有的模式与形式，它不仅仅是一个概念，也不仅仅是一些习惯和方法的落实，而应该更为自由与鲜活。一切都应该服从是非判断，服从人生道德。信仰在诗人这里应该具备更高的意义价值，任何时候，信仰都不应该成为怯懦的借口，不能成为退让的注脚。它既不是一种理论依据，也不是某种超越一般理论的更为虚幻的标准。无论是宗教信徒还是诗人，首先必须有个性、有追索、有探求、有独立之精神。这便是超越性，是生命力。

所有宗教都作用于生命、结合于生命、体现于生命，一个人失去了生命力，信仰与宗教就无从谈起。

· 业余之真伪

美国传记作家欧文·斯通曾经转引法国十九世纪大画家马奈的一句名言："艺术家没有业余的"。其中包含的意思为：无论一个人是否专门从事艺术工作，在时间使用上占比多少，皆源于心灵的挚爱，皆为心灵滋生之物，所以必定居于生命最本质、最核心、最主要的部分，牢牢据守生命的中心位置。看起来只是业余时间作一首诗、一幅画，却使用了心力。

如果从另一个方面来理解这句话，也可以认为：真正的艺术行为都是业余的。因为一个人的艺术冲动不可能像做其他工作一样按部就班。灵感的出现许多时候是猝不及防的，那种艺术思维的灵光一闪，犹如划亮的闪电，所以它往往产生于正常生活和工作的间隙之中。如果生活总要有一种专业和职业来维持，首先满足物质之需，那么任何艺术也只能是一种物质生存所需的职业或者专业之余，艺术冲动的职业化反而不能算是一种正常。

如此讲来，即道破了一切艺术奥秘之所在。无论形式上多么庄重与专心，都不能说明所从事之艺术与心灵与生命的关系，一切敷衍、苟且、不用心之精神产物，都不会是真正的艺术。那种产物一定是心灵之余：并未用心，更未曾使用深刻的心力。所以这种艺术就真正变成了业余之物。可见，艺术必有"业余"之真伪。一个艺术家看起来只在空闲之时完成一件作品，却要源自生命的深处，使用了极大的不为外人所知的心之力量。

有些所谓"艺术"不过是主业疲惫之后的一种补充和消遣，不过是游戏而已，这是真正的"业余"。世间大量文字或其他形式的艺术品，皆为此等产物，而非严格意义上的真正的艺术。同一位艺术家的作品，有的属于心灵事业之余，有的却出自心灵的专注。如同米勒所言，真正的艺术不可能是业余的产物。而那些闲适之下产生的艺术品又将如何界定？闲散、松弛、随手而为，也会表达出一种真实的精神状态。我们是不是可以将王维的部分诗章作如是观：它们属于心灵的部分，因为此时此刻心灵即如此。

但是我们仍然要区别这种闲适的底色，看它究竟是一种怎样的心灵状态：是回避和消极的外部形态，还是出于积极探究而形成的心灵品质，二者当有区别。王维的部分诗章流于形式，除去风格与审美特质所固定的品貌和惯性，似乎还缺少一些生命的激情，不仅难以寻觅深痛深爱，也没有刻下心灵之深痕。无论哪种风格，都需要深切的感染力，这力量可以来自不同的方向，但灵魂的力量是否存在，仍然是可以感受的。那种所谓的闲适是否需要激情？是否属于一种变相的感动和沉浸？是否同为一种深深的向往？

　　闲适不等于涣散，空寂也不是空荡，不是真的了无一物，而是另一种显性的存在。这种存在是变形的真力，是隐伏的高亢，是委婉的冲荡，是急切的反面。这些极致之美所产生的撩拨和触动之力，同样是强大的。比如王维的部分杰作尽管看起来十分"空寂"和"清美"，却不乏此种力量。它的触角一旦接近我们，那种感染力就会出现和生发。它像一种电波，是一种无形而神秘的东西，很快扩散到我们全身，在发际产生轻微的震颤，这是生命在做出反应。这些感受还要仔细领悟。

　　"清美"不等于轻浮无力，不同于浅薄廉价的艺术，有时候显现这样的格调反而更难。低度酒有一种醇厚迷人的后味，一种绵长与悠远，也就更难。高度酒以其强烈迅速替代和掩盖其他不足，让人有一种被撞击的折服感，这好比那些社会与思想层面极其外露的艺术品的特征：它们或是揭示显性的尖锐问题，或是令人震惊的某些裸露，或是类似的一些显著的存在。它们逼向前沿，逼到生命不得不即刻做出反应的极限。这就好比初尝高度烈酒，在一种浓烈的刺激之下，我们会暂时忘却其他。但是这种浑茫而强烈的感觉一旦消退，更复杂更细致的判断和回味就会出现。我们仍然还要追问：它是否留下了醇厚绵长、回味无尽的滋味？无论如何，高度酒的掩饰作用还是存在的。当我们品尝那些淡而无味、寡淡如水的低度乙醇饮料，所有淡泊和苍白就变成了令人难以忍受的、极其无聊的东西。

　　王维有一些文字，言辞是浅浅划过的，辞章似乎工整华美，但终究缺乏贯彻的心力。方法的熟练运用颇有遮掩性，良好的文辞修养也有同样的性质。如果没有耗费心力，安寂之心或执拗之心都不曾投入，即主要使用了娴熟的能力。王维四百多首诗中有二十多首"奉和圣制"诗，还有部分应酬诗，就是属于形式周备的应付之作。语言富丽典雅，错彩镂金，而源自内心的热量是收敛起来的。他的心力没有在此耗散，大概觉得不值。除此之外，一些闲适诗、一些王维式流韵丰沛的诗句，也是如此，性质大同小异，可以视为业余之作。这使我们想起产量很大的白居易、苏东坡和陆游等诗人，他们虽然有许多脍炙人口的杰作，但是也有大量文字游戏，实际上属于"业余"。

这些"业余"性质远非依靠文学修养所能改变，也就是说，这不是什么技术层面的问题，而是生命力的问题。这就好像毕加索的后期绘画，当宽裕生活、熟练技法等条件具备之后，对于思想、真理和艺术深处的不懈追求力也就开始减弱，心力逐渐涣散。一根心弦一直绷紧，直绷得断掉，也许就因为这种恐惧或其他，结果即出现了大量的游戏之作，随手涂抹。因为他们的才华和修养固在，早已定型，这些都会于一种惯性动作中发挥出来。但这一次创造发挥得究竟如何，能否成为真正意义上的艺术品，却仍然要看这一次生命投入的大小和深浅。

·人间无烟火

一般来说，诸种文学形式中，小说这种文体的烟火气较重，好像天生即为此类体裁。而诗与散文较高一级，通常没有多少烟火气。萌芽于南朝时期的词，当是诗的一种别体，这种艺术形式虽然属于诗的大类，却被认为有很重的烟火气。这是由它的出身而定：源于民间，兴于宴所，常常生成和流传于酒坊瓦肆和歌馆楼台。后来进入宫廷和府衙，为有闲阶层大量使用，其娱乐性进一步覆盖了其他。可见艺术形式之出身确实重要。小说为民间故事缘发，最后演变孕化为不同的质地：在一部分清贵的知识分子那里变成了高雅文体，呈现很强的诗性，反之在另一些人手里则非常俗腻。其实不仅小说如此，诗也如此，比如艳体诗、应制诗、某些酬答唱和诗等。可见仅仅用形式和体裁加以区别，并不是一个根本的方法，还须看创造者的生命质地，由此才能最终决定一件艺术品的格调与器局。

"烟火气"来自生活、基层与民间，并非全是负面的意义。《诗经》的"风诗"就来自民间。只有洞悉烟火，有怒有喜且有激越，才有杰出的艺术创造。如果真的失去了"烟火气"，还会留下多少诗？王维的主要作品绝无烟火气，这既是其艺术特质与不可替代的优长，即独有的审美品格，又可以说是他难以抵达更高的艺术层级的主因。"右丞诗大抵无烟火气，故当于笔墨外求之。"（明末清初·黄周星《唐诗快》）可见事物两分，有得有失。人生之多艰，苦怀与悲怒，存在于一个人的生命底色之中，沉淀下来并且强烈感受，唯有如此，他们的倾吐才会感人肺腑，才会成为一切艺术之主力和骨干。王维之价值不在于此或不尽于此，在他这里或者为超然之意境、之才趣，由此而产生其他效应。

王维诗作佛性超然的审美品质，其价值当然无可否认，这尤其表现在他的一些代表作中，也为历代读者所喜爱的原因。有些佳句实在凸显出难忘的绝美风韵，尽管还不够多，但只能是卓越的手笔，它们是结晶，是象征，是诗人不能消失的身影。这样的创造时时弹拨我们的心灵。

我们无法将李杜诗章巨大的审美快感，用以衡度王维。因为这不是同一的性质和标准。这样讲并非是混淆和舍弃艺术价值的比较，因为艺术标准确实存在；所以我们说，王维的艺术，最终既不可替代，也无法与李杜同日而语。

当一种艺术失去烟火气之后，付出的代价是巨大的。因为人生之本质就是艰辛曲折，虽然需要王维之超脱和清美去抚慰，但是更加需要揭示真相，这种清醒的认知所激发的力量，似乎更为迫切。每一个人都需要直面人生，需要这些经验的扩大和延伸，这是所有艺术家、思想者更高的价值之所在。自我修炼，沿袭某种宗教而走入无可不可，一切随遇而安，乐观通达，是一种令人羡慕和向往的境界，并会引发许多类似的实践；但这样一种境界内在的包裹到底是什么，隐伏了多少痛苦又置换了多少喜悦，我们都不得而知。看上去是优美和谐的另一种人生，仿佛进入了一场无痛手术，然而手术还是要进行下去。凡手术都有割除，有流血，一切将浓缩在一场无形无觉的梦中。梦醒之后，一切仍然不是空白。它发生过了，它在客观之内和主观之外，当主观的理性认知找回这段空白的时候，又将是别一种情形。当心灵的结晶，即诗与文呈现这种空白的时候，依凭来自哪里？来自回告、追忆？他者还是自己的记忆？后者显然不能。那么这场空寂就真的是空寂了，生命也就多少有点浪费和悲哀。

王维作为一个诗人、艺术家，他的全部作品里竟很少情事与趣记，这与历史上、与同时期的许多诗人都大为不同。屈原、陶渊明、李白、杜甫及后来的韩愈、白居易、杜牧、李商隐、欧阳修、苏东坡、陆游、辛弃疾等，都是在两性之爱的表达上非常凸显和用力的，其中不乏浪漫传闻。清苦安静如王维，与诗之内容何等一致。虽然不能说文学艺术必须有异性之爱，但可以认为，一切艺术表达都与这种生命力的演化与转化有关。"丧妻不娶,孤居三十年。"(《新唐书·王维传》)王维与妻子在一起生活的时间很短,妻子去世后一人独处,直到终老。这种情形实为罕见。这可能与其佛教静修生活有关,但作为一个人、一个诗人,在情事方面如此淡漠、孤绝,特别是诗文中之断绝,还是多少有些超出意料。这一切必然会影响到诗性品质。

· 再说清寂之境

"清寂"是王维诗境的显著标识。此为内容,更为风格和神韵,三者缺一不可。当然并非所有作品全是如此,我们通常只论其代表作、成熟期的主要作品。也许这种"清寂"的风格气质在早期作品中较淡,但实际上那个时候已经开始展露。在他积极进取的青春时节,传统儒家少年青年的形象中,仍然有不同于他人的元素。比如他出使河西,沿途写下许多以雄健著称的边塞诗,与盛唐李颀、王昌龄、王之涣、高适、岑参等边塞诗人的作品即大异其趣。"大漠孤烟直,长河落日圆。"(《使至塞上》)安静寂寥壮美,如东坡所说"诗中有画"。这种雄浑感受不是源于主观冲荡之气,而更多是极冷静的客观描摹。创造主体的那种能量,大致是隐藏起来的。有人说他"诗亦太澹"(清·黄培芳《唐贤三昧集笺注》)。所以看他早期或后来某些区别于清寂之作时,需要做细致的分析。

王维许多具体或强烈地展现社会内容的诗作,也大抵有这种客观冷静的性质,这与李白、杜甫、韩愈、杜牧等人区别很大。这种风格源于生命品质,也有信仰影响导致的因素。在王维这里,外在之物，无论是风物还是生活细节，比一般视角要独立和超然许多。这种特征发展到后来，就更加走到了极端。到了辋川时期，已经表现出不可逆转的大势。"檀栾映空曲，青翠漾涟漪。暗入商山路，樵人不可知。"（《辋川集·斤竹岭》）"斜光照墟落，穷巷牛羊归。野老念牧童，倚杖候荆扉。雉雊麦苗秀，蚕眠桑叶稀。田夫荷锄立，相见语依依。即此羡闲逸，怅然歌《式微》。"（《渭川田家》）

　　诗人在诗文中将自己、将个体减弱到最小，殊为不易。由此可见"平淡"需要一种极端之力，有时候可以是深入和博大之后的简约，也可以是其他。浅浅一层为表，如果要反映根本之简约，却需要质的改变，这才是最难的。王维的诗有一部分杰作，确为深入之后的"浅淡"。"浅淡"只是一种表象，而不是内质，其中蕴含了无数消化：消化了激越，消化了不平。可以说，这是消化了复杂的社会和人生内容之后的一种距离感与压缩性。其浅淡的表面，一经抚摸就会感知内在的不安的律动，按抚之下，似乎有突突的跳动，这是难以掩饰的。这种无意掩饰中所体现出来的生命深层的惊惧不安和冲动，这种激越的韵律，才是最终打动我们的原因。比如他的"红豆生南国"，他的"此物最相思"，这种冷静述说不令人怦然心动吗？没有激烈呼叫，没有缠绵倾诉，只是言说"红豆"，指认和比赋，却让人感觉到爱的浓缩，那样一种省略之后的生命厚度。有记忆而不言、有故事而不述的节制与安详，的确非同凡响。

　　将王维和陶渊明的诗歌做一比较很有意义。陶渊明的作品自然、安静、满足，但主要不是空寂。陶渊明的生活、劳作、兴趣、热情是足够的，如对酒之享用的快乐，这种物质之乐很有感染力。"孟夏草木长，绕屋树扶疏。众鸟欣有托，吾亦爱吾庐。既耕亦已种，时还读我书。穷巷隔深辙，颇回故人车。欢然酌春酒，摘我园中蔬。微雨从东来，好风与之俱。泛览周王传，流观《山海图》。俯仰终宇宙，不乐复何如？"（《读〈山海经〉十三首·一》）这是怎样的一种生活、心境和趣味，读之难抑向往。我们似乎闻到了春酒的芬芳、园中蔬的清新，夏风拂面，微雨东来，花木扶疏，众鸟嘤鸣。一处可爱的草庐，为一个劳动者所有，他流下汗水，获得快乐，得以安歇，酌酒啜茗，披览赏读。如此品咂生活，实在有一种吸引力。

王维诗作距离物质较远，是站在一旁的打量和欣赏，也就有了"清寂"之"清"。原来这是清心寡欲之境，是入禅之境。有时候他也打破这个距离，暂时陷入景物之中，但却仍旧是一种忘我无我之境。如《辛夷坞》一诗，状描木兰花于幽谷深涧之中独自绽放与凋谢，"我"之情感淡然静寂，不参与，无热度。读者和作者一起冷静地观赏品味，在无声的落英缤纷中似有所悟，这就叫"清寂"。而陶渊明对于物质、对于风景，享用之时的品咂之声似可听闻，他离不开这种生活的温度，离不开这种黏稠。

生活包含了各种东西，"热情"不是一味让人快慰，有时还是烦恼和痛苦，是变形变相变异的"热情"，是包围人生的一种气氛。人离开了这种气氛，忘掉外物，独有自我，将自己隔离于生活之外，无论在多大程度上做到了这一点，都是极难的。就像炼丹需要火候，而火候极难掌控。生活是一个大丹炉，它炼出万事万物，炼出了人，炼出了人性。有人恐惧这种冶炼，也有人热衷于这种冶炼，它们或者是不自觉中发生的。人在精神和物质上可以寻找一个去处，在那里躲避、闲坐，在那里守住自我，这需要一种特别强大的意志力。而这种意志力的实现则需要许多条件，满足了这些条件才可以抵达这种境界。

王维以个体生命的全部能力来构成这些条件，他似乎做到了。

·佳句何来

王维文辞章法成熟甚早，十几岁的作品就具备了文字的工细，布局谋篇有相当的美学均衡，可见既是早熟，又有少年童子功力。"古墓成苍岭，幽宫象紫台。星晨七曜隔，河汉九泉开。有海人宁渡，无春雁不回。更闻松韵切，疑是大夫哀。"写这首《过秦皇墓》时，王维年仅十五岁，笔法老到，气象雄浑，有一种超出年龄的苍劲。《九月九日忆山东兄弟》被誉为羁旅思亲的千古绝唱，意蕴深邃，写这首诗时也不过十七岁。他十九岁写出了七言古诗《桃源行》，被后人评为"顺文叙事，不须自出意见，而夷犹容与，令人味之不尽"。（清·沈德潜《唐诗别裁集》）可见王维实在是一个聪颖过人者，词章优势是如此显著。这对于一个人完成终生之大文章，其好处自不待言；但一个人是否会过于依赖和借助这种优势？如果在为文困难的时期借助太多，也许会失去心灵磨炼的意志，缺少一些重重叠叠的顿挫痕迹。

文辞优越之人，会不自觉地相信文辞本身的力量和功用，依靠文辞本身衍生诗意，渐成习惯。文辞本身确有这种功用，也一定会产生言辞之美，但这种滋生能力极为有限。这种有限性被一个人察觉和认识的时候，往往为时已晚。因为就人性来说，迁就心自然存在，迁就文辞，迁就惯性，久而久之即不可遏止，文辞本身也就成了障碍。

王维的一部分诗作用典很多，修辞也好，但读来总不及另一些诗句的感染力，其原因可能是心灵没有与文辞一起抵达，二者多少有些分离状态。与他同时期的李杜，这种情形极少，他们以心绪意志之力，也就是神采把人打动。有人可能认为这仅是风格不同所致，因为王维本来就是一个虚淡空灵之人。这种认识似有道理，但还不够确切，因为在他还没有形成这种风格的时候，特别是那些并不以此风格为特征的应制、送别和闺怨诗作，已有文辞堆缀之感。作者在娴熟的文辞组合转化中，奇妙的才情没有泅漫而出、没有通向生命的幽深，留下更多的是辞章本身的颜色。辞章之能力，于诗实在是一把双刃剑。

有时候在庸凡的现代阅读中，我们常常痛惜文辞之粗糙、贫瘠和草率；有时我们感觉写作者缺少长期扎实的文字锤炼，又会把一种最基本的要求当成了至高要求。实际上文字的功课的确是至难的、贯穿一生的，但是这种功课一定要与对于人生意义的执着探究并行发生，而且一定要服从于后者，二者不可以剥离。这种探究的力量一旦减弱，就会求助于文辞，将其当成一个百宝箱和工具箱，反复使用。我们取来各种各样巧妙的工具，用它来掩盖和替代无能与贫瘠。有时候这种虚浮无力的生命状态真的被遮掩了，但也只能作用于一时，很难久远。整个人生的过程所留下的痕迹，在漫长的文字河流里或铿锵、或喜悦、或呻吟、或平庸、或突起、或峻烈、或卓绝，都能在时间的倾听中暴露无遗。

辞章是推助一切元素的工具，它们的茂长是显性的外在部分，就像大地的毛发，山丘上的树木。充满生机的绿色固然可爱，也预示了生命的丰富，可是我们还要看大地本来的颜色，要看山陵的骨骼。当用一支画笔凸显它们坚硬的本质时，或许就会寻找北方的大地，在相对矮小稀疏的灌木丛中，在贫瘠裸露的丘陵岩石间，甚至在荒漠中，才能感受它的力量和苍凉。这种骨骼美、本质美，更能够深刻地打动我们，与之形成生命的对峙，形成一场生命之间有力量、无遮掩，甚至是有点绝情和残酷的对话。

原来褪去茂长的山陵和大地也是一种言辞，它在言说，不过是另一种言辞，是更简单直接的、绝少遮掩的赤裸。它也在生长，它的内部奔涌着不竭的力量。这种力量不会因为季节更替而减弱，不会因为严寒风雪的肃杀而变形和消失。

严肃的岁月会把表面的东西收割掉。收割之后它们又在哪里？留下什么？这一切我们应当心中有数。

评价古代诗人时，人们会不自觉地采取一个标准，就是看他们各有多少佳句流传于世。随着时间的延续，千年或者更久过去，一个国家、一个族群必会留下一些佳句。它们时常被人提起，很难绕过，每逢某个场景和时刻，便会自然而然地浮上心头，脱口而出。这些佳句积淀千年，储藏丰厚，如果让我们从中国诗歌的源头开始，常会想起这样一些句子："窈窕淑女，君子好逑。"（《诗经·周南·关雎》）"路漫漫其修远兮，吾将上下而求索。"（屈原《离骚》）"对酒当歌，人生几何。"（汉·曹操《短歌行》）"采菊东篱下，悠然见南山。"（晋·陶渊明《饮酒二十首·五》）"海内存知己，天涯若比邻。"（唐·王勃《送杜少府之任蜀州》）"海上生明月，天涯共此时。"（唐·张九龄《望月怀远》）"飞流直下三千尺，疑是银河落九天。"（唐·李白《望庐山瀑布》）"独在异乡为异客，每逢佳节倍思亲。"（唐·王维《九月九日忆山东兄弟》）"读书破万卷，下笔如有神。"（唐·杜甫《奉赠韦左丞丈二十二韵》）"野火烧不尽，春风吹又生。"（唐·白居易《赋得古原草送别》)"春蚕到死丝方尽,蜡炬成灰泪始干。"(唐·李商隐《无题》)"但愿人长久,千里共婵娟。"(宋·苏轼《水调歌头·明月几时有》)"山重水复疑无路,柳暗花明又一村。"(南宋·陆游《游山西村》)"人生自古谁无死,留取丹心照汗青。"(南宋·文天祥《过零丁洋》)"横眉冷对千夫指,俯首甘为孺子牛。"(鲁迅《自嘲》)等等。这些句子历数下去无穷尽,它们太多了。每个佳句后边都有一个难忘的面孔和身影,他们也因此不朽。

当然,我们衡量一个人的总体成就,看取一个艺术家、文学家、思想家,还不能完全以此作为标准。但它的确是一个绕不过的象征和标志。我们能忘掉李白的"安能摧眉折腰事权贵,使我不得开心颜"(《梦游天姥吟留别》)、"燕山雪花大如席"(《北风行》)、"一夫当关,万夫莫开"(《蜀道难》)?能忘掉杜甫的"会当凌绝顶,一览众山小"(《望岳》)、"两个黄鹂鸣翠柳,一行白鹭上青天"(《绝句》)?能忘掉白居易的"日出江花红胜火,春来江水绿如蓝"(《忆江南》)、"回眸一笑百媚生""在天愿作比翼鸟,在地愿为连理枝"(《长恨歌》)、"此时无声胜有声""同是天涯沦落人,相逢何必曾相识"(《琵琶行》)?"此情可待成追忆,只是当时已惘然"(《锦瑟》)又让我们想起李商隐。佳句之美,无可言表,它们是语言的钻石,精神的传奇。没有它们,我们的语言将何等贫瘠,我们的诗史会何等单薄,诗与生活、与民众、与社会的关系又是何等疏淡。它们就像一条长长的彩练,连接了不同的时代,连接了日常生活,连接了精神与物质。

尽管一个文学艺术的创造者不必以追求佳句为己任,但是自然而然诞生的佳句,似乎就是漫长辛苦的劳动的说明。它们存在那里,闪烁发光,其光芒不会因为时间的尘埃而遮蔽,这是多么强大的精神与文明的穿透力。有时我们惊叹于这样一个事实：当你将佳句随手拈来，会发现诸多句子在某个时刻集中于某几个人或某一个人身上。真是一些了不起的灵魂，一些艺术的精灵。所以历数佳句之多，做一番简单比较，也不失为一个总结与回忆的方法。

佳句之间意义不同，色彩不同，气格不同。有的苍凉，有的优美，有的神秘，有的朦胧，有的奇异。但有一点是共同的，就是它们能够深深地触动你、吸引你，让你记忆。"出师未捷身先死，长使英雄泪满襟。"（《蜀相》）"尔曹身与名俱灭，不废江河万古流。"（《戏为六绝句·二》）"好雨知时节，当春乃发生。随风潜入夜，润物细无声。"（《春夜喜雨》）这些佳句是那样铿锵有力，非杜甫而不能为。"兰陵美酒郁金香，玉碗盛来琥珀光。但使主人能醉客，不知何处是他乡。"（《客中行》）"天生我才必有用，千金散尽还复来。"（《将进酒》）"飞流直下三千尺，疑是银河落九天。"（《望庐山瀑布》）这属于浪漫飘逸的李白。屈指数来，会发现李杜留下的佳句最多，其次是苏东坡等。王维至少有五六组，使用频率较多者也有三四组，尽管其中一二组存有真伪之争，但仍然了不起。一般来说诗人劳作，终其一生，能留下一二佳句即相当了不起。

我们以王维作例，可以将其佳句分为三个层次：一是诗学研究的学术层面，即研究者不可疏漏的佳句。这一部分深邃特异，文辞雕琢之功精湛，虽然没有伤害诗意内含，但是不如另一类平畅。如"兴阑啼鸟换，坐久落花多"（《从岐王过杨氏别业应教》）、"泉声咽危石，日色冷青松"（《过香积寺》）、"雨中草色绿堪染，水边桃花红欲燃"（《辋川别业》）等。二是文化层面，即常常被知识人引用的佳句。如"空山新雨后，天气晚来秋"（《山居秋暝》）"渡头余落日，墟里上孤烟"（《辋川闲居赠裴秀才迪》）、"君自故乡来，应知故乡事"（《杂诗三首·二》）、"雨中山果落，灯下草虫鸣"（《秋夜独坐》）、"松风吹解带，山月照弹琴"（《酬张少府》）等。这些佳句只传诵于有相当知识储备的文化人中间。三是生活层面，如"独在异乡为异客，每逢佳节倍思亲"（《九月九日忆山东兄弟》）、"明月松间照，清泉石上流"（《山居秋暝》）、"劝君更尽一杯酒，西出阳关无故人"（《送元二使安西》）、"红豆生南国，秋来发几枝"（《相思》）等。这些诗句几乎是家喻户晓，妇孺皆知。

　　佳句出世绝非偶然，它是一种生命质地的外化方式，是才华之矿开采前露出的"矿苗"。一般来说要成为佳句，不仅是文辞华丽与顺畅，还要足够特异和深入，既让人过目不忘，又直指心灵深处，其生动性与概括性表达了人类的普遍经验，而且是集中表达。在这里，文辞之工细和民间之通俗已经综合一体，这样的境界实在困难，所以佳句总是可遇而不可求。精巧别致之句难成佳句，因为尚缺乏深长久远的生命力，它在人类普遍经验的深度与广度上，还没有达到让人广泛接受的程度。

　　佳句需要冲破一般意义上的典雅，需要活化，需要破掉一般文辞之工，从表象进入内部，要让灵机一动与当代性和民间性紧密结合，并且在通俗与典雅两个层面上得到高度统一。这种契合是很难的。我们会发现这种所谓的妙手偶得，总是在大诗人笔下才高频率出现。于是我们就会知道，它们的择取标准不单出于学术，而相当依赖生活直感，是经过某种特别权衡之后的集体认定。那些依靠文辞本身的创制，过于仰仗文辞，也就大半失去了直抵人心的力量。佳句与人的情感深度、执着力，关系最大，也就是说，与现实生活中身心摩擦的深度、心灵痕迹的深刻交错，才有更大的决定意义。这个时刻的抵达，它所显现出来的通俗性就非常重要。一般意义上的直白与普及，并不能确保它的隽永性，也不会找到深入的传承者和诠释者；而一旦缺乏代代接续的维护，最终就难以成为我们所说的佳句。

佳句需要重复，重复就是强调，这就是时间的维护。所以，成为佳句需要的条件实在太多。王维有些佳句总是在不同的层面流通，有的不仅引用频率高，而且在更广大的范围内使用。而有的大抵只于学术层面引用，范围比较窄小。所以这两种佳句的意义是不同的，比较而言，前者才是真正的佳句。

·最难与最易

人们经常争论：古诗与自由诗到底哪一种更难？调和折中者说：只要是杰出的作品，都是最难的。但这里并不是从此种角度讨论和辨析的，而只想就形式本身做一比较，尤其是从技术层面来进行。古风或律诗，尤其是律诗，限制非常多，于种种拘束中尽情发挥，当然很难，其难度之大不言而喻。任何一种艺术都有形式的框束，不然就不会存在。形式是一个边界，如果将诗写成散文也就不是诗了。但形式限制越多，形式感也就越强，形式本身的价值在作品中所占比重也就越大。这种形式难度在完成作品的过程中，可以产生艺术的遮蔽性。因为艺术形式多少还有独立于内容的部分，强化了这个层面，就会减弱艺术内质。任何艺术形式皆有此问题，它们因为难度的不同而不同。

形式娴熟所造成的效果，会产生一些品质混淆或敷衍的方便。

这就使得一些工于辞章者，作起诗来并无碍难，好像随手可为，看上去很像佳作，实际上却了无诗意、内质苍白。生命的异趣与思想的独特，敏感的触动和意境层面，需要相同的心灵品质才能感受，所以艺术是一个"合谋"的过程。于是我们就会发现，最难反为最易。当代也产生了很多古诗，有的十分糟糕，我们常见此类产物：除去形式本身酷似之外，并没有多少诗性。或许有人认为这是古诗在当代的一种尴尬，其实不然，现在仍然可以有非常精美的、韵味深厚的古体诗写作。

形式与内容剥离，以形式遮盖内容，此种情形并非当代才有，而是古已有之。随便打开一部古诗集，就会发现其中的某些篇什合律用典，相当工整，却难以体味生命个性，难以寻找到一种独特的品质以及特有的灵机和妙悟。这类组合源于良好的文辞修养，出自文人手笔，因为这对他们而言几乎没有任何难度。古诗依赖修养，此乃基本表象所需，就此来讲，古诗还是极易取"象"，而现代自由诗则不然。由于现代诗形式自由放松，要渗涵真正浓郁的诗意，实在太难：现代诗既已如此直白裸露，一切也就难以遮掩了。自由诗没有严格的韵律制约，形式上的难度似乎大大降低，但另一方面的难度也就凸显：风格和内容的力量在这种直白无遮中会变得相当显著，以至于要把人打动、感动、征服，实际上难度更大了。

王维的部分诗作取"象"为上：押韵、合律、用典、工整，即形式部分相对完美。这是基础条件，然而我们会要求更多：王维所有平庸和杰出之作，就在这个方面见出分晓。古代与现代不同，读书人很少，而读书人一般都要踏上仕途。作为士人，如果不出仕，通常就被视为隐士，所以在古代能够写诗的人占比很少。这类韵律文字只属于极少数人，是人群中罕见的一种能力，所以也就变得珍贵：物以稀为贵。纵观古今，关于王维的诗论非常多，但总体上深入独见者少，敷衍机妙者多。一些并无深意之诗论，同样以文辞意气竟成妙论。这与现代文学史中的某些论断相似：一些本无难度的写作，因为学术之规范，必须成史立论，所以难免有一些失实夸张的部分，言过其实，评述失准。当时社会文化的普遍水准与现在毕竟不同，识字者尚且不多，接受现代教育更为困难，能文者当然更少，为史者只得取艺术及学术的相对尺度，意义虚置，然后也就产生了牵强的史论。我们已有的古诗评述即有类似情形，并且因袭至今。

当代人多采用成说，已经无暇直面文本。说到底，直面文本的悟读是最难的。我们在局部的参照之下，会失去一个更大的标准。在解读古代诗章的时候，要有一种距离感和全局感，将它们与现代自由诗的难易加以比较和辩证，就会发现很多奥妙。

·模式的魅力

王维的思想与艺术道路并非偏僻，而是相对通俗：空灵超脱，出世事佛，这在中国文化中最易求得理解与共识。作为一种生活模式与概念，业已成熟且源远流长，可操作性很强。无论是官民朝野、士农工商，皆可为之。这种方式既包含一定的反世俗性，同时又具有普遍的退守的消极。它是一种极易采取的人生动作，是一条极其熟悉的路径。其说辞之丰富、条件之易得，都存留很大空间。所以作为诗人之王维是稍稍狭窄的，而作为人生之王维，道路则是长远和开阔的。

　　王维诗作的思想与内容、涉猎问题的繁杂性与开阔度，比起同时期的诗人，更不要说历史上那些杰出的诗人，都是差异明显的。他的人生实践，他选择的道路，却很容易理解与接受，跟随者和模仿者不可谓不众。这种方法和选择，既在生活希望之远方，又可以化为近在眼前的实践，比较起来在古今中外的文化和生活史上都显得不太陌生。类似的生存状态是全人类所共有的，并不局限于东南亚儒家文化圈，西方也有许多疏离淡远、隐逸退守的内心修持者。特别是到了全球化的当下，网络时代的众声喧嚣，信息量的庞杂巨大，精神与物质的压力急骤加大，很多人不胜其扰，出世心趋强，王维那样的宗教道路及精神指向就有了更大的诱惑力。这里不受身份与物质资本大小的限制，只因为离自身生活极近，也极通俗，所以没有什么费解之处。

　　王维的艺术与生活高度统一，是一种杂糅道家思想的佛教文化，并与人生悲观主义结合，总体上为一种消极无为的状态。为了在虚无中取得一点个人主动性，也就更加深入佛理，如辋川时期，特别是晚年，就愈加具有这样的特点。"山林吾丧我，冠带尔成人。莫学嵇康懒，且安原宪贫。山阴多北户，泉水在东邻。缘合妄相有，性空无所亲。安知广成子，不是老夫身。"（《山中示弟等》）这些诗句中表达的与生活的距离、与物质的距离，都是非常迷人的，可以打通古今中外，既悠远又切近。其实每个人心里都存有这样的一种生活模式，它或是潜在或是显在，在不同的人生阶段运用和试用。这是人性中顽强存在和固守的某种元素，而王维的诗文以及他的个人生活，将其发挥到了极致。

　　作为一种生存方法，一种象征和代表，王维把这种模式升华为艺术，这种诠释和演绎也就愈加深入人心，弥漫出更大的魅力。

我们可以设想，人生靠近了这样一种诗意和境界又将如何？无论客观条件怎样，都难以彻底阻隔对这种生活方式的向往之情。极其坎坷的困苦时段，可以有此选择；极其顺畅的充裕时段，也不妨有此选择。前者是回避和遁世，是不得已的顺时安命；而后者富有主动性，就更为雍容和高贵，是悟彻与明慧。这种人生模式本身既具有很强的涵盖性，又带有一种始料不及的传染性。不要说大面积感染，就是局部感染，也会带来难以预料的后果。

回避是无边的、没有尽头的，回避所能解决的问题总是有限。回避是个人的选择，而积极则往往要打扰很多人，而且付出更多。那种偏安一隅的思想，看起来在于"舍"，实际上则是一种懒惰，为自己的惰性找到王维式的"佛性"和"艺术"的支持。在这种极具吸引力的顾恋之下，就可以摆脱许多责任，而这种摆脱是有快感的。将这种摆脱和退却的通俗性做到一个极致，便有了某种程度的晦涩性，而这种晦涩性又会强化其"道德"与"智慧"的价值。

· 大尺度与小尺度

关于王维研究，为古代诗人中比较显著者，虽不如屈原、李白、杜甫、陶渊明、苏东坡等人，但绝不逊于唐代的韩愈、白居易、李贺、杜牧、李商隐等，后者皆为极重要的诗人。将他们与王维加以对比，就会发现许多差异，发现差异之上的一些更重要、更永恒的标准，以及有关这类标准的一些微妙而严格的权衡。

今天需要顾盼昨天的脸色，今人要看古人。打开历代诗学家对王维诗歌的赏读与评述的时候，就会发现大部分诗家诗话将其置于极高的地位。"维诗词秀调雅，意新理惬，在泉为珠，着壁成绘，一句一字，皆出常境。"（唐·殷璠《河岳英灵集》）"王摩诘诗，浑厚一段，覆盖古今。但如久隐山林之人，徒成旷淡。"（宋·蔡絛《蔡百衲诗评》）"唐无李杜，摩诘便应首推，昔人谓'如秋水芙蕖，倚风自笑'，殊未尽厥美，庶几'咳唾落九天，随风生珠玉'耳。"（清·贺裳《载酒园诗话》又编）此种诗论不可历数。职业研究者，比如古诗学领域，学术连续，因袭之下几为成说。其中一些观点实在值得商榷。就王维诗作之艺术价值和思想深度，即诗与思的高度，还需进一步甄别确认。

关于艺术鉴赏与评判，通常离不开两种尺度，二者既相互影响又不可混淆。一是"小尺度"，一是"大尺度"。前者强调艺术家与所处时代之关系，极其重视当时的影响力，并成为重要的参考价值。"小尺度"除了特别依赖艺术家与时代的情状，还要延伸到后来，与某个历史时期的艺术思想趣味吻合的程度，这会严重左右研究的倾向。总之，局部判断依据"小尺度"，这是必须的，而且难以忽略，并对"大尺度"的权衡起到不可替代的作用。它具有强烈的左右力、参考性，甚至成为最重要的评判依据。

"大尺度"则需要排除艺术家对所处时代的影响，摆脱研究者自身的时代局限，尽力超越诸种因素，依从艺术的恒定指标，在纵横比较中确立价值与高度。这是至为困难的。这涉及艺术家及其作品诗与思的含量，文本的自身魅力，包括整体呈现的难度、偏僻性与独特性，以及作为一种形式本身所抵达的深度和高度。诸种元素既受艺术与时代关系的制约，同时又会体现出一种生命的独立性格，体现为更加阔大的一种大判断：不同时代的艺术仍然具有可比性。

这就需要站到很高的位置，有一种总揽的阔大视野，尤其需要排除一些谅解因素。比如在缺少基本艺术创造条件、群体文化失准的时期，在这种空间产生的巨大或者较大影响者，怎么能与艺术繁荣活跃、文明发达之期所产生的重要作家作品相比？二者的意义显然不同。"小尺度"即把艺术家与时代的关系作为最重要的衡量标准，所以无法准确。只要是艺术判断，一定需要采取"大尺度"，这应该成为一种基本尺度。比如在某些极其特殊的时期，许多人失去写作自由，只有极少数人在一种护佑下纵笔涂抹，他们的影响想要减弱都不可能。这种影响力以及它对时代所构成的关系，如果仅用"小尺度"去看，该是多么重要；但是只要把时间稍稍放长，将写作与阅读的群体稍稍展开，就会发现这种局部的"尺度"是多么单薄和脆弱。

王维诗歌填补了一个时期的空白，以至于成为不可取代的审美。他于当时及后来都有显著的价值，受其影响者不可谓不多，类似风格的诗人在唐代和后来都有很多。他们步王维之后尘，或者说不约而同地选择了这样一种精神和艺术的路径。然而，即便是王维，如果放大尺度，就会发现其单薄的一面。从文学史的角度、学术的角度，人们不能够容忍空白，必须有内容、有记录、有个案、有具体，这是量化和分类的需要。由于各种缘由，长达几十年甚至上百年，缺少重要的艺术家也是完全可以谅解的。类似的时代并不少见，几十年、上百年都没有出现一个足斤足两的艺术家、诗人，是完全可能的。

我们不要以为"小尺度"仅仅是时代或局部的一种必然，实际上，它作为评判事物的一种方法和倾向，是经常出现的，可见人们也完全可以在跨时代的广度上采用"小尺度"的标准。因为心中缺乏永恒，缺乏更高的指标，没有强大的审美力，就只好依赖成说，依赖量化和类型化的需要去罗列和堆积，为个人学术寻找说辞，这样的艺术鉴赏所造成的误解危害极大。它就像追求真理者见到混淆是非的那种郁闷一样，很难谅解和平复。

"大尺度"的思维是一种强大的理性，即信仰力，是一种不断贯彻的探究力。我们会发现"小尺度"的干扰是无时不在的，而这种干扰愈是频繁和切近，危害也就愈大。

·诗名冠代之由

在王维去世之后不长时间，其弟王缙出任宰相，这是代宗朝。代宗称王维"诗名冠代"："卿之伯氏，天宝中诗名冠代，朕尝于诸王座闻其乐章。"（《旧唐书·王维传》）唐代为中国历史上诗歌最盛之期，与王维同期的诗人就产生了李白、杜甫、贺知章、王之涣、张九龄、孟浩然、王昌龄、高适、岑参等大批杰出人物，更不要说整个唐代了。对王维盛赞不单皇帝一人，而是建立在共识之上。作为诗人，王维与同时代之李杜，更不要说与以前的屈原、陶渊明等相比，得到这种评价是何等幸运。但艺术需要时间鉴别，当是一个复杂滞后的过程，这可以从东西方找到太多事例。

清代孙洙编撰的《唐诗三百首》是一个权威选本，这个选本影响范围相当广泛，几乎是一个不朽读本，其中共收录了七十七家，共三百一十一首。入选数量最多的是杜甫，有三十八首，王维以二十九首名列第二，第三名是李白二十七首，第四名李商隐二十二首。可见直到清代，王维都享有这么崇高的文学地位。

唐代几位皇帝喜欢佛道，这大概也是促成王维地位高耸的原因。比如代宗先道后佛，与回纥、吐蕃作战，请僧众宫内诵经，战事结束便认为是和尚之功。还有宣宗也是迷恋佛道，他特别喜欢白居易的诗，白居易可算是中国历史上一位儒释道兼容并蓄的文人典范。没有哪一位诗人的作品比王维的诗作更接近佛道思想了，在唐代佛道盛行的精神和文化氛围中，王维影响之大是自然而然的。皇帝下令宰相王缙搜寻其兄诗作，王缙回奏说经历了"安史之乱"，其兄诗作仅剩十分之一，但最后还是找到了四百余篇，编成十卷，献于代宗。

任何统治者都喜欢"温和""纯粹"之艺术，即便王维诗没有宗教因素，仅凭冲淡平和、超然世外的诗风也可以获得激赏。如有太多激愤忧伤、刺疾刺腐，即会引起朝野纷争，不但是在统治者那里，就是社会民众，也会争论不休：难以接受，更不会激赏。比如白居易自己最为看重的"讽喻诗"，在当时就很少为人知晓，而真正流行于庙堂和民间的，是他的《长恨歌》《琵琶行》之类。

激烈地维护弱者并不会被弱者所感激，真正的民众代言者也不一定为民众所推崇。民众是一个奇怪的群体，相信这个群体是有条件的，它不是一个简单的概念，甚至不是一个直白的问题。尤其对于艺术欣赏这种极其繁复的事物、难以言喻的审美，绝不可以简单化，在艺术上达成通识和共识是很难的。我们一再强调的"大尺度"，许多时候不为一个时期的民众所能认识。传播需要许多条件，平凡和卑俗常常是最重要的条件之一。

　　精神的孤高、卓越和绝美，并不一定能够得到认同，或者在某个时期隐匿不张，需要度过一个极其沉闷的阶段。也许它的成长期和茂长期非常遥远，甚至被压在时代地壳变动的岩石和涌浆之下，化为矿藏或者乌有。例外总是存在的，但是不要期待这种例外。折中、公约数、平均值，有时候就是群体的代名词，最高的东西不会在潮流之中，潮流的最高也只是一种中等水平，潮流即意味着中等之下的"共识"。

　　王维的"诗名冠代"既不会成为一个标准，也不会成为一个定论，相反倒让我们想起了潮流中的事物。王维诗歌总体上看形式大于内容，而内容又属淡然、静寂、清美和超然物外。这种艺术益于养性和消遣，适合各方人士。

　　纵观中国文学史，在当时和后来，受王维诗风影响较大、代表性作品中表现重要的显性元素者，并不如想象的那么多，"诗名冠代"之称谓似有夸大之嫌。中唐以后师法王维者开始减少，到了两宋也是如此，欧阳修、苏东坡、陆游等大诗人，对王维的叹赏与汲取，仅是作为一种边缘性的补充。到了明清，王维的诗歌地位才直线上升，一度超越李杜，甚至被推崇为唐诗第一。两宋推崇的是王维画作，因为北宋是文人画兴起的时代，苏东坡就曾经认为王维之画，在艺术上超过了"画圣"吴道子，而且王维的禅诗对宋元时期的山水画也有一定影响。

　　南宋许颢在《彦周诗话》中这样评价王维："自李杜而下，当为第一。"清代贺裳也持此论。今天看这种说法有些离谱。王维诗作杰出固在，但其平庸性也显在。平庸于许多时候作为一个最大公约数，更容易得到呼应。尤其当这种平庸与宗教观念、与某种概念化思维和艺术表达方式相吻合的时候，就更容易引起共鸣。艺术的民主是指产生艺术的环境，而不是指机械的评判方式。对于文学艺术的评判，直到现在还经常有人采用票决法，实际上是一种荒唐可笑的噱头而已。曾经发生过这样的事例：有人在一所著名高校讲述中国文化史，鼓励学生为唐代诗人排序投票，强调诗人所抵达的文学高度是其中一个标准，但是他们忘不掉的另一个标准，就是诗人在后世被民众喜爱的广度，即最大公约数、民众影响力，这也成为一个前提条件。投票结果是李白第一，杜甫第二，第三王维。我们相信这是"小尺度"的影响所致，包含了诸多的不求甚解，少了一些艺术理性。这样说当然不是否定王维，而是力求还其原有的真实与魅力。

实际上魅力和价值可以错置，当二者错置的时候，对于诗人而言，无论如何都不是一件好事，而是另一种误读。

韩

愈　二十三讲

·极盛之后

　　韩愈生活的时期为中唐，活动于德、顺、宪、穆四朝。这是社会剧烈动荡的时期，国家持续走下坡路，可以说是内忧外患，既有藩镇割据边疆告急，又有宫廷内部的剧烈党争，宦官弄权。思想文化领域是一派颓败消极，泛滥于汉魏的谶纬神学和玄学，到了这个时期再度兴盛。佛与道在几代皇帝的大力倡举之下，整个上层官吏沉溺其中，所谓上行下效，民众也趋之若鹜，国民的精神风貌与文化性格与盛唐之期大为不同。

　　人们为之兴奋、发出啧啧惊叹的盛唐已经成为过去，政治、军事、民生，特别是文化，从唐太宗"贞观之治"至唐玄宗"开元盛世"，经历了一百多年的繁荣之后，遭逢"安史之乱"，整个国运急转直下，唐王朝进入了一个衰落、平庸而动荡的时期。就文坛来看，李杜不再，"盛唐之音"式微，他们所象征和代表的汉语言文学，那种生机勃勃的气象日渐衰萎。文学是更为复杂的生命现象，不可能简单地与一个时期的社会政治经济状况相配，它们并非同步，但二者之间仍有深刻的联系。唐代经过一系列繁荣、衰败、振兴、再衰败等高高低低的起伏之后，元气已无法复原。虽然有过几段复兴和振作期，比如唐宪宗的"元和中兴"、唐宣宗的"大中之治"，但毕竟昙花一现，无法力挽颓势，那种极具创造力的生机勃发的态势与精神，终究未能恢复。

国体如同人体：病来如山倒，病去如抽丝。骤然压倒生命机体的是一种长期积累的危厄，它们在暗处，于不察中汇于某个角落，最终化成一记重拳。羸弱的生命跌跌撞撞勉强爬起，蹒跚而行，脚下布满坎坷，更难以抵御寒风。综合的显性表征即"文化"，而文化的主体部分则是文学，所以这个时期表现在文学上，即是虚浮和夸张。起源于汉魏、兴盛于南北朝的骈体文，在经学衰微、玄学盛行以及佛教进入中国之后，得到了长足发展，文学渐渐偏离儒家的轨道。骈体文的倡导者基本上都是当时的士族阶层，他们不关心社会民生，个人生活奢侈靡浮，为文追求装饰性的华美，用典繁多，堆砌词藻，以形式主义的"才思"和所谓的"学养"来对应庸俗的生存。

这个时期如果出现一种朴素刚毅的文风、一种雄拔的个体生命表达，反而是不可思议的。从文学史的角度看，人们在这样一个时期期待变革，期待出现一位划时代的历史人物。这应该是一个文化奇迹，预示社会机体的生机焕发。尽管是局部的，却是希望之所在，是了不起的康复契机。

唐代科举以诗赋取士，赋即律赋，这种有韵的古老文体发展至唐，文字更加讲究音韵谐和，对偶工整，士子们必须熟练此种技能方可应考。而唐代公文通行骈体文，比如做过宰相的令狐楚便以此获当世称誉："言文章者以为冠"（唐·刘禹锡《东都留守令狐楚家庙碑》）。

令狐楚的骈文在当时竟然与韩愈之古文、杜甫之诗，并称"三绝"。历史记载唐德宗尤其喜爱令狐楚的文章，其任职于河东节度使幕府时，德宗每次御览送来的奏章，一眼便能看出令狐楚的手笔。的确，这和整个国家的精神气质是一致的，外表装饰浮华而中气正气不足。统治阶层的腐败一定是从物质主义和娱乐主义开始，而后自上而下影响整个社会。腐败的诱导力、教育力和腐蚀力是无比强大的，它可以在极短的时间内造成大面积的沦陷。所谓"导向"，封建专制体制恰恰是一种恶劣的"大导向"和"大教育"，在相当程度上能够决定一个时期的文化与人性发展趋向。

我们鉴定一个时期、一个社会的专制政体，会历数它们的恶行，如多少人遭受冤狱，多少人被杀戮和践踏。这固然是封建专制的罪恶，但更大的，却是这个集团自觉不自觉地、或显或隐地对整个社会形成的恶劣卑鄙的教育与诱导：一个时期的民众走向精神堕落，丧失理性模糊是非。封建政体在最大程度上有效地，甚至非常残酷而彻底地驱逐文明，将其置换为卑鄙、阴谋、机心和尔虞我诈，让一种不可言说、深藏不露又似乎时时可见的对文明的敌意，在社会上蔓延和流动。这才是不可饶恕的罪恶。

唐代封建统治是儒释道三教并立，西汉确立和倡导的"罢黜百家，独尊儒术"已成空话。即便是被封建统治集团长期改造和歪曲的"伪儒"，地位也在下降，更不必说清醒刚直的知识人所坚守的"正儒"了。一心求得长生与享乐的帝王们更愿意相信歪理邪说，所以怪力乱神层出不穷。

也正是在这样的时刻，韩愈作为一个"正儒"的代表人物出现了。

历史做出如此选择，使我们欣喜而又欣慰。他几乎以一己之力驱开重重雾霾，而且终身如此，百折不挠。在宗教方面，对弥漫于社会铺展于民间的肤浅的、形式主义的、经过歪曲与改造的道与佛，采取坚拒态度，历陈弊端，甚至直接上书，不惜冒杀头之险。作为一个改革者，他的发力从文化到其他诸多方面，波及社会思潮、教育、文学、政治、军事等多个领域。其实文化的变异必涉多个方面，不可能是单一的和独立的，因为腐败和沦落一定是全方位的。我们难以想象一个萎靡混乱的时代会有刚健的文风、清廉的政治、理性的国民。

韩愈之勇敢坚毅，意义在于整个时代与族群，而不仅是文化宗教领域。他从弱小和孤独一路走来，从卑贱布衣到低级官吏，从边缘到中心，渐渐成长起来，并获得越来越多的响应。他一路风尘，始终倔强不屈地放大自己的声音，既能强词夺理，又能以理服人，可谓不畏艰难的一生。他自少年时代接受儒学经典，经过四次科考得中进士，而吏部应选又三次落败，求仕之路坎坷："四举于礼部乃一得，三选于吏部卒无成。"三次吏部考试都没有通过，最后不得不宦游幕府。然而这拼争奋斗的一路也是呼号不止的一路，即便在地位卑微的时段，他也没有停止自己的大言惊世："今有人生七年而学圣人之道以修其身，积二十一年，不得已一朝而毁之，是亦不获其所矣。伏念今有仁人在上位，若不往告之而遂行，是果于自弃，而不以古之君子之道待吾相也，其可乎？宁往告焉。若不得志，则命也，其亦行矣。"（《上宰相书》）

韩愈实为力挽颓废文风，进而影响到整个时代风气的关键人物，是一个不可绕开的文化乃至社会的勇敢变革者。在精神文化方面，他是当之无愧的时代旗手。"文起八代之衰，而道济天下之溺，忠犯人主之怒，而勇夺三军之帅。此岂非参天地，关盛衰，浩然而独存者乎！"（宋·苏轼《潮州韩文公庙碑》）这是苏东坡的崇高评价，其中少有修辞夸张，大致切中事实。具体分析何为"衰"、"衰"到何种程度，又需要大量例证。与"衰"对应的，正是韩愈等不可替代的巨大努力，是超人的恒心和力量。

· 工律之上

盛唐时期的律诗得到长足发展，其中当然有前辈诗人的贡献，以杜甫为代表的杰出者在继承前人的基础上，使律诗达到了炉火纯青的境界。杜甫等人的诗歌艺术又被后人发扬光大，但仍然属于个案。任何时代的楷模都是不可复制的，最伟大的天才总是难以再现。作为个案，其独立无测和奇异光彩，即构成了难言的生命和文化现象，这就是我们所说的"天才之谜"。没有"谜"即没有魅力，也无须诠释下去。以唐诗为代表的强大影响力，在借鉴的层面和后果上可以是正面的，也可以是负面的。如果从形式上制约了文学的发展和革新，就有点可悲。当某种艺术形式高度成熟凝练，以至于形成严格规范的时候，这种制约力就走向了反面。凡事皆过犹不及，形式的完美与固定、对内容的资助，当有一个限度：它必须在内容表达的需求之下，亦步亦趋地服从于这种表达，服从于生命的激发过程，而不能反过来，不能僭越。

事实上，律诗的严格性渐渐走到了极处，空心化与肤浅化的恶果也就形成了，最后难免变成一种形式主义的游戏和竞赛。中唐时期，许多"古风"都写成了律诗，正常的言说也写成了骈文，活泼生鲜的内容退回次位。而在盛唐时期，李杜的潇洒是骨子里的，是生命质地如此，他们对文学形式的贡献，首先是烂漫的充实和饱满的精神内容所决定的。那是一场又一场审美的完成和胜利。杜甫虽然使一种形式更为成熟，并在很大程度上加以恪守，但这同样是灵魂上的一种蓬勃生长，而不是僵化和萎败。丰实的内容与完美的形式本来即是一种谐配，形式的强大，在于能够保持内容上纵横腾挪的自由和心灵的解放。这个功能和过程一旦到了等而下之者手中，就完全本末倒置了。他们会机械持守，不求甚解地模仿和遵循，一味追求和放大形式本身，并以此为能。

作为艺术诗章，工律之上显然有更为重要的东西。赋予骈文无论形式怎样完美，那种内在的为文原理却不能改变。在今天看这似乎是简单的道理，要真正贯彻于实践之中却不容易。它仍然需要经历一个漫长的时期来领悟和解决，甚至需要付出沉重的代价，需要许多人做出奋斗。在中唐，骈文和律诗都面临着一次蜕变和革新。工律如果不能援助内容、服务和强化内容，也就需要改变了。工律的恪守一旦变成空洞无物的说辞，就会让人烦腻。所以一个时期从形式上突破制约，并能发出清锐之音，就是一个大贡献者，一个真正的开拓者。

这个时候韩愈发出警世之言："非三代两汉之书不敢观，非圣人之志不敢存。"（《答李翊书》）"仆为文久，每自则意中以为好，则人必以为恶矣。小称意人亦小怪之；大称意即人必大怪之也。时时应事作俗下文字，下笔令人惭，及示人，人以为好矣。小惭者亦蒙谓之小好；大惭者即必以为大好矣。不知古文直何用于今世也，然以俟知者知耳。"（《与冯宿论文书》）他感到大惑不解的是，越是自己得意之文，别人看了越是贬斥；越是自己感到羞惭的文字，越是得到别人的赞扬。这是一个指鹿为马和以丑为美的时代。这让我们联想到当下，数字时代的垃圾泛滥不已，人们对于文字先是麻木，而后就进入荒谬的判断：越是肮脏丑俗越是让人感到快意；越是直露喧闹越是有人推崇。看来审美的自我与独立，那种刚健清新的敏锐，并不容易。潮流的遮蔽、歪曲和诱惑，可以是彻底的。

身处潮流的个体要有雄拔心志，有一番搏击，这就需要是一个有力的不安的生命。韩愈就是这样的一个人。他置身于潮流之上，既没有随波逐流，也不是简单的旁观者。由于他高踞于上，视野开阔，所以能够纵观前后，将先秦纳入视野，并不认为那是遥不可及的远方。在这种视野与格局中进行比较鉴别，坐标系就扩大了许多，可以从"新"中看到旧，又能从"旧"中看到新。生命力的充盈强大，会使人变得清醒，更加直接和真实。在这种审视之下，他变得比同时代许多人都要理性和自信，因此敢于开拓新境，反其道而行之。这种了不起的时代综合力，来自潮流之上的开阔和气度，他参与并主导了一次思想解放运动。这是一种独往独来的勇气。"愈曰：君子居其位，则思死其官；未得位，则思修其辞以明其道。我将以明道也，非以为直而加人也。"（《争臣论》）他当然知道潮流的左右力超出想象，要做一个藐视潮流者，不仅需要阔大的气魄与充盈的中气，还要准备做出牺牲。

"古今论韩愈者众矣，誉之者固多，而讥之者亦不少。"（陈寅恪《论韩愈》）比如南宋大理学家朱熹对韩愈就抱有一种很矛盾的态度，一方面非常认同韩愈所持之"道"，推崇韩文，在《梅溪王先生文集序》

中，将韩愈与诸葛亮、杜甫、颜真卿、范仲淹并列为"五君子"，说"此五君子，其所遭不同，所立亦异。然求其心，则皆所谓光明正大，疏畅洞达，磊磊落落而不可掩者也，其见于功业文章，下至字画之微，盖可以望之而得其为人。"另一方面又说韩愈："当初本只是要讨官职做，始终只是这心。他只是要做得言语似六经，便以为传道。至其每日功夫，只是作诗，博弈，酣饮取乐而已。观其诗便可见，都衬贴那《原道》不起。"（《朱子语类》）在宋代以程颢、程颐、朱熹为代表的大儒，在菲薄、轻慢韩愈的同时，却从他那里吸取和接受了许多可以利用的思想。

　　二十世纪三四十年代涌现出一些攻韩之徒。陈登原《韩愈评》指出韩愈是"文人无行"的典型代表，认为韩愈提倡"道统"，是"文人之卖弄，茫无归宿之夜郎自大而已"。周荫堂《韩白论》说："韩的胸襟很狭隘，见解很肤浅，思想很粗糙，并且一味地想挂'圣人'的招牌，他对于精邃玄奥的佛学，本不能了解，而却大肆攻击，认为异端邪说。""他在政治上的活动，更现出他的患得患失，阿谀逢迎的心理。"周作人更是写有多篇辟韩之文，认为韩文"虚骄粗犷，正与质雅相反"，"唐宋以来受了这道统文学的影响，一切都没有好事情。"（《风雨谈·关于家训》）甚至攻击起韩愈的长相："他的尊容是红黑圆大，唇厚，眼小如猪，我从前猜疑他好吃猪肉，身胖喜睡，后来看什么书始证实他确实如此。"进而指摘其人品："热衷躁进，顽固诞妄而胆小，干谒宰相，以势利教儿子，满口礼教，因谏佛骨谪官，立即上疏哀鸣，登山怕下不来，号哭写遗嘱，这些行动正好配上那么的外表。我找坏文章，在他的那里找代表。"（《知堂集外文·亦报随笔·坏文章二》）

可见对韩愈及其诗文的否定者，不仅在古代，即便是到了现代，仍然大有人在。某些见解虽然可以讨论，但大都不够中肯。

·诗与文的关系

韩愈是一个诗人，但作为一个文章大家似乎名气更盛。有时宁可回避其诗，而必谈其文。打开当代一些选本和教材，会发现多有文章，而诗则少见。这是不是一个误区？是不是一种优长对另一种优长的遮蔽？需要我们直面文本才好。诗与文其实不能截然分开，前者为后者的灵魂与核心，后者为前者的基础，并且可以看作更开阔的后方。韩愈的诗文之间关系绝非独立和分离，而是相互支援以至于共同抵达一种成就和境界。这一点必须得到充分的认知，否则不仅无法准确理解和评价他的诗歌，更不会深入文章的腹地。

就形式的演变和渊源来看，传统的诗是文的精炼化和声韵化，是另一种形式的文。诗与文的完全对立和脱离既非常荒谬，也不可能。但从另一方面来说，文毕竟不是诗，因为文所不及之境才有诗，可见还不仅是一个形式问题。诗的确是极为独特的事物，是一种非如此不可的、极具特质与高度的表达，当然不能用文来取代。所以从中国历史上第一部诗歌总集《诗经》诞生到现在，几千年过去，诗作为一种文学样式仍然存活，而且远无终结之相。有人可能说"诗"之称谓仍存，其形式本身，更有表达范式，早就经历了脱胎换骨的巨变。他们会列举从白话文运动到今天、由最初之直白和自由，走入类似西方现代主义的晦涩和怪异。这是客观存在的事实，但这种说法貌似成立，仍旧缺乏根本依据。诗的本质意义并无改变，它仍然还是文学的核心，这一点是不可替代的。无论读者数量多少，诗作为一种极致化的表达方式，仍然是文学审美的高端，这种地位与尊严是无可撼动的。

说理性与叙事性是文章强项，但这些优长即便是诗也未能彻底割舍，相反总要以另一种面目出现。从古到今，人们公推"韩文"，其诗则要退其次。就他个人来说，也是以文为最重要的志业。每每书写文章，必定理茂辞盛，气势夺人，但如此凌厉之文一旦入诗，也不失为另一境界。他的诗章同样好不痛快，别有新调。"山石荦确行径微，黄昏到寺蝙蝠飞。升堂坐阶新雨足，芭蕉叶大栀子肥。""山红涧碧纷烂漫，时见松枥皆十围。当流赤足踏涧石，水声激激风吹衣。人生如此自可乐，岂必局束为人靰。嗟哉吾党二三子，安得至老不更归。"（《山石》）"一封朝奏九重天，夕贬潮州路八千。欲为圣明除弊事，肯将衰朽惜残年。云横秦岭家何在？雪拥蓝关马不前。知汝远来应有意，好收吾骨瘴江边。"（《左迁至蓝关示侄孙湘》）他的诗所达到的高度，正因为文的援助，可以说没有韩之美文，就没有这些好诗。他的诗与文可称双璧，许多时候难分高下。其文确在一定程度上遮掩了诗，但诗的光芒仍然能够从茂密的文章之林中穿射而出，炫人眼目。他的文之自由开阔，痛快淋漓，也同样开拓出一种独有的诗境。

"退之诗，大抵才气有余，故能擒能纵，颠倒崛奇，无施不可。放之则如长江大河，澜翻汹涌，滚滚不穷；收之则藏形匿影，乍出乍没，姿态横生，变怪百出；可喜可愕，可畏可服也。"（南宋·张戒《岁寒堂诗话》）此为至评，不可不记。

· 何谓复古

"复古"二字历来背负恶名，令人忌惮。在我们的语境中，凡主张复古者必是开历史倒车之徒。其实究竟怎样，还需具体分析，因为在当时能够标举"复古"，在真实的历史语境中未必会那样简单，作为旁观者，切不可望文生义。我们可以遥想春秋时代孔子的"克己复礼"，几十年来已经被批判得够多了。再看看意大利文艺复兴时期的恢复古希腊古罗马艺术传统的主张，在西方文学史中也被屡屡提及。这两个被东西方称之为"复古"的历史事件，实际上却无一例外是变革，甚至是当时政治和艺术上的激进主义。这些"复古"不仅不是简单地回到过去，而是要勇敢地面对当下，是从历史积累中提炼和淬出变革现实的新元素。可见这仍然是立足于现实，是起步和发端，而不是固守和倒退。

发生于现实的一切并非全是"新"的，而极有可能是陈旧没落之物；而那些在历史中业已发生、在时间中验证过的许多事物，却被我们丢弃和遗忘，这其中有一些正是值得我们珍惜的部分。关于历史的总结和借鉴，回望和甄别，恰恰是改变现实所应有的勇气，是对正在发生的倒退和沦陷做出的一种反思和反拨，是将社会推向前进的一次跃动。这需要理性，需要果敢，需要无畏的生命来实践它。

"复古"用以社会变革，往往包含了一定的策略性，而不是简单的鲁莽和勇决就可以达成。这里有忍耐、智慧和步骤。比如孔子当年的恢复周公之礼，即不仅仅是针对文化和艺术，而是具体地直接明了地指向了现实生活。它是作为一场变革的口实、借重和路径而被提出。再比如西方的文艺复兴运动、发生在中唐的以韩愈为旗手的古文运动、明代"前后七子"所标榜的"文必秦汉，诗必盛唐"，还有清朝"桐城古文派"提倡语言雅洁，反对俚俗，都是对历史的回访、鉴别和引用。它们作用于当下的意义在于革新，但战斗的姿态却得到一定程度的遮掩和模糊。

文化艺术领域的"复古"一定要牵涉到整个社会，辐射到其他各个方面。

谈到中唐时期的思想领域，首先需要涉及已经淹没在崇佛倡道的社会思潮中的儒学。"正儒"有一个长长的流脉，在中唐，韩愈是它的一名"悍将"。作为一个中国传统文化的继承者，一名"诗书传家"氛围中成长的士子，同样是在儒学的求仕惯性中登上历史舞台的。但这个路径上的你来我往者实在太多，他们一旦走入庙堂，就会审时度势，顺应潮流。韩愈是其中一个倔强而清晰者，始终坚守了"正儒"的本分。在士子的潮流中，他是一个不曾流于时尚的、稍稍莽撞的人。他目击和评判，常有不安、忧虑和愤怒。"仆始年十六七时，未知人事，读圣人之书，以为人之仕者皆为人耳，非有利乎己也。"（《答崔立之书》）这里说出了为仕的初衷和由来，认为"为仕"即"为人"。

儒学的根本为"仁者爱人"。孔子"道不行，乘桴浮于海"的那种强大寻找力、探究力，以"道"（真理）为最后和最终的边界，这样的一个勇者形象强烈地激励着韩愈。中唐佛道泛滥，庸俗化的犬儒主义、实用主义在民众中掀起一波又一波的浪潮，使他不可容忍。即便是参差于其间的儒学，也是被改造过的"伪儒"，这就意味着，唯有像当年孔子一样"克己复礼"，才能回到"正儒"。这种信念是何等强大，它一直成为他勇往直前的巨大的思想支援，是令他倍受鼓舞的精神指标。

就韩愈在诗文方面的开拓来说，我们联想到了一个英国人，他就是对现代主义诗歌运动做出巨献的艾略特。艾略特当年直言：自己在政治上是保皇派，宗教上是英国天主教，文学上是古典主义者。从字面上看，这个人是典型的倒退派和保守派，从政治到文学到宗教，简直是全方位的。我们经常可以听到对这位西方大诗人的类似议论，其依据就是如上的"夫子自道"。但这只是表面理解，是不求甚解。如果稍稍研究一下英国的文化史和宗教史就会明白，这段话所表达的内容与一些人惯常的理解大相径庭，或正好相反。阅读世界文学史特别是现代诗史，会发现艾略特恰恰是西方现代诗最有力的拓疆者，属于这个进程中最激进的人物之一。他的大胆推进引发了长时间的争执，有人甚至拒不承认他为正统和正路，而是伤害和背离了诗的传统。在他们看来，他不过是让诗走向了自由散漫，让议论叙事即散文元素大量涌入，少有节制，诗已非诗。

艾略特对于诗的改革与创新幅度很大，一再扩大自由诗的边界。这些举动与中唐的韩愈何其相似，所以他们两人所受攻击也相差不多。许多人认为韩愈"以文入诗"，充斥事理，无意境无工律，随心所欲，漫无边界，已经不能称之为诗。"退之以文为诗，子瞻以诗为词，如教坊雷大使之舞，虽极天下之工，要非本色。""退之于诗，本无解处，以才高而好尔。"（宋·陈师道《后山诗话》）黄庭坚说："诗文各有体，韩以文为诗，杜以诗为文，故不工尔。"（陈师道《后山诗话》引）《梦溪笔谈》的作者沈括甚至说："退之诗，押韵之文耳，虽健美富赡，然终不是诗。"（宋·惠洪《冷斋夜话》引）

以黄庭坚、陈师道为代表的"江西诗派"如此否定韩诗，但是回头观之，他们受韩愈"以文为诗"的影响仍然很大。黄陈二人的评判所依照的标准当然是形式主义，是盛行的潮流对他们的牵引和左右，从而对无所拘束、天马行空、自由挥洒的韩愈感到阵阵惊愕，以至于不能容忍。南宋时期也出现了另一种声音，比如赵秉文在《闲闲老人滏水文集》中说："韩愈又以古文之浑浩溢而为诗，然后古今之变尽矣。"胡仔在《苕溪渔隐丛话》中说："韩退之诗，山立霆碎，自成一法。"清初大诗评家叶燮认为："韩愈为唐诗之一大变。其力大，其思雄，崛起特为鼻祖。"（《原诗》）而今人陈寅恪在《论韩愈》中则给予了更高的评价："退之之诗词旨声韵无不谐当，既有诗之优美，复具文之流畅，韵散同体，诗文合一，不仅空前，恐亦绝后。"

让我们再回到艾略特的英国。这里需要注意的是，艾略特所说的"英国天主教"，并非我们所认为的罗马教皇的"天主教"，而是经历了宗教变革之后的新教，即基督教。当时英国已无天主教，艾略特这样讲，只是为了区别于当时英国基督教中的"下教会派"，强调自己属于"上教会派"，即更注重宗教仪式的基督教派。艾略特所谓的"古典主义"，也不是简单的向后和移植，而是将古典主义中蕴含的某些"现代"部分，综合于现代主义的进程，让它继续生长。他让"古典主义"参与现代的全部努力，结出了丰硕的成果。就此来看，中唐时期韩愈等人所做的工作与之具有异曲同工之义。韩愈推崇先秦文章，取其朴直刚健、言之有物和真情本性，以冲决当时盛行的华而不实和奢靡无力，去掉一个时代的缀饰和虚浮，使先秦文章在中唐得以生长，最终形成生气勃勃的文风，这就是当时的"现代主义"的成长。

"读书以为学，缵言以为文，非以夸多而斗靡也，盖学所以为道，文所以为理耳。苟行事得其宜，出言适其要，虽不吾面，吾将信其富于文学也。"（《送陈秀才彤序》）时代需要向前，而向前即意味着接续历史的某一部分，选择之不同，当然也就决定了道路之不同。将淹没的、似乎遥远的历史中最具生长性和生命力的部分复活，让其与现代衔接，现代主义才会产生，这一点上，艾略特与韩愈是完全相同的，其意义也同样深远。

"复古"在他们这里不过是"现代"和"自由"的代名词，开创一时之风气，并对社会多个领域产生了影响和推动，是对历史的重大贡献。

·理性与现代

现代思维即一种理性思维、科学思维。就此来说，韩愈当年拒佛拒道、倡导古文，其中蕴含的理性主义是明显的。他在诗文"复古"运动中、在对待儒释道三者的态度上，都是极为清晰的，而且不曾妥协。作为一个潮流中的冲撞者、逆行者，通常是要付出代价的。韩愈在仕途方面的跌宕，其人生的一系列艰困起伏，都与这种不合时宜且一意孤行的选择有关。当年上至皇帝下至平民，崇佛论道已成风尚，而儒学日渐式微。表面看只是"罢黜百家，独尊儒术"的一次历史失声，实际上却隐藏了巨大的社会政治与精神危机。"夫二氏之所宗而事之者，下及公卿辅相，吾岂敢昌言排之哉？择其可语者诲之，犹时与吾悖，其声嘵嘵；若遂成其书，则见而怒之者必多矣，必且以我为狂为惑。""今夫二氏行乎中土也，盖六百年有馀矣。

其植根固，其流波漫，非所以朝令而夕禁也。"（《重答张籍书》）

不仅是中唐，从汉高祖刘邦到清圣祖康熙，历朝历代的帝王一直运用黄老之术实行统治，汉代建国之初便采取了"无为而治"的策略，从而出现了中国历史上的"文景之治"，也是道家思想第一次进入封建统治的庙堂。清代的康熙皇帝特别喜读《老子》，要求每一个满清官员都须熟读，公开提倡的却是《孝经》，仍然尊孔，与汉代"内用黄老，外示儒术"的统治政策有相似之处。康熙还亲手编纂《圣谕宝训》，推广和宣传儒家，提倡孝道，俘获人心，为"康乾盛世"奠定了基础。

封建帝王难以接受真正的儒学。秦始皇倚重严酷的法家统一六国，又通过方家仙术追求长生；汉武帝也是神仙术的迷恋者。唐代奉行三教并存，建国之初高祖李渊确立李氏王朝与老子李耳的亲属关系，并在国子监宣布道教第一，儒学第二，佛教第三。唐太宗李世民虽然声称"己所好者，惟在尧舜之道，周孔之教"（《贞观政要》），却说"先道后佛"，晚年还在长安接见西天取经归来的玄奘，为译经撰写序文。到了武则天时代，崇佛高潮正式来临。她称帝前，有个叫法明的和尚编撰四卷《大云经》，称太后为西天弥勒佛下世，应取代李姓王朝做天下之主，为其称帝提供宗教依据。武则天公开宣告佛教在道教之上，僧尼在道士之前，将两教地位再来一次颠倒。唐玄宗登基后，道教地位又超过了佛教。唐朝共给老子追封尊号四次，而玄宗时期就占了三次，封庄子为"南华真人"、文子为"通玄真人"、列子为"冲虚真人"、庚桑子为"洞灵真人"，他们的著作也改称"真经"，而且在道观中让孔子列侍左右。玄宗之后的唐代皇帝，肃宗、代宗、宪宗、穆宗、敬宗、文宗、武宗、宣宗等，非佛即道。

　　人们知道的是儒学在历史上的正统地位，但是到底什么才是真正的儒学，却有些模糊，有时还充满了误解。儒学只倡行于某个历史阶段，且并非真正的儒学，不属于"正儒"，而是被封建统治阶层严重改造和歪曲的"伪儒"。"伪儒"从来都是封建统治的工具，即严格服务于"家天下"的一套森严的政治伦理，已经抽掉了"仁政""民为贵，社稷次之，君为轻"的思想，这些最核心的儒学内容。

　　一切将"君"与"社稷"置于"民"之上，或故意将二者混淆，都属于"伪儒"。在当时的历史条件下，"正儒"是最具现代理性精神的思想。而在"伪儒"的推行过程中，统治阶层真正热衷的除了黄老之术，还有从儒家分离出来的依附者和实用主义者，即所谓的"法家"。法家的绝大部分主张与"正儒"是对立的，与儒学的核心"仁"及"贵民"思想毫无共通之处。法家的激进变革与儒家精神是背道而驰的，它们毫无交集和重叠。从历史上看，"正儒"与"伪儒"的斗争一直存在，真正的仕人传统中，最能够恪守"正儒"并对"伪儒"极为痛切和敏感的，都是刚正清新的书生，而韩愈就是这其中最杰出的代表。

　　儒学的核心是什么，缘起是什么，当时处于怎样的语境，这是中坚知识分子一直追问的，自古而今，质询不绝。韩愈一生都属于"正儒"，是一个理性主义者。他身上的现代因素是显性的，这体现在他对传统儒学的一生求证、对于佛老思想不倦的辨析和批判。"五原"即《原道》《原性》《原毁》《原人》《原鬼》，作为他较早时期的著述，透出了非常透彻的理性精神，成为一生最重要的论述，对于"正儒"的维护与社会思潮的辨析，也至为有力。

　　在物质主义时代，释与道的严重扭曲及世俗化庸俗化，已经在所难免，遂成为阻碍社会发展的一大痼疾。在今天，这已经不是韩愈当年所担心的多少民众不事生产等害处，而是进一步丧失甚至摧毁科学与理性精神，让民众沉迷于肤浅的诡辩或廉价的超然说，无是非、无道德、无激愤，更无挺拔健康的精神人格。这样极为自私庸俗的族群文化，该是多么可怕。科学精神即追求真理的精神，没有这样的国民，就不会有真正的现代国家。到处弥漫着黄老气息，到处洋溢着不知所云、一知半解的佛与道的社会，是断然不会进步的。这种思潮与物质主义和娱乐主义结合，是腐败的最好土壤。这种土壤也会滋生封建专制主义的体制，它们二者才是真正的谐配。

所以，无论处于哪一个历史时期，破除愚昧的任务都极为沉重，需要提倡清新务实的思想，需要出现这个方面的勇敢者和奋斗者。而韩愈正是这样一位了不起的人物。

苏东坡在《韩愈论》中这样写道：“韩愈之于圣人之道，盖亦知好其名矣，而未能乐其实。何者？其为论甚高，其待孔子、孟轲甚尊，而拒杨、墨、佛、老甚严。此其用力，亦不可谓不至也。然其论至于理而不精，支离荡佚，往往自叛其说而不知。”虽然毁誉参半，但他的确指出了韩愈终生“扬”与“拒”的重点为何。

韩愈以强烈的“正儒”形象出现在中唐时期，对应的是佛道的上下弥漫之势。他个人身上的刚健之气，正是传统儒学所赋予的，崇尚“正儒”并力辟佛道的领袖地位，并无二选。其力量与气势以及贯彻其中的深刻理性，实在没有其他人可以替代和比拟。这种清晰一直坚守并持续下来，赢得了很多同道，这些思想与极力倡导的“古文运动”正好两相一致。“愈之志在古道，又甚好其言辞。”（《答陈生书》）“愈之所志于古者，不惟其辞之好，好其道焉尔。”（《答李秀才书》)《原道》一文应该重视，因为这是一篇纲领性文件，类似的重要文章还有《与孟尚书书》，区别圣人之道与佛老的界线，廓清一些原则问题，破除一些世上通行的混淆之论："汉氏以来，群儒区区修补，百孔千疮，随乱随失，其危如一发引千钧。"如此紧迫，形势逼人，责任所在，令人动容。

唐代皇甫湜说："韩吏部之文，如长江秋注，千里一道，冲飙击浪，瀚流不滞。"（《皇甫持正集·谕业》）苏东坡说他："忠犯人主之怒，而勇夺三军之帅。"（《潮州韩文公庙碑》）如此气概，必有大理路主导才可焕发。这些宏文，即是大理路的确立，有着非同寻常的意义，它们从源流上分析梳理，运思周密，关于佛道与"正儒"之区别，它们产生的历史以及现代演化状况，在佛道盛行的中唐时期可谓惊世大言。当时陷入潮流、堕入上方所好的儒生与大众，急需此等辨析与疾呼，是真正具有开辟意义的大言和新声。

《原道》写于韩愈三十五岁左右，任四门博士期间，正是他思想成熟的时期，是思想的系统化和深入化。

·诗重事理

"退之豪放奇险则过之，而温丽靖深不及也。"苏东坡在《评陶韩柳诗》里这样说。南宋蔡启则说，"退之诗豪健雄放，自成一家，世特恨其深婉不足。"（《蔡宽夫诗话》）今天看，韩诗畅快明朗，意境清新，然而有时失之单薄。韩愈诗重事理，与其文章特征一致，观其代表诗作大多理路清晰，气势宏大，说事论理清楚透彻。不过既然为"诗"，其大部分是说不清的，理路过于分明，则有押韵之论说文的嫌疑，这正是韩诗被人诟病之处。

但这里也可以退开一步论：诗意的生长是十分复杂的，远非同一种路径。我们从韩诗的滔滔气势中，从其纯粹和淋漓之态上，也会获得无尽快感。由清晰的理路变为一个具体形象，如此，别一种境界也就滋生出来，其理路开始衍生出无限诗意，走向另一种审美的方向。

类似情形让我们想起俄罗斯大文豪托尔斯泰。他屡屡被现代主义文学家所遗憾的，即小说中的"言说"太多，理路太过清楚。这成为托尔斯泰的某种标记和象征，许多人抓住这一点，不止一次表达了自己的遗憾。比如海明威曾经多次说过，看托尔斯泰的描述、对话、人物、山色以及作品的格局，真是令人叹服，让人无话可说；但每读到托尔斯泰那些理路清晰的滔滔大言，就恨不得将伯爵的嘴巴捏起来。他觉得如此一位大艺术家、大智者，竟然在自己宝贵的作品里犯下这样低级的错误。此说看起来似乎有理，但比起托翁，他还是一个现代主义的黄口，很难理解那位胡须飘飘的老人。在托翁那里，一切又当别论，因为真正意义上的大师和天才，既是规矩的创立者，又是破坏者。他们独往独来，没有边界，所行之处皆成风景。这首先不是由于他们是巨人，而是因为他们留下了巨人的痕迹。

我们从另一方面看，又会发现"言说"是不同的，可谓此"言说"非彼"言说"也，那是一种忘我之纯粹之真挚，超越一般意义的"言说"，最终化为独特而具体的存在，与其形象和感性功能一致，化入了极高的审美的意义。

在韩愈之前，比如盛唐时期的文学经典如杜甫的诗，也有注重事理之作。这里可以成为不拘一格，成为综合一体的复杂层次，构成诗人的规模和品质。至于韩愈的诗，不过是这种审美特质更为突出而已，而他的一些浪漫优美的诗作也实在不少。"新年都未有芳华，二月初惊见草芽。白雪却嫌春色晚，故穿庭树作飞花。"（《春雪》）"休垂绝徼千行泪，共泛清湘一叶舟。今日岭猿兼越鸟，可怜同听不知愁。"《湘中酬张十一功曹》"风光欲动别长安，春半城边特地寒。不见园花兼巷柳，马头惟有月团团。"（《夕次寿阳驿题吴郎中诗后》）"天街小雨润如酥，草色遥看近却无。最是一年春好处，绝胜烟柳满皇都。"（《早春呈水部张十八员外二首·一》）

一种愤然慷慨的诗意形象，有时候也极有诗性之美。所以，"重事理"如果抵达了一个难以企及的高度、一个极处，又会产生奇异的审美效果。

·诗与非诗

韩愈的诗被争执者纠缠不已的，就是其大量诗作过于明朗和直接，理性过于发达，论说滔滔以至于不可抑止，让人迷惑，莫衷一是。文章的一些功用与特点，在他这里尽可以用于诗章中，而且展现充分，常常不加节制。这种痛快自由的手笔，让一些形式上越来越严格和周密的中晚唐诗人惊呼起来：诗怎么可以这样写？这种惊呼之声同样使我们想起了英国的艾略特，这个现代主义诗章的开拓者把诸多散文化的元素全部纳入，大大地拓宽了自由诗的边界。他的实践，使西方现代诗的领域更开阔也更自由了。反观韩愈，他对唐诗的贡献也是如此，他少写律诗，擅长古风，不受拘束，笔势多端。长期以来对于诗律的持守、雕琢、形式感，在他这里几乎全无顾忌。一种超越原有经验的生猛和悍气，在他的笔下成为不可遏止的惯性。律诗的篱笆被一再踏破，像李白那样自由驰骋的精神重新回归。

"我愿生两翅，捕逐出八荒。精诚忽交通，百怪入我肠。刺手拔鲸牙，举瓢酌天浆。腾身跨汗漫，不著织女襄。顾语地上友，经营无太忙。乞君飞霞佩，与我高颉颃。"（《调张籍》）这首诗写得有趣极了，流传甚远，有些诗句惊世骇俗，似有轻狂，实为言之有物，深深地道出他个人的文学与美学主张。

有人一直坚持的诗与非诗的原则，今天看有一部分是过于老旧了。还诗以自由，这是它最大和最高的原则。韩诗给人的快感，就来自自由不羁的灵魂，这一点他尤其钦佩盛唐时期的李白，所以当时有人抑李扬杜，就引起了韩愈的不屑之叹。他的《调张籍》之所以流传广泛，就因为其中有这样的句子："李杜文章在，光焰万丈长"，"蚍蜉撼大树，可笑不自量。"这里不尽是意气之争，当有深刻的知与爱做了立论的基础。"近怜李杜无检束，烂漫长醉多文辞。屈原《离骚》二十五，不肯馀啜糟与醨。惜哉此子巧言语，不到圣处宁非痴。"（《感春四首·二》）他多么推崇屈原、李白和杜甫，赞叹李杜"烂漫长醉多文辞"，感慨屈子不从流俗的高洁情怀。这其中所包含的诗学原则，确实不是一般凡俗之人所能理解的。

诗史上的一些特异之才、一些所谓的大浪漫主义者，其天资与生命品质的绝大部分，不可能仅仅依赖刻苦学习可以完成。至于韩愈，他身上的这些元素也是显性的。他那李白式的纵才任性和奇思异想，孤注一掷的勇气，独往独来和一意孤行，不计后果的孟浪气概，其实正是一个优秀的天才诗人才能具备。诗与非诗的界限与指标，不太适用于这一类人，因为他们本来就不按常理出牌。

把一个时期的诗从形式主义的重压之下解放出来，还其生气和锐气，实在是功莫大焉。苏东坡的弟弟苏辙认为："唐人诗当推韩、杜，韩诗豪，杜诗雄，然杜之雄亦可以兼韩之豪也。"（南宋·张戒《岁寒堂诗话》）可见懂韩诗者，不乏其人。

· 酣畅淋漓

人性决定诗性，韩愈的急切、痛快和好辩，使他在对待一切事物，无论是情与景，人与事，都一概全力以赴，兴致勃发。他在阐述事物的过程中一直"加速度"，有一种决战的姿态。这种表达常常豪气大发，宏巨开阔，呈现出无可抵挡的冲刷力，每每有酣畅淋漓之感。他的表达，因峻急而强烈，因强烈而触目，因触目而备受质疑。为了完成这种超常的表达，他必要寻找抵达极境的一些词语，于是也就有了新奇的造句方式，无论是比喻还是描述，都要浓烈深切，绝不会浅浅划过。从诗文中看，他始终是一个精力饱满的、雄赳赳气昂昂的形象，是一个手臂挥舞得意妄言的形象。他即便在沮丧之时，比如两次被贬之期，写出的为数不少的消沉牢骚之诗，也仍然充满了力量。叫苦，痛恨，埋怨，抨击和颂扬，全都加大臂力，悉数出击。

他的五言长诗《苦寒》写于803年长安任四门博士期间，记述了一次严重的季节反常现象，即三月大雪"倒春寒"。全诗锐思镂刻，才华飞扬，奇异独特的丰富想象，极尽夸张的细腻描述，使凛冽的寒意浸透诗章，奇崛峻嶒的笔锋闪烁着爱憎强光："肌肤生鳞甲，衣被如刀镰。气寒鼻莫齅，血冻指不拈。浊醪沸入喉，口角如衔箝。将持匕箸食，触指如排签。侵炉不觉暖，炽炭屡已添。探汤无所益，何况纩与缣。""中宵倚墙立，淫泪何渐渐？天王哀无辜，惠我下顾瞻。褰旒去耳纩，调和进梅盐。贤能日登御，黜彼傲与憸。"当他在贬所阳山喜闻新皇登基大赦天下，回京有望，在颁布赦书的隆隆鼓声中，意气风发，壮志满怀："昨者州前捶大鼓，嗣皇继圣登夔皋。赦书一日行万里，罪从大辟皆除死。迁者追回流者还，涤瑕荡垢朝清班。"（《八月十五夜赠张功曹》）听一位琴师的高妙演奏，本来是赏艺的过程，但在韩愈笔下仍旧是击节有声，逼真生动之余是惊心动魄的大夸张："昵昵儿女语，恩怨相尔汝。划然变轩昂，勇士赴敌场。浮云柳絮无根蒂，天地阔远随飞扬。喧啾百鸟群，忽见孤凤凰。跻攀分寸不可上，失势一落千丈强。"（《听颖师弹琴》）这让人想到杜甫力作《观公孙大娘弟子舞剑器行并序》，同是这样奇异无双的想象和夸张，绝妙陡峭的比喻。就此看，韩愈的才能是多方面的，而不单是具有强劲的辩力和犀利的词锋，实在是一个大浪漫主义者。他的壮与阔并无审美之忌，更没有中空之感，这中间盈满的仍是真情实感，是充沛的人性内容。

纵观古今，给后代留下"成语"最多的文章大家，大概非韩愈莫属了。这绝非偶然，因为文辞的组合使用，在他那里绝不迁就含糊，而一定要找到力道最足者，一定要令人过目不忘。这样的文辞在当时是响亮之词，到了后世也让人代代不舍，所以就变为"成语"，成为一个民族语言宝库中的常备之械。像我们经常使用的"业精于勤""贪多务得""含英咀华""佶屈聱牙""力挽狂澜""异曲同工""兼收并蓄""动辄得咎""坐井观天""寥若晨星""弱肉强食""虚张声势""形单影只""驾轻就熟""邀功求赏""面目可憎""蝇营狗苟""垂头丧气""互通有无""语焉不详""无理取闹""休养生息""众目睽睽""不平则鸣""杂乱无章""文从字顺""秀外慧中""飞黄腾达""冥顽不灵""口如悬河""大声疾呼""浑然天成""耳濡目染""视若无睹""摇尾乞怜""轩然大波""痛定思痛"等等，一时无法尽数。

我们有时候甚至这样想：汉语言的表述离开了韩愈，将会显出一个空洞，这空洞无可填补。原来语言不仅是一般意义上的辞章连缀功夫，而且还深刻连接着生命的激情和力度。它的来源仍然是一个人对于客观事物的拥抱和热爱，是生命的深刻摩擦所产生的心灵波澜。这波澜的涌动和冲击，会堆积起一处又一处绚烂逼人的语言雕塑。这里面绝少呻吟，而是呼号；即便是呻吟，也是痛彻肺腑。如果是欣悦，则有一场大欢唱，我们所说的激情和豪情，在他这里席卷而来。他对世俗生活、对日常状态的感受，是那样新鲜和敏锐，入木三分，同时又不乏诚实恳切。他的所有表达，因为这种生命特质而变得特别个人化、独特化和新意化。一个真正的个体生命的展现是绝少重复的，就像世上没有相同的两片树叶。这一片叶子的色泽脉络极度清晰，即便是秋霜降临落叶铺地的时刻，它的色彩也是非同一般的绚烂。

就诗文的风格和质地而言，韩愈与我们所熟知的同代诗人，包括或前或后的文人墨客，是那样不同，他逼到眼前的面庞是强烈、凌厉、率真、峻急。他是众多生命中一个震耳欲聋的大声，在一片喧嚷中特别响亮和突出，能够穿过时间的雾霭，一直回荡在我们的耳畔。他的铿锵之声让我们想到振聋发聩的孟子，想到了那句几千年来的旷世大言，即"我善养吾浩然之气"，其感染力和分贝，有过之而无不及。

相比战国时代"稷下学派"那些日服千人的辩士，韩愈离我们更近，也更加鲜活，更加亲切。

·向后的向前

有一首流传的南方插秧歌，其中有一句这样说道："向后原来是向前"，说的是以不断后退的劳作方式，来完成自己的工作。这种认识和描述很巧妙也很准确，以此比喻中唐的古文运动似乎也很贴切。因为韩愈等人的诗文改革以古典为楷模，看起来并非向前，而是向后回望和追寻，但实际作用，却是将时代表达变得更加有力和便捷，大大推动了一个时期的文学发展，从形式到内容，都掀起了一个大步前进的高潮期，由此走向未来和现代。在当年，这种"现代性"是明显的，比起那些陈腐的形式主义的拿捏、铺陈、框束和刻板，要自由得多有力得多，标举了一个时期的个人主义和开放思想。"吾之退，未始不为进，而众人之进，未始不为退也。"（《答侯继书》）虽然此语是韩愈向朋友表明自强不息的入世态度，但用于他倡导的古文写作也算确切精准。

让昨天为今天所用，让人们在比较中鉴别，温故而知新，是不可省略的方法，也更易于理解。孔子的"复古"看上去是"向后"，实际上却隐藏了一场激进的变革企图，可惜这用意还是很快让鲁国利益集团看破，引起了他们的恐惧和警惕。孔子出任鲁国司寇不久即诛杀了少正卯，这个被一再引用的历史案例透露了许多信息，从此可以窥见"复古"言说中潜藏了多么锐利的内容。所有改革都有切实的革除和建立，这是不可回避的。孔子的"复古主义"包含了强烈的段落，这篇文章当然不会是简单的抄袭成说。所谓"克己复礼"，这种貌似回归和追溯的学习态度，最终却让春秋诸国感到了恐惧。尽管他口口声声要恢复"周公之礼"，但专制利益集团很快知道了他的真正意图。这就让他一生的大部分时间无法安居，不得不为自己的变革主张四处游走，最终还是无一成功，"累累若丧家之狗"（汉·司马迁《史记·孔子世家》）。

再让我们来看韩愈。在社会政治观上，韩愈坚守的是孔孟的"正儒"之道，所以损伤的只能是封建统治集团的利益，于是注定不被采纳。他的"古文运动"看上去似乎只局限于文章作法，颇具伪装性，实际上当然不止于此，这伪装是不会彻底的，因为他在一些文论、状表与进谏中，早就远远超出了文章意旨。他在《原道》中这样说："《传》曰：'古之欲明明德于天下者，先治其国；欲治其国者，先齐其家；欲齐其家者，先修其身；欲修其身者，先正其心；欲正其心者，先诚其意。'"这就将文章、道德、天下和家国连在了一起。他的门生兼女婿李汉在《〈昌黎先生集〉序》中这样描述他的"文"与"道"："文者，贯道之器也；不深于斯道，有至焉者，不也。"可见韩愈强烈呼吁和倾力推动的，其实是时代的车轮和走向。这样一来问题就严重了，任务也变得无比巨大。

韩愈所认同的是先王之教，尊奉的是先秦儒家，而不是后来将儒学和阴阳谶纬相结合的那些东西，更不是儒释道的融合与混淆。他强化儒家的原理和原则，恪守"正儒"的本质，对待社会舆论、民众言论等方面，旗帜鲜明，态度明朗。"众口嚣嚣""川不可防，言不可弭"（《子产不毁乡校颂》）是很现代的思想。在诗文与社会诸多方面，韩愈非但不是一个保守派，还是一个解构派和自由派，一个极具现代精神的革新派。

　　特别需要引起我们注意的是，正是从他开始，孟子的地位得到了空前提高，甚至认为孔子的真正继承者非孟子莫属。"始吾读孟轲书，然后知孔子之道尊，圣人之道易行，王易王，霸易霸也。以为孔子之徒没，尊圣人者，孟氏而已。"（《读荀子》）"自孔子没，群弟子莫不有书，独孟轲氏之传得其宗，故吾少而乐观焉。""道于杨、墨、老、庄、佛之学，而欲之圣人之道，犹航断港绝潢，以望至于海也。故求观圣人之道，必自孟子始。"（《送王秀才序》）从汉代到南北朝，从未将孟子与孔子并称，唐高祖以"周公为先圣，孔子配"，太宗朝"升孔子为先圣，以颜回配"。（《新唐书》）后来太宗又下诏以左丘明、卜子夏、公羊高等二十二个儒者配享孔子，其中也无孟子。近千年的时间里，封建王朝多以"孔颜"并称，没有孟子之位。而韩愈率先在诗中将孔孟并列："方今太平日无事，柄任儒术崇丘轲。"（《石鼓歌》）对于孟子的地位极力推崇，其重要意义即在于明晰和确立了"正儒"的核心内容，具体地诠释了"仁"的意涵。因为只有孟子这样清晰地界定："民为贵，社稷次之，君为轻"。这种界定和次序真不得了，它是在中国古代最接近现代思想的一种言论。而韩愈对孟子地位的推崇和突出，最大的功劳就在于将"正儒"的内容充实和确立下来，将"仁"字具体化和清晰化，这比孔子那些感性的谈吐，更推进了一步。

　　从此之后，所有背离了这种思想准则的所谓"儒家"，都被视为"伪儒"。韩愈如此大声地强调了"民"与"国家体制"和"君王"三者的次序和关系，是一种了不起的现代思想的大推进，是民族的思想精华和瑰宝。韩愈所有的回头寻溯，几乎都意在现代的生长，是让理性冲破蒙昧，让自由冲击专制，让个人打破笼统、概念和平均主义，让文明的车轮扎实而深入地在大地上划开辙痕，奋力向前，转动不息，不再停滞也不再滑落。任何文明都有来踪，有痕迹，没有空穴来风，不可隔断继承。千头万绪归于一宗，真理的方向既是综合多元的，最终又是通向一个方向的，这才可以称之为文明。它是关于个人和社会、关于时间延续和生命自由之间的一种关系，在这种精神格局中去发挥生命的现实开拓力，才具有前进的意义。

所有蒙昧、愚弄、混淆，所有黑暗和窒息，都是因为割断了文明的链条。作为这个链条的衔接者是最可敬佩的，在韩愈这些大儒面前，无论多么新颖和时髦的言辞，都会显得虚弱和苍白。

·冲动和激越

韩愈其人以及艺术，被当时和后来的一部分人极力否定，重点指斥了他的峻急和褊狭，尤其在对手们看来是这样。我们今天面对文本和历史记录，发现所谓"峻急"是有的，"褊狭"却谈不上。一个像韩愈这样认真探究、一辩到底，比那些得过且过的聪明人更可爱也更有价值。张籍在与他通信中曾这样说："比见执事，多尚驳杂无实之说，使人陈之于前以为欢，此有以累于令德；又商论之际，或不容人之短，如任私尚胜者，亦有所累也。""今执事为之，以废弃时日，窃实不识其然。"（《上韩昌黎书》）韩愈回信说："前书谓吾与人商论，不能下气，若好胜者然。虽诚有之，抑非好己胜也，好己之道胜也；非好己之道胜也，己之道乃夫子、孟轲、扬雄所传之道也。若不胜，则无以为道。吾岂敢避是名哉！夫子之言曰：'吾与回言终日，不违如愚。'则其与众人辩也有矣。"（《重答张籍书》）可见自古至今，圆滑的机智总是太多了，而能够保持直追真理的勇气，并且一直坚持到底的人又太少了。我们的民族性格中，理性主义的认真和执着不是太强而是太弱。什么"大肚能容"，什么"无为而为，不争而争"，这种肤浅混淆的机会主义思想不仅得不到批判、警惕，反而成为大众中流传甚广的至理名言。能够辨析这种不求甚解的庸俗化的佛道思想，倡导入世求真的理性主义，在当时以韩愈为最强音。

圆滑混世已经成为一个族群的痼疾，被这样的疾患缠住的民族，不可能成为科学与民主的现代国家。从这个意义上看，韩愈实在是功勋卓著的历史人物。他的峻急，是因为感受了淤积深重的民族危机；他的所谓"褊狭"，是因为看到了这种恶习根除之难。于是毫不退让，说理辩难，纠缠专注，就是一种可贵的理性精神。"愈发言真率，无所畏避，操行坚正，拙于世务。调授四门博士，转监察御史。德宗晚年，政出多门，宰相不专机务。宫市之弊，谏官论之不听。愈尝上章数千言极论之，不听，怒贬为连州阳山令，量移江陵府掾曹。"（《旧唐书·韩愈传》）"操行坚正，鲠言无所忌。""愈性明锐，不诡随。与人交，终始不少变。"（《新唐书·韩愈传》）这些历史记录让我们能够鲜明地看到一个儒者的性格、品质、勇气和力量。

严格讲来，这也不是什么性格问题，而是生命品质问题，更是一个价值观的问题。这一切决定了其诗性，也决定了其他许多方面。新旧《唐书》记载了韩愈坎坷的仕途之路，指出这实非偶然。在社会政治层面，这种生命质地必然阻碍自身发展，在一种酱缸文化中，所谓的"官场智慧"之类，他的迂回和隐忍之功差多了。他的果决判断力和冲击力，不可能时时妥协，反而会高效率地行动，迅速做出反应。他这样的人如果适在其位，必定是一个能吏。可惜这种能吏只在特殊时刻才会为朝廷所用，大多数时候只能是作为"害群之马"而存在。

韩愈实在具有强大的行动力。我们可以从他一生仅有的两次"平叛"中得以窥见。一般来说书生长于言而短于行，而在韩愈则不然，他作为一个勇者和行动者，得到了历史记载。在藩镇割据的中唐时期，他先是随宰相裴度出征讨伐淮、蔡，后独自出使叛乱的藩镇，替朝廷宣抚虎狼盘踞的镇州，两次壮行都不无艰险，结果都是奏凯而归。一介书生能够在国家危急时刻挺身而出，建功立勋，实为罕见。《旧唐书·韩愈传》中记载："元和十二年八月，宰臣裴度为淮西宣慰处置使，兼彰义军节度使，请愈为行军司马，仍赐金紫。淮、蔡平，十二月随度还朝，以功授刑部侍郎。"《新唐书·韩愈传》中记载："镇州乱，杀田弘正而立王廷凑，诏愈宣抚。"镇州之行是更为凶险的一次出使，但韩愈毫无惧色，凛然赴任，以一己之勇力挽狂澜，成为历史上一个有名的案例。可见在诗文、军事、行政等诸多方面，他都有出色的建树。

仅从个人性格来看，往往存在正反两种作用，不可以简单判定。韩愈言辞锋利直接，进谏屡次受挫，一生中的两次遭贬都与直谏有关。他的诗文所表现出的快利锐畅，也多为人诟病。但他的艺术气质，又与这种洞彻酣劲的力道紧密相连。可以说没有冲动激越，就没有韩愈，也没有这样才情洋溢、充盈饱满的美学品格。他的简朴与直畅，在中气强固的豪迈之中，又增加了丰满余裕的审美感受。

"公英伟间生，才名冠世，继道德之统，明列圣之心。独济狂澜，词彩灿烂，齐、梁绮艳，毫发都捐。有冠冕佩玉之气，宫商金石之音，为一代文宗，使颓纲复振，岂易言也哉，固无辞足以赞述云。至若歌诗累百篇，而驱驾气势，若掀雷走电，撑决于天地之垠，词锋学浪，先有定价也。"（元·辛文房《唐才子传》）这段话说得多么好，多么精当准确，当为我们借鉴和汲取。

·气壮而长

韩愈的长文长诗很多，它们能够一鼓作气，看得人热血偾张。他从不写懒洋洋的闲适之文，没有半点病秧子气，即便在去世前不久写出的诗章，也气韵饱满。他活了五十七岁，当生命临近终点的时候，还写出了《南溪始泛三首》这样的力作。我们看韩愈不可不看那些长诗长文，它们并非以长制胜，而是依靠更丰实更繁密的内容取胜，同时也以理性和文势夺人。一个人的诗文能够漫长如此，声调又始终铿锵，非壮夫而不可为。苏东坡的父亲苏洵曾经这样评价："韩子之文如长江大河，浑浩流转，鱼鼋蛟龙，万怪惶惑，而抑遏蔽掩，不使自露，而人望见其渊然之光，苍然之色，亦自畏避，不敢迫视。"（《上欧阳内翰第一书》）可谓是惺惺相惜。

决定这一切的皆是"气"。"气"是传统诗学和写作学不能回避的一个概念，在韩愈这里，与南北朝文论大家刘勰之论显然是相通的，与后来的苏东坡更是毫无二致。东坡与韩愈二人皆以"气"论文。韩愈在《答李翊书》中说："气盛则言之短长与声之高下者皆宜"。这里将"言"比作物，将"气"比作水，水大即可托浮起大小各物，所以气之充盈才是硬道理。

韩愈的"气"不仅长，而且壮。"气"长则绵绵不绝，可以保证诗文的长度；而"壮"，则能够让诗文产生一种气势，一种由内而外的锋锐。这种"壮"，在他阐述事理的诗文中尤其见长，比如有名的《原道》《谏迎佛骨表》，还有《归彭城》《赴江陵途中寄赠王二十补阙李十一拾遗李二十六员外翰林三学士》《陆浑山火一首和皇甫湜用其韵》《苦寒》《县斋有怀》《岳阳楼别窦司直》等。他一旦写起忧愤诗、牢骚诗、理辩诗，"气"即格外"壮"。"利剑光耿耿，佩之使我无邪心。故人念我寡徒侣，持用赠我比知音。我心如冰剑如雪，不能刺谗夫，使我心腐剑锋折。决云中断开青天，噫！剑与我俱变化归黄泉。"（《利剑》）"我恨不如江头人，长网横江遮紫鳞。独宿荒陂射凫雁，卖纳租赋官不嗔。归来欢笑对妻子，衣食自给宁羞贫。今者无端读书史，智慧只足劳精神。画蛇著足无处用，两鬓霜白趋埃尘。乾愁漫解坐自累，与众异趣谁相亲。数杯浇肠虽暂醉，皎皎万虑醒还新。百年未满不得死，且可勤买抛青春。"（《感春四首·四》）而一旦超脱于激愤之上，在一些相对平静的时刻，他的诗文则贯穿了绵长的文气，比如说长诗《南山》《此日足可惜一首赠张籍》《谒衡山岳庙遂宿岳寺题门楼》《寄卢仝》《石鼓歌》《桃源图》等。这些诗史上的鸿篇大制，非有文之盛气而不可为。或触景生情，或心有积愤，或辩理说难，文辞滔滔，如大水排空而来不可遏制，其气势之大，大有席卷而去涤荡千里之雄。

韩愈之诗比起唐代的苦吟派、清寂派、空灵派、花间派，简直是两极。秋虫哀鸣，欲言又止，凄凄惨惨，半露半掩；或秾艳精巧，柔靡颓放，这样的愁绪、尴尬和雕琢、堆砌，在韩愈笔下绝少见到。他最可贵之处在于绵长而又充盈，宏巨而又细腻，无粗疏，无空荡，由表及里，深入内质，既有一泻千里之强悍，又有委婉曲折之流转。韩愈诗文中的这种冲决力，情感之充沛，文辞之丰茂，气势之强盛，义正词严而又朴直耿介，千百年来折服了多少人。在他身上，单纯性与洞彻力竟然合二为一，这就使他下笔千言，千军万马都谐情理而行，无往而不至。

·火　气

韩愈火气大，积于心而放于言，以至于最后使满篇诗文都燃烧起来，其热量在千年之后还有些灼人。性急火大，气盛躁动，在日常处事上容易得罪人，有时可能并不自知。因脾性原因而导致的后果是多方面的，糟糕的后果往往又促进了他的火气。好像这是一种个人无法解决的恶性循环，于人于文也算是得失互见。

就韩愈一生行迹来看，他的仕途与我们所熟悉的许多文人都不同。他在一个职位上往往干不到一年，这在古代仕人中是少见的现象。他正式踏上仕途是三十五岁，结束长达十年的游幕生涯，出任京官，这个过程可谓艰难。802 年春天任国子监四门博士，第二年秋天任监察御史，刚入冬就被贬为阳山县令，后迁江陵法曹。经过三四年的贬放颠簸，终于在 806 年回京城任国子监博士，不久又分司东都洛阳，一年后实任国子监博士。从 809 年到 817 年，八年间他历任都官员外郎（分司东都）、河南令、职方员外郎、国子监博士、比部郎中、史馆编撰、考功员外郎、考功郎中、知制诰、中书舍人、太子右庶子等职。817年随宰相裴度东征平淮西的壮举，在他的一生中尤为重要。凯旋后，因为军功而擢升刑部侍郎正四品下，可惜好景不长，819年初又因《谏迎佛骨表》被贬为潮州刺史。这是韩愈生涯中所受到的最严厉的处置，险遭杀身之祸。潮州之贬在唐代为重罚，韩愈被流放的距离及遭遇的凶险，有点像后来的苏东坡，好在第二年就被唐穆宗召回了长安，任国子监祭酒从三品。不久又历任兵部侍郎、吏部侍郎、京兆尹兼御史大夫，后来又改任兵部侍郎，直到在这个位置上病逝。这种频繁的调度和变动，一方面说明了当时官场的复杂混乱，官不聊生，民不聊生，难以稳定下来，同时也从另一个侧面暴露出他自身的一些特点，这里就说到了性格问题。

因为秉性刚正直率，韩愈经常遭到同僚的排挤和诽谤，"夫佞人不能远，则有时而信之矣，今我恃直而不戒，祸其至哉。"（《释言》）《旧唐书·韩愈传》中说他"操行坚正，拙于世务"，看来也是实情，就是他与同僚相处的能力，即平衡力和周旋力或有不足。比如他在朝中与一些官僚的矛盾，有时就起于使性好气，为一些看来不大的琐屑之事而闹得不可开交。史书上记载，他晚年在出任京兆尹兼御史大夫期间，与御史中丞李绅发生了"台参"争执，不大的事情却导致两败俱伤：李绅被调出了京城，韩愈也被罢免了京兆尹。

韩愈被频繁调换职位还有一个更大的原因，就是忠于职守，做事极认真，绝不尸位素餐。无论任职幕府，还是朝中为官；无论远居贬谪之所，还是被朝廷重用，只要一有机会就勇于参政议政，结果是任期未满复又丢官。中唐宦官权力之大，可以说是炙手可热，藩镇势力更是跋扈嚣张，但韩愈对此竟然毫不畏惧，捕杖扰乱社会治安、与宦官关系极深的东都神策军，打击地方豪强，抑制藩镇在东都的"留邸"，都绝不手软。他一再遭贬，或明升暗贬，都是因为峻急火暴和急公好义。他的直率莽撞与单纯执拗，都与波诡云谲的宦海情势两相抵触，可以说让其一生吃尽苦头。

我们从他参加科举之前开始追溯。唐代科举取士是考试与公开推荐相结合，不像后来的宋代科考，不仅遮蔽试卷上的考生姓名，而且为了防备主考官们认出笔迹，都由专门人员誊写试卷。由于当时的社会环境，唐代士子入仕必须走"温卷""干谒"之路，韩愈当然不能例外。他不得不奔走于一些达官贵人门下，写自荐文多方求助，这一点让我们想到了李白。但比较而言，好像韩愈的性子更急、火气更大。比如历经四次波折，好不容易考中进士之后，参加吏部"博学宏词科"选拔，考前写了一封向韦舍人干谒求荐信，即《应科目时与人书》。这封书信写得特别怪异有趣，通篇譬喻，带有寓言色彩，运思巧妙，变化莫测，文势充沛活泼。他把自己比作一个久困于水边、"盖非常鳞凡介之品汇匹俦"的怪物："其得水，变化风雨，上下于天，不难也"，"如有力者哀其穷而运转之，盖一举手一投足之劳也。"紧接着点出这个怪物与众不同的性格，抱负远大且兀傲有骨气："烂死于沙泥，吾宁乐之；若俯首帖耳，摇尾而乞怜者，非我之志也。"最后将怪物生死交付与命运安排："是以有力者遇之，熟视之若无睹也。其死其生，固不可知也。""其哀之，命也；其不哀之，命也。知其在命，而且鸣号之者，亦命也。"陈情自荐和求告之中，却透着一股自命不凡的刚倔凛然之气，明代金圣叹感叹此文："亦无头，亦无尾，竟斗然写一怪物。一气直注而下，而其文愈曲。细分之，中间却果

有无数曲折，而其势愈直，此真奇笔怪墨也。"（《天下才子必读书》）

韩愈参加了三次吏部考试，每次都落选，落榜后他给当时的三位宰相写了长信，引经据典，口气很大，但陈情恳切，希望宰相们不要遗漏了人才。因为没有等到回复，十九天后又写了第二封，即《后十九日复上宰相书》，措辞咄咄逼人，与李白《与韩荆州书》的那篇大言有得一比："愈之强学力行有年矣。愚不惟道之险夷，行且不息，以蹈于穷饿之水火，其既危且亟矣；大其声而疾呼矣，阁下其亦闻而见之矣，其将往而全之欤？抑将安而不救欤？""古之进人者，或取于盗，或举于管库。今布衣虽贱，犹足以方于此。"可见此时已难抑胸中郁愤。

他在一个多月的时间里竟然一口气给宰相连发三书，即有名的"三上宰相书"。一书比一书急切，言辞也更加锐利，到了最后一书已经颇不客气。清代何焯在《义门读书记·昌黎集》中评价第三书："一路顿跌而下，如怒涛出峡"。韩愈和李白这一类特别人物，火气大，才气也大。他们的一些孟浪之举，掷地有声的豪放大言，都化为不可磨灭的历史深痕。

我们要看韩愈的火气，就要看他年轻不遇时，尤其是最初遭贬时的诗文。第一次遭贬阳山，在他这里成为一生不解之谜。他曾一度怀疑是同僚柳宗元、刘禹锡等人的告密。后来由阳山贬所量移江陵，与同样遭贬流放的刘禹锡相逢，仍然心存疑虑。"前年出官由，此祸最无妄。公卿采虚名，擢拜识天仗。奸猜畏弹射，斥逐恣欺诳。新恩移府庭，逼侧厕诸将。于嗟苦驽缓，但惧失宜当。追思南渡时，鱼腹甘所葬。严程迫风帆，劈箭入高浪。颠沉在须臾，忠鲠谁复谅？"（《岳阳楼别窦司直》）清代何焯在《义门读书记》中说韩愈以此诗示刘禹锡，"令其属和"；窦庠即窦司直劝刘禹锡："唱和以两释疑猜，而刘亦忍诟以自明也。"

火气盛大，文字欲燃，有强大的力道，自有另一种感染力。这些文字深刻动人，却往往不够委婉蕴藉。它们所透露出来的人性信息和社会信息之丰富，又是其他文字所不能比拟的。一般来说这样的诗文，会因为激愤而过于裸露，甚至变成除了愤怒一无所有的"空心核桃"（波兰作家米沃什语）。但在韩愈这里却不是如此，这一弊病竟然得到了相当程度的避免。这因为他的丰富和才情，因为其人性内容绝无贫瘠，正是这些元素，才最终保证了此类诗文的品质。这又不是文章作法之类所能解释的，它们属于更复杂的写作学和诗学问题。

不过，当他从这种"火气"中走出来，立刻就是另一番风貌了。如果一个人仅有激烈而不够丰富，也绝然不会成为政治和文章大家。比如他的《雉带箭》《汴泗交流赠张仆射》《题张十一旅舍三首》《叉鱼》《李花二首》《游太平公主山庄》《戏题牡丹》《送桂州严大夫》《鸣雁》等，就写得别有天地，情趣盎然。我们从这里可以看到，韩愈也远非那种刚直无他、火气直燃的单向度的诗人，而是内藏锦绣、异趣多多。在他这里，斑斓的才情最终无法隐藏，这正是他的底蕴，是他难能可贵的方面。可见作为一个杰出的诗人，一个文章大家，光有火气还是远远不够的。

·痛与喊

人感到痛彻就会呼喊，这是常情，但表现不同、程度也不同。

有的激烈，有的隐忍而迟缓；有的喧声在外，有的藏于内心。在痛与喊的深切尖利方面，较少有一个古代诗人如韩愈一样畅直而激昂。他在面对社会痼疾、黑暗，更有个人悲苦、遭谪之痛，尤其要大声呼号，少有掩藏。他痛苦的叫声很大，而且一时不可止息。无论己痛他痛，韩愈都会诉之于大声。比如在《去岁自刑部侍郎以罪贬潮州刺史乘驿赴任其后家亦谴逐小女道死殡之层峰驿旁山下蒙恩还朝过其墓留题驿梁》一诗中，写到最小的女儿挐挐之死，真是催人泪下。"数条藤束木皮棺，草殡荒山白骨寒。惊恐入心身已病，扶舁沿路众知难。绕坟不暇号三匝，设祭惟闻饭一盘。致汝无辜由我罪，百年惭痛泪阑干。"比如《祭十二郎文》："呜呼！汝病吾不知时，汝殁吾不知日，生不能相养以共居，殁不得抚汝以尽哀，敛不凭其棺，窆不临其穴。吾行负神明而使汝夭，不孝不慈，而不得与汝相养以生，相守以死；一在天之涯，一在地之角，生而影不与吾形相依，死而魂不与吾梦相接，吾实为之，其又何尤？彼苍者天，曷其有极！"

韩愈对痛苦的忍受力似乎比其他一些人稍差，比如相较后来他的大崇拜者苏东坡就差了许多。而苏东坡之跌宕艰困又远超过他，但哀号之声似乎掩抑了许多。这是性格的不同，没有高低之分。当然由此产生的诗文作品也就大为不同了。在韩愈这里，少有苏东坡那样的移情疗法，也较少于自嘲中缓释和反省。这同样是一个可爱的人，他痛苦中的喊叫甚至有一种纯稚的性质，这一点又区别于才华四溢、多趣多情的苏东坡。韩愈的喊叫仿佛不太顾及他人，更直接更自我，喊过了发散了即好。

当年他因为三次没有通过吏部考试，没有取得朝中任职的资格，曾投奔徐州张建封幕府做推官。幕府管理严格，韩愈难以忍受"晨入夜归"的幕府定制，便上书张建封说自己"当时以初受命，不敢言，古人有言曰：人各有能有不能。若此者，非愈之所能也"。他想弄个特殊待遇，如果张建封不答应，"抑而行之，必发狂疾。"(《上张仆射书》) 大概是没有得到幕府主人的批准，"士不遇感"颇重，心情苦闷之极。他在《与李翱书》中忍不住大放悲声，称自己境况比颜回还苦，说颜回"有圣者为之依归，而又有箪食瓢饮足以不死，其不忧而乐也，岂不易哉！"而"若仆无所依归，无箪食，无瓢饮，无所取资，则饿而死，其不亦难乎？子之闻我言亦悲矣"。他出任国子监四门博士时，已经三十五岁，上任过程中发生了一件有趣的事情，就是回洛阳取家眷路过华山时，他一时兴发攀登至顶。"洛邑得休告，华山穷绝陉。倚岩睨海浪，引袖拂天星。"倚着岩石傲视浪涛滚滚的云海，举起衣袖便可拂弄天上的星星，真是好不快活。俗话说上山容易下山难，而华山自古就有"奇险天下第一山"之称，下山时台陡苔滑，狂风阵阵，吓得他"悔狂已咋指"(《答张彻》)，竟然在山上咬指大哭，还写下遗书。"韩愈好奇，与客登华山绝峰，度不可返。乃作遗书，发狂恸哭。华阴令百计取之，乃下。"(唐·李肇《国史补》) 可见真是一个直率任性的人。

韩愈与苏东坡还有一个不同之处，即他的多趣与可爱自己并不知道，而苏东坡多少是知道一点的。在为人处事方面，东坡似乎比韩愈要周到、谨慎一些。韩愈自始至终都像一个毫无城府的阳光大男孩，他任江陵功曹时，因为体胖溽暑难挨，非常羡慕同僚好友郑群有一张竹簟，即一种特别凉爽的竹席；正当他在家眼巴巴渴盼的时候，郑群也给他送来了一张。他见了竹簟高兴得像个孩子，写诗说："蕲州簟竹天下知，郑君所宝尤瑰奇。携来当昼不得卧，一府传看黄琉璃。"(《郑群赠簟》)韩愈还喜欢"博塞",这大概是能下赌注的一种棋类游戏,也算是赌博,可见在这方面他仍然像个孩子。他的好友张籍曾给他提过四条意见,其中一条就是让他放弃此项爱好,对此他没有争辩,但终究放弃与否就不得而知了。他莽撞上《谏迎佛骨表》,触怒宪宗,险招杀身之祸,被贬潮州任刺史,写给宪宗的《潮州刺史谢上表》,令人莞尔:"臣于当时之文,亦未有过人者。至于论述陛下功德,与《诗》《书》相表里;作为歌诗,荐之郊庙;纪泰山之封,镂白玉之牒;铺张对天之闳休,扬厉无前之伟绩,编之乎《诗》《书》之策而无愧,措之乎天地之间而无亏。虽使古人复生,臣亦未肯多让。"何等直率,何等口气,令人于会意之中忍俊不禁。

许多时候韩愈的确像个逞强好胜难以成熟的人,从青年到晚年,仿佛一直如此。他的痛与喊,因单纯而动人,因清新直爽而更具审美价值。他的率性使他变成一个生命的风火轮,一路燃烧疾驰而去,留下了一道道烧灼的痕迹。

我们对照一下苏东坡遭贬,就觉得韩愈是另外一种人物。东坡能够于极艰难的生活条件之下自寻趣味,甚至过得津津有味,各种食物莫不入口,莫不得趣:"土人顿顿食薯芋,荐以薰鼠烧蝙蝠。旧闻蜜唧尝呕吐,稍近虾蟆缘习俗。""从来此腹负将军,今者固宜安脱粟。人言天下无正味,蝍蛆未遽贤麋鹿。"(《闻子由瘦(儋耳至难得肉食)》)而韩愈在潮州的海产品面前却是叫苦不迭:"腥臊始发越,咀吞面汗骍。"(《初南食贻元十八协律》)"居然当鼎味,岂不辱钓罩。余初不下喉,近亦能稍稍。"(《答柳柳州食虾蟆》)他在写给宪宗的谢上表中也是大吐苦水,对一路艰辛如此描述:"臣所领州,在广府极东界上,去广府虽云才二千里,然往来动皆经月。过海口,下恶水,涛泷壮猛，难计程期；飓风鳄鱼，患祸不测。州南近界，涨海连天；毒雾瘴氛，日夕发作。臣少多病，年才五十，发白齿落，理不久长，加以罪犯至重，所处又极远恶，忧惶惭悸，死亡无日。"（《潮州刺史谢上表》）可怜之状溢于言表。可爱的韩愈最终还是打动宪宗，在极短时间内就平息了皇帝的雷霆之怒。"帝得表，颇感悔，欲复用之，持示宰相曰：'愈前所论是大爱朕，然不当言人主事佛乃年促耳。'"（《新唐书·韩愈传》）想召其还朝，因受阻于宰相，只得先将他内移至袁州任刺史，这也算是一个奇迹。

· 不平则鸣

"物不平则鸣"是韩愈自己的话，可能也是一句自我总结。他对客观事物的描述中处处显示了"不平"的张力。在贬去阳山的一路，其鸣声之大之疾令人难忘。他对自身的苦难是敏感的，时有夸张激愤之句，如"刳肝以为纸，沥血以书辞"（《归彭城》）、"血泣追愆尤"（《赴江陵途中寄赠三学士》）、"排云叫阊阖，披腹呈琅玕"（《醒醉》）等。

他在《送孟东野序》一文中说尽各种人与物的"鸣"，各种不平之鸣无不言及，读来大快，耳目一新。从风吹草木之声写到金石撞击之声，再到人之发声，其歌其言其思其哭，"凡出乎口而为声者"，皆因为不平！他历数最善鸣之器物，如钟磬琴箫笙埙鼓；说到天地自然，则有"以鸟鸣春，以雷鸣夏，以虫鸣秋，以风鸣冬"，因为四时推移变化之中都有"不平"，所以人的"不平"也就更好理解了。

这样一路说下来，从夏商一直说到周公，说到《诗》《书》，说到孔子、老子、庄周、屈原、孟子及稷下学派，然后再说到秦汉李斯、司马迁，一直历数至盛唐李杜诸位诗人。

这一番大言好不凌厉，追古抚今，将各种"不平之鸣"一一陈列，令人动容。就此我们会联想到诗人本身所发出的阵阵震耳之鸣，本来就是天然存在的人的使命，既合乎物性，又体现了人之为人的力量。纵观诗人一生，不平多，鸣声大，在当世以及后世都起到了振聋发聩的作用。

人之顺畅平和非为常态，不平之感受时时有之，无忧无虑平庸而已。观万物而寄情，视劳民必忧心，一个儒家士人的不平之心常在，才能触动深思和忧虑，为之畅言，不曾苟且。这使我们想到了范仲淹有名的谔谔之声："居庙堂之高，则忧其民；处江湖之远，则忧其君。是进亦忧，退亦忧。然则何时而乐耶？其必曰：'先天下之忧而忧，后天下之乐而乐。'"（《岳阳楼记》）世上没有谔谔之士，就将窒息，成为鲁迅所说的那个无声的世界："人会没有声音的么？没有，可以说，是死了。倘要说得客气一点，那就是：已经哑了。要恢复这多年无声的中国，是不容易的，正如命令一个死掉的人道：'你活过来！'"（《无声的中国——二月十六日在香港青年会讲》）没有声音，就像没有光明的黑夜，让人看不到一点希望。胡适借用范仲淹《灵乌赋》中"宁鸣而死，不默而生"之语，表明独立之精神，也是这个道理。

武死于战，文死于谏，这种生死之大贤大勇，这种陡峭的人生命运，在韩愈看来却归于自然物性，是事物的常态。生之为物，必遭不平，不平则鸣，鸣而有声，有声而有生发，而有世道运行，而成自然。

· 慎思和快语

　　韩愈无论于诗于文，叙述说理，无不逻辑周密，运思严缜。比如其代表作"五原"，包括那篇险些惹来杀身大祸的《谏迎佛骨表》，都有理尽辞达的严密性，这是他为文的能力。但尽管如此，却不能完全弥补性格带来的另一特征，即快言快语之病。这和为文的要求多少形成了一对矛盾，以至于在许多时候不能相互补救。他说理清晰而辩证，心思缜密；他最初确定方向的时候是比较冲动的，进入文章之后却会依照理路而行，但也难免一时兴起，一泻千里。这往往使他的慎思不能一贯到底，不能从头至尾周到妥帖。这种开口即快意、一诉到底、一吐为快的情状是经常发生的。

　　韩愈就此是有所反思的，从阳山贬所迁江陵法曹参军之后，他曾经这样总结自己的仕途挫折："人患不知其过。既知之不能改，是无勇也。余生三十有八年，发之短者日益白，齿之摇者日益脱，聪明不及于前时，道德日负于初心，其不至于君子而卒为小人也昭昭矣。作《五箴》以讼其恶云。"（《五箴并序》）反思不可谓不深，追悔不可谓为不痛，总结不可谓不早，可见诗人对自己还是洞彻有余，不是一个糊涂无知者。《五箴》分别是《游箴》《言箴》《行箴》《好恶箴》《知名箴》，从言行好恶一路辨之，清晰而深刻。他在文中反复自警自戒，似乎愈加谨慎。他回顾了两度托身幕府、出任国子监四门博士广收门徒和御史台遭贬的际遇，对自己耿直率言所招致的后果有所体味。但他对于群小专横，对于嫉贤妒能而招致的灾难也非常清楚，知道如此下去未来命运将会如何。尽管有此番沉痛的自戒和总结，但似乎仍然没有影响他认真好辩的性格，因为这是他的责任，是他的道德文章，是他儒家士人的品质，唯有如此，也才能够恪守"正儒"。

我们仍然以那篇极为重要也极具风险的《谏迎佛骨表》为例，因为"拒佛老"是韩愈一生坚持不懈的事业，他在许多诗文中对此都有非常详尽的论说。当皇帝要亲率群臣出迎佛骨，这个盛大举动对他触动之深、引起焦虑之大，可想而知，所以谏文出手绝非一时情绪使然。但由于这次进谏有具体情境在，是针对一时一事而言，并非深思熟虑的理论文章。尽管如此，以韩愈之明晰和朝中为官的经验，不会不知道这次行动的危险。但他最终还是奋而忘我，结果使自己瞬间陷入前所未有的危境。

可见"快语"之本性常常冲破"慎思"之能力，这正是他可爱的一面，是他作为一个人的真性情的体现。

他的慎思从两个方面体现出来：一是对整个时局大势的把握上，无论是文章风格走向，还是社会政治大势，都少有判断上的偏失，显然是透彻而严密的思虑结果，有高度，有综合归纳力；再就是具体论述，特别是一些代表性著述，比如"五原"、《师说》《进学解》《讳辨》等，陈列诸项，一一推理，逻辑相当严密，说服力也十分强大。就辞与理、就文势来说，具有摧枯拉朽之力，这既由他快言快语的性格所决定，也由文气的强盛所决定，是极难改变的。所以他的文章，甚至包括一些言情绘事之诗，推进速度并不因为思维的密致而稍稍放缓，相反总是极为快捷的。诗文的前进和赶路一样，是有速度的。

总的来看，韩愈诗文的推进速度超过常人，在古代文人中很难找到一个与之相同的人。他的行文风格陡峭而犀利，又加剧了这种速度，这就使他能够一路飞走，披荆斩棘，有一种快刀斩乱麻的痛快。这种开辟的力度和拓进的能力，都给人一种爽快利落的感觉；最为可贵的是，这又绝不仅仅止于风格，而是源于一种真实的强调，探究的执着，这才是内在的、根本性的推动力。

· 玄学与庸众

韩愈所处的年代纲纪破坏，世相危殆。具体讲有两大危机：一是藩镇割据，二是佛老盛行。前者为社会安定之危，后者为精神漫漶之疾。李唐王朝名义上奉行儒释道并重的政策，实际上儒学日渐式微，唐玄宗之前的几代皇帝皆崇信佛道，而唐玄宗则偏嗜道教，所以这个时期道教势力很大。释与道二者明争暗斗，到了非常激烈的程度。韩愈《华山女》一诗就写了长安城内的佛道之争："街东街西讲佛经，撞钟吹螺闹宫庭"，"华山女儿家奉道，欲驱异教归仙灵"，"不知谁人暗相报，訇然振动如雷霆。扫除众寺人迹绝，骅骝塞路连辎轩。"

唐宪宗热衷于佛事，法门寺里的一截佛骨在 819 年正月里被迎入宫中，供奉三天，轰动长安，于是就有了韩愈那篇痛心疾首的《谏迎佛骨表》。"今闻陛下令群僧迎佛骨于凤翔，御楼以观，舁入大内，又令诸寺递迎供养。臣虽至愚，必知陛下不惑于佛，作此崇奉以祈福祥也。直以年丰人乐，徇人之心，为京都士庶设诡异之观、戏玩之具耳。安有圣明若此，而肯信此等事哉！"这是他晚年的壮举，其实透露出来的心志，与年轻时完全一致，并无改变。早在诗人三十岁时《谢自然诗》中，就表达了相同的忧思：对佛教传入中国后，人们耗费巨资争建华丽寺塔深表不满。

此次谏迎佛骨，差点被皇帝处以极刑，最后全家被贬潮州，最小的爱女死在流放途中。

韩愈困居潮州荒蛮之地的时候，与一个名为大颠的和尚交往甚笃。有人对此产生了误解，认为韩愈拒佛立场有所改变，为此他回答说："有人传愈近少信奉释氏。此传之者妄也。""释、老之害，过于杨、墨；韩愈之贤，不及孟子。孟子不能救之于未亡之前，而韩愈乃欲全之于已坏之后。呜呼！其亦不量其力且见其身之危，莫之救以死也。虽然，使其道由愈而粗传，虽灭死万万无恨。天地鬼神，临之在上，质之在旁，又安得因一摧折，自毁其道，以从于邪也！"（《与孟尚书书》）可见在人生最为艰困之时，也并无多少改变，更无颓废。

玄学与庸众的结合，通常必是世相衰羸。国家前途迷茫，国民精神颓萎，每逢这个时期，民间所谓佛道之术就会甚嚣尘上。这种流于庸俗化和表面化的"兴盛"，无一例外都是末世的征兆。就韩愈对佛道的态度来看，与后来苏东坡等人是一致的。他们都是真正的大儒，是"正儒"，真正关心的是社稷民生，是人的现实生存。他们认为佛道与庸众的乱象愈演愈烈，于国于民都是至害。韩愈言说儒释道三者关系的文章，可谓古今罕见之清晰要论，透彻之极。作为一种哲思和智慧，韩愈并未否定释与道，但对其含混化、庸俗化以及大众化的过程，却有一个清醒的认知。民众堕入迷茫无知之境，在玄虚的说辞中根本不求甚解，最后整个族群唯有变得庸俗无聊和浅薄无知。

韩愈和苏东坡一样，在生活中并不拒绝交往一些道士和僧人，有时觉得他们有趣味、通事理，所以有些诗文就是写给他们的，这是与个体佛道人物的交往。对于佛道在民众中的庸俗化以及引起的严重后果，基本态度却从未改变，这是完全不同的两个问题。他不能容忍将佛与道确立为国家宗教，更不能容忍一些极为肤浅庸俗、似是而非的佛道观念被用来故弄玄虚，惑众谬行，于社会上大行其道。"万里休言道路赊，有谁教汝度流沙。只今中国方多事，不用无端更乱华。"（《赠译经僧》）"甚矣，人之好怪也。不求其端，不讯其末，惟怪之欲闻。古之为民者四，今之为民者六。"在当时，和尚与道士竟然成为很大的社会群体，士、农、工、商四类，再加上释与道，成为"家六"，即"农之家一而食粟之家六，工之家一而用器之家六，贾之家一而资焉之家六，奈之何民不穷且盗也？"（《原道》）韩愈痛问，如此一来，整个民族怎么会不穷困？又怎么会不发生盗窃的事情？

这些分析与估量，与后来的苏东坡也是一致的。苏东坡就撰文指出中国历史上毁于佛道的几个阶段，言辞非常锐利。他在《韩非论》里说：老子死了以后一百余年，商鞅和韩非著书立说倡导以严刑苛法治理天下，失去了仁者爱人的儒家之根本，才有陈胜、吴广之乱，没有教化而只有严厉法治，天下遭到荼毒；后来人只知道法家申韩之术的大害大罪，却不知老子和庄周"虚无淡泊"的害处。他在《中和相胜院记》一文中，指出一些僧众以"荒唐之说"沽名钓誉，而且凡是百姓所苦之役，他们皆可免除，还声称"吾师之所谓戒者，为愚夫未达者设也，若我何用是为"。所以东坡碰上这样的僧人，就反复与其论辩，常常弄得他们面红耳赤，"吾之于僧，慢侮不信如此。今宝月大师惟简，乃以其所居院之本末，求吾文为记，岂不谬哉。"

但苏东坡也像韩愈一样，对一些佛道人物非常喜欢，来往的佛教人士有辨才法师、宝月大师、佛印禅师、诗僧道潜等，道教人士有吴复古、杨世昌、姚安世、邓守安等，与他们的交往愉快极了。因为这都是知识人物，并非世俗之人，身上有许多疏离于社会与大众的独特之处。他们见解独辟，高于社会认识的平均值，而且能够于独处中感悟真趣，就个体而言是很有价值的。所以这种交往是知识与个性的联系切磋，是趣味的异质因素的吸引，毫不足怪，与他们对佛道的总体态度，没有关系。

就知识而言，无论佛还是道，都是深奥的哲思，不可以作肤浅的诠释，差之毫厘则失之千里，会弄出令人啼笑皆非的事故。将深邃的哲思简化为迷信或似是而非的言说，误导或引出邪僻，普及于民众，后果当是十分严重的。表面化和庸俗化的佛道，对民众与知识人的伤害，常常始于不求甚解，始于歪曲和肢解。极深奥的思悟能在大众中通行无碍？显然是不可能的。这种属于极少数人的修行之举，浩渺无边的玄思世界，一旦被简化成机会主义和诡辩术，就会变成极有害的东西，普及开来，蔓延下去，即使整个国民变成软弱自私、无力无为、无是非无理性的一群乌合之众。这样的族群不可能有理想，更不可能为真理而奋斗，从此必将丧失挺拔清爽和刚直不阿的性格。

笼统地谈论宽容、忍耐、善良、慈悲、应物，不仅毫无意义，而且还极有害。在这样的一种文化风气中，只便于滋生更多的黑暗，且让一个群体在面对专制集团的侵犯时，变得软弱无力。

· 如何谢自然

韩愈三十岁的时候遇到了一件怪事：南充县一个叫金泉山的地

方发生了一件奇观，即一个叫谢自然的小姑娘突然得道升天。这件事引起了轰动。对于修仙的向往古已有之，本不足为奇，仙人之术于南北皆有昌兴，时有盛衰，中间经历了许多变化。最有名的是山东东部半岛的东夷地区，而后漫延到西秦和江南。唐玄宗时代由皇帝带头，长生术兴盛起来。玄宗自己就曾经向道士学习一些不可思议的法术，比如所谓"自隐术"之类，更不要说内丹外丹的试炼，在宫廷中居然大行其道，遑论民间。一位修道的小姑娘出些事故令人叹息，但大肆包装为仙人事迹，并且由地方要员如刺史上表奏闻，问题就变得严重起来了。

这终将演化为一场闹剧，悲剧不悲，神秘诱人，造成的危害是无可估量的。韩愈在《谢自然诗》中叙述了事情经过，指出一个小孩子深山学道，本来可以理解，但最后闹出这么大的动静，上达天听，就是另一回事了。他指出政治清明的时代，断不会出现这样人鬼相杂的怪事，指出从秦皇的笃好到汉武帝的痴迷，经过了秦汉两朝，这类邪怪道术已成祸患，接连不绝。这里直接指斥世相之乱，完全由执政者一手造成。由此看，后来宪宗朝发生皇帝亲率群臣迎接佛骨的事情，也就毫不足怪，上行下效，蔚然成风。

信佛道者越来越多，致使许多人不再从事生产，荒疏正业，这就成为民生大事；但最严重的后果还不止如此，整个社会的精神气氛由此走向腐败，民众被引向了一种虚妄无知和丧失理性的歧路，对劳动与创造，对一切应该认真的事物都失去了兴趣，没有了追究的心力。他们变得冷漠、迷茫，失去了起码的生命热情，这对一个族群是相当危险的。这种颓丧和懒惰、犬儒主义，一旦用美好的、虚幻不实的神仙思想包装起来，用所谓大慈大悲、普度众生之类的虚伪遮掩起来，就具有了极大的欺骗力。对于韩愈这种理性主义者，一个入世的纯粹儒生，一个具有家国情怀的执着之士；当然会警醒而洞悉，视其为严重的族群精神品格和文化质地问题、一种危险的社会现象。诱惑大众修仙，进入玄门，信奉老庄之术，肯定不是什么吉兆。一些目不识丁、连基本常识都不懂的人，竟然成为得道哲人，这根本没有可能。所以大凡是深奥之学，必定藏有最多的骗子。

谢自然事件折射出的社会政治及时代精神危机是明显的，只碍于上方所好，没人敢站出来揭露和警示；更因为佛与道这两种宗教或哲学或心智学，本身自有价值，所以绝非简单否定和拒绝的问题，如此一来许多人就不敢轻言，不敢发出理性的声音。也正是在这种普遍的社会情势之下，韩愈一生关于佛与道的发言，于整个民族才是至大的功勋。

任何事物的极致和顶端部分，往往是极其晦涩的，因为只会有极少数人处于这个顶端。它的普及化和通俗化的过程是坎坷而危险的，一定充满了变数和曲折。那些杰出的思辨者、执着的信仰者，轻易不会就范于某种虚幻的形式，他们将倾力辨析和反抗，发出警世之言。那些玄学宗教内部的智士，对这种庸俗惑众，以邪术大肆敛财的行骗者，也是深恶痛绝。没有比宗教再需要虔诚和纯粹了，而这种虔诚和纯粹的对立面，它们的死敌又是什么？在道袍和袈裟的遮罩下，在一场又一场故弄玄虚的形式主义的掩饰下，究竟有多少藏污纳垢和荒诞不经？大概几千年来已非罕有，可谓见怪不怪。

其实对这些乱象并不需要什么科学的剖析，只需要基本的理性和常识就能够拒绝。这里没有什么流派之争，而仅仅是纯粹与污浊之辨；这里也非简单的高标清流和入世理想的问题，而是拒绝妖惑和骗术的问题。走向诡辩、虚无、玄妙、莫衷一是的邪说，是非常容易的；回到常识，回到劳动，回到朴素的求真，却是非常困难的。我们会发现所有的高僧大德都是寂寞而朴素的，他们的玄思与个人生命的纯粹性，是不可分离的。那些将仪式做足，在世俗生活中拉起层层帷幔的，却恰恰最值得怀疑。

佛道自有去处，它们将回到自己。当大批迷茫之众拥向佛道的时候，整个社会的危机也就出现了，这与思辨智慧、与信仰毫无关系。大批骗子与无数的心灵饥渴者、求助者一道，形成一条浩浩荡荡、芜杂混乱的浊流，涌向一个毫无出路的迷茫之地。其实，任何一种口实，如果最终不能把人引向真理和思辨、信心和自我追究，不能引向谦虚、学习和劳作，而唯有怪僻、迷茫、玄虚，那么就一定是向下的诱惑，是罪恶的开端。

人是自然之子，每个生命天生面临了如何回馈的问题。韩愈对此从不懈怠，他自觉地面对这个巨大的命题，谨慎理性而又勇气十足地完成了自己。柳宗元在《天说》中引用韩愈的话："人之坏元气阴阳也亦滋甚：垦原田，伐山林，凿泉以井饮，窾墓以送死"，"筑为墙垣、城郭、台榭、观游，疏为川渎、沟洫、陂池，燧木以燔，革金以镕，陶甄琢磨，悴然使天地万物不得其情，幸幸冲冲，攻残败挠而未尝息。其为祸元气阴阳也，不甚于虫之所为乎？吾意有能残斯人使日薄岁削，祸元气阴阳者滋少，是则有功于天地者也；繁而息之者，天地之仇也。"

如何对待自然？这位智者千年前的论说与思辨，今天看何等清醒透彻。

· 师教传统

韩愈前后做过三次国子监博士，即皇家大学的高级教职，并在最后担任了这所大学的最高领导，当时名为"祭酒"。他对教育的重视，其深刻的认识与实践论述，成为唐代乃至于中国文化传统中的一笔重要财富。可以说没有韩愈的教育思想，将是中国教育史和文化史上的一大缺憾。《师说》是一篇被反复引述的文章，文中提出"圣人无常师"，"师者，所以传道、授业、解惑也"，"闻道有先后，术业有专攻"等一些著名论述，我们已经耳熟能详。这一系列宝贵的思想，对中国历史乃至现代都发生了深刻的影响。

韩愈任国子监祭酒的时间仅有半年，三次任职时间加起来也不到三年，但对于教育的思考却非常深入。这既来自具体职务的一些体味，也来自一种大教育的思想，更是对整个民族文化思想和精神状态的考察，对国家命运的关切，对体制与民众、宗教与族群、人与人、个体与群体等关系的一些综合思考。这些思考一旦与具体教职和专业结合起来，就会深入、扩展和发酵，形成更高更开阔的教育思想。这些思想比简单的单项专业来说，要深刻得多也重要得多。

他在教职上做出了许多卓有建树的事情，比如奏请以"专通经传，博涉坟史"（《国子监论新注学官牒》）的儒者为学官，并进行严格考核；初为学官的儒生要向国子监生做学术讲座；扩大招生范围，放宽太学馆、四门学馆入学的门第出身限制，并且强调学官之间要相互尊重。

"人非生而知之者，孰能无惑？惑而不从师，其为惑也，终不解矣。""嗟呼！师道之不传也久矣，欲人之无惑也难矣。古之圣人，其出人也远矣，犹且从师而问焉；今之众人，其下圣人也亦远矣，而耻学于师。是故圣益圣，愚益愚。"(《师说》)韩愈出任四门博士的时候，身边聚集了一大批青年学子，这给他招来了许多诽谤，甚至有人引用孟子的"人之患，在好为人师"来攻击他。韩愈不惧流俗，不怕侮笑，倡导相互尊重，"不耻相师"，"弟子不必不如师，师不必贤于弟子"，而如孔子所说"三人行，则必有我师"，平等解惑传道。"独韩愈奋不顾流俗，犯笑侮，收召后学，作《师说》，因抗颜而为师。世果群怪聚骂，指目牵引，而增与为言辞。愈以是得狂名，居长安，炊不暇熟，又挈挈而东，如是者数矣。"(唐·柳宗元《答韦中立论师道书》)可见当时情形到了何等地步。"仆才能勇敢不如韩退之，故又不为人师。"这是柳宗元在《答严厚舆秀才论为师道书》中说的话。

要为人师，需要勇气，有表率作用，能思辨，能传道，拒诋毁，有挺拔的人格，有中气充盈的大言，有孟子的大丈夫气。这样一种气概、贯彻力和行动力，在任何时候都是需要的，也都是缺少的。唯唯诺诺，从潮流，从众，不求甚解，媚上欺下，分门立派，这些倒是容易做到，也是从古至今最为恶俗的现象。能够做一个清晰、认真、朴素的学人，能够身为师表，是多么重要。

一个时期的师道风气被败坏，整个社会的精神风貌就会崩溃和败坏。放眼古往今来传道场所的各种情形，即可判断一个时代的风气究竟是向上提升，还是向下沉沦，几乎没有例外。如果怪谬、荒唐之现象常常发生于大学围墙之内，这些传道授业之所频频发生荒谬绝伦之事，并且时而出现一些荒诞不经的传授者，那么一定是整个社会环境出了大问题。体制与权力的传染性是非常强的，封建专制体制的最大罪恶，就是将国民诱导和改变为一群毫无精神追求、毫无思辨能力的庸碌小人，以物质主义和可怕的精神禁锢，使他们变成精神侏儒匍匐在地，再也不会昂首挺胸地站立和行走。一群犬儒伏地的畸形者，就是一个时代的大悲哀。

韩愈之倡扬高昂挺拔的师道精神，其意义绝不囿于学府高墙之内，而是惠及族群，惠及社会，他引导的是一个时代。任何社会和历史阶段，我们都会痛感缺少这种高瞻远瞩的勇者，缺少能够发出这样振聋发聩的大言者。韩愈教育思想的形成，显然不仅来自几次进出国子监的亲历与实践，而是综合了个人求学以及整个国家文化精神的思索与把握。他充分认识到教育作为一门专业的重要性，认识到"传道"实际上具有一种精神接力的意义。

韩愈的师道思想在当时有很强的针对性，包含了诸多现代教育思想的元素。他是自己师道思想的践行者，虽然任国子监祭酒仅有几个月的时间，却做出了许多重要改革。如对一些品级卑微的教职人员特别倚重，改良选择学官的制度，破格选拔博士等。这个时期的全国最高学府风气大变："生徒多奔走听闻，皆相喜曰：'韩公来为祭酒，国子监不寂寞矣。'"（唐·李翱《赠礼部尚书韩公行状》）可见这对于一座学府来讲是多么重要。推而广之，一种风气会蔓延于高墙之外，推动整个社会清流的形成。这种挺拔爽俊的知识人格，由点到面辐射出去，居功至伟，其意义无论怎么估计都不过分。

韩愈的到来使国子监内响起一片欢呼，大家喜悦欣慰，奔走相告，其情其状至今仍鲜活如睹。一个清爽的人，挺拔的人，活泼的人，热情的人，有激情的人，才有这种号召的力量，凝聚的力量，警世的力量，指引的力量。我们需要这种力量。

韩愈当时与几位弟子的关系很有启发意义。有的亦师亦友争论辩说，有的千里追随承教于门下，有的投书请教文章之道，还有另一些相处方式。可见传道解惑的路径很多，也很不相同。《原道》《原毁》确立了源与流的关系，努力辨识"道"与"德"之不同，指出"道有君子小人，而德有凶有吉"，"古之时，人之害多矣。有圣人者立，然后教之以相生相养之道。"

过去如此，今天仍如此：那些卓有见地的精神超拔者，富有良知的言说会激起人们心底多少兴奋。一种不曾泯灭的理性认知力、责任感，将作用和呼唤于不同的个体。这是朝向一种声音的汇合与向往，它们引领和趋近的方向是高处，是清晰之地，而不是低洼混乱的污浊之地。这种引领就是韩愈所说的"师道"。他在一千多年前所倡导的师道精神是不朽的，连接了过去和今天，更具有一种延向未来的指标意义。

恪守正道，是师教的精魂。韩愈的一生宣扬正道无休无倦，是一个持守"正儒"之道的"从教者"。他不仅好为人师，而且为师者辨，将孔孟尊为世间最可崇尚之师。这是一种大教育的思想：由具体的教育专业，扩大为整个国民的、民族的精神导引。他写有几篇国子监博士的序文和志铭，其中有许多关于师教及其意义的具体阐述。"化当世莫若口，传来世莫若书。"（《答张籍书》）"左右前后皆正人也，欲其身之不正，乌可得邪？"（《爱直赠李君房别》）

在《子产不毁乡校颂》一文中，韩愈对乡间学校给予了至高肯定：教育不仅是一般知识之传播场所，而且是开放议论之胜地，只有它的存在并发挥众议的功能，才是一种有益于国民的大教育。这种开放式的大教育观，是他师教思想的重要组成部分。他非常赞同子产"川不可防，言不可弭。下塞上聋，邦其倾矣"的观点。子产为相，治理郑国，没有通过取缔"众口嚣嚣"之乡校来禁止不同的声音，而是广开言路，海纳百川。所以韩愈发出由衷感慨："维是子产，执政之式。维其不遇，化止一国。诚率是道，相天下君。交畅旁达，施及无垠。"

可见韩愈的视野是远在所谓教育专业之上的，他观照的是整个社会和族群。

·一生三次岭南缘

当年的岭南与今天完全不是一个物质和文化的概念，只存有一个相同的地理概念。当时的岭南实在是一个蛮荒之地、流放之地。一个文化人、士人到了岭南，会产生极其严重的精神问题，更有实际生存问题，必会相当窘迫和艰困。不少人一到岭南，就会产生难以回返、葬身于蛮荒的心理准备。可也就是这样一个地方，韩愈竟然一生三次与之结缘，缘分不可谓不深。

第一次是大历十二年（公元 777 年），不到十岁的韩愈随被贬的兄长韩会去了韶州，即广东韶关，岭南始于此，在古代是中原人来到岭南最初的落脚之地。据《旧唐书·地理志》记载，那时韶州距长安近五千里。韩愈于此度过了极为特殊的岁月，对当地风物留下了很深的印象。他在这里跟从博学的兄长和温良的嫂嫂郑氏，学到一生最宝贵的知识，可以说韶州于他一生关系重大：童年、少年时代所领受的一切，会强力作用于后来。就这一点来讲，他对岭南当怀有感念和思念的成分。无论多么贫瘠和困顿，它都是初踏人生之经历，其印象一定是格外新鲜和深重，难以忘怀。

　　第二次是贞元十九年（公元 803 年），三十六岁的韩愈刚任监察御史不久即遭贬谪，外放阳山县令。阳山现在隶属于广东省西北部的清远市，在唐代其荒僻程度甚至要超过有"岭南之始"之称的韶州。在此做父母官与内地大为不同，县衙只有几间残破的房子，连通常配备的县丞和县尉都没有。韩愈在诗文中如此记述："阳山，天下之穷处也。""县廓无居民，官无丞尉。夹江荒茅篁竹之间，小吏十余家，皆鸟言夷面。始至，言语不通，画地为字，然后可告以出租赋，奉期约。是以宾客游从之士无所为而至。愈待罪于斯且半岁矣。"（《送区册序》）"十生九死到官所，幽居默默如藏逃。下床畏蛇食畏药，海气湿蛰熏腥臊。"（《八月十五夜赠张功曹》）可见在阳山做父母官实属不易，没有半点人们印象中"县太爷"的快慰和威风，而且捉襟见肘危险如此，难以平安度日，实在是可怜可叹。初次遭贬即来到这样一方水土，对于整个仕途而言，当是一记重重训诫。所以韩愈喊叫之声也很大，写下了许多叫苦喊疼的诗文，虽然不乏夸张，但恶劣的环境以及糟糕的心情是显而易见的。

　　第三次也是最后一次，即元和十四年（公元 819 年），五十一岁的韩愈上表谏阻宪宗迎佛骨，险招杀身之祸，后被贬为潮州刺史。古代刺史官职分为上中下三等，岭南之地当然是下州，而且在唐代是很重的责罚。还好，最后总算没有性命之危，只是被流放到了天涯海角。

　　三次岭南，各有得失，心灵收获是主要的。这三次，综合看也是人生的重要投入，从某个方面来说也决定与援助了一生的大文章。历史上被贬到岭南的官宦文人不在少数，比较起来韩愈还算幸运，因为时间较短；与他人不同的是，他的喊声较大。对于岭南，由于少年时期有过记忆，所以应该多少有一种故地重游之感，这也有别于其他人。韩愈在岭南之急切难耐和痛苦喊叫的原因，主要还是对仕途的忧虑，而不是风俗和物质的困窘。"单立一身，朝无亲党，居蛮夷之地，与魑魅为群，苟非陛下哀而念之，谁肯为臣言者？"（《潮州刺史谢上表》）可见多么悲观。这当然是为了引起皇上的怜惜，以便早早离开这里。最后果然达到了目的，他在潮州只待了短短半年，然后就得以量移袁州刺史。第二年穆宗登基后，召他还京升迁国子监祭酒，也算万幸，使他有个不错的结局。可是即便如此，他也只活了五十七岁。

三次岭南之行贯穿于少年、青年、晚年，人生之坎坷超过常人。岭南于韩愈一生的仕途，包括他的诗文，都产生了重要影响，有深长难解的关系。他的文字中较少在无比艰苦的生活困境中从容处之、就地取材的快乐，比如苏东坡那样的随遇而安，而总是急不可待地将身心之焦虑之折磨传达出去。他没有什么隐忍，一概峻急和率直。当年苏东坡身居更为荒蛮的海南儋州，所接受的物质与精神的考验不可谓不大，其内心波澜之巨可想而知，但我们看到东坡留下的文字，则多是另一番风貌。他与当地土著交往融洽，在他们帮助下搭建草寮，与儿子苏过一起用海南山芋制作色香味奇绝的"玉糁羹"，还酿造味醇旨甘的"真一酒"，在月色皎洁的夜晚亲自去江边钓石处取水煎茶："活水还须活火烹，自临钓石取深清。大瓢贮月归春瓮，小杓分江入夜瓶。"（《汲江煎茶》）

在海南，东坡完成了他一生最重要的著述，即《易传》《论语说》《书传》。他还养了一条叫乌觜的大狗，带着它四处串门交友，听百姓讲一些当地掌故，甚至让他们编造一些鬼故事来解除寂寞。在他写海南生活的诗文中留下了多情多趣的老符秀才、东邻女、春梦婆、五色雀等异人异闻。他是一个多趣的、以特殊方法来打发腥风苦雨的人。两相对比，韩愈就简单得多，他直接的方法是喊苦叫穷，声音之大，活像一个深受委屈的孩子。引起这场灾祸的当然是他那个莽撞的上表，说莽撞，是因为语言激烈，言辞痛快，贬责强烈，但就文中所表达的思想来说，却又是一以贯之的，从青年到老年无多改变。

拒佛斥道的立场贯穿韩愈一生，这是他的社会观、教育观、精神价值观，始终未悔，直到岭南风雨将其摧折到发白齿脱，也没能使其坚定的立场有一丝挪动。

·奇文的魅力

韩愈有一篇散文，得到了宋代大文豪苏东坡的力赞：说唐代没有什么好文章，只有一篇韩愈的《送李愿归盘谷序》。还打趣说，自己本来也想写一篇类似文字，但想了想还是作罢：就让韩愈独步天下吧。"唐无文章，惟韩退之《送李愿归盘谷》一篇而已。平生愿效此作一篇，每执笔辄罢，因自笑曰：'不若且放教退之独步。'"（宋·苏轼《跋退之送李愿序》）此番趣言当然有调侃和夸张之意，不可过于当真，但那种极端的叹赏还是溢于言表。

文中有"伺候于公卿之门，奔走于形势之途"这样的句子，勾人魂魄，撩人心思，会让任何一个为官之人从心底发出慨叹。这篇奇文之妙，在于它写出了无数奔走于"门下"之人的心绪和矛盾情怀。自古以来，作为一个士人，一个心怀治世之心的儒生，究竟隐还是显，进还是退，从来都是人生之大犹豫。隐逸的魅力永远都不会消逝，只要有社会有体制在，也就有这种诱惑。有时候要摆脱此诱惑是很难的，它一定会在人生的不同环节时时泛起，起伏变化，所以说这些犹豫和矛盾是人生必要处理的部分，无一例外。

韩愈写这篇文章的时候，正从徐州张建封的幕府走出，面临未来道路的再次抉择，处于人生的十字路口。他的朋友李愿找到了一个好去处，在太行山南面"泉甘而土肥，草木丛茂"的盘谷隐居起来。这件事对他构成了刺激，产生了诱惑，令他神往。"穷居而野处，升高而望远，坐茂树以终日，濯清泉以自洁。采于山，美可茹；钓于水，鲜可食。起居无时，惟适之安。""膏吾车兮秣吾马，从子于盘兮，终吾生以徜徉。"

说到隐士，许多人就会想到不食人间烟火的世外之人，特别是一些遁入深山的"岩穴之士"，后者其实更多的应该视为修行者。"问余何意栖碧山，笑而不答心自闲。桃花流水窅然去，别有天地非人间。"（唐·李白《山中问答》）做隐士首先要得到一个最大的利益，就是山水自然之美。而能够享受这种美，就一定要获得一种舒适生活，优游林下，杖履逍遥，如此才有心情。如果是劳苦困顿，哪里还有余暇观流云赏落花，难得超然心境。也就是说，隐士是需要物质基础的，就此来看，也不是什么人都可以做隐士的。鲁迅先生对此有过精彩论说，在他看来一个贫穷之人糊口尚且困难，哪里还能隐居。"凡是有名的隐士，他总是已经有了'优哉游哉，聊以卒岁'的幸福的。倘不然，朝砍柴，昼耕田，晚浇菜，夜织屦，又那有吸烟品茗，吟诗作文的闲暇？"（鲁迅《隐士》）"隐"需要资本，做隐士也是为了获得另一种资本，即为了达和显，"入山"则是为了"出山"。真正的隐士是没有姓名的，是人所不知的。南宋大诗人陆游诗云："志士栖山恨不深，人知已是负初心。不须先说严光辈，直自巢由错到今。"（《杂感》）诗中的"巢由"，即中国最早的隐士巢父和许由。鲁迅先生也说："非隐士的心目中的隐士，是声闻不彰，息影山林的人物。但这种人物，世间是不会知道的。"既然成为有名的隐士，隐从何来呢？

韩愈这里所颂扬的盘谷子李愿，显然是一个富贵之人，他能够得到这么好的山水，当然花费了巨资，有自己的实力和条件，所以让人艳羡。韩愈文中对太行之南的盘谷风光有过尽情描述，显然流露了无限歆慕的心情。这是一篇奇文，神采飞扬，叙说生动，别有风韵，像盘谷子得到的这片山水幽谷一样，实在诱人。

韩愈一生奇文很多，被人注目的有《送穷文》《毛颖传》《杂说四首》《鳄鱼文》等。《送穷文》写了五个对他纠缠不休的穷鬼，即"智穷""学穷""文穷""命穷""交穷"，它们让他大半生困顿不堪，所以非常迫切地希望能够将其送走。在民间送穷日，他令仆人赶快"结柳作车，缚草为船，载糗舆粮，牛系轭下，引帆上樯。"亲自"三揖穷鬼而告之曰：'闻子行有日矣。鄙人不敢问所涂，窃具船与车，备载糗粮，日吉时良，利行四方'"。而五个穷鬼不仅不愿离去，而且历数有惠于他的许多理由，最后还振振有词地说："天下知子，谁过于予，虽遭斥逐，不忍子疏。谓予不信，请质《诗》《书》。"即我们是世上最理解你的人，你虽然遭到贬放，我们却不忍心疏远你，如果不相信我们所说，请到《诗》与《书》的典籍里去找答案。韩愈无奈之下只能"垂头丧气，上手称谢，烧车与船，延之上座"。行文古朴凝重，跌宕起伏，涵盖了士人立身行事等诸多际遇穷通，细致入微地摹画了读书人的生存困境，大有深意，同时又寓庄于谐，妙语连珠，趣味盎然。清代吴闿生说《送穷文》"诙诡之趣，较前篇（《进学解》）尤胜。曾文正公（国藩）尝谓诙诡之文，为古今最难到之诣，从来不可多得者也。公以游戏出之，而浑穆庄重，俨然高文典册，尤为大难"。（《古文范》）

《毛颖传》是为写字工具毛笔作传，感世伤时，抒发不遇之愤懑。极尽想象，游嬉不拘，以笔喻人，将物做友，真是滑稽之极，深藏至理。此文在当年就存有极大争议，有人"独大笑以为怪"，柳宗元读后却认为："若捕龙蛇、搏虎豹，急与之角而力不敢暇，信韩子之怪于文也。世之模拟窜窃、取青媲白、肥皮厚肉、柔筋脆骨而以为辞者之读之也，其大笑固宜。"（唐·柳宗元《读韩愈所著〈毛颖传〉后题》）韩愈此类奇文在当年颇受时人侧目，连非常赏识其才干的宰相裴度都说他"不以文立制，而以文为戏"。（唐·裴度《寄李翱书》）

《鳄鱼文》是韩愈被贬潮州刺史之后写的一篇奇文。当地鳄鱼多，每每为害，他竟然以刺史身份对鳄鱼发出警告、斥责和指令。他认为"鳄鱼其不可与刺史杂处此土也"，而且非常激愤地痛斥鳄鱼居然敢"与刺史亢拒，争为长雄。刺史虽驽弱，亦安肯为鳄鱼低首下心，伈伈睍睍，为民吏羞，以偷活于此邪？且承天子命以来为吏，固其势不得不与鳄鱼辨。鳄鱼有知，其听刺史言"。最后他指与鳄鱼们一条生路，说潮州南边是大海，你们这些鳄鱼三天之内必须"率丑类南徙于海，以避天子之命吏"。奇而有趣，实在好玩。我们可以想象那些呆头呆脑、凶恶丑陋的鳄鱼潜伏汇聚水下，暗中静听这篇指斥和命令，该是多么有趣的一个场面。这种奇景奇状，想象中也只有韩愈这样的人才能绘制出来。

据后人记录，这篇厉而趣的奇文发表之后，鳄鱼们真的后退了几十里，不过记载中稍有不同的是，它们并没有按文中指令的方向往南退去，而是往西退了六十里："祝之夕，暴风震电起溪中，数日水尽涸，西徙六十里。自是潮无鳄鱼患。"（《新唐书·韩愈传》）真是妙极了，看来此文一出，大大缓解了形势，很令当地百姓满意。

韩愈当然不是纯粹的无神论者，虽然在七言古诗《桃源图》的开篇，他指出"神仙有无何眇茫，桃源之说诚荒唐"，在《谢自然诗》中他感叹"莫能尽性命，安得更长延"，然而他对神灵寄存敬畏之心。比如他任潮州和袁州刺史期间，曾多次祭拜山水，文集中还收录《潮州祭神文五首》，有"祭湖神""祭城隍"等。贬放潮州途经岳州，他曾祷告湘水之神护佑。他在袁州接到国子监祭酒的诏书，以为是神在显灵，便出资托请岳州刺史修建黄陵庙，后来还写了《黄陵庙碑》。但一般情况下他对鬼神还是像孔子那样"敬而远之"。他言说神灵是慎重的，对借助鬼神之类事物妖惑众生，则深恶痛绝。

从古代记载中可见，鬼神之事实在是一个不小的问题。因为敬神之祭不断举行，效果大多明显，所以从官吏到百姓，从最上层的皇帝到最底层的劳民，往往都深信不疑。古往今来的一些奇文，所记录的异相也就不可简单拒之。比如苏东坡在凤翔、密州、徐州、登州、颍州等几处任所，或者向山神祈雨以缓解旱情，或者是祷告海神出现海市让他一睹为快；韩愈在游衡山时也有此等神奇发生："我来正逢秋雨节，阴气晦昧无清风。潜心默祷若有应，岂非正直能感通。须臾静扫众峰出，仰见突兀撑青空。"（《谒衡岳庙遂宿岳寺题门楼》）这些关于祭祀祈祷神灵的记载都有奇效。韩愈与东坡在这一点上多有相似，这既可以看成他们思想与行动的矛盾之处，也可以看成一个儒生不轻言"怪力乱神"，但又并未否认其实际存在的道理。然而无论是屈原之《离骚》《九歌》、宋玉之《神女赋》、贾谊之《鹏鸟赋》，还是曹植的《洛神赋》、韩愈的《鳄鱼文》《黄陵庙碑》，正如宋人王铚所说，其"文章词指，非世间语也。盖生平周造化妙理已多，至是方能发鬼神之情，然后幽远荒忽，奇怪无余蕴于天地矣"。（《雪溪集·题洛神赋图诗序》）

韩愈之奇文来自才华、个性和多多少少的"怪癖"，只有这样的人才有奇思异想。奇思异想必来自异人，而异人则非庸碌的常人；韩愈自然是一个异人，异人的言行怪异迭出，本不足奇。自古至今才华横溢之士大多是这种异人，他们之"异"，是一种真实存在，但更多的还是因为我们太过平凡和庸常。他们一些深入的见解和洞悉，往往别开生面，自然也不能按常理度之，所以总让人觉得有一些不可理解的异质成分在；但正是这些暴露真实的剖析，推动了大众的见识，开辟了新的认知途径。他们倡扬的是个性，焕发的是生命，吐露的是真情。

历来杰作奇文居多，虽然也不乏朴实无华者，但朴实表层之下必有令人讶异的繁茂生长。就生命本身来说，个体的存在仿佛是自然而然的，但实际上在精神表露方面却并非如此。它往往不以单独个体呈现，而是混沌、模糊和统一，其中常常不知不觉地取消了个体。要显露和区别于这种混沌和统一，就需要发出单独的声音，这声音才是生命个体的本来、本相和本质。而由此一来，却会引起群体侧目，视为怪异，殊不知这才是常态和真实。

封建专制体制的一个罪恶特征就是消除个体：消除生命的真实

性，将个体化而为无。罪恶的专制统治是一架精神的粉碎机，将无数活鲜的个人见解打成粉末，搅成泥浆，用来涂抹和践踏。所有个人的茁壮生长，顽强而独立的存在，都被视为一种怪异和大逆不道，属于被剪除之列。

在人类文明史上，那些响亮的不被淹没的声音，其实不过是个人的声音；而只有个人的声音才是生命的声音，那种混为一体、达成一致的所谓音高、音值和音色，其实是虚幻的，它们不是生命的声音。

· 非常之谊

我们判断一个生命的丰富性如何，有时候也要看他这一生到底能够接纳和亲近多少异人。所谓异人就是个性鲜明的个人、个体，他们不太合群，没有融入众生，有些刺目，或被人排斥，或独自选择寂寞。他们独来独往，言行特异，时而有点惊世骇俗，无论是行还是言，其特殊性变得有些触目和碍目。所有内心丰富活力四射的人，往往总会在一生里拥有一些非常之谊。我们观察生活会发现，任何人都有远近亲疏，友谊多种，交往各样，有厚谊也有泛泛之交，这并不奇怪。成为朋友的条件是多方面的，所以就有了千奇百怪的友谊，性质各不相同。我们就此可以找到许多有趣的例子来谈，艺术家、士人等各种人物，都有一些范例。古今中外，说到这些友谊总是伴着一些故事，让人神往。

韩愈朋友很多，"仆自少至今，从事于往还朋友间，一十七年矣，日月不为不久。所与交往相识者千百，人非不多；其相与如骨肉兄弟者，亦且不少。"(《与崔群书》)他从少年就喜欢交友，一生朋友自然不少，这里面有骨肉般的兄弟之谊，有同僚之谊、师生之谊等等。但有几个人与他的深谊是十分引人注目的,比如一生的至交孟郊，还有既是弟子又是挚友的张籍。这两人年龄都大于他，张籍大他两岁，孟郊大他十七岁之多。他们于他一生极为重要，甚至是不可或缺。我们看一些历史人物，特别是文学思想人物，常常会发现一些特别的友谊，一种特殊的关系，这于他们的艺术及其生活有着某种决定性的作用。

韩愈一生为孟郊写下许多文字，有的非常动人，像《醉留东野》《荐士》《与孟东野书》《贞曜先生墓志铭》诸篇，都让人过目不忘。文字中韩愈所表现出的火热真挚的心肠，何等感人，非真性情者而不能写出。他写《醉留东野》时不过三十多一点，当时他正在汴州董晋幕府中任观察推官。这是一首赠别诗，其中有这样的句子："昔年因读李白杜甫诗，长恨二人不相从。吾与东野生并世，如何复蹑二子踪？""东野不回头，有如寸莛撞巨钟。我愿身为云，东野变为龙。四方上下逐东野，虽有别离何由逢。"说自己过去读李白杜甫的诗，就为他们二人生前不能常相伴随而感到遗憾，现在自己和东野为什么又像他们那样聚少离多呢？东野要离去，他竟然要四方上下而追逐，让自己化为一片云，让东野变为一条龙。如此言辞表达了何等强烈的情感，又是怎样深邃的人生情怀。他在《与孟东野书》中写道："与足下别久矣，以吾心之思足下，知足下悬悬于吾也。"这样吐露情感，许多人是终生都不可能的，现代人更是失去了这种坦露的能力。

现代生活让人变得虚实莫测，圆滑而漂浮，那种朴素的生而有之的真挚，不知遁到了何方。人和人都由一种假面相隔，哪怕是真情涌动，也不愿脱口而出。"话到嘴边留三分，不可全抛一片心"，这是智慧，也是"风度"和"修养"。可怕的掩饰和隐藏，好像文明人不屑于表达热情，诉说真情成了一种轻浮。不要说日常交往中不可以轻易表露真挚情感，即便在诗文中也不可以轻率地抒情，这往往被视为一种浅薄、稚嫩和可笑。感情的吐露，在现代社会中已经成为一种危险的事情，究竟如何演化至此、堕落至此，实在令人费解。没有了真实情感的表达，没有了生命之间的热量烘烤，人际关系变得隔膜冷漠，界限清晰，只剩下警戒与提防。人之为人，何等可怜。

我们观察大自然中的万千生灵，天空中的飞鸟，原野上的羊群，甚至是围剿猎物的食肉动物们，它们的聚拢成群、相依相偎，那种相濡以沫的情景会让人类感到羞愧。它们之间没有我们熟悉的语言，没有所谓的文明和伦理以及道德操守，它们是来自大自然的、未曾雕琢的单纯的生命，于是才有那样真实的流露。而人类被自己的文明所包裹和改造，经过孕育发酵而变质，相互之间失去了应有的率真和单纯，变得越来越复杂难测，奇谲怪异。这样一种生命关系，难道不是非常可悲？

韩愈与张籍的关系稍稍特异：亦师亦友，格外真挚，时有争辩和调侃。"出则连辔驰，寝则对榻床。搜穷古今书，事事相酬量。有花必同寻，有月必同望。为文先见草，酿熟偕共觞。新果及异鲑，无不相待尝。到今三十年，曾不少异更。"（张籍《祭退之》）韩愈写有许多与张籍唱和的诗篇，最有名的是那首《调张籍》，还有《病中赠张十八》《贺张十八秘书得裴司空马》《咏雪赠张籍》等。《病中赠张十八》写得生动有趣，记录了二人辩论以及如何"收伏"张籍的过程。此诗险韵极多，非才力薄弱者可为，然而韩愈却活化出精彩绝伦的辩论场景。

两人初交时，张籍以才识自傲，经常与韩愈争辩不休，锋芒毕露，气势强盛。韩愈则示弱在先，故意让其趾高气扬，隐藏自己的实力，收起旌旗，牧牛羊于田野，装成兵力薄弱的样子："吾欲盈其气，不令见麾幢。牛羊满田野，解旆束空杠。"接下来的几天论辩中，张籍声势浩大，咄咄逼人："势侔高阳翁，坐约齐横降。连日挟所有，形躯顿胮肛"，以为自己稳操胜券，就如同郦食其说服齐王田横以七十余城归顺刘邦，骄傲得仿佛身躯都膨胀了。"将归乃徐谓，子言得无哤"，待到张籍要收兵回家时，韩愈却慢条斯理地指出他言论庞杂混乱，张籍不服，于是两人又开始论战："回军与角逐，斫树收穷庬。"而此时韩愈全力出击，终于像孙膑施巧计大败庞涓那样彻底将张籍驳倒。服软后的张籍说话变得柔声细气："雌声吐款要，酒壶缀羊腔。君乃昆仑渠，籍乃岭头泷。""从此识归处，东流水淙淙。"

他拜韩愈为师，两人从此结下深厚友谊，而韩愈让自己的儿子韩昶拜张籍为师，后来在韩愈去世前一年，韩昶进士及第。

孟郊与张籍的官职都不高，韩愈经常为孟郊、张籍等一些怀才不遇的寒士鸣不平，以各种方法推之荐之，并专门写有推荐孟郊的五古长诗《荐士》。孟郊去世后，他在自己家里设置灵堂，并告知张籍等好友前来吊唁，又亲手写下《贞曜先生墓志铭》："愈走位哭，且招张籍会哭。""闰月，樊宗师使来吊，告葬期，征铭。愈哭曰：'呜呼，吾尚忍铭吾友也夫！'"可见悲痛之至。张籍患眼疾，失明多年，韩愈为其四处寻访名医，张籍复明后，韩愈快乐得像个孩子，与他携手同游，路过孟郊题诗处，睹物思人，潸然泪下。"喜君眸子重清朗，携手城南历旧游。忽见孟生题竹处，相看泪落不能收。"(《游城南十六首·赠张十八助教》)韩愈晚年病重的时候，一直由张籍陪在身旁，成为他最后的慰藉："公疾浸日加，孺人视药汤。来候不得宿，出门每回遑。自是将重危，车马候纵横。门仆皆逆遣，独我到寝房。"(唐·张籍《祭退之》)

韩愈交友不分年龄，更无文人相轻之恶习，但求人真有趣、心灵相通，喜欢而已。《旧唐书·韩愈传》上说他"观诸权门豪士，如仆隶焉，瞪然不顾。而颇能诱厉后进，馆之者十六七，虽晨炊不给，怡然不介意"。他更看重人之价值、人之才华、人之趣味。诗人卢仝是"初唐四杰"卢照邻之孙，比韩愈小二十七岁，极有性格。二十岁以前隐居山中，朝廷曾两度礼遇要起用他为谏议大夫，都被他拒绝，自号玉川子，有破屋数间，图书盈室，苦读终日，博览经史，著有《茶谱》《茶歌》，被世人尊为"茶仙"。这个人有洁癖，性格耿介，狷狂如孟郊，身上有一种为韩愈所喜爱的雄豪之气。"甘露之变"发生时，他正在宰相王涯府上做客，无辜牵连，被宦官杀害。韩愈做河南令时曾作《寄卢仝》，诗云："玉川先生洛城里，破屋数间而已矣。一奴长须不裹头，一婢赤脚老无齿。"可见其人生活常态是如何困窘，好像吃不饱穿不暖的样子，但奇怪的是还有一奴一婢，伺候他的老婢女赤脚，没有牙齿。除此之外，还"辛勤奉养十余人，上有慈亲下妻子。先生结发憎俗徒，闭门不出动一纪。至今邻僧乞米送，仆忝县尹能不耻"。其人之孤洁怪异，可见一斑：长年闭门不出，并且憎恨世俗之徒。就是这样一个人，成为韩愈的知己。

像我们熟悉的写"僧敲月下门"的苦吟派诗人贾岛，也深得韩愈赏识。韩贾二人切磋诗艺的"推敲"之美谈，历来为文人墨客所激赏，尽管如此趣闻与事实不符：韩愈晚年出任京兆尹，早已结识贾岛，所以贾岛骑驴吟诗冲撞韩愈的京兆尹仪仗而导致两人相识，乃为不实之说。但贾岛深受韩愈影响是不争的事实，他们一起谈诗论文，大为快慰。贾岛先为僧人，后来还俗参加科举，或许就因为韩愈的劝导。韩愈被贬潮州时，贾岛写下了《寄韩潮州愈》："此心曾与木兰舟，直到天南潮水头。隔岭篇章来华岳，出关书信过泷流。峰悬驿路残云断，海浸城根老树秋。一夕瘴烟风卷尽，月明初上浪西楼。"

韩愈交往的怪人实在太多，还有一个名叫刘叉的奇人，以"任气重义"著称，曾经"因酒杀人，变姓名遁去，会赦得出。后流入齐鲁，始读书，能为歌诗"。他知道韩愈喜欢交往天下士人，就慕名步行前往投奔。"既至，赋《冰柱》《雪车》二诗。一旦居卢仝、孟郊之上，樊宗师以文自任，见叉拜之。"后来因为与诸人发生争执，竟然取走"愈金数斤"，并说"此谀墓中人所得耳，不若与刘君为寿"。（唐·李商隐《齐鲁二生·刘叉》）可见其人性格狂傲不羁，韩愈挽留不住，只好由他跑回齐鲁。

韩愈一生拒佛道，却结交了数名和尚道士，还与他们有一些诗文往还。因为他觉得这些人有趣，身上有谜，举止不俗，超拔出众，却没有随他们一起修道或坐禅，反而只要有机会就劝其还俗。有个善于弹琴的和尚是印度人，人们尊称他为"颖师"，演奏古琴十分出名，韩愈听他演奏之后即写下了有名的《听颖师弹琴》。韩愈贬为潮州刺史的时候，听说当地有一个高僧大颠，精通佛学和文学，就邀请到刺史府衙相晤。两个人谈论佛学，观点不同，相互不能说服；但一谈到文学，话语立刻投机。韩愈除了把他请到府衙，还多次到寺内去访问，离开潮州时，还赠送对方一身衣服留作纪念。他与这类人的交往，与遭贬时的苏东坡多有相似。总之，在韩愈和苏东坡那里，交友与作文的道理一样，是"文似看山不喜平"，平庸凡俗之人少一些奇趣，也就少一些吸引。

每人都是一个世界，有的单调、贫瘠、乏味，有的丰富、奇异、险峻，后者才是韩愈和苏东坡等向往之人。在他们眼里，人的价值之不同，主要在于是不是一个真正独立的个体，是否能够保持自我。自我之存在才是价值之存在，也是生命之存在。无自我之交往，即无个人之交往，也没有生命的融合。

非常之谊，说到底就是人与人之间的真正友谊、深刻友谊。

·儒的智与勇

在韩愈一生中有两大华彩乐段，一是随宰相裴度东征淮西，奏凯而归；再是出使镇州，任宣慰使，深入叛军营地，冒杀身之危，凭一己之力力挽狂澜，大获全胜。这两次壮行无一不展现了诗人的实践之才和过人的文武韬略，体现了一位儒者惊人的智与勇。

在韩愈一生中，出征淮西的伐蔡之役当为一个至为重大的事件。当时面对嚣张的叛军，朝廷分为主和派与主战派，争执激烈。韩愈为坚定的主战派，上书皇上，提出很多重要建议，像如何决战及应对策略等非常具体。在《论淮西事宜状》中，他有过具体部署和用兵六条建议，比如就近征兵，集中优势兵力；怎样对待蔡州士卒，怎样坚定信念；不必急于求成，又不可半途而废；还有赏罚分明，对其他藩镇晓以利害以孤立蔡州等等。后来主战派胜利，裴度出任宰相，并亲率大军出征，以韩愈为行军司马。他在整个军事行动中贡献了重要谋策，为取胜立下不二之功。

第二次是受朝廷委派宣慰镇州叛军，此行至险。韩愈出发后，朝中同僚都认为他凶多吉少，穆宗皇帝后悔改变主意，立即补追诏令，让他权宜行事，不必勉强。但韩愈却异常坚决，慨然成行。当时情形是叛军首领王庭凑已经杀掉了一位节度使及其属僚，并重兵围困了另一位朝廷派去平叛的节度使，决心铤而走险与朝廷为敌。而韩愈竟然毫无惧色，独身一人深入敌营，不畏艰险，穿行于枪刀剑戟的丛林，几番舌战，最终将嚣嚣叛将降伏。整个过程在李翱《故正议大夫行尚书吏部侍郎上柱国赐紫金鱼袋赠礼部尚书韩公行状》中有生动记载，宛如一幕活剧："庭凑严兵拔刃，弦弓矢以逆。及馆，甲士罗于庭，公与庭凑、监军使三人就位。既坐，庭凑言曰：'所以纷纷者，乃此士卒所为，本非庭凑心。'公大声曰：'天子以为尚书有将帅材，故赐之以节，实不知公共健儿语，未尝及大错。'""'儿郎等且勿语，听愈言。愈将为儿郎已不记先太史之功与忠矣，若犹记得，乃大好。且为逆与顺，利与病，不能远引古事，但以天宝来祸福为儿郎等明之。'""众乃谨曰：'侍郎语是。'"如此一番正气凛然的话语，令叛将敬畏折服，并设宴款待。

出征淮西时韩愈五十岁，出使镇州五十五岁，而且是刚从贬地潮州回朝不久。两次临危受命相隔五年，连建奇功。最值得叹赏的是两次行动前后，诗人留下的诗章竟然豪气焕发，看上去像个极为兴奋的孩子，毫无畏惧之状。伐蔡之役从出征到凯旋，每到一处都留有激情四溢的诗篇、一生少见之欢快乐观的句子，可见其不顾个

人安危得失，急欲平乱的壮志与雄心。"荆山已去华山来，日出潼
关四扇开。刺史莫辞迎候远，相公亲破蔡州回。"（《次潼关先寄张
十二阁老使君》）"窜逐三年海上归，逢公复此著征衣。旋吟佳句还
鞭马，恨不身先去鸟飞。"（《奉使镇州行次承天行营奉酬裴司空相
公》）

最能表现韩愈耿勇无畏的，大概还是要说到晚年那篇劝谏拒佛
的力文，差点引来杀身之祸。儒者之勇常常表现在犯颜谏上，而古
代儒士有一个最可敬佩的传统，即"文死谏"，这与武死于战场一
样光荣，甚至更为光荣。那些因直谏而死的儒者，在青史上总是留
有显著的位置。"义正词直，足以祛世俗之惑，允为有唐一代儒宗。"
（清·《御选古文渊鉴》）"无《原道》一篇不见韩公学问；无《佛骨》
一表，不见韩公气节。"（清·蔡世远《古文雅正》）"昌黎《论佛骨》
一表，为天下之至文，直臣之正气。"（清·林纾《韩柳文研究法·韩
文研究法》）

韩愈的军事才华在他对上言说战争方略的状与表中，特别是他
随裴度出征的卓异表现，都大可证明。这是智，也是勇，畏战者不
会有什么战争谋略，也绝无贯彻力和实践力。至于他舌战叛将于敌
营大胜而归的传奇，不但证明了他的智与勇，而且还说明了一介儒
生超出一般的行动力。计划的能力和落实的能力毕竟不同，一位难
得的奇才只要具备了其中一项就很了不起，而韩愈竟然双双皆备，
实在罕见。

纵观韩愈一生，为政生涯跌宕起伏，在一地一任时间极短，常
常不足一年；而一旦亲临政务，实绩即得以彰显。据记载，在贬所
阳山"政有惠于下，及公去，百姓多以公之姓以名其子"。在河南打

压宦官，惩处恶吏；在潮州兴办州学；在袁州释放奴婢；在吏部提高吏治透明度，严防官吏谋私。他出任京兆尹虽然只有短短数月，然而京城"六军将士皆不敢犯，私相告曰，'是尚欲烧佛骨者，安可忤？'故贼盗止。遇旱，米价不敢上"。（唐·李翱《赠礼部尚书韩公行状》）当听说那个敢于直谏皇上烧掉佛骨的人前来主政，竟然吓得京城驻军再不敢胡作非为，盗贼不敢轻举妄动，大旱之年奸商也不敢哄抬米价。这简直像神话一般。

可见韩愈真是一个智者勇者，一个可敬可畏的胆大包天的行动者。

· 在时代之上

所有力挽时代狂澜、做出重大贡献者，所有非凡的创造者，都不会随时代潮流而舞动，可能既不在时代潮流之中，也并非完全置身事外，而是能够高翔于时代之上。因为凡是潮流，一定是经过折中的合成事物，并无深刻卓然之见，至多是中等水准。自信地超越于时代潮流之上，必然需要怀有高于众声俗见之卓识。在时代之上看时代，视野将完全不同，这就是所谓的时代超越性。

韩愈具有这样的高度和自信，所以没有淹没于潮流之中，没有被潮流裹卷而去。淹没于潮流，随流而去是极容易的，因为个体毕竟软弱而单薄，随波逐流既是人的本能，也是迫不得已。一个人在潮流中像砥柱一样屹立，大致是要失败的。而其中偶有例外者，即一定是一个异常坚强、能够超越和俯视的人，即有非常的顽硬和高度。

在韩愈生活的中唐，就社会思潮而言，是佛老盛行之时；就文章之道而言，是虚浮绮丽的风尚；就政治状况而言，是朝廷昏庸、宦官干政和藩镇割据。没有清新刚健的文风，没有清明向上的社会，没有挺拔独立的精神。儒家学说已被践踏，士子的热情受到空前打击。

　　站在时代之上者一定是困苦艰磨者，是困顿者。韩愈一生少有为政一方大有作为的得意期，而主要是辗转苦斗的生存，是这个过程中不畏艰难的呼号和奔波。入仕之初，他有长长的应试期，得中进士之后，最终却没有通过吏部考试，不得不由幕府干起，一点点接近权力中心。后来最终得建功业，升至较高位置，却又因直谏而冒犯天颜，再次被贬。在种种境遇之下，他难免有牢骚激愤之言，每当受挫便说归隐山林，但最后还是坚持下来。

　　"仆无以自全活者，从一官于此，转困穷甚，思自放于伊、颍之上，当亦终得之。近者尤衰惫：左车第二牙，无故动摇脱去；目视昏花，寻常间便不分人颜色；两鬓半白，头发五分亦白其一，须亦有一茎两茎白者。"（《与崔群书》）在严酷的环境摧折之下，他从三十六岁便显出颓相："去年落一牙，今年落一齿。俄然落六七，落势殊未已。余存皆动摇，尽落应始止。"（《落齿》）"学成而道益穷，年老而智益困，私自怜悼，悔其初心，发秃齿落，不见知己。"（《上兵部李侍郎书》）"吾自今年来，苍苍者或化而为白矣，动摇者或脱而落矣，毛血日益衰，志气日益微。"（《祭十二郎文》）尽管如此，他的心志却并未颓唐，也不曾改变初衷。"行也无邪，言也无颇，死而不死，汝悔而何？"（《五箴·行箴》）对他来讲，最大的痛苦莫过于不能行道，这颇有孔子"道不行，乘桴浮于海"的豪气。他的勇气的确源于深长的"正儒"传统，源于追溯的决心和正气。他一生至为尊重的孔子、至为佩服的孟子，都给予极大的精神力量。他始终是一位清醒的"正儒"，而非封建专制集团改造和阉割过的"伪儒"。

杰出的人物都是显赫而独立的。他们的身影之所以没有被淹没，没有被时间所淘洗，正是因为他们没有淹没于潮流，没有随波逐流冲刷而去，所以他们始终处于潮流之上，也就是在时代之上。

白居易

二十三讲

· 从《长恨歌》到《卖炭翁》

　　白居易作为唐代最高产的诗人，其创作宛若一条斑驳陆离的宽阔河流，一路携带大量泥沙，漫流而去。就风格而言可谓丰富之极，从瑰丽多姿的情爱诗到激愤揭露的"讽喻诗"，再到一些妙趣纵横的"闲适诗"、随意挥洒的"杂律诗"，应有尽有。他的创作无论是形式还是内容，经常表现出多极的特征。比如许多人熟悉的《长恨歌》和《卖炭翁》，二者之间有着巨大的审美差异，其开敞的距离之间即可以有无限涵纳，有各种各样的生长。就审美来说，它也带来了非常复杂的问题，所以白居易是一位多元混合、充满矛盾的诗人。就诗之路向与为诗理念上看，他的创作实践跨越之大，常常是超出想象的。

　　白居易身上呈现的"多面性"和"冲突性"，在古代诗人中的确是少见的。一般来说，一个诗人的创作如果具备两三个侧面，对于学术分析与归纳就已经有些困难了，通常会被现代文评者称之为"棱象"，即"多棱现象"。白居易不仅"多棱"，而且许多时候还显得模棱两可。他可以在某一个平面上相当固定和稳妥地滑行、繁衍和扩展，又能够出人意料地突然转向另一个方向，甚至是完全相反的方向。这种路径的突兀转折可能是外部表象，但其内在的"阡陌小路"，即一种网络式的回环和联结是肯定存在的。这就需要研究者深入文本内部，做出仔细的寻索。

在距离白居易创作实践稍微远一点的时空中遥望，既可能因超脱而清晰，也更有可能进一步感到费解。因为离开具体的历史时段，便会失去各种鲜活的参照，许多东西也因此变得茫然和陌生。当我们从头梳理这些数量巨大、风格迥异、大致通俗明朗的文字时，又会因某种浑浊和凌乱、因其品质上的参差不齐，而多少觉得无从着手。

对白居易的评价，从过去到现在都存有许多争执。他不像其他一些著名诗人，可以在相当程度上达成一些共识。比如在衡定他的诗歌艺术的审美价值方面，就存在许多极端的见解。权衡他的总体价值是一回事，选取与衡量具体作品又是一回事。由于后人的美学观念、社会立场以及时代风气转换的影响等因素，即造成了对白居易这样复杂的诗人把握上的困难。

诗人在他的重要文论《与元九书》中将自己的诗作分为四类："讽喻诗""闲适诗""感伤诗""杂律诗"。他个人最重视的是第一种即"讽喻诗"："美刺兴比"，"意激而言质"，抒发"兼济之志"，具有最大的价值。其次是"闲适诗"，所谓"知足保和，吟玩性情"，"思澹而辞迂"，寄寓了"独善之义"，符合儒家的"独善其身"，所以也有一定的价值。就第一种"讽喻诗"来讲，他认为是继承了自《诗经》和汉乐府以来的诗歌传统，"皆兴发于此而义归于彼"，属于所谓"正声"。第二种"闲适诗"也还好，因为这是他努力完善自己的"心声"。从"正声"到"心声"，自然皆有价值。而《长恨歌》按照他个人的梳理，应该是"感伤诗"，近似"杂律诗"，产生的原因是"或诱于一时一物，发于一笑一吟，率然成章，非平生所尚者"。他个人认知如此明确，认为将来别人汇编他的诗集时，如何选择非常简单："他时有为我编集斯文者，略之可也。"即可以割舍得到广泛传颂的《长恨歌》等，因为它属于"伤感诗"。

一直令他苦恼的是："今仆之诗，人所爱者，悉不过杂律诗与《长恨歌》已下耳。时之所重，仆之所轻。"这多少有点出人预料：广泛传诵之作反而被他个人所轻视。按照诗人自己的解释，那些被"一时一物"所吸引所打动而产生的作品，连"闲适"的产物都不算，因为它们不具备"独善之义"，所以是最次一等的。在这里，诗人将文学视为工具的观念，已经达到了极致。这显然是我们不能同意的。试想一下，如果连《长恨歌》一类代表作都要删除，诗人的作品还会剩下什么？

诗人自己这样认为当然自有缘由，后面我们会具体分析。这里只说他的作品色调风格及书写内容之繁复性、冲突性、多解性，实在令人产生惊异之感。一个写出大量揭露时弊与黑暗、笔风极为直接的诗人，居然能够写出那么委婉哀怨动人心魄的文字，幻妙唯美，令人心旷神怡。"花非花，雾非雾。夜半来，天明去。来如春梦几多时，去似朝云无觅处。"（《花非花》）"思悠悠，恨悠悠，恨到归时方始休。月明人倚楼。"（《长相思二首·一》）还有许多人们脱口可出的如"同是天涯沦落人，相逢何必曾相识"（《琵琶行》）、"天长地久有时尽，此恨绵绵无绝期"（《长恨歌》）等。同样的一支笔，他竟然还写出了"可怜身上衣正单，心忧炭贱愿天寒"（《新乐府·卖炭翁》）、"地不知寒人要暖，少夺人衣作地衣"（《新乐府·红线毯》）、"典桑卖地纳官租，明年衣食将何如"（《新乐府·杜陵叟》），这似乎不像是出自同一个人的手笔。从唯美描述到讽喻揭露，从缥缈的幽怀到犀利的直斥，其间差异当然太大。

诗人必须具有心灵上的开阔地带，才会有繁茂的、出人意料的各种各样的生长。地大而物博，先要"地大"，而后才有一望无际的生命繁衍，有风吹草低的广袤原野，有丛林交织的叠翠茂长，也才有无尽的发掘。

在相当长的一段时间里，人们评价白居易，总是更多地引用他的那些"新乐府"诗，直畅、尖锐、裸露的揭示和表述，被定义成所谓的"现实主义"艺术。好像作为诗人的白居易，其诗歌的主要价值无非如此。大量教科书和各种各样的古诗选本，都会将这部分诗歌作为重要篇目加以罗列与援引，只有涉及诗人创作风格的丰富性与综合评述的时候，才会提到他的一些"闲适诗"和"杂律诗"，它们是作为诗人艺术主体之外的连缀而存在的。然而奇怪的是，无论过去还是现在，人们津津乐道、吟诵于口的白诗，又恰恰是一些"闲适诗"与"杂律诗"。这是由于后人迷于文辞、耽于玩赏，还是其他原因，也就不得而知了。

如果看取一种艺术，旨在其单纯或着重地体现了社会与道德的意义，那么这种取向未免太直接和太简单了。这种文字，作为诗人或许并不难为，这其中当然要依赖道德的力量，即正义的力量；怜悯困惑，悲凄不安，责任与入世，儒生的家国情怀等，不仅在古代读书人那里如此，即便是后来的诗评者，一定要强调的也仍然是这些内容。但这一切应该是优秀诗人的前提，是底色，是基础，而不能是全部。

艺术源于生命，它应该更丰腴。艺术呈现要具有强烈的诗性，折损诗性而做他谋，未必不是一种损失。所以我们今天还需要从不同的维度去打量多产的白居易。

· 发于一笑一吟

诗人的写作理想最全面最系统地得到阐述的，即是他贬居江州期间，写给至友元稹的那封《与元九书》。这篇被研究者反复援引的文字，当然需要引起我们极大的重视。此文是白居易贬到江州之后痛彻反思而写出的一篇文字，应当是比较冷静和周密的，其中一些论说非常值得注意。这不仅可以看成他本人的自我鉴定，还可以成为后人评判其创作的一些依据。此文提供了一种视角，阐明了一些理由，许多人都将其视为古诗学研究领域中写作学和批评学的重要文本。

他为什么会写出那类"发于一笑一吟"之诗，并持有那样偏激的意见，需要好好探究。关于白居易的诗歌艺术，需要更全面更细致的追溯，但《与元九书》显然是难得的参照文字。最让我们感到惊讶的是，就在这篇宏论中，作者似乎否定了自己那些最重要的作品，如在当时更在后来为其获得极大诗名的代表作《长恨歌》等。他直接认为"此诚雕篆之戏，不足为多，然今时俗所重，正在此耳"。然后又极而言之，说将来应该把它们全都删除。

在白居易看来，这些诗章不过是"率然成章，非平生所尚者"。那什么才是他最看重的？回答是"新乐府"和"秦中吟"，也就是那些"讽喻诗"："至于讽喻者，意激而言质。""意激"表现了他的态度、立场和责任；"言质"是指语言质直，揭露深刻而锐利。"自拾遗来，凡所遇所感，关于美刺兴比者；又自武德至元和，因事立题，题为'新乐府'者，共一百五十首，谓之'讽喻诗'。"诗人自己界定得清清楚楚。

在后来的评价中，人们竟然真的依从了诗人的评判，有相当一部分观念与诗人是一致的，即一再言说讽喻诗的"伟大的现实主义价值"。比如抨击"宫市"弊政的《卖炭翁》，揭露宫廷腐败的《红线毯》，讽刺官僚特权和生活糜烂的《官牛》《歌舞》，反映穷兵黩武的《新丰折臂翁》，描写农民艰辛的《杜陵叟》《重赋》《买花》，表现宫女悲惨命运的《上阳白发人》，揭露宦官淫威的《轻肥》《宿紫阁山北村》，同情妇女不幸遭遇的《母别子》《井底引银瓶》等。此类诗作被反复肯定，在文学史、在各种各样的教材选本中，总是占有最大的篇幅。

好在我们直到最后，还是要吟哦诗人的另一些美章，显然还没有完全同意诗人对自己"一笑一吟"之作的否定和轻视。因为在诗人整个的创作中，它们写得太华丽动人，实在无法抽离，一旦删除，诗人的成就显得太过单薄，甚至将大打折扣。可见诗之为诗而非其他，还需要凸显诗之特质，遵循审美规律。而文学审美的诸多元素中，其认识价值、批判价值、教育价值等，并不能单独剥离出来，而应当是一次综合，由此抵达"诗"与"思"的深度。仅仅是写出尖锐的批判文字，仍不足以成为伟大和优秀的诗人，文学的最高价值仍在于综合的审美的高度与深度。

诗人在做出那些论述时，已经是历经坎坷的遭贬之人，他对以前的激愤与勇敢稍有忌惮，却仍然保留了一个"正儒"的风骨，即对以往的刺疾刺腐并未产生悔意，也没有表现出恐慌和惧怕，相反更加肯定了那些文字所代表的方向。这当然是极可宝贵的方面。但就诗学本身来说，问题却不是这样简单，它比一般社会层面的道理或许要复杂许多。也就是说，一个诗人的社会政治道德理想，还不能完全取代和等同于其他，因为它们不是完全相同的道理。就像一个勇敢的战士未必就是一位杰出的诗人一样。诗人在这篇纲领性的诗学文件中，强调了伟大的"风诗"的"美刺"传统。"风"是源于民间的一些歌谣，有一百六十首之多，占去了"诗三百"的半壁江山，是《诗经》的主体。"风诗"充满了对社会现象，特别是对上层统治者的讽刺和揭露；后来的"汉乐府"也有相同性质。它们属于民间文学，是来自基层的牢骚、嘲讽和批判，朗朗上口，传播广泛，上达朝廷，下至村野，影响充分而巨大，自然具有不可替代的诗歌源流的价值。

就此我们可以明白，白居易与元稹等人为什么提倡写"新乐府"了，因为他们想要突破当时浮艳萎靡的诗风，有所拓进，在格调与内容方面趋近"风诗"传统。"凡九千二百五十二言，断为五十篇。篇无定句，句无定字，系于意，不系于文。首句标其目，卒章显其志，《诗》三百之义也。"（《新乐府并序》）他认为周代"风诗"功莫大焉，采诗官将它们汇集到宫廷，上达天听，并且保留下来。这些源于底层的歌谣最有意义的是其内容。在这里，诗人显然强化了文学的工具意义，强调使用这种工具需要直接和明朗，不可晦涩、曲折和婉转。

在《与元九书》这篇重要的写作学和诗学文献中，诗人对于春秋时代以下的杰出诗人如屈原、陶渊明、李白、杜甫等，虽有钦佩之辞，但仍然大抱遗憾，认为他们绝大多数作品仍然偏离了《诗经》"风雅比兴"的讽喻传统，疏离了"正声"。"国风变为骚辞，五言始于苏、李。苏、李骚人，不遇者，各系其志，发而为文。""故兴离别则引双凫一雁为喻，讽君子小人则引香草恶鸟为比。虽义类不具，犹得风人之什二三焉。于时六义始缺矣。""以渊明之高古，偏放于田园。""又诗之豪者，世称李、杜。李之作，才矣！奇矣！人不逮矣！索其风雅比兴，十无一焉。杜诗最多，可传者千余首。"然撮其《新安吏》《石壕吏》《潼关吏》《塞芦子》《留花门》之章，'朱门酒肉臭，路有冻死骨'之句，亦不过三四十首。杜尚如此，况不逮杜者乎？"

他从屈原、苏武、李陵开始一路历数下来，褒贬分明，态度明确，所推崇的只是这些人极少数的诗作，而这一小部分恰巧与后来的文学研究者不谋而合。后人所推崇的，大加引用和赞叹的，恰是此类作品。孔子推崇"诗三百"，遵循的也是这样的美学原则，他在《论语》中并没有展开自己的文学论述，即便偶尔涉及，也是就事论事的一家之言。这些只言片语被古往今来的许多文论者大加沿袭和诠释，但仔细辨析就会发现，他们突出和强化的无非是孔子言及的认识价值、教育价值等社会性与工具性的意义，却大抵上忽略了孔子在"诗三百"中的沉浸和陶醉。"不学《诗》，无以言。"（《论语·季氏》）这里强调和包含了更多语言艺术方面的意义。

诗的言说是语言艺术。何谓语言艺术？这里需要投注更大的精力才好，不然就会堕入一种稍稍狭窄的偏见。白居易对于诗学显然存有偏见，好在这种偏见并未阻止他进行更多的艺术尝试。正因为他的松弛和自由，才让他回到了生命的自我，最终还能够跃上更高一级的艺术台阶。

·诗人何为

诗是生命的非常表达，诗境非常人所能及。就表达的难度来说，诗可能是文字书写中最难的部分。这里面包含了极端丰沛和强烈的人性内容,有的属于极绚烂极晦涩的元素,是所有其他文字所未能尽兴或未能抵达之境。这些部分通常属于非常之感、之兴、之沮、之切、之思,意蕴十分繁复和芜杂。诗固然是不拘一格的,所以白居易极倡之"风诗"传统,认为只有"诗三百"的"国风"和后来继承这种传统的"汉乐府"才是"正声"。这种见解看起来似乎无可厚非,但细究起来,这也只能是诗的一极或一端。它还要朝无数方向突进和突围,并由此走向更加开阔的空间,那是一个不可言喻的精神与心灵的宇宙。过于褊狭会出现问题,会走入僵固和硬化。

"《礼》以节人,《乐》以发和,《书》以道事,《诗》以达意,《易》以道化,《春秋》以道义。"(汉·司马迁《史记·太史公自序》)司马迁将诸种典籍的特征和功能做了如上区别。怎样诠释"达意"二字?它涵盖了意识、意趣、意蕴、情意等。"凡诗之所谓风者,多出于里巷歌谣之作,所谓男女相与咏歌,各言其情者也。"(南宋·朱熹《诗集传序》)"风雅颂以性质言:风者,闾巷之情诗;雅者,朝廷之乐歌;颂者,宗庙之乐歌也。"(鲁迅《汉文学史纲要》)可见即便是"风诗",也不简单局限于讽刺和揭露。朱熹强调其"男女相与咏歌,各言其情",鲁迅指出其性质是"闾巷之情诗"。这就充分说明白居易等人把"风诗"中的部分内容扩展为全部,起码是不够准确,甚至是错误的。他把关于诗的思维引向了一个狭隘无趣的境地,造成了审美上的误解和偏差。这种见解与后来极端强调诗的教化、社会工具化的贫瘠的美学观点相合,使艺术走向了畸形。原来这种贫瘠化的艺术观源远流长,它们表面上继承了"风诗"与"汉乐府"的传统,实际上是对传统简单化、概念化、肤浅化的诠释。

白居易一心要继承的"正声"，即人类文明初始的"风诗"，其内容本身驳杂无比，风格多种多样，绝不是"讽喻"一词就可概括了事。《诗经》是人类几千年前的一部倔强歌唱，洋溢着强大的生命力，充满复杂难言的意蕴和丰沛饱满的情趣。"风"代表着人类最显著的情爱，甚至是不可遏制的欲望，是生气勃发的青春之力在大地上自由狂舞而表现出的各种姿态。如："关关雎鸠，在河之洲。窈窕淑女，君子好逑。""求之不得，寤寐思服。悠哉悠哉，辗转反侧。"（《诗经·周南·关雎》）"野有蔓草，零露漙兮。有美一人，婉如清扬。邂逅相遇，与子偕臧。"（《诗经·郑风·野有蔓草》）"彼采萧兮，一日不见，如三秋兮。"（《诗经·王风·采葛》）如此这般，数不胜数。自由的大地生命必然有冲决，有不平，有追求，有爱恨。这一切首当其冲的是狂野无阻的爱和欲，没有了这种生命的勃发与强大的情愫，大地上还能剩下什么？这就触碰了诗与生命的关系、大地的关系，这才是最根本的关系。抽离了这个根本，只放大它的某种情绪以至于代替全部，当然不会准确，甚至可以说是小题大做。

就此我们可以大胆地实事求是地说："风诗"的主要方向不是斗争也不是抨击，不是揭露也不是讽刺，不是反抗也不是暴露，而是生活的全部热情，特别是生命的强大爱欲。

后来的人在剧烈的阶级冲突中，就一定要强调这种斗争，这是一种各取所需的方法。这种选择有点偏执和古怪，就是将其他艺术中人性的信息不断地屏蔽掉，最终只获得了一种不完美不准确，甚至是偏执的结果。

如果诗人的主要任务就是"讽"与"刺"，就是"哀而不伤、怨而不怒"的歌唱，未免太简单了一些。刚勇和猛烈当然是诗人了不起的心灵质地，但这还不是区别于他者的独特之处。现代大字报不能等同于诗，战斗的檄文也不一定是诗。事实上，那些直露的言说、勇猛的指斥，既可以是大丈夫所为，也极有可能与诗无关。诗人会于其中焕发出无尽的诗意，但这一定要有一个转化和酿造的过程，不然就不会称之为诗。无论是白居易还是杜甫，他们类似的一些"现实主义"作品，有的并没有产生这种转化，更不属于他们最好的酿造，所以也就不是他们的杰作。

强烈而触目的现实内容，尖锐而直接的社会表达，坚定而令人赞叹的民众立场，这一切加上韵脚与格律，也不一定就是诗。在当年文字稀薄的时代，大多数人没有得到良好教育，一些稍稍工巧的文章或韵句便可以为人称道；但传之久远如现代，人们就将换上另一种超然的艺术的眼光做出判断：对一些粗糙的文思和表达感到不满足；对一些稍稍简单而直露的批判文字，觉得没有余韵，少了一些意境和哲思，直浅明朗，没有深度，不耐咀嚼，了无新意。总之缺少审美的高度和难度，无法产生深深的愉悦。比如有人极为赞赏和重视的杜甫的某些诗章、白居易的"新乐府"及"秦中吟"中的大部分，实在算不得他们作品中的上乘。

诗有许多功能，但它的价值需要通过强烈和高超的诗性去体现，而不是突出所谓的直接或简单的工具性。以各种方式和角度充当工具的路径，对诗和诗人来说都不是最好的。因为既然可以成为这种工具，那么也有可能变为另一种工具，其工具性的作用可以在对立的方向上互置互换。当它们转化为另一方的工具时，我们又该怎样评价？可见只要是工具性的物事，就会少一些独立的灵魂。当它们在不同的工具角色之间转换的时候，将给我们带来巨大的矛盾和痛苦，让我们疑惑和费解。

就艺术的整体而言，工具诗是有价值的，也有可能是极好的组成部分；但就它们具体所抵达的完美性来说，又往往是逊色的、较为低廉的。这种美很难持久和深入，更无法深深植于心灵之中。

·在兼济与独善之间

白居易一生遵循"达则兼济天下，穷则独善其身"的儒家理念，认为自己的那些"讽喻诗"属于"兼济"之作，而那些"闲适诗"则属于"独善"之作。他将二者区别得非常清楚，但事实上又是如何？我们会发现，诗人早期写了许多"讽喻诗"，那时候他或者刚刚踏入社会，或处于极低的职阶，还远远算不得"达"。可是当时心气很高，入世心极重，责任感极强，很有家国情怀，所以就有"兼济"的大志。可见人之身份地位并不一定决定心志，还要看精神状态怎样、处于哪一个生命时段。当进入翰林院身为谏官之时，向上进言是他的本分与职责，所要做的事情就是对君主过失直言规劝，并努力使其改正。"启奏之外，有可以救济人病，裨补时阙，而难于指言者，辄咏歌之，欲稍稍递进闻于上。上以广宸听，副忧勤；次以酬恩奖，塞言责；下以复吾平生之志。"（《与元九书》）这时他的诗与文，在精神取向上大体是一致的。

诗人对自己的一部分"闲适诗"是肯定的，理由是它们还算是"独善"的产物。"故仆志在兼济，行在独善，奉而始终之则为道，言而发明之则为诗。"（《与元九书》）这时候诗人是退而求其次的，能够努力修葺一个有限的自我，让精神健康地往上生长。虽为闲适之作，但反映的是个人如何持守，多有省察与自警。这种极力回到个人心灵的时刻，其实应该是最好的诗性洋溢之机。可是白居易认为这样的自我之期，远不如勇气派上大用场的时候，那就是写出对社会对朝廷的"有韵谏文"。用韵脚格律形成的"谏文"，他认为是最有价值和意义，也是最有力量的。在这里，他又一次直言不讳地突出了诗歌艺术的工具性，将其作为最重要的，甚至是唯一的艺术评判尺度。这显然是一个误区。"仆常痛诗道崩坏，忽忽愤发，或废食辍寝，不量才力，欲扶起之。"（《与元九书》）"总而言之，为君、为臣、为民、为物、为事而作，不为文而作也。"（《新乐府并序》）这种将诗歌直接摊派用场的做法，自古至今都有大肆肯定者，并许之以"伟大的现实主义手法"。

这个传统真的是由中国文学史上第一部诗歌总集《诗经》开始？文学史家一再这样说，白居易的重要诗论《与元九书》、《新乐府》序言等文字中，也如是阐述。但事实究竟如何，还需要我们直面文本。对文本做深入仔细的追究之后，我们将发现也不尽然。只要真正直面文本，就会发现那是一种误解，是对诗歌艺术相当片面的理解，过于简单化地解读了"诗三百"中的"风诗"。

"风诗"作为《诗经》最重要的部分，只要打开诗章，就会深深惊叹于它们的丰腴与繁茂，怎么在一些人眼中就只剩下了"讽喻"？"投我以木瓜，报之以琼琚。匪报也，永以为好也。"（《诗经·卫风·木瓜》）"蒹葭苍苍，白露为霜。所谓伊人，在水一方。"（《诗经·秦风·蒹葭》）爱欲，享用，自得，欢畅，记叙，沉郁，这种种情致和心绪全都被一阵"风"吹走了，无影无踪了？这是不可能的。况且当年它们是为表演歌唱所用，是在各种集会上演唱的歌词，那时候它们还拍动着音乐的翅膀，该是一场场多么心旷神怡的飞翔。

白居易将自己的诗作划分为"讽喻""闲适""感伤"与"杂律"四类。我们如何看待它们之间的关系，特别是如何评价他自己所要抛弃的"杂律诗"？按照他的说法，这部分诗作并不重要，"略之可也"。好在后人并未按照他的话去做，也幸亏没有这样做。因为其中的好诗实在太多，它们不仅不可"略之"，而且好过诗人自己推崇的那些"讽喻诗"。为什么？就因为艺术创作本身所固有的复杂性和不可预测性，这其中包含的原理一定不是那样简单和直接，它一定不是个人强烈的入世心、人文理想和政治理想所能代替的。

世界上再也没有比艺术审美、艺术创造更繁复的事情了，不是非此即彼那样简单清晰，一目了然，而是具有许多难言难解的例外。当我们言之凿凿地确立一种艺术"定理"的时候，可能正在犯下一种粗率无知的错误。在整个文学史上，我们可以找出无数案例来阐释和证明：天才总是个案，杰作总是个案。当我们极力遵循艺术"定理"所固有的确定不移的规律的时候，会发现自己一再陷入尴尬的境地。看来我们的尺度还要一再放宽，我们的胸怀要更为宽广，必须容纳更多才好。复杂的艺术审美会让我们应接不暇，需要做好足够的思想准备。

白居易自己大不看重的一些感怀戏赠、写景抒情之作，因为创作于较为松弛的生命状态之下，果然就有一些宝贵的元素活跃起来，妙句和佳境就此出现。如《赋得古原草送别》《钱塘湖春行》《夜雪》《大林寺桃花》《同李十一醉忆元九》《问刘十九》《暮江吟》《杭州春望》《江楼夕望招客》《忆江南三首》等，或晶莹剔透，或至妙无言，它们都是那些直杠杠的壮语痛言所不能取代的。作为读者，我们常常醉心的白居易的部分佳作，还有其他诗人的类似诗章，其实都是古代诗歌艺术宝库中的珍品，都不能简单地依从主观期待，或者仅仅从社会功用上去鉴定和判断。

诗人的道德感、价值观，他的立场和社会性的选择，以及平常所说的责任感等等，既是重要的创作基础，也是判断其生命品质高下的基础。这种基础构成了主客观世界关系的重要因素，它是一种结构因素；而艺术则是这种结构中极独特的呈现和表达，携带了生命的全部奥秘，甚至是不可以分析和量化的。微妙的意境、才趣，生命的色泽、温度，在文字中很难衡度和量取，而只能依赖感受和悟想。它需要拿出一个生命的全部能力去感知和把握，一旦抽掉了这样的条件，审美即不可能发生。

许多时候我们出于良好的愿望，想简捷明朗、简单可行地直取艺术，并且制定和总结出许多标准，一厢情愿地从事此类活动，最后却发现不断地走入自我禁锢的死胡同。

· 吟咏的惯性

白居易流传下来两千八百多首诗歌，其中有一千九百多首近体诗，九百多首古体诗，数量之多在唐代首屈一指。保存下来的最早诗作《江南送北客因凭寄徐州兄弟书》写于十五岁，七十五岁临终前也有诗作，创作生涯长达六十年。"缀玉联珠六十年，谁教冥路作诗仙。浮云不系名居易，造化无为字乐天。童子解吟长恨曲，胡儿能唱琵琶篇。文章已满行人耳，一度思卿一怆然。"这是他去世后，唐宣宗写的《吊白居易》。可见当年诗人影响之大，创作之丰。

首先让人惊讶的是白居易创作量之大，其次是那些脍炙人口的名篇。他之所以得到广泛传播，既来自他诗品的优异，也来自他诗风的直白。他师承《诗经》"国风"与汉代"乐府诗"的传统，即民间文学传统；而民间文学必然具有通俗的外壳。但是民间文学形成于一个无限的时空之中，即可以无限地趋向完美，这远非个人功力所能抵达。作为文人的个人写作，应该更多地学习民间文学的精神与气质，而不是一味模仿外在形式。由于创作者具体情况的不同，个人创作依赖的仍然是"独思"与"修养"，是丰富的文辞，多姿多彩的表达力，是极端化地调度个人的才情与创造力，千方百计地趋向无数人所达成的那种艺术完美性，这个时候仅仅仿造浅直如话的民间风格，恐怕是难以完成预设任务的。诗之表达是多么沉重的一件事，艺术呈现又是多么复杂的一件事。

许多时候浅直即意味着简单，而民间文学是依靠无限的时间与空间、无数人的参与，最后弥补了这一致命的缺陷。作为个人创造的文人写作，远没有这么大的弥补力。我们虽然不能说白居易与元稹等人所倡导的"新乐府"运动走向了一条歧路和误区，但展示他们的这些诗作，便会发现一些困惑甚至是遗憾。这其中的大部分诗作属于娴熟的、简单的、直白的写作，是一种惯性写作，大致在随手涂抹中完成，并没有付出太多心力。这时候诗人的个人修养与技能是重要的。因为这种写作也是另一种沉浸的结果，是创作危机时刻的一种"缓冲"方式。也许在当时，诗人们很少有什么创作"危机"，因为那时候还没有类似现代的专业写作，写诗远不是什么"志业",他们大概也就没有多少现代诗人的创作压力。但就人与诗的本质意义上来说,危机总是有的,有灵感的飞扬,就有灵感的枯竭。

我们展读白居易数量宏大的诗歌作品,发现有许多诗是可有可无的,是敷衍的,甚至可以称之为"糟粕"。由于见仁见智,这里或可不必一一列举,但我们总可以有自己的览阅和鉴定。写诗是白居易生活中一项重要的爱好和排遣方式,只要有时间,他就会涂抹。那个时候不比现代,没有各种各样的娱乐方式,吸引人的声像物事当然绝少。他的一个重要案头工作就是寄情笔墨,正如他在《与元九书》中所言:"知我者以为诗仙,不知我者以为诗魔。何则?劳心灵,役声气,连朝接夕,不自知其苦,非魔而何?"他以为自己写诗是着魔,还说:"人各有一癖,我癖在章句。万缘皆已消,此病独未去。"(《山中独吟》)"酒狂又引诗魔发,日午悲吟到日西。"(《醉饮二首·二》)

所谓"癖"与"魔",就是一种写作惯性,是一种不能遏止的劳动欲望。这对于诗人的多产是有利的,也是必须的;而对于生鲜动人的创造,则往往是一种伤害。清代纪昀曾经这样评价白居易的《江楼望归》:"此犹未敢放笔,故谨严深厚乃尔,成名以后,颓然自放矣。"他认为这首诗是少作,笔触未敢展放,所以严谨深厚,与成名之后完全不同。"晚更作知足语,千篇一律。"(明·王世贞《艺苑卮言》)"元白《长庆集》,其中颓唐俚俗十居六七。"(清·叶燮《原诗》)可见在古代诗评家眼中,他的这些弊端已经绽露无遗。

诗人皆有瘾痴,这种情形我们在其他杰出诗人和艺术家身上也常常会看到,比如我们会联想到宋代高产诗人苏东坡、陆游,西方现代大画家毕加索。他们这一类人创作不休,劳动能力强大,其惯性的滑行也相当自然漂亮。不过这种时刻,生命的一部分其实正在沉睡，而肢体动作却没有停止。一种看似神秘的能力，不过是长期职业训练，再加上过人的天分，这些因素综合一起而形成的繁杂之物。这时候的产出不可以完全否定，但一般来说，价值不是很大。

白居易的惯性吟咏，使其写作总量大大扩充，进一步变得繁复芜杂。要拣选这一类诗作，就成为一种非常必要的工作。作为阅读者，我们常常要去面对那些随手之作，因为在惯性运动中，偶尔也会出现一些出其不意的佳句佳作：真性情的流露、特异思绪的闪烁等等。

在对待文学创作质与量的问题上，我们不可以简单化、天真化地将二者对立。在极少数的天才人物那里，其特殊的生命品质使他们具有一种自我苛刻的本能。这样的生命往往是极为敏感和激越的，他们脑际闪烁的东西，其实是生命的闪电，会时时划亮，照耀心灵的长空。这个时候那些频繁而绵密的触点，一律闪烁着生命的电光，粗率和敷衍的惯性写作几乎不可能存在。但这样的天才总是极少数，对于大多数人来说，质与量的关系却不是这样：或是在各种功利因素的作用之下，或是因为生命的贫瘠和无聊，某种艺术创造就成为他们的排遣方式。这个过程虽然不能说一概草率无益，但在很大程度上却没有凝聚生命中的精华，不属于灵感的催发和闪亮。作为自娱无可厚非，但不可以过分看重。

在总体的艺术价值与分量上，数量并不能给一个艺术家增添什么，它给人最深的印象不是浩瀚，而是芜杂。只有伟大的天才如歌德、托尔斯泰等生命的巨流，才可以真正称之为浩瀚：你可以于深夜倾听浪涛拍岸之声，或者于星月之下看它开阔无际的漫流。皓月繁星映在水里，河面上闪烁长夜的颜色，一直奔向大海，归于无限。

·苍茫与浅直

白居易是唐代最高产的诗人，除了诗作，还有大量文章。这当然来自他过人的痴迷和嗜好，正如他自己所说："除读书属文外，其他懵然无知，乃至书画棋博，可以接群居之欢者，一无通晓。"（《与元九书》）"世间富贵应无分，身后文章合有名。莫怪气粗言语大，新排十五卷诗成。"（《编集拙诗成一十五卷，因题卷末，戏赠元九、李十二》）由这些言论可见，这是一个对文字极其痴迷的人，比起现当代某些职业写作者，他似乎更加专注于文墨，专注于阅读。他没有其他爱好，能够独处，阅读和写作，一再开拓精神的世界，一再缩小现实的空间。一间屋、一架书、一张条案、一支笔，即可以成为他的全部。

白居易在世之时不止一次亲手编撰自己的诗集，这在古代文人中好像比较少见。他没有编订自己的文章合集，而古代诗人大多重文轻诗，将诗作为自娱和自言，或者是挚友之间的交流，官场宴游及迎来送往的应酬，有相当的私密性，又是很轻松随意的；而文章是对外的，是送达上听，或言说呼吁，或评判古今得失，或作讨伐檄文，或是为政思想，阐明主张，言说至理，表达治世安邦的理想，所以总是让写作者更为重视。比较起来，诗人白居易更像是一个现代的专业写作者，他的诗心很重，料定自己身后将享有诗名。本来已经获得世间富贵，却自谦说"应无分"。与同时期或历史上声名差不多的诗人相比，他的人生道路还算平顺，基本上有名声有地位，有相对舒适的生活。尽管仕途之上也有坎坷挫折，但相比而言，也算是顺畅的了。

这是一个少见的勤奋者，一个愿意留下笔墨印迹者。他直到七十岁的时候还在整理自己的诗作，编好诗集后，除了家藏一本外，又别录三部分别存放于洛阳圣善寺、庐山东林寺和苏州南禅院，还把回到洛阳以后的诗作编为《洛中集》，藏于香山寺的藏经堂。可见他保存诗作的意愿清晰而强烈。在当年，他存放诗稿的这些地方，应该说保险系数最大，就像今天那些著名的档案馆一样。

他的闲趣多，冲动多，刚烈与委婉交织，有不少人生起伏，所以比起一般人来也就感慨良多。由于巨大的写作量，有人将其比作"海洋"。这里当然指其阔大无边之状，即苍茫的气象。在审美感受的范畴，有时苍茫感也来自芜杂，来自不可尽揽的繁杂，来自难以区分和归类量化的多层次。就这一点来说，白居易确是如此。矛盾性与复杂性往往是一个写作历史久远的作家的基本特征，是必要具备、必有的深度和广度。这往往不是有意为之，不是人生写作的某种设计，而是一条生命长河自然流淌所致。但是稍稍令人遗憾的是，当我们通读诗人的所有文字之后，既有一种繁杂无尽感，又会有一种简单浅直感。有些诗不仅明白如话，而且毫无诗意，只是顺口而出，合辙押韵，当时属于顺口溜，现在也仍然是轻松的谣曲。这既与他所推崇的"汉乐府"等民间文学的风格有关，也与取直就便、轻松闲适的心态有关。许多时候，他已经放弃辞章工细而走向了一种随意吟哦，这种粗浅与率意不仅存在于白居易等古代诗人的作品中，在其他历史时期，一些大众所熟知的所谓功成名就的诗文创作者，也是如此。这种放松连接着另一种自信和自大，或者是别有心态也未可知。随意点染皆成风景，他们似乎认为自己已达此境界，实际上却也未必。

一个生命的极大趣味性、丰富性，必定连接其生命的本质，即灵魂；脱离了心灵，也就无从点染风景。在白居易的诗歌创作中，一些短小随意的吟唱如此，一些长韵叙事也是如此。"白居易亦善作长韵叙事，但格制不高，局于浅切，又不能更风操，虽百篇之意，只如一篇，故使人读而易厌也。"（宋·魏泰《临汉隐居诗话》）这不能视作偏激之言，只是说出了一种实情而已。打开白居易全集，好诗不少，但是想要在众多平庸文字中挑选出一些佳句妙境就有点困难了。他不能和同时期的韩愈相比，也无法和晚唐的杜牧、李商隐相比，更无法与产量同样巨大的苏东坡相比。

直白通俗的诗行具有传播的优势，所以许多优秀的写作者做出了这样的选择。但是此种选择需要一个前提，即"浅直"只是一种表象、一种形式，其内在蕴含则是深厚的，甚至是纠缠的；也就是说，它根本上还需要是一种独特而偏僻的个人创造。白居易具有非同寻常的艺术功力与卓越才具，他创造的优秀部分就是明证，如《长恨歌》《琵琶行》为代表的杰作，如《赋得古原草送别》《钱塘湖春行》《忆江南》等精美动人、脍炙人口的短章。在总体美学气质上，他具有跃上更高一级的能力和条件，但最后究竟如何，还需要在漫长的研究中去面对和解决。这是复杂之极的美学和诗学问题。

以白居易的聪慧和悟力，对此必有省察。他后来在这个向度上的努力，我们仍然可以看到。只是改弦易辙已经有点来不及了，越到后来，越是没有更多的时间和精力去攀援了。"仆尝语足下，凡人为文，私于自是，不忍于割截，或失于繁多。""况仆与足下，为文尤患其多。己尚病之，况他人乎？"（《与元九书》）可见白居易对自己诗文的毛病深有察省。他晚年对于刘禹锡委婉含蓄、别出心裁的诗作非常喜爱和羡慕："梦得梦得，文之神妙，莫先于诗。若妙与神，则吾岂敢？如梦得'雪里高山头白早，海中仙果子生迟''沉舟侧畔千帆过，病树前头万木春'之句之类，真谓神妙，在在处处，应当有灵物护之，岂唯两家子侄秘藏而已。"（《刘白唱和集解》）白居易晚年对于刘禹锡的诗风多有学习，像《忆江南三首》等就是晚年的佳作，这个时候他已经接近七十岁了。

元代辛文房的《唐才子传·李商隐》中，说晚年的白居易特别喜欢李商隐的作品："时白乐天老退，极喜商隐文章，曰：'我死后，得为尔儿足矣。'白死数年，生子，遂以'白老'名之。既长，殊鄙钝，温飞卿戏曰：'以尔为侍郎后身，不亦忝乎？'后更生子，名衮师，聪俊。商隐诗云：'衮师我娇儿，英秀乃无匹。'此或其后身也？"

我们可以设想，如果给诗人更多的时间，他的诗风或许会有较大的转折和修茸。

· 就俗之惑

说到白居易诗之通俗，有一句流传很广的话，即"老妪能解"。据说诗人每完成一篇作品，常常会读给一位目不识丁的老太太，如果对方听不懂即要修改。这个故事出自宋代诗僧惠洪的《冷斋夜话》。今天看，这只能是一种趣谈，是后人的一种猜测和演绎，当然不可为据。我们稍具常识即可明白，任何一位从事文字工作的人，尤其是对语言使用有更为复杂而独特需求的诗人，如果这样对待和要求自己的书面经营，那一定是傻极了。后人之所以会做出这种故事化的编排，正好从一个方面说明了诗人固有的通俗性，说明他的作品是多么好读、多么易于流传。王安石曾说："世间好语言，已被老杜道尽。世间俗语言，已被乐天道尽。"（宋·陈辅之《诗话》引）

诗人自己在《与元九书》中说："又足下书云：到通州日，见江馆柱间有题仆诗者。复何人哉？又昨过汉南日，适遇主人集众乐娱他宾，诸妓见仆来，指而相顾曰：此是《秦中吟》《长恨歌》主耳。自长安抵江西三四千里，凡乡校、佛寺、逆旅、行舟之中，往往有题仆诗者。士庶、僧徒、孀妇、处女之口，每每有咏仆诗者。"这里记下的必是实情，而且透出了一些满意。在古代，这种民间底层的传播是很少出现的，就连盛唐已经颇具影响力、具有传奇色彩、被贺知章称为"谪仙人"的李白都要差得多，好像只有宋代的柳永尚可以媲美："柳永字耆卿，为举子时，多游狭邪，善为歌辞。教坊乐工每得新腔，必求永为辞，始行于世，于是声传一时……余仕丹徒，尝见一西夏归朝官云：'凡有井水饮处，即能歌柳词。'"（宋·叶梦得《避暑录话》）

当时不仅在国内，即便在东亚地区如日本、韩国等，白居易的诗也拥有大量读者。白居易诗集在公元 838 年传入日本，那时他六十七岁，住在洛阳。诗人生前作品就能够传入日本，这在活字印刷术尚未发达、传播十分不便的中唐，绝非寻常。李杜诗作传入日本要晚于白居易一百多年，据说当年日本派遣唐使来中国，其中要做的一件事情就是搜集白居易的作品。种种情形，除了说明影响力之大，其实并不能作为作品的艺术高度、审美价值的实证。

俗和易是民间传播的一个前提。就此来看，作品在世俗影响方面对写作者的诱惑，从古至今都是一个难以超越和解决的问题。写作者会自觉不自觉地迁就世俗要求，但此类要求极可能是艺术的一个陷阱、一味毒药。因为文学艺术特别是诗，必须具有极其个人化的、特异的思悟，就生命感知而言，它们虽然自然朴素，但又常常是一种"晦涩的朴素"。这种"晦涩的朴素"才是杰作的品质与特征。如果诗章可以用叙事和论说的散文化文字替代，或用其他艺术形式替代，也就不必有这种体裁了。

在诗歌理念上，从白居易一再坚持的文学观上看，他注重汲取和发扬的是民间文学中的两大元素：一是通俗性，二是讽喻性。"不能发声哭，转作乐府诗。篇篇无空文，句句必尽规。功高虞人箴，痛甚骚人辞。非求宫律高，不务文字奇。"（《寄唐生》）但是民间文学是在更为阔大的时空中完成的，远远不是个体所能做到的。这就需要个体继承者从内部和本质，而不是简单地从外部形态上入手。仅仅在通俗性和讽喻性上仿制，就会走向狭窄的道路。艺术的力量何止于讽喻？再则，其深邃性又何必被通俗的形式所束缚？诗人与其相信底层与民众，何如更相信时间？这二者的选择是一个致命的权衡。

白居易的诗歌当然经受住了时光长河的检验和淘洗，这是他的真正成就。但其诗作的缺点以至于较大瑕疵，恰好在于他过分迁就世俗。"香山才情，昭映古今。然词沓意尽，调俗气靡，于诗家远微深厚之境，有间未达。"（钱锺书《谈艺录》）由于浅直就俗而获得流播广泛的优势，即所谓"知名度"。写作者常常借此"壮以行色"，实际上是一条自戕之路，是艺术的死胡同。在极短的时间内与众人达成一致，混杂于潮流，只能是一种肤浅。艺术的杰出者是时间的结晶，只有交付漫长的时间才能做出准确鉴定。这是关于艺术品质的一场讼争，但却没有其他的法则和标准。

　　也许所有艺术与生俱来就有一种清高气，不可以迁就和折中，所有怀类似奢望和企图者，最后都是失败者。今天我们所看到的支撑白居易诗歌之树长青的因素，仍然是他个人所具有的那种清高气。他的那些就俗随众的庸俗气，则是这棵大树上的枯叶黄枝。

· 炫目的屏风后面

　　白居易的诗章如果仅仅是因为通俗而得到广泛传播、因民间影响之大而凸显其价值，当然是一种误解。通读他的全部诗章，会有一种炫目的华美感，看上去色彩缤纷，瑰丽绚烂，仿佛是一幅巨大的诗屏风：有宏大制作，有玲珑小品，有随意涂抹，有工笔细绘。总体色调是明朗的，但也不乏局部的阴郁和深沉，更有激昂和愤怒。他的诗风虽然大致是通俗和直率，但前期与后期并非同一种格调。

　　我们渴望绕过这道炫目的屏风深入腹地，以便展望更辽远的地平线。我们期待邂逅一位天才诗人的景象：深邃与高耸的峰峦，令人惊叹生畏的苍茫荒野与激流险滩。好像没有遇到这样的险峻，没有经历无测的辽阔与浑厚。屏风后面没有叹为观止的地理风貌，没有恢宏开阔、渺茫无际的纵深地带。我们发现，最壮观的还是这架屏风本身，是这幅绚丽迷人的绘制。我们所渴望的心灵宇宙的惊人冒险、纵横曲折的千回百转、令人震撼的奇观异象，似乎并未藏于屏风后面。

它在我们眼前已经悉数呈现和表达，足够艳丽和眼花缭乱。

屏风非常迷人，它展放平铺于眼前，是一个尺幅宽广、不用费力便可一览无余的平面。然而任何一个高产而丰富的创作者，都会有更为繁杂的呈现，既包括这种平面铺展，又具有难测的纵深感，不受屏风尺幅的限制，一旦进入即是一场浩大无尽的跋涉。高大炫目的屏风似乎多少可以替代和弥补一些不足，因为观感和印象中同样是纷繁斑杂，宏富绚烂，但仍有期待中的差异：屏风的展开，并不等于广阔无垠的立体承载。我们需要"精骛八极，心游万仞"的精神远行。

在审美感受上，不妨将白居易与其他诗人做一比较。离他最近的大概是同时期的韩愈。我们会发现韩白二人除了诗风格调的区别，还存在许多不同，这些差异当属于最费解的心灵部分。比如就诗文总量而言，韩愈远远少于白居易，但腾挪之幅度却更大，也更奇崛。韩诗总共不到四百首，三分之二是自由度更大的古体诗；白诗总共两千八百多首，而近体诗即占两千首左右。对比一下两人的少作，从中也可看出不同的气象。白居易隐忍，韩愈冲撞；白居易平易，韩愈峻峭。同样是描写元和六年春天的大雪，韩诗想象奔腾奇伟，议论言简意深，含不尽于言外："元和六年春，寒气不肯归。河南二月末，雪花一尺围。崩腾相排拶，龙凤交横飞。波涛何飘扬，天风吹幡旗。白帝盛羽卫，鬖髿振裳衣。""生平未曾见，何暇议是非？或云丰年祥，饱食可庶几。善祷吾所慕，谁言寸诚微？"（《辛卯年雪》）白居易在《春雪》中则多是白描："元和岁在卯，六年春二月。月晦寒食天，天阴夜飞雪。连宵复竟日，浩浩殊未歇。大似落鹅毛，密如飘玉屑。""上将儆正教,下以防灾孽。兹雪今如何?信美非时节。"结尾四句明显带有"卒章显其志"的一贯风格。状写芍药,韩愈的《芍药》诗写道:"浩态狂香昔未逢,红灯烁烁绿盘龙。觉来独对情惊恐,身在仙宫第几重。"芍药在诗人豪情勃发下活色生香,令读者一起沉醉于那种姿容与芬芳。白居易的《感芍药花寄正一上人》则这样描绘:"今日阶前红芍药,几花欲老几花新。开时不解比色相,落后始知如幻身。空门此去几多地?欲把残花问上人。"花开花落,开时不解世情而争奇斗艳,落后始知一切终归虚无。

他们诗文不同,处事方法也大不同。从经历上看,白居易四十多岁贬向江州,一次遭贬就吸取了很多经验教训,从此开始遵行所谓"小隐于野大隐于市"的道家思想。他在诗中将道家之隐逸分为三种,即大隐、中隐和小隐。他认为"隐于丘野"太冷落,"隐于朝市"太嚣喧,"不如作中隐,隐在留司官。似出复似处,非忙亦非闲。不劳心与力,又免饥与寒。终岁无公事,随月有俸钱。"(《中隐》)说得实在,不免庸俗,是"无为"之诗。而韩愈三十多岁被贬向瘴雾缭绕的岭南阳山,遭遇不可谓不突兀险峻,但即便如此,在"五十知天命"的年纪,他仍然敢犯天颜进表,结果"表入,帝大怒,持示宰相,将抵以死"。(《新唐书·韩愈传》)人生起伏动荡,诗文也就更加浑茫,有极耐穿凿的硬度与厚度。

· 桂冠诗人

在西方某些国家,官方会给自己满意的、成就卓著的诗人授予"桂冠诗人"的称号。这是来自体制的很高荣誉。由此来设想一下中国古代，如中唐时期，如果也要找出这样的一位诗人，权衡之下，白居易或许是最合适的人选。这不仅因为他的多产和广泛影响力，还有其诗章的内容与品质，更有总体色调、韵致以及他与朝野及与文学传统的关系。总之，这种选择是微妙的，有时难以说清，但这种综合的感觉和指向，似乎也贴近了实情。

他的诗作从一开始就遵循了儒家的"正声"，即不伤不怨，所谓"哀而不伤，怨而不怒"的"风诗"传统，这是极为重要的，更是某种界限。孔子所说"《诗》可以兴，可以观，可以群，可以怨"(《论语·阳货》)，即在他这里得到了具体实践。前期诗作"讽喻"不可谓不尖利，但并没有走入伤怒，而是心系王权与社稷的忧患之歌，其中虽有不少杂音，却可以被容忍和谅解。总而言之，他是一个能够恪守的正统官吏，这是决定性的条件。"惟歌生民病，愿得天子知。未得天子知，甘受时人嗤。"(《寄唐生》)"自惭禄仕者，曾不营农作。饱食无所劳，何殊卫人鹤？"(《观稼》)这些诗句反映了写作的基本立足点，也是一个知识仕人的政治立场，可见他的忧患不安以及某种程度的讽刺仍然来自一位朝臣的责任感。他浓郁的贵民思想当然来自正统儒家，这一点虽然与封建帝王专制格格不入，但对上却又保留了足够的面子，多少可以容忍，因为毕竟能够做到"不伤""不怒"。

他的后期诗作总体上要华润明亮许多，更为朝野所接受，其中包括那些绝美的篇章。试想当时或许还有接近这种风韵的诗人，如同为"新乐府"诗派的代表人物，他的好友元稹、李绅、张籍、王建，直至晚唐诗人皮日休、聂夷中、杜荀鹤等。但这些同代或晚一些的诗人，都不像白居易那样浑然丰富，诗履历远不如他完整充实。至于另一风格流派的诗人如韩愈、孟郊等，单是奇险峭拔的气象就要引发许多争议。事实上，就民间的接受程度来看，韩愈要差一些。韩以文著称，也主要是限于社会上层的文人仕人中间，而白居易真正称得上是一位雅俗共赏的诗人。苏东坡说过"元轻白俗，郊寒岛瘦"。（《祭柳子玉文》）这里的"元白"即指元稹和白居易，"郊"是孟郊，"岛"为贾岛。这是中肯而正确的评价。就种种特征而言，唯有"俗"才是朝野不忌的，它是一个宽幅的音域，在这里可以涵纳很多，可以达成最大的公约数。而"寒""瘦"都是过于个人化和偏僻化的表达，需要在特殊的情形下、在时间中被慢慢追认。

达成共识是当代的事情，是一件刻不容缓的事情，于是白居易就显出了合乎时宜的特征。

古今中外每个国家和族群都有类似"桂冠诗人"的歌者，只是未必有这种称谓和制度。用这样的内在标准考察一个诗人，当别有一番意义。我们可以由此寻找一条隐秘而显豁的路径，这条路径竟然通向朝野两方，水火原来在此相济，实在不易。看来要做一个"桂冠诗人"是很难的。即便在现代，这个称号仍然包含了"最大公约数"的意义。这种诗人在世时即享有巨大荣耀，如文艺复兴时期的意大利"桂冠诗人"彼脱拉克，就是一个热爱生活与大自然，反抗教会的禁欲主义者。热爱自然通常是一个令人向往、羡慕而并不费解的行为。彼脱拉克远离城邦，寄情山水田园，独自吟哦抒怀，他某种程度上的反抗性与其普世趣味同样显著，所以官方才授予他这项崇高的荣誉。十七世纪至二十一世纪的英国总共产生了二十位"桂冠诗人"，十九世纪有骚塞、华兹华斯等，二十世纪有泰德·休斯、卡罗尔·安·达菲，任期十年。后者是英国首位女性"桂冠诗人"。法国和俄罗斯虽无"桂冠诗人"的称谓，但也拥有类似地位者。夏多布里昂是法兰西学院的院士，担任过外交大臣，雨果少年时曾经发下这样的誓言："要么做夏多布里昂，要么一事无成。"俄国沙皇亚历山大二世的老师茹科夫斯基，是一位重要的宫廷诗人，他利用自己的地位保护了许多"十二月党人"，而且对普希金和莱蒙托夫多有维护。普希金的那首《致茹科夫斯基》写道："幸福并不喜欢每一个人，不是人人都为桂冠而生。"美国"桂冠诗人"的制度设立较晚，从二十世纪八十年代初开始，迄今已有二十余届，第一届是罗伯特·佩恩·沃伦，后来又有来自东方的约瑟夫·布罗茨基等人。

由此可见，诗与体制的关系是多么微妙复杂，它仿佛是朝野之间的一个特殊媒介，这里边彼此都想借重，有借重就有接触，有一些共同的愿望，二者在某一个极小的点上交集，但内在的巨大错位仍然存在。

最杰出的诗人会是"桂冠诗人"吗？答案可能是否定的。这是一个四方认可的平庸者吗？答案也同样是否定的。比如在英国、俄罗斯和法国，拜伦、雪莱、普希金和雨果，都不可能成为"桂冠诗人"；中国盛唐的李白与杜甫，也不能抵达这种世俗荣誉的峰巅。他们是一个时代最独特、最高亢的歌者，奇异犀利而高不可攀，身上的光芒足以遮蔽掉那顶"桂冠"。

这是一个来自体制的装饰物，它本身必须保持自己的显在性；而任何强烈的生命力所辐射出的巨大光晕，都会使这个装饰物变得可有可无。

· 与东坡之异同

我们如果要刻意找一位与白居易相近的古代诗人，首先会想到宋代的苏东坡。因为两位诗人的相似处实在太多，比如同样高产，同样复杂而多趣，且同样多情和早熟。两个人在政坛上都抵达了高位，也都有过跌宕和遭贬的经历。他们都是进士出身，都曾参加过吏部应制举考试并被录取，在读书学问方面都具有一流的"童子功"，全都早慧。苏东坡少年时代就给一方名士、自己的老师改诗，并得到他的赞叹，后来又将八十万字的《汉书》手抄两遍。而白居易"五六岁便学为诗，九岁谙识声韵"，长大后依然勤奋苦学："二十已来，昼课赋，夜课书，间又课诗，不遑寝息矣。以至于口舌成疮，手肘成胝。"（《与元九书》）他们都在自己的时代享有盛名，备受朝野瞩目。

白居易的《长恨歌》流传于酒肆与逆旅，连歌妓都夸耀自己能够背诵这首长诗。而苏东坡的一些诗词刚刚完成就"哄传于城中"（曾敏行《独醒杂志》），"东坡何罪？独以名太高，与朝廷争胜耳。"（宋·马永卿《元城先生语录》）他们都有令人惊叹的力作传世，同样佳句数不胜数。两个人都呈现出一定的芜杂性，随意涂抹和抒发之作都有很多，记一时一事之情趣，在他们来说已成习惯，所以两人作品中都不乏灵动粲然的小诗，有晶莹剔透的杰作。

颇有意思的是他们两人都好酿酒和饮酒，又全都不胜酒力。他们都羡慕和效仿东晋的陶渊明，诗中经常提及陶渊明，写到酒，写到醉，对田园生活心向往之。白居易贬居江州之时，专门去寻陶渊明故居。"予凤慕陶渊明为人，往岁渭川闲居，尝有《效陶体诗十六首》。今游庐山，经柴桑，过栗里，思其人，访其宅，不能默默。""我生君之后，相去五百年。每读五柳诗，目想心拳拳。"（《访陶公旧宅并序》）而苏东坡则和遍陶渊明之诗，每一首诗都与之和唱，"只渊明，是前生。"（《江城子·梦中了了醉中醒》）

白居易和苏东坡都喜欢建筑居所，精心设计美化自己的居住环境。白居易退居渭村时筑构亭台，经常与族中弟侄亲朋亭中赏玩，远眺华山之碧峰，近观渭水之云帆。谪居江州修建庐山草堂，房前屋后种有乔松十数株，修竹千余竿，白石砌桥，青萝满墙，溪水绕舍，环佩叮咚；山中流云飞泉飘挂于檐间，地上红榴白莲辉映于池畔。后来复官改授忠州刺史，从江州入蜀。此处地偏人稀，非常荒凉，而且民风不开化。"好在天涯李使君，江头相见日黄昏。吏人生梗都如鹿，市井疏芜只抵村。一只兰船当驿路，百层石磴上州门。更无平地堪行处，虚受朱轮五马恩。"（《初到忠州赠李六》）这首诗是他刚到忠州与前任刺史交接时的有感而发。尽管如此，他仍然用心经营，买来各种花树种于城东的一片坡地上，让它们茂长。杏树、梅树和白果等参杂种植，每日闲暇之时便带领僮仆荷锄挖渠引泉灌溉，铲土施肥培根固本，让它们枝繁叶茂，次第开放，并写下《东坡种花二首》《步东坡》《别种东坡花树两绝》等诗作。苏轼"东坡居士"的雅号，当来自白居易之"东坡"，这是他们二人心志相通的明证。

白居易在忠州时思念家乡的青槐："我家渭水上，此树荫前墀。忽向天涯见，忆在故园时。"（《庭槐》）苏东坡初至贬地黄州，看到一株海棠树欣喜万分，怀疑它一定是鸟儿从千里之外的家乡蜀地衔来的种子："陋邦何处得此花？无乃好事移西蜀。寸根千里不易致，

衔子飞来定鸿鹄。"(《寓居定惠院之东，杂花满山，有海棠一株，土
人不知贵也》)苏东坡在"陋邦"黄州建起了诗意盎然的"雪堂"和"南
堂"，贬放岭南惠州，又筑起紫翠缥缈的白鹤峰新居；即便晚年被贬
到最为荒蛮的海南儋州，还于山坡上搭起了一间畦菊环绕的草寮。

只要有一处居所，有那些绿色葱茏、芬芳四溢的花树，他们就
可以阅读，就有自己相对安定的生活。这种经营既是物质的又是精
神的，它对一个思想者、一个精神的遨游者来说，实在太重要了。
这是他们人生的立足点和发力点，无边的幻想由脚下铺开，直达邈
远的时空。

白苏二人既风流多情，又那么痴情。白居易任杭州刺史的时候，
曾亲自教授杭州歌妓演练"霓裳羽衣舞"："移领钱塘第二年，始有
心情问丝竹。玲珑箜篌谢好筝，陈宠觱栗沈平笙。清弦脆管纤纤手，
教得霓裳一曲成。"(《霓裳羽衣歌》)诗中写到的玲珑、谢好、陈宠、
沈平，都是杭州名妓。"玲珑玲珑奈老何，使君歌了汝更歌。"(《醉
歌示伎人商玲珑》)"白尚书姬人樊素善歌，妓人小蛮善舞，尝为诗曰：
'樱桃樊素口，杨柳小蛮腰。'"(唐·孟棨《本事诗·事感》)苏东
坡守徐州结识名妓马盼盼，据说马盼盼痴情于东坡，东坡离任徐州
后，她抑郁而终。东坡离开贬地黄州时，曾为当地官妓李琪留诗一首：
"东坡五载黄州住，何事无言及李琪。却似西川杜工部，海棠虽好
不吟诗。"(《赠黄州官妓》)在历史记载中，东坡还有"采菱""拾翠""榴
花"等美姿，最有名的当是终生陪伴他的朝云。朝云是一个极为清
丽脱俗的女子，"苏门四学士"之一、著名诗人秦观的《南柯子·霭
霭迷春态》与书法家米芾的《满庭芳·咏茶》，都曾记录朝云之绝
代风华。

他们多情多趣，有不尽的留恋，这在他们的人生履历中都是触目的记录。

白居易一生念念不忘初恋情人湘灵，就因为对她的痴迷，直到三十六岁才结婚。他一生为湘灵写有多首诗章，如《邻女》《寄湘灵》《冬至夜怀湘灵》《寒闺夜》《长相思》《寄远》等诗作；在郁郁不乐的江州时期写下《感情》一诗，那个"东邻婵娟子"令他终生难忘。这样的深情眷念，与那些风花雪月、天生风流之人大有不同。苏东坡对第一个妻子王弗一往情深，曾写下千古悼亡绝唱《江城子·十年生死两茫茫》。他与朝云情深意厚，留下了许多佳话。朝云的早逝对东坡当是一次致命的打击。

那么他们二位有什么不同？比较起来好像苏东坡更为多趣，而且趣味散布在更多方面。比如他经常记一些日常琐屑，特别好吃，好奇心似乎更大。苏东坡更像一个性情中人，个性外露，锋芒远大于白居易。苏东坡比白居易更宏阔，白居易比苏东坡更通俗。苏东坡的人生跌宕更重，命运起伏更剧。他曾经身陷囹圄一百三十多天，被死亡阴影所笼罩，而白居易没有这种凶险的人生经历。这种差别可不得了，它决定了生命刻度上的深浅不同。一个致命，一个并非如此。纵观下来，两个人在仕途上的同与不同，皆由其生命性质所决定。白居易既无东坡之险，也就没有苏东坡那样深不见底的忧愤与伤绝，没有辽远无界的怅惘与叹息。既无"大江东去"之阔，又无"小乔初嫁"之叹。虚无与自嘲，悲凉与宏阔，种种情愫交织一体，古今同悲，醉祭江月。

白居易显然对苏东坡具有很深的影响。后者曾觉得自己的出处类似当年的白乐天，设想自己的晚景可以像对方那样，有二十年优游林泉的生活。由于相似的人生轨迹以及许多接近的嗜好，苏东坡好像得到某种生命暗示一般，认为自己也能年逾七旬，可惜后来并未如此。他的隐蔽性比白居易还是差了许多，在当年太过引人注目，所以更遭嫉恨。而白居易知道收敛自己，越到后来越是如此。江州是白居易的贬谪地，也是他的反省地，是他改弦易辙之地。在抵达贬所的第二年年末，他就写下《岁暮》一诗："已任时命去，亦从岁月除。中心一调伏，外累尽空虚。名宦意已尽，林泉计何如？拟近东林寺，溪边结一庐。"他开始靠近佛道。而"乌台诗案"虽然对苏东坡也产生了极大的警示性，也写下"功名如幻何足计，学道有涯真可喜。勾漏丹砂已付君，汝阳瓮盎吾何耻。君归赴我鸡黍约，买田筑室从今始"。（《送沈逵赴广南》）在某种程度上，两人心思是一样的，这也是一种饱受摧折的政界仕人正常的心理反应；但这种佛道思想、这种隐退的牵引之念，所起到的作用，在苏东坡这里远不如白居易那样强烈和持久。

白居易由京官被贬为江州司马，虽然是一个有职无权的闲官，但好歹还有一处面朝大江的司马宅可居，"官足以庇身，食足以给家。"（《江州司马厅记》）而苏东坡经过一百三十多天的牢狱折磨之后，在大雪纷飞的正月里被御史台差役押送到黄州贬所。作为一个勉强保留公职的犯官，没有官舍，只能与儿子借住寺庙，与和尚搭伙吃斋。他刚刚摆脱死亡的阴影，便写下："平生文字为吾累，此去声名不厌低。塞上纵归他日马，城东不斗少年鸡。"（《十二月二十八日，蒙恩责授检校水部员外郎黄州团练副使，复用前韵二首·二》）经过了五年黄州的"井底"生活，不屈之志仍存心底。他一生虽然与许多佛道人物有交往，却始终不信佛道，终究还是一位"正儒"。而白居易则大有不同，他后来真正是儒释道并纳，特别是下半生，在生活中更多采取道与释的人生方略。"长庆初，俱为中书舍人日，寻诣普济寺宗律师所，同受八戒，各持十斋，由是香火因缘，渐相亲近。"（《祭中书韦相公文》）"白发逢秋旺，丹砂见火空。不能留姹女，争免作衰翁。"（《烧药不成命酒独醉》）他和苏东坡都尝试过炼丹，但苏东坡却不愿接受道家，这一点和韩愈一样。我们从他的《韩非论》《中和相胜院记》等文章，可以看得十分清楚。

苏东坡年轻时锋芒更露，也更为才华横溢，所以大招嫉恨。他们两人都委婉曲折，儿女情长，但东坡"一蓑烟雨任平生"之豪迈、"千里快哉风"之痛畅，白居易是缺乏的。苏东坡的生命耗损更大，而白居易知道止损，所以得以蓄养，这与他采用佛道思想的援助，能够及时解脱大有关系。

·与韩愈之异同

白居易小韩愈四岁，都出生于河南。白居易生于新郑，韩愈生于河阳，即现在的孟州。两地相距仅一百多公里，尽管祖籍不同，但实属同乡。他们同朝为官，处于同一时代，在人事和文事上多有交集，故很有必要对比一下异同。

他们都属于儒家的忠实弟子，都怀有"兼济天下"之志，而且都是当时重要的能吏和文人，都有开拓性的巨大贡献，也都有以"复古"为名的诗文革新：韩愈是古文运动的代表，而白居易与他的朋友一起倡导"新乐府"。他们同属于振兴中唐文学的功勋人物。

就政治观念而言，二人相去不远：在政治势力的归属上，两人都不曾进入权力中心，没有陷入党争；两个人都有过遭贬的经历，也都来自中下层官宦人家，皆为自我奋斗进入仕途者。就时下我们所能看到的文字记载，他们二人似乎并无密切的个人交往。白居易写给韩愈的诗有五六首之多，如《和韩侍郎苦雨》《久不见韩侍郎》等，而韩愈写到白居易的好像只有一首《同水部张员外籍游曲江寄白二十二舍人》。他们有一些共同的挚友，如张籍和崔群，但他们二人却没能成为挚友。两人算是"君子之交"。崔群与韩愈为同榜进士，与白居易同为翰林学士。张籍与白、韩二人留下了许多唱和诗章，崔群与白居易都好佛老，而张籍与韩愈都拒佛老；白居易的挚友后来多居高位，如元稹和崔群都当过宰相，白居易在贬地江州能够被朝廷重新起用，多亏崔群相助；而韩愈的挚友多屈沉下僚，像孟郊四十六岁中进士、五十一岁才通过吏部铨选任溧阳县尉，后来韩愈将他推荐到河南尹郑余庆的幕府任职；张籍做了十年太常寺太祝九品小官，眼睛患疾，被称为"穷瞎张太祝"，后来被韩愈荐为国子监博士，迁水部员外郎、主客郎中等闲职。

值得注意的是，白居易写过一首诗，其中有这样的句子："近来韩阁老，疏我我心知。"（《久不见韩侍郎戏题四韵以寄之》）虽为戏言，但也有冷热不同之感。可能韩愈性格疏阔，不是那种周到之人，也可能二人关系并不相谐，或者还有文见和政见之别。不过这里也不能因为各种相关诗作的不同，就轻率断言一个冷淡另一个，就像我们不能说李白冷淡杜甫一样。杜甫留下了十多首写给李白的诗，而李白写给杜甫的好像只有两三首。当年的个中情形、具体原因，并不是后来人能够轻易推断的。因为具体情况可能比我们想象的还要复杂一些，而且每个人对待文字的态度并不一样，以及是否得到保存等问题。不过就我们所能够见到的文本而言，一些猜度还会有的。

在对待儒释道方面，韩愈和白居易差异更大。他们开始都是怀抱治世安邦理想的坚定儒生，后来却走向两途。韩愈一生都是坚定反对佛道在中国倡行的大儒，是一条路走到底的"正儒"。白居易二十岁左右就开始与一些佛道人士往来，写有《感芍药花寄正一上人》等诗，感慨世相空幻，三十多岁写下《八渐偈》："盖欲以发挥师之心教，且明居易不敢失坠也。"他早期写的《策林·六十七议释教》中曾有这样的认知：儒家思想能包括佛家思想，可以代替佛教。"若欲以禅定复人性，则先王有恭默无为之道在；若欲以慈忍厚人德，则先王有忠恕恻隐之训在；若欲以报应禁人僻，则先王有惩恶劝善之刑在；若欲以斋戒抑人淫，则先王有防欲闲邪之礼在。"这个时候他尚未接受道家的影响，在《新乐府·海漫漫》一诗中写道："何况玄元圣祖五千言，不言药，不言仙，不言白日升青天。"旨在讽喻宪宗，因为宪宗既信佛又信道。在贬为江州司马之后，随着政治上的谨慎和收敛，宗教思想上完全接受了佛道精神，亲自实践，以求解脱。"为学空门平等法，先齐老少死生心。""禅功自见无人觉，合是愁时亦不愁。"（《岁暮道情二首》）"若不坐禅销妄想，即须行醉放狂歌。"（《强酒》）他到江州不久就开始与道家来往，尝试炼丹，而后释道并行。"禅僧教断酒，道士劝休官。"（《洛下寓居》）"病来道士教调气，老去山僧劝坐禅。"（《负春》）可见佛和道在白居易这里，已经是并行不悖，左右借重，甚为相谐。

在文学之路上，韩白二人几乎表现出风格的对立：白居易倡导民间文学，以"风诗"和"汉乐府"为榜样，极力实践直白浅显的表述方法；而韩愈在力求干练和言之有物的同时，进一步走向文人写作的强烈个性，造句"奇险"，"险语破鬼胆，高词媲皇坟。"（韩愈《醉赠张秘书》）同样是反映政治腐败、民生疾苦的文字，白诗写得直白平实，如同民间歌谣；而韩诗却要通过奇特的想象，偏僻的比喻，即便直接揭露针砭时弊，也具有强烈的主观色彩，造句方式力求避俗，而且意蕴深厚。

在性格上，一个温文忍让，另一个峻急壮烈。在总结人生道路、性格得失的时候，他们分别写有《自诲》和《五箴》。白居易的《自诲》是挫折之后的痛定思痛，对随遇而安有一种强烈的认同感，虽属达观，实则颓废："乐天乐天，可不大哀。而今而后，汝宜饥而食，渴而饮；昼而兴，夜而寝；无浪喜，无妄忧；病则卧，死则休。此中是汝家，此中是汝乡，汝何舍此而去，自取其遑遑。遑遑兮欲安往哉，乐天乐天归去来。"显然包含了很消极的元素。而韩愈在《五箴》中说："人患不知其过，既知之不能改，是无勇也。"他这样总结自己的言行："行也无邪，言也无颇，死而不死，汝悔而何？"可见是一个非常倔强的人，一个轻易不能被外部势力折服和委屈的人。虽然命运多舛，多有创伤，却仍然无法遏制一腔悲愤。当悔与不当悔，两相分明，文辞仍然锋芒毕露，大放不平之声。如果有悔，也是对散漫无为的追悔。他鼓励自己仍然要焕发勇气，终是一个刚直不屈的倔强之人。

他们二人生活在同一种社会政治环境下，面临客观的吉凶忧乐大体是一样的。韩愈活了五十七岁，白居易活了七十五岁，两个数字正好可以颠倒。因为他们的主观生命差异太大，与客观环境的演变关系也就大为不同。趋利避害是人之本能，但这仍旧不是一个明白与否的问题，而是内在生命质地的最终规定。白居易出任左拾遗前后还是疾恶如仇，敢于直言直谏，让宪宗非常头疼，曾经气得对宰相李绛发狠说：这小子是我一手提拔的，竟敢这样对我，我不能容忍，一定要斥贬他。被贬江州之后，白居易就大幅度地修订了自己的人生道路。韩愈贬向阳山，痛苦喊叫，却刚烈不改，所以晚年又遭更大凶险，放逐天涯，但仍旧顽倔如初。如果他的生命不到五十七岁即突兀终结，真不知道还会发生多少跌宕起伏的故事。

对于知足保和的白居易，我们并没有其他期待。他余下来的人生已经相对平顺，他会写越来越多的诗篇，会增加一些优美含蓄、委婉别致的诗句，却不会像韩愈那样奇异和陡峭。

·恐惧和诱惑

中唐政坛是令人恐惧的。在白居易七十五年的生涯中，竟然经历了德、顺、宪、穆、敬、文、武、宣八位皇帝。这个时代是中国历史上一个特殊的时段，是盛唐衰落下来的一个巨变期，朝政紊乱，人事更迭频繁，斗争急遽。这期间最令人生惧的是宦官弄权，这部分特殊人物长时间把持权柄，气焰灼人，竟然上至皇帝下至群臣无不畏惧。即使宪宗这样的"中兴之主"，也落了个被宦官暗害的结局；像元稹、李德裕这样的能臣大吏，也必须讨好宦官，然后才可一展抱负。朝臣们如果开罪了宦官，轻则被贬出朝廷，重则有性命之忧。比如辅助宪宗平定藩镇、实现"元和中兴"的一代名相裴度，耿介刚正，几次征战平叛功勋卓著，被封为晋国公，最后还是要选择远离朝廷，以避灾扰。宫廷杀戮之惨烈,整个唐代历史上少有可比。在令人毛骨悚然的"甘露之变"中,四位宰相和众多官员竟然同时被宦官处死,其家人惨遭灭门,被诛杀者多达千人,可谓千古奇冤。这个时期的一国之君至为可怜,《资治通鉴》中记载了唐文宗与大臣周墀的一段对话,文宗皇帝说"今朕受制于家奴",然后便泣不成声,泪湿衣襟,周墀更是哭伏在地。

由宦官把持朝政的政治格局,其荒谬混乱、黑暗血腥的程度,可想而知。一个从政者如果不能极其谨慎地规避,杀身之祸是再平常不过的事情。处于这样的时势之下,正直官吏基本上没有出路。如果从这个特定的政治环境去理解白居易一生经历,他的个人选择、谨小慎微、越来越趋向佛道以求解脱的行为,好像也就大可理解了。

不过,让我们稍稍不解的是,为什么同处于这个时代之下的韩愈等人,在选择上会有如此差异?这当然是另外一个复杂的话题:既是生命的差异,又是命运的差异。先天血脉不同,心志不同,气概不同,胸襟不同,所为也就不同。有的人心里明白,但难有作为,空余悲叹,哀切惋伤;有的人铤而走险,在锋刃上滚过,即便遍体鳞伤,也终归不悔。或恐惧战栗,呻吟退让;或勇往直前,无所畏惧。这一切都是历史上绝不罕见的现象。

与其他官场人物一样,白居易在沮丧之时是那么钦敬和怀念陶渊明:"不慕樽有酒,不慕琴无弦。慕君遗荣利,老死此丘园。"(《访陶公旧宅并序》)但他最终也没有成为这样的一个人物。除了自小确立的家国情怀在鼓励他,也还有体制的诱惑。这种出与入的矛盾在许多封建官吏那里都是无法消除的,这使他们一生充满曲折,充满痛苦。"自登朝来,年齿渐长,阅事渐多。每与人言,多询时务;每读书史，多求理道。始知文章合为时而著，歌诗合为事而作。"(《与元九书》)许多人将此言视为至理，却不知一味合于时，一味合于事，还会留下什么"书史"？何为合为时？何为合为事？是顺从的工具性和目的性，还是缘时事而发？此"发"为各种方向，各种可能，是一种更宽广的含纳。如果对此有稍微狭隘的理解，都会对为文者造成最大损害。

体制带来的声望和享受是无可取代的，正像伴随的痛苦是不可取代的一样。人性毕竟是软弱的，操持大宅安居，怡情养身，林园傲逸，坐享富贵，被簇拥，被尊崇，这些都难以割舍。白居易在长安和洛阳置办的宅第都是相当讲究的，物质条件让他非常满足。一个官吏在体制内某个设定的位置上所享用的一切，会具有不间断的麻痹和腐蚀的作用，最后会让其觉得这现状、这存在，所有的享用都是理所当然的，于是也就心安理得。实际上这是一种封建体制下的罪恶收买，它的腐蚀性使人麻木、败坏，能够觉悟以至于深深不安者，只是其中的极少数优秀人物。即便如此，那种不安和觉悟也具有暂时性和阶段性，生活惯性会拖拽肉身迁延下去。

恐惧和诱惑是连在一体的，是事物的一体两面：恐惧愈大，诱惑愈大。在回避前者的过程中，所有收获都显得愈加难得，于是也就紧追不舍。追逐或疏离似乎容易选择，但是恐惧中的诱惑却难以抵御。这里既是人性问题，又是极其险恶的封建专制体制下的一个独有现象。这时候的人生慌不择路，失去了从容思考判断以及择取的可能。在这种惶惶不可终日的岁月里，最不堪的施舍往往是猝不及防地发生的，除了那种极个别的敏捷睿智的勇者会迅速做出拒绝之外，大多数人没有思忖和判断的余力。软弱的身体让他们接受下来，因为它的存在是第一位的，没有它，希望、理想和执着追求等所有属于精神范畴的东西，也将失去寓所。而寓所是一个物质性的顽固存在，对它的需求摆在所有的生命面前。躯体是精神的寓所，而生存所需的物质性的寓所，对于身体而言，就变得非常现实和重要。

白居易任职中书舍人时期，曾经在长安新昌坊买房，罢杭州刺史后归洛阳又再次买房："于履道里得故散骑常侍杨凭宅，竹木池馆，有林泉之致。""地方十七亩，屋室三之一，水五之一，竹九之一，而岛树桥道间之。"（《旧唐书·白居易传》）"洛中有小宅，渭上有别墅。"（《自咏五首·五》）"十亩之宅，五亩之园。有水一池，有竹千竿。勿谓土狭，勿谓地偏。足以容膝，足以息肩。有堂有庭，有桥有船。"（《池上篇》）"三年请禄俸，颇有余衣食。乃至僮仆间，皆无冻馁色。行行弄云水，步步近乡国。妻子在我前，琴书在我侧。此外吾不知，于焉心自得。"（《自余杭归宿淮口作》）可见白居易的生存环境如何，心情又是如何。在这种环境之下，他即可以"吾不知""心自得"了。作为一个人，他暗自庆幸的同时，也引起了后人的悲悯。

我们以何人为参照、以何种境界为标尺，才会有这般怜悯和痛楚？我们个人又会有多少警诫之心？这些都很难轻率地回答。

·不屈的回望

我们不可忽视白居易后来对自己诗作的评价，这些关于创作的总结，不能简单看成是写作学范畴的事情，而是连带出其他更多的东西，比如他的政治抱负、治世理想、人生观、价值观等。文学不过是灵魂和心志的反映，它不能仅仅看成专业之事，而是人性之事、生命之事。有人生就必有文学，必有心灵的文字表述和种种刻记。

《与元九书》是白居易贬为江州司马时所作，是研究他的一个重要文本，古往今来人们谈得已经太多。江州时期并不是白居易政治昂扬之期，他于此进入人生的再规划，开始了长长的反思与总结，甚至导致了他下半生艺术创作与现实生存的路径之变。所以人们普遍将江州岁月看作诗人极重要的一个转折。就是在这个时段，诗人回望自己的创作道路，再次肯定了早期的"讽喻诗"，认为后来写出的一些"闲适诗"远不如它们重要，而那些被一般大众广泛喜赏的《长恨歌》等，更是等而下之。不过他初到江州所作《编集拙诗成一十五卷因题卷末戏赠元九李二十》一诗，首联便是："一篇长恨有风情，十首秦吟近正声。"将《长恨歌》与《秦中吟》并举，得意之情溢于言表。看来在诗人这里，"风情"与"正声"也并非时刻对立的。

顽强坚持儒家的济世传统，对创伤未平的诗人来说实在难能可贵。他内心怯怕，却未曾完全屈服。"至宝有本性，精刚无与俦。可使寸寸断，不能绕指柔。"（《李都尉古剑》）这首诗写于任职左拾遗前后，青年人之锋芒令人感佩。但是人生大受挫折的江州时期，单就论说文学之道，我们似乎觉得那种"不能绕指柔"的刚性仍然存在。它既未尽除，就会留下诤诤之言，这恰恰是诗人一生最为令人称道之处，也是贯穿他所有作品中的一条筋骨。此筋骨万一断绝，可观处就会大大减少。"江州望通州，天涯与地末。有山万丈高，有江千里阔。间之以云雾，飞鸟不可越。谁知千古险，为我二人设。"（《寄微之三首·一》）"胸中壮气犹须遣，身外浮荣何足论。还有一条遗恨事，高家门馆未酬恩。"（《重题》）可见，一种高阔雄沉的东西，仍然在他心底起伏和保留。这是一个儒生未曾泯灭的情怀，是在一个独特时刻支撑和砥砺他的信念和依据，它们涣散与否，对诗人来说当是致命之事。

在江州的人生转折之期，白居易一定思考了许多，也为后半生做出了大致决定。从江州赴忠州的途中，他写下《江州赴忠州至江陵已来舟中示舍弟五十韵》，这首诗非常重要，因为透露出人生之路的选择消息："险路应须避，迷途莫共争。此心知止足，何物要经营。玉向泥中洁，松经雪后贞。"这几句诗让我们注意的有"玉"和"松"，"泥"不可脏"玉"，"雪"不可压"松"，历经磨难，"洁"与"贞"仍在。这当然是一种志向的倾诉。但后来他又写道："无妨隐朝市，不必谢寰瀛。但在前非悟，期无后患婴。多知非景福，少语是元亨。晦即全身药，明为伐性兵。昏昏随世俗，蠢蠢学黎氓。鸟以能言绁，龟缘入梦烹。知之一何晚，犹足保余生。""多知"非洪福，"少语"乃大吉，求晦而拒明，随俗而从众，他同时也在构想"保余生"之法。

观察他一生的诗作，即可发现前后两个时期。这条分界线似乎是明确的，没有这个转折，就不会有诗人后来一系列的躲避动作，更没有各种自保行为，没有后期分司洛阳的安居，没有最终的平安落地。当然，他后来益加滋长的享乐主义也与此有关。比如他对佛与道的亲近和实践、他的蓄妾养伎、他的金石试炼，等等。尽管如此，诗人的内心仍有不安和不甘，而且显示了顽强和执拗。江州谪居与洛下闲居的一些诗作对此多有表露："愚计忽思飞短檄，狂心便欲请长缨。从来妄动多如此，自笑何曾得事成。"（《元和十二年淮寇未平，诏停岁仗，愤然有感，率尔成章》）"红旗破贼非吾事，黄纸除书无我名。唯共嵩阳刘处士，围棋赌酒到天明。"（《刘十九同宿淮寇初破》）"丈夫一生有二志，兼济独善难得并。不能救疗生民病，即须先濯尘土缨。况吾头白眼已暗，终日戚促何所成。不如展眉开口笑，龙门醉卧香山行。"（《秋日与张宾客舒著作同游龙门醉中狂歌凡二百三十八字》）写这首龙门狂歌的时候，他已经接近晚年。此前与他同时代的韩愈，在晚年却有随裴度伐蔡与宣抚镇州的两次壮行。尽管韩愈五十七岁早逝，但于知天命之年仍然是勇往直前的，而白居易则确立了"知足保和"的人生态度。相比之下白居易算是一个旁观者，既有羡慕，也有无可奈何的落寞；有不甘，也有自得。所以他才"不如展眉开口笑"，但这是含泪之笑，并非寻常的大笑，不是得志之乐，而是迫不得已的自安自慰。

白居易终究还算"有定有戒"，比如元稹做了宰相，怂恿穆宗解除裴度兵权，白居易不徇私情上《论请不用奸臣表》，痛斥元稹："臣素与元稹至交，不欲发明。伏以大臣沉屈，不利于国，方断往日之交，以存国章之政。"他的晚年生活安闲清静，在《自咏》一诗中说自己比出家人还清闲，身体比仙鹤还要瘦："斗闲僧尚闹，较瘦鹤犹肥。"我们可以感觉到这是一位清癯的老人，一个清冷的秋风中踟蹰徘徊于宽大宅院里的诗人。他时而自满自足，时而感到空荡落寞，远眺边塞，遥望宫阙，眼角有凝结的泪滴，嘴角有凝固的苦笑。这是一个聪慧敏黠，晚年身居高位的文人，也是一个壮志未酬的仕人。他不知该将自己视为一个成功者还是失败者。但有一点他是非常清楚的，自己是一个逃亡者、躲避者，一个真正的旁观者，这与他的初衷完全不同。

年轻时的白居易曾自诩为一把"可使寸寸断，不能绕指柔"的金刚宝剑，那么后来的实际情况是虽然没有"寸寸断"，但也许最终都不会承认已经化为"绕指柔"。

· 我们在明处

　　文字著作者与一般人的区别还是很大的。写作者除了留下时间和历史的记录，留下生命的刻痕之外，还必然同时公开了自己，有多种多样的可诠释性。这当然是一种生命的袒露。就后一条来说，也是没有办法的事情。在传统立言、立功的同时，似乎也步入了十分危险的生存区域。所以自古以来才发生了那么多的文字狱，所谓"文祸"。中国历史上有骇人听闻的"焚书坑儒"，有宋代和清代的文人之难，这一切历数起来实在是太多了。

　　只要"丛林"在，"丛林法则"就在，这是毋庸置疑的。要在一片"丛林"中求得生存和喘息，就必须隐蔽自己。但是作为一个著作者却很难找到"隐蔽"的幸运，因为他的志业就是一种暴露和袒裎，就是拨开身边的遮蔽，走到一个相对分明的旷敞地带。在这个地带，他是一名裸露者，是一个光线充足之地的反射物，是一个被丛林中的窥视者们聚焦的活靶子。

　　让我们回到中唐。如果白居易没有谏表，没有那些诗作，又怎么会有后来的江州厄运？裸露自己是这样可怕，文字是这样可怕。白居易在遭贬前后经历了这样的事情，因为他的母亲赏花不慎落井而亡，有人便找出他曾经作的"赏花"及"新井"诗，借此大做文章。对他人的揣测竟然到了这种地步，一个奇怪然而是令人心寒的罪名就出现了："甚伤名教，不宜置彼周行"（《旧唐书·白居易传》），就是说这种不忠不孝之徒，不宜在朝为官，应予驱逐外放。真是欲加之罪何患无辞。在进行政治迫害的同时，又将诗人的人格踩踏到最低处，这种侮辱是不可忍受的。他们要达成的不过是这样的一种效果：一个如此轻薄无行之人，怎可居于庙堂之上。本来贬他为江表刺史，诏书下达后，又因有人举报劣迹而改授江州司马，去偏远州郡充以闲差。打击之大不仅关乎仕途沉浮，还有道德人伦，后者作为百口莫辩的侮辱和践踏，是不言而喻的。对于一个刚性十足的出仕之人来说，可算一枚难以忍受和吞咽的苦果。

这让我们不能不想起晚于他二百多年的苏东坡所遭受的迫害。宋代新旧党争对苏东坡带来的损伤固然存在，但其中关键要害仍然是他灼灼逼人的才华，是那一系列为朝野共赏的诗文，而不单是构成"乌台诗案"的那些文字。才华本身就是一种罪过，袒露就是一种危险。嫉恨是人性中不可消除的黑暗部分，是一个永远存在的无可疗救的人类痼疾。历史如此，今天仍然如此，没有一个人可以逃离它的恢恢巨网。作为一种灾难的黑色网丝，既勒向自己也勒向他人，广布于生存时空，大小生命无一漏网。

俄国作家陀思妥耶夫斯基年轻时以杰作获得艺术沙龙的盛赞，很快便招致了一连串不堪忍受的打击。在出人意料的中伤和侮辱之下，他发出誓言：终生不再与某些所谓"作家"群体来往。他说："我们在明处，他们在暗处；我们人少，他们人多。"是的，以过人的热情和才华来吐露和抒发，这就将自己摆在明处，置于险境；而暗处是那些庸俗的窥视者，他们常常缄口不语，是一些含蓄收敛之人，通常绝不会热情洋溢，也没有过人的才华。但他们隐身有术，不是独自绽放，而是躲在丛中笑。这是一片摇晃着微笑或冷笑的不辨个性的面孔，人们无法将他们区分。而他们所形成的冷酷目光，却一致投向强烈光线下那个闪烁、活动的个体，这个时候厄运就会降临其身。

嫉恨而阴险的射线从四面八方不约而同地投向一个方向，狠狠地击中那个活泼明朗、热情洋溢的生命。他在阳光下歌唱，向着空旷的大地宣告，为了真理、为了美善而亢奋和激越，不能自已。他想将自己的发现和喜悦传达四方，告诉挚友和同类，告诉身边与远方的所有人。那昂扬的歌唱发自内心却没有边界，没有目标，甚至没有具体接受者。这时候整个生命都沉浸在一片天真烂漫之中，于激情迸发中变得芬芳四溢，陶醉迷茫而又幸福无比。然而危险就在这个时刻降临了，他可怜绵软如同一只纯洁的羔羊，美丽的脸庞、柔顺的皮毛，不得不被令人战栗的恐惧所笼罩。

在所有的文字记录中，诗性的文字足以引来嫉恨，因此也极易受伤。人性之恶，古今皆然。

·江上琵琶

来到江州之后，诗人的一生就进入了一个特别时期，这个时期可以用来疗伤，总结以往，因为地处偏远，政务不多。"萧条司马宅，门巷无人过。唯对大江水，秋风朝夕波。"（《司马宅》）"自五大都督府至于上中下郡，司马之事尽去，唯员与俸在。""无言责，无事忧。"（《江州司马厅记》）面对大江秋波无人事忧烦，此情此景前所未有。这既是不幸又是大幸。这样一种环境将决定他的心境，让他冷寂起来。一方面生存环境变得狭促，另一方面又迎来精神上的舒阔旷敞。

　　与朝廷的地理距离会影响到心理距离，使诗人能够客观清晰地观望所谓政治经济文化的中心。这样的冷寂期和疏离期，恰恰是他诗作最多的时期之一，也是佳作最多的"喷发期"。引人注目、被视为一生之杰作的《琵琶行》，就是来江州第二年所作。这缘于一次诗人送客湓浦口有感而发，属于作者所说的"感伤诗"，"诱于一时一物"是确切的。单从写作缘起而论，《琵琶行》确实属于此类范畴。也就是说，这首杰作按照作者自己的划分，连较有价值的"闲适诗"都算不上。但这首长篇叙事诗与十年前的《长恨歌》相比，艺术上更高一筹，无论是文采情致，还有思绪，都有明显升华。虽然将二者简单量化比较不妥，但这只江上琵琶在一千多年的时光中的确拨动了无数的心弦。"写同病相怜之意，恻恻动人。"（清·沈德潜《唐诗别裁集》）"感商妇之飘流，叹谪居之沦落，凄婉激昂，声能引泣。"（清·史承豫《唐贤小三昧集》）古往今来，《琵琶行》赢得了无数赞叹，传播亦远，庙堂与民间，士人与庶人，皆能共鸣。

　　即使诗人一生只弹奏这一曲琵琶，也足以不朽。船中沉寂，江心秋月，司马洒泪，青衫尽湿。"别有幽愁暗恨生，此时无声胜有声""东船西舫悄无言，唯见江心秋月白。"这首长诗写一位年老色衰、流落江州的长安娼女，多有评家称之为"现实主义力作"。"揭露黑暗，反映现实"，无非是此等赞誉。因为诗中主角的身份而赢得赞誉，实在有趣。如果这个主角是一个上层人物，那么《琵琶行》的艺术及意义将荡然无存，这又是多么怪异的判断标准。有人甚至认为诗人由此诗而"掌握了现实主义的创作手法"，所以更具意义和价值。听上去这种"手法"多么高明和玄妙，以至于需要一位如此杰出的天才诗人，于四十五岁之期、经过漫长复杂的人生与艺术磨砺之后，才能掌握。掌握类似手法的古代诗人，据说还有杜甫等人。总之在这些人眼里，只要是足够杰出者，无论中外古今，一律都需要掌握这种"手法"。这真是欲要胡扯，何患无辞。

别的可以另讲，单说这首琵琶之吟，好像就没有多少"现实"。相反，它是那么浪漫，那么另具幽怀，心裁别出。《琵琶行》展示了诗人特异的才情与飞扬的想象力，是高超的语言艺术结晶。千百年来被反复引用和列举的一些精彩段落，让人百诵不厌，从"轻拢慢捻抹复挑"到"唯见江心秋月白"，九组妙句极尽夸张和奇喻，繁华而不俗艳，既有天工神异之感，又丝丝落地，在经验和感觉上皆有着落。像"间关莺语花底滑"配"幽咽泉流冰下难"，极工整对仗，又极灵动自然，诉诸视觉、听觉、触觉：莺啼花间，清啭悦耳，柔媚娇俏；泉流冰下，泠泠呜咽，凄婉哀绝。上联清丽暄妍，下联黯然销魂，想象特异而奇妙，非大手笔而难为。这种写法很容易犯下雕琢的毛病，诗人却能在总体语境与氛围中舒畅地吟唱，那么自然传神，那么流转自如，不留痕迹。

我们习惯的那种所谓"现实主义"手法、那种写实的色调与气息，在这里根本难觅踪影。

只有被贬谪的白居易，曾有繁华京城为官的履历，对某些场所才会熟悉，掌握其中的曲折委婉，才能写出"钿头云篦击节碎，血色罗裙翻酒污"这样含蕴纷繁的句子。对这一类妙语已经不能简单地肢解，而需将汉语言的理解力运用到极致才行。这里面包含了多少故事，多少辛酸，多少不堪，已非一般字面直译能够囊括。这就是诗的高端飞翔了，最具意义的是它的方向，而不是具体的抵达。所指清晰，能指模糊，引起丰富的联想和无数场景的连缀；它们既是细节，又是破碎的场景，是剪辑，是闪跳，是一露而过，又是一次又一次的局部放大。无尽的悲酸掺于其中，让人在感慨中不忍目睹：背过身去，它还要顽强地浮现出来。这是人生和命运，远不是"同情"二字所能道尽。

将这首《琵琶行》对比一下十年前同样脍炙人口的《长恨歌》，我们会感受到什么差别？一样的华丽丰腴，一样的唯美曼妙，一样写妍丽逼人的女子，留下的回味和余韵却大有不同。当年诗人对神秘的爱情多有叹息，而今却是无限的悲凉和绝望；当年是一个观望者、叙述者，而今则置身心于其中；同是天涯沦落，身世飘零，相逢在命运的流水之上。

·草堂岁月

元和十二年春，也就是白居易来江州的第三年春天，他在庐山香炉峰下建成了一栋草堂。所用时间很短，好像不到两个月。虽然草堂简朴，规模不大，只有"三间两柱，二室四牖"，却可以看成他在江州的一大作品。诗人似乎预感到要长居此地，所以开始动手搭建一个居所。后来尽管在草堂只住了两年左右，但一颗心却由此落定下来。"一宿体宁，再宿心恬，三宿后颓然嗒然，不知其然而然。"他是如此喜爱这个简单的居处，精心设计，前有平旷的敞院，院中建有平台，挖了莲池，养"白莲、白鱼"，"环池多山竹野卉"。草堂"南抵石涧，夹涧有古松老杉"，枝柯交映，藤萝蔽日，"盛夏风气如八、九月时。"东面有飞瀑，水悬三尺，"昏晓如练色，夜中如环佩琴筑声。""堂中设木榻四，素屏二，漆琴一张，儒道佛书各三两卷。"（《庐山草堂记》）堂中陈设当然是择要记之，有榻，有屏，有琴，关键是儒道佛的三家书籍平均备置，作为案头书时读时取。这与他当时的心境，与儒释道三者的关系紧密相连。这样一来，这个布置也就变得重要了。

在落难之期用心搭建一处住所，尽可能地让自己满足，这让我们又一次想起苏东坡被贬黄州时，怎样用心建起了"雪堂"和"南堂"，并且也有记录："雪堂之前后兮，春草齐。雪堂之左右兮，斜径微。"（《雪堂记》）"一听南堂新瓦响，似闻东坞小荷香。"（《南堂五首·二》）他在岭南惠州白鹤峰上亲自设计自己的房屋："送归帆于天末，挂落月于床头。"（《白鹤新居上梁文》）他们动手建设，事必躬亲，大力经营，观察仔细。在他们眼里，新居就像迎来的一位佳人，楚楚动人，无比珍爱。诗人对一个居处的建设，投入心力总是很大，就像动手写一卷长歌，确有诗情画意。

草堂安居时期，白居易热衷于佛道，寻求心灵解脱之方，这也是中国士人素有的方法和路径。《庐山草堂记》中记载，为了庆祝草堂的落成，他特意找来僧俗朋友二十二人，备下清茶素果，欢聚畅叙。"时三月二十七日始居新堂；四月九日与河南元集虚、范阳张允中、南阳张深之、东西二林寺长老凑公、朗、满、晦、坚等凡二十二人，具斋施茶果以落之，因为《草堂记》。"需要注意的是，这批朋友中不止一位和尚道士。他好像准备好了在此终老，就这样安顿自己，觉得庐山之下实在是一个大好去处。他写道："五架三间新草堂，石阶桂柱竹编墙。南檐纳日冬天暖，北户迎风夏月凉。"（《香炉峰下新卜山居草堂初成偶题东壁》）"香炉峰北面，遗爱寺西偏。白石何凿凿，清流亦潺潺。""倦鸟得茂树，涸鱼返清源。舍此欲焉往，人间多险艰。"（《香炉峰下新置草堂，即事咏怀，题于石上》）他在庆贺草堂落成的第二天就给至友元稹写信，信中大赞新居周边的环境："每一独往，动弥旬日，平生所好者尽在其中，不难忘归，可以终老。"（《与元微之书》）

他有了草堂，也遇到了在此地隐居的许多人，这些人于是成为他的朋友。这也大大有助于他的心情。来往的朋友中除了隐士，还有不少佛道人士，他开始在道士的指导下试着炼丹。这个时期他的诗中不止一次写到丹丸，对烧炼十分感兴趣，烧好了却没有亲口吞服。这是应该引起我们注意的一件事。爱好丹丸却止于烧炼，多少有点奇怪。

他曾于这段时间寻找过陶渊明的旧居，发现已无痕迹。"柴桑古村落，栗里旧山川。不见篱下菊，但余墟中烟。子孙虽无闻，族氏犹未迁。每逢姓陶人，使我心依然。"（《访陶公旧宅》）尽管这些陶姓子孙默默无闻，不是显达之人，但仍然令他倍感亲切。唐代许多诗人推崇陶渊明并在诗章中提及，像李白、杜甫、孟浩然、王维、韩愈等，而白居易是第一个访寻故里并留下诗作的。这个时候他与陶潜发生心灵的共鸣，是自然而然的。中国官场人物一旦遇到了坎坷，就会想到"不为五斗米折腰"的陶渊明，想到他的《归去来兮辞并序》，"归去来兮，请息交以绝游。世与我而相违，复驾言兮焉求？"想到归隐，想去侍弄田园，栽竹种菊。这究竟是不得已的退而求其次，还是人生理想的唤醒，需要具体辨析。

我们回头打量白居易的草堂岁月，会有一种非常珍惜的感受，这是因为受到诗人心情的影响。这个地方实在太适合疗伤，江州的寂寞与长安的热闹形成鲜明对比。他已经年近五十，这在古人来看已经是很高的年龄了，所以他在此地的一些打算十分值得重视。他一定从头整理了自己的思绪，将半生得失综合考虑，做好了充分的生存准备。身居草堂，会觉得京城繁华实在遥远。"喜入山林初息影，厌趋朝市久劳生。早年薄有烟霞志，岁晚深谙世俗情。已许虎溪云里卧，不争龙尾道前行。从兹耳界应清净，免见啾啾毁誉声。"（《重题·一》）说得直白而简明，切近情理，但无深意。这是一种得体的平庸，切近的把握，宽泛的需求，无为的自律。但我们也不可以简单地轻信他的宣言，这只是诸多思维中的一个方面，尽管有可能占据了主要的部分。他的心绪是徘徊、逡巡的，而并非是一个方向，在他心里回响的，是一曲多声部的合奏。这个时候最重要的是能够挺住，心志不至于溃散，在一个宽裕而陌生的环境里，汲取新的生命力量。

可惜也可庆，四年刚过，他就被一道授忠州刺史的诏书催离了江州。这使他喜出望外，却又难以割舍这座草堂，因为这里盛下了太多的向往。"三间茅舍向山开，一带山泉绕舍回。山色泉声莫惆怅，三年官满却归来。"（《别草堂三绝句·三》）他离开了，但当他后来途经此地，又再次到草堂住了一夜，发出许多感慨："五年方暂至，一宿又须回。纵未长归得，犹胜不到来。"（《题别遗爱草堂兼呈李十使君》）他写过好几首回忆草堂的诗，如《见萧侍御忆旧山草堂诗因以继和》《郡斋暇日忆庐山草堂兼寄二林僧社三十韵》《寄题庐山旧草堂兼呈二林寺道侣》《钱侍郎使君以题庐山草堂诗见寄因酬之》等。可见，江州草堂作为诗人重要的人生驿站，多么难以磨灭，直到最后仍会凝结于他的视网之中。它是一个清冷邈远的思想，也是一个温暖可亲的形象。他的生命一度与之紧紧相依，合而为一。

草堂是心灵和肉体的庇护所，是感激和怅慨的滋生地。有了它即不再寒冷，不再潦倒，不再孤苦无告。这是人生的一个节点，也是留在逆旅上的一座生命的纪念碑。

· 养生与文颓

白居易活了七十五岁，这在古代算是高龄。而他自幼身体孱弱，踏上仕途以后又多有颠簸，能有这样的寿命，当然要依赖良好的生存环境，得益于优越的物质条件。但这其中最重要的因素，也还是心情的调节，是世俗生活的具体选择中，真正能够做到趋利避害。这里的"利"固然不全是物质利益，而是指有利于身心的一切，从精神到物质。"五年两郡亦堪嗟，偷出游山走看花。自此光阴为己有，从前日月属官家。樽前免被催迎使，枕上休闻报坐衙。睡到午时欢到夜，回看官职是泥沙。"（《喜罢郡》）这首诗写于他卸任苏州刺史之时，道出罢除苏杭郡守生涯的欢乐心情，是他五十八岁彻底离开长安，来到洛阳分司任职，告别京官生涯，远离朝廷纷争，最后十七年的生活写照。因为此后他再也没有返回长安，没有离开洛阳，即便后来被委以同州刺史，也被他婉言推辞。

就一个忙碌了一辈子的仕途之人来说，这是一种极难得的转换。但这种转换有的人成功，有的人却得到相反的效果。由繁华到冷寂，能够忍受与否，需要诸多条件，而白居易似乎一切都具备了。他职务清闲，远离权争，却有丰厚的俸禄，经过努力，在洛阳经营了一处舒适的居所。无政务缠身，无案牍操劳，各方面条件优渥，尽可放纵闲情逸致，阅读吟哦，抚琴弄竹，畅饮游赏。他写一些随意率性的"闲适诗"和"杂律诗"，偶尔与家中歌妓们鼓瑟唱曲风花雪月一番，是

217

一种标准的封建士大夫放旷林泉、啸咏自娱的娴雅生活。而且在洛阳不乏志同道合的诗友与修行深厚的佛道人士，可以填补许多寂寞时光。总之，他生活的最后十七年里，还是相当顺遂与畅快的。

"大和三年夏，乐天始得请为太子宾客，分秩于洛下，息躬于池上，凡三任所得，四人所与，泊吾不才身，今率为池中物矣。每至池风春，池月秋，水香莲开之旦，露清鹤唳之夕，拂杨石，举陈酒，援崔琴，弹姜《秋思》，颓然自适，不知其他。酒酣琴罢，又命乐童登中岛亭，合奏霓裳散序，声随风飘，或凝或散，悠扬于竹烟波月之际者久之。曲未竟，而乐天陶然已醉，睡于石上矣。"（《池上篇并序》）快乐陶然的生活情状表述得非常清晰，一副心满意足之态。"颓然自适"四字当引起我们的注意：对"颓"之觉悟，诗人还是有的。

观察古代生活中的一些文化人物，会发现一个有趣的现象，就是与儒释道之间的不同关系，常常决定其人其文。他们总要与这三者产生微妙的联系。有的是先儒而后佛道，有的则终生排斥佛道，有的三者兼收并蓄。以生活在同时期的韩愈和白居易二人为例：韩愈终生坚决排斥佛与道，一直恪守"正儒"的道路。而白居易开始算是一个清正的儒生，并且对佛道有明确的警醒态度，后来仕途受到挫折，为了排解痛苦，就转向了佛道。文人仕人相信佛道，一般来说可以让敏锐而清晰的道德判断缓和下来，变得不再峻急和锐利。也就是说，能够换一个角度思考问题，将一些以前不曾忍受之物渐渐忍受下来。人生观既然发生了改变，其他也就好说了。这当然是一种退却和忍让，不过一旦有了高深的哲思做基底，整个人也就安定、满足了。这必然会有利于身心的平和，对身体的调养会有好处；不然就会钻牛角尖，就会执着，就会一直纠缠下去。

一种理论、理念的支持，一种宗教的襄助，对一个转向的儒生来说至关重要，它们为他提供了思想与精神的抚慰。这种抚慰是其他许多事物不能够替代的，并在某种程度上稍稍遮盖了某种颓败的苍白，或找到许多微妙的说辞。在别一种寻觅当中，甚至可以变得兴致勃勃和饶有趣味；可是当他偶尔从这种语境中走出，也仍然会深深地不安。

韩愈不妥协，活了五十七岁；白居易妥协，活了七十五岁。

在一生留下至深烙印的江州贬放之后，白居易入蜀任忠州刺史不到两年便还朝。回到阔别六年的京城长安，一年之内又两迁其官：由司门员外郎授主客郎中、知制诰。知制诰是为皇帝起草诏书的近臣，地位显赫，可以说仕途顺遂。后来出任中书舍人正五品上，这是一个大有前程的职位。五十一岁罢黜中书舍人后，出任杭州刺史，这是一个富裕的上州。由于早已厌倦宦海浮沉，白居易杭州任期满后，在苏州刺史、秘书监、刑部侍郎等职位上都没有沉溺太久。为杭州和苏州郡守时，他尚能勤于政务，造福一方，留下较好的口碑和政绩。六十岁还做过河南尹，虽然当时身体状况不错，"上山仍未要人扶"（《不准拟二首·一》），但这个时期他想得更多的，是如何安度晚年。"流水光阴急，浮云富贵迟。人间若无酒，尽合鬓成丝。"（《六十拜河南尹》）当上河南尹不久便对府衙大兴土木，凿渠引水，修筑亭阁花台。"夹岸铺长簟，当轩泊小舟。枕前看鹤浴，床下见鱼游。""檐雨晚初霁，窗风凉欲休。谁能伴老尹，时复一闲游。"（《府西池北新葺水斋即事招宾偶题十六韵》）正因为有了这样从容的打算，所以才有了他晚年的那种生活秩序。

但是，如果从为文的角度看，又当是另一回事。文章的锋锐深刻，总要依赖气概，需要求真不已。文气丰盛，必能冲击平庸。由此看，才有韩文之高畅、之激切动人，才有"文起八代之衰"的千古美章。韩愈诗歌奇崛铿锵，在中唐时代独树一帜。正因为他的文太高太不可逾越，也就在一定程度上淹没了他的诗。其实韩愈之诗仍为唐之奇葩，世之珍品，有着不可取代的地位。有人会说文章气息是不同的，是千姿百态和各有风骚，难以定于一尊。这种说法固有道理，但仍旧还不能混淆一些重要原则：追求真理之执着之纯粹，毕竟是最高的精神境界。以白居易论，他最好的诗章基本上都是"正儒"精神强盛时期写出来的。他自己确定为"闲适诗"的大部分诗作，用他自己的话说是为了"独善之义也"，可见即便是这样的"闲适"，也仍然在恪守儒家的原则和立场。"草草辞家忧后事，迟迟去国问前途。望秦岭上回头立，无限秋风吹白须。"（《初贬官过望秦岭》）"人间四月芳菲尽，山寺桃花始盛开。长恨春归无觅处，不知转入此中来。"（《大林寺桃花》）而他的一些"感伤诗""杂律诗"，其中的杰作也并非沉迷于佛道思想；一旦沉迷，大多都算不得上乘之作。

在唐代诗人中有一个最好的例子，就是王维。这是一个极具特色的诗人，在诗坛上有较高地位，以其才能和修养，完全可以写出更高一级的作品，但却始终未能成为一个深深撼动人心的文学巨匠。人们喜欢和容纳并欣赏他的某些格调，其飘逸之神采、超然之韵致，也可以引为高标，但仍然不可以与那些深刻执着于人性与社会、与有着强烈追究力的诗与思同日而语。王维少年成名，是一个罕见的才子，早慧早熟且有精彩绝伦的表达，但他着迷于佛道，里里外外皆是静寂和超然，心中即无大波澜，诗章之事也就可想而知。

我们常说的一些养生之道是有代价的，这与文章之道虽然不尽冲突，但冲突仍是存在的。超然忘我的养生方式，或可引起文气的衰颓。许多时候这种超脱和纯然，也会诱发某种空寂单纯之美，但仍旧不出大文章。

· 丹炉之妙用

我们如果直面文本，而不仅是依据猜测或传说，会发现白居易身上一个极有趣也极费解之事：喜好炼丹，多有尝试，却一直不曾亲自品尝，并且一生对此怀有警觉。他不仅自己这样，还在诗中对另一些因食丹丸而亡者表示了痛心。一个热衷于炼丹却又决不入口者，一个清醒如此的试验者，不免让人有些费解。他的《思旧》诗历来引人注意，并多有争议："闲日一思旧，旧游如目前。再思今何在，零落归下泉。退之服硫黄，一病讫不痊。微之炼秋石，未老身溘然。杜子得丹诀，终日断腥膻。崔君夸药力，经冬不衣绵。或疾或暴夭，悉不过中年。唯予不服食，老命反迟延。况在少壮时，亦为嗜欲牵。"诗中"退之"二字使人关注和争执，被许多人指认为韩愈，实际上此说不确。因为韩愈一生对于食丹药是极为警惕的。他曾说："余不知服食说自何世起，杀人不可计，而世慕尚之益至，此其惑也！"（《故太学博士李君墓志铭》）他列举数人皆因服丹而死，死前痛苦之惨状非常可怕，所以不可能重蹈如此险境。张籍在《祭退之》一诗中曾经描述韩愈临终前非常安详从容："公有旷达识，生死为一纲。及当临终晨，意色亦不荒。赠我珍重言，傲然委衾裳。"可见韩愈不是食丹而亡的。这里的"退之"或是他人之误。

一个人行走在危险的刀锋边缘而不被割伤，总给人很紧张的感觉，这种行为很是独特。我们会觉得白居易对于食丹，好比是一个无法品尝有毒之"美食"的人，一直是在近处闻嗅，小心地抵抗着诱惑。这种冒险性，这种跃跃欲试，在心理上或可理解，但终究为何，还要再想一番。

有一个关于狐狸的民间故事，说的是一只狡猾的老狐狸，身经百战，熟知人世间一切奇怪的事物和奥秘。它有一次遇到一碗掺了毒药的肉饵，一眼便识破了人的诡计。它环绕肉饵徘徊了几圈，抿着嘴自语说："我知道有毒，可我不会上当。"这样逡巡了一会儿，又说："我可以少吃一点，然后喝些水就好了。"它退一步进一步，最后终于吃了一点，由于太好吃了，不知不觉就吃了太多。它吃过之后立刻往河边跑去，可惜刚喝了没有几口水便毒性发作，这只狡猾的老狐狸就这样死去了。

这个民间传说非常有趣：离诱惑太近毕竟危险。我们由这只狐狸想到了什么？是不是想到了白居易与丹丸的关系、想到了他炼丹时的心理？他一定是从这种危险的诱惑中获得了非凡的乐趣。如果假以时日，他会不会尝试一下？也不好说。他越到后来越是笃信佛道，并且已经从中获益。丹丸作为更实际的道家养生步骤，一直在诱惑他，从具体操练开始，正走入深处。只是在当时不止一位皇帝年纪轻轻就食丹而亡，这大概也起到了阻吓作用。以皇帝之尊，尚不能上一道牢固的生命保险，一般人怎么能不畏惧？"亦曾烧大药，消息乖火候。至今残丹砂，烧干不成就。行藏事两失，忧恼心交斗。化作憔悴翁，抛身在荒陋。坐看老病逼，须得医王救。"（《不二门》）看来他最终信服的，还是传统的医学，而没有求助于丹砂。

他在《对镜偶吟赠张道士抱元》一诗中说："白发万茎何所怪，丹砂一粒不曾尝。"这些，都确凿地证明白居易晚年没有食丹，这也是得以长寿的重要原因。但他坚持炼丹，其中的妙处必有不可言说的方面，比如他在抵抗诱惑中得趣、得考验、得升华、得明晰，这也说不定。白居易炼丹应该是自江州开始："我为江司马，君为荆判司。俱当愁悴日，始识虚舟师。师年三十余，白皙好容仪。专心在铅汞，余力工琴棋。"（《同微之赠别郭虚舟炼师五十韵》）《竹楼宿》一诗写于杭州任上："小书楼下千竿竹，深火炉前一盏灯。此处与谁相伴宿，烧丹道士坐禅僧。"可见道家之炼丹与佛家之坐禅一直伴随他，而且自杭州起他开始"斋戒"，并感觉良好。从江州算来，诗人试验丹道也不是很短的时间了。

自魏晋上层人物的食丹发散，到中唐炼丹术的愈加盛行，这中间有过多少人尝试，不能不说成迷成魅，绝不可一句荒唐了事。比如李白杜甫是何等聪慧之人，他们都曾经热衷炼丹。"秋来相顾尚飘蓬，未就丹砂愧葛洪。"（杜甫《赠李白》）白居易当年可能也会想到这些令人敬佩的前贤，所以试验一番，蹲在丹炉旁细细观望，也就可以理解了。

一只丹炉，点燃的是另一种欲念，那是强烈的求生欲。

· 知足保和观

白居易说过一句话，即"知足保和"。他的许多诗章也反映出这种思想，是他后半生愈来愈得以贯彻的一种生活方式。这并不是新的发明和新的理论，而是人面临生存危机时的一种总结，属于自然而然的反应。"蛾须远灯烛，兔勿近置罦。"（《想东游五十韵》）一个平常人物有这种观念并采取实际的规避策略，没有什么值得大惊小怪的，但作为一个曾经写出那么出色和深切的诗文者，一个以恢复《诗经》"美刺兴比"的"正声"为己任者，倡导"文章合为时而著，歌诗合为事而作"的诗人，却能公开宣示这种主张，也多少令人遗憾。遗憾不等于意外，因为中唐的政治与社会生态酷烈可怖，要生存即不得不如此"平庸"。这是基本的求生之道，在诗人这里，既有伪饰掩护，也有真实的实践意图。他采取的不过是一般官场和知识分子概念化的姿态而已。"冠盖栖野云，稻粱养山鸟。量力私自省，所得已非少。五品不为贱，五十不为夭。若无知足心，贪求何日了？"（《西掖早秋直夜书意》）他在中书舍人位置上，已经身为正五品上，这时候已经相当满足了。"吟君未贫作，因歌知足曲。自问此时心，不足何时足？"（《知足吟》）"自问一何适，身闲官不轻。料钱随月用，生计逐日营。食饱惭伯夷，酒足愧渊明。"（《首夏》）

要求一个知识人出人意料、不畏艰险重新设计自己的人生，那可能是过于严苛的标准。在东方文化中，这种要求就更加不切实际，因为这里不仅有格外艰险的生存之境，而且还是一个佛道盛行的族群。即便是极有进取性和战斗性的儒家门徒，也还有"独善"的说法。"独善"即意味着修葺自己管好自己，是对内而不是对外。能做到这样的境界，就已经很了不起了。"五十年来思虑熟，忙人应未胜闲人。林园傲逸真成贵，衣食单疏不是贫。专掌图书无过地，遍寻山水自由身。倘年七十犹强健，尚得闲行十五春。"（《闲行》）类似的满足和晓悟之诗，白居易中晚年写了很多，这是"知足保和"观笼罩下的真实写照。

"歌酒优游聊卒岁，园林萧洒可终身。留侯爵秩诚虚贵，疏受生涯未苦贫。月俸百千官二品，朝廷雇我作闲人。"（《从同州刺史改授太子少傅分司》）最后他登上了从二品的高位，却仍是一个闲人。这在一个混乱的时世，一个曾经抱有济世之志的儒家文人，一个出仕不久即遭受贬谪的仕人来说，实在是大可告慰了。这既是其人生"圆满"的标志，又是一种迫不得已的选择。但究竟是一个胜者还是一个败者，他在不同时期有不同的认知。

一个人能够百折不挠，前赴后继，那是超凡圣举，是殉道。古往今来当然不乏这样的志士，他们有烈性有悍气，一直坚持下来。像俄国的托尔斯泰一生探究自己的"主义"，直到八十高龄还要出走，舍弃安逸的贵族生活；鲁迅只活了五十五岁，直到生命的最后一刻还说出"我也一个都不宽恕"这样的话。他们是人类中的极少数，是伟人和圣徒。像白居易这样的生命，也只能做到丰腴和不贫瘠、做到大致的"独善"，这已相当不易了。如果一定让他们一生的言与行深深地撼动人心，有一种悲剧美，那也过于苛刻了。

只有"知足"才能"保和"，这固然不够伟大，但在当时也算难能可贵。他不是一个同流合污者，而只是一个妥协者，一个能够适度享用物质的人，同时又是一个懂得"名为公器无多取，利为身灾合少求"（《感兴二首·一》）的智者。

·策林内外

白居易三十四岁那年，校书郎任期届满，决定参加吏部制举考试。为了应考，他与最好的朋友元稹一起居于安静之地，认真思考治世为政之道，写出了一生极为重要的多达七十五篇的《策林》。这是他的"正儒"之论，也是前半生一直实践的从政观。"以天下心为心，以百姓欲为欲"，切不可"抑天下心以奉一人之心，咈百姓以从一人之欲。"（《策林一》）"圣人非不好利也，利在于利万人；非不好富也，富在于富天下。"（《策林二》）"邦之兴，由得人也；邦之亡，由失人也。得其人，失其人，非一朝一夕之故，其所由来者渐矣。""天地不能顿为寒暑，必渐于春秋；人君不能顿为兴亡，必渐于善恶。善不积，不能勃焉而兴；恶不积，不能忽焉而亡。"（《策林·辨兴亡之由》）这是儒家传统的气概和理路，既清晰端庄又言之凿凿。可见当年他与元稹是何等意气风发，有大志，未挫折，设计了一整套儒家治世之方。

这些方略的可贵之处，在于贯彻了儒家的本源与正念，其中最主要的是"贵民"思想。而被历代封建专制集团阉割过的"儒学"，几经抽剥改造，只剩下了一套刻板的忠君训诫，成为辖制人民的腐败之章，最终成为"伪儒"。白居易遵循的是儒家原典。

在"策林"时期，白居易是有拒佛远道思想的，如他谈到佛时，有过"区区西方之教，与天子抗衡"这样的话，表示了不屑和不从。可见他前后的姿态与立场差异是很大的。虽然他对释教的义理还是肯定的，认为可以与儒家思想相融，认为"先王之道"足以包容佛道，而且僧徒寺庙太多，大费劳力土木，不利于生产建设。"今天下僧尼，不可胜数，皆待农而食，待蚕而衣。臣窃思之，晋宋齐梁以来，天下凋敝，未必不由此矣。伏惟陛下察焉。"（《策林·六十七议释教》）这当然属于远佛的理由。韩愈则从精神文化与社会人生的高度加以批判，他们是不同的。但无论如何，早期的白居易对佛道还是保持警醒的。

不过白居易也有些呆板的愚忠思想，如在《汉将李陵论》一文中，闭口不谈汉武帝诛杀李陵全家老少之残忍，却指责司马迁和班固在记述时对李陵不予谴责。就此看，白居易的"正儒"思想是不彻底的，实际上抽离了"仁"的核心。在那种情势之下，值得李陵为一个全无人性和人道的君王舍弃性命吗？"君为轻"，这在封建统治者那里就是大逆不道，对此白居易是认同的，同样以君为"重"。

除了政论文章，白居易还有一些散文游记写得很好，如《庐山草堂记》《江州司马厅记》《养竹记》《冷泉亭记》《刘白唱和集解》等，这与后来的苏东坡文才颇为接近。但总的来说白居易的文章不可与诗相比，且逊色很多，远不及同时期的韩愈。

· 蚍蜉撼树之讥

韩愈有一首著名诗作《调张籍》，写得通畅易懂，用语有些尖刻，古今来时常为人引用，影响极大。"李杜文章在，光焰万丈长。不知群儿愚，那用故谤伤。蚍蜉撼大树，可笑不自量。"这些句子常常要被溯源，论及缘起，于是就要说到中唐时期的诗风和派别，关涉到一些著名文学人物之间的关系。许多人认为《调张籍》是具体针对了几个人的，即韩愈对白居易、元稹、李绅三位诗人的回应。这三人是挚友，文艺主张相近，而且都是当时极有影响的能吏和文人。他们相互间吹捧且极为自负，在诗歌艺术方面持"抑李尊杜"的立场，对李白多有贬语。这让韩愈看不下去。韩愈与张籍亦师亦友,交情深厚,而张籍也是白居易的好友,诗风与白居易等人更为接近,其《野老歌》《行路难》《征妇怨》都属于"新乐府诗"的代表作。作为韩愈的大弟子,他与韩愈有许多共同话题,韩愈将这首诗写给他,其中的调侃之语看起来颇有针对性,有人认为是对那三个人的间接回答和讥讽。

这样的理解较为具体,目标清晰,读来颇为痛快,所以接受此说者很多。

实际上究竟如何,却有很多疑问。理由主要有三:一是韩愈与另外三人虽然没有太多诗文交集,关系不算密切,但也还有许多往来,如韩愈就曾邀请白居易一起游赏长安名胜曲江:"曲江水满花千树,有底忙时不肯来。"(《同水部张员外籍曲江春游寄白二十二舍人》)白居易则有更多关于韩愈的诗。韩愈任京兆尹期间尽管与李绅闹得不愉快,但当年李绅参加进士考试曾得到韩愈力荐。元稹诗作《见人咏韩舍人新律诗因有戏赠》,其中有"喜闻韩古调,兼爱近诗篇。玉磬声声彻,金铃个个圆"。调侃的语气中带着亲热。在韩愈冒险出使藩镇时,元稹为之担心,上奏说"韩愈可惜"。白居易写有多首关于韩愈的诗,对韩愈非常推崇,言辞间常透出服膺之情,晚年作《老戒》一诗还说:"我有白头戒,闻于韩侍郎。"同时期如此切近之诗友与同僚,除非有尖锐的交锋,否则不会发生那样严厉而无情的指斥。我们从多种文字记录中,都找不到剧烈冲突的记录。

二是通观韩愈之诗,虽然对"群儿"有讥有斥,但主要还是讲李杜之诗境,表达了强烈的羡慕之情,说出自己的无比敬佩。这里出现的一句"顾语地上友，经营无太忙"，其意义更为深长，其实也包含了诗人自己。这里尤其不是对具体的某个诗人所发，而是针对一种潮流、一种世俗，是婉勉和持守，是力抗俗见。

三是白元李三人，特别是白居易与元稹，实际上正是李杜的最大肯定者，他们在自己的诗文中多有崇尚之言，何曾"谤伤"？记载中最早言称"李杜"者，正是元稹本人。元稹十六岁作《代曲江老人百韵》诗，写道："李杜诗篇敌，苏张笔力匀。乐章轻鲍照，碑板笑颜竣。"白居易遭贬赴江州途中还在读李杜，对二人推崇备至："翰林江左日，员外剑南时。不得高官职，仍逢苦乱离。暮年逋客恨，浮世谪仙悲。吟咏流千古，声名动四夷。"（《读李杜诗集因题卷后》）在《李白墓》一诗中，他如此慨叹："采石江边李白墓，绕田无限草连云。可怜荒垄穷泉骨，曾有惊天动地文。但是诗人多薄命，就中沦落不过君。"

有人会列出元稹"尊杜抑李"之言，比如他说李白在律诗方面未入杜诗堂奥等话；还有人会提到白居易在《与元九书》中谈到，自《诗经》以来，诗人们偏离了"讽喻"的"正声"传统，屈原、李白、杜甫等著名诗人也都负有责任，像李杜这样的大诗人，也不过只有几首才算得上这方面的好诗。这些论说当然偏颇，因为将"讽喻"作为基本的甚至唯一的判断标准，显然太过粗疏；另外，仅将律诗一个单项拎出来对比李杜，也很不得当，因为李白古风最好，是自由飞翔的不羁之才，其律诗也同样娴熟高妙，像五律《渡荆门送别》《夜泊牛渚怀古》、七律《登金陵凤凰台》等，都属于名篇佳作，哪里有什么"不入堂奥"之说。

总之，韩愈之讥确未具体指向白居易和元稹等人。

但我们就此追踪溯源，仍会发现元白等人在诗学和写作学范畴的一些大可商榷之处。他们所秉持的诗歌写作理念，大多以《诗经》和"汉乐府"为据，并多有误识，将批判揭露和讽刺视为诗的最高境界，并且当成了诗人的主要着力点。这显然将复杂的文学审美问题简单化和贫瘠化，给文学艺术的"工具化"提供了理论支持。"工具化"的文学写作往往是二三流的，而文学审美抵达的高度和广度，应该有超越性。生命的自由与自为性格，才能保证个体创造的卓越。

就文学艺术的多元价值而言，白居易等人的所谓"现实主义"创作，显然具有重要意义。这不但是一种风格、一个品类，而且是重要的不可或缺的时代之声。但就综合的艺术魅力而论，它们还多多少少失于浅露和直白。

说到这里，我们可以继续追问韩愈到底在讥讽何人？这嘲讽绝不可能无的放矢，而必有指向。结论只能是：自盛唐至中唐以来，诗坛不乏艺术盲瞽，这些人并不理解伟大的李杜，确有一些深重的误解和"谤伤"存在。就此来说，韩愈《调张籍》这首直畅的"讽喻"诗，具有时代的意义。

· 精明清醒中的累与苦

一个智者与时代的关系是复杂难言的。白居易一生大致给人平易流畅、随遇而安的感觉，活得时间也足够长，特别是晚年，追求的"知足保和"之境也基本上达到了。在人生非常重要的晚境，他不断得到朝廷的惠顾，照拂有加，居高位而得清闲，这是多少人梦寐以求的美事。但这只是大体的印象，真实的心境和处境，特别是精神方面的情状，可能还要复杂一些。

这需要我们面对关于他的一些文字记录，尤其需要直面诗人留下的"文本"。他在晚年一直保持了清醒的状态，既没有犯下世俗的糊涂，也没有招来祸患，没有失节之举，可以说有自尊有安逸，太平度过。这段晚年生活应该从他五十八岁移居洛阳，任"太子宾客分司东都"的时期算起。从此他虽有短期的实任如河南尹等，总体上还是超脱于政治经济中心的。这期间有过其他任命，都被他以各种理由婉拒了。这使他得以留在洛阳，享用来之不易的"安居之易"。

"韩退之多悲，诗三百六十，言哭泣者三十首。白乐天多乐，诗二千八百，言饮酒者九百首。"（宋·方勺《泊宅编》）在这里，后人对比了他和韩愈之间的不同，说得很直接，以量化之法，来说明深刻的问题，且未有多少偏离。

那是一个动荡的年代，白居易最终没有陷入剧烈的牛李党争，没有被嚣嚣宦官集团所害，即幸亏身在洛阳，能够隔岸观火。"当君白首同归日，是我青山独往时。"（《九年十一月二十一日感事而作其日独游香山寺》）"去者逍遥来者死，乃知祸福非天为。"（《咏史九年十一月作》）这两首诗是他关于"甘露之变"留下的文字记录，大有庆幸和自省的意味。这场宫廷祸事在白居易心中引起的震动是可想而知的。这样精细之人也难以真糊涂，用他自己的话说，就是"笑面哭心"。可以想象这种如履薄冰如临深渊之险，精明和清醒是必须的，结果也只能是累和苦。没有办法，他所处的时代是中唐，那是一片杀伐急遽的丛林。他不能是猎者，又不能被猎；不能害人，不能损己，又不能彻底隐去；不能舍下身体的安危，不能扔掉俸禄，而只能以"心累"免除"身累"。

"一曲悲歌酒一樽，同年零落几人存。世如阅水应堪叹，名是浮云岂足论。"（《同王十七庶子李六员外郑二侍御同年四人游龙门有感而作》）"莫隐深山去，君应到自嫌。齿伤朝水冷，貌苦夜霜严。渔去风生浦，樵归雪满岩。不如来饮酒，相对醉厌厌。"（《劝酒十四首·八》）这样一种心境，掩去的当然是不安和痛苦。除了用饮酒来麻醉自己，也没有其他更好的办法。"赖有杯中神圣物，百忧无奈十分何？"（《久雨闲闷对酒偶吟》）

从古到今，杯中物的麻醉作用一直未变，不同的是麻醉的频率和时间。深深地沉入此物，这样的例子太多了。我们可以想到魏晋时期的"竹林七贤"，其中既能不为司马氏所用，又不被其害而得以保全者，有阮籍和刘伶，皆是"嗜酒佯狂"。醉酒成为魏晋名士最好的避祸方式。我们还会想到东晋的陶渊明，"天运苟如此，且尽杯中物"（《责子》），也深深地依赖醉酒。还有"长安市上酒家眠"（杜甫《饮中八仙歌》）的李白，酒量不大一饮即醉的苏东坡，以至于女词家李清照，都是经常以此物来排遣闲愁和家国之思。这些人更多的时候当然是求得痛苦的消散和遗忘，是摆脱清醒，进入另一个境界，让灵魂松弛，得以狂舞和放纵。

一般人都害怕"身累"，为了免除甚至要忍辱负重。这多少可以理解。封建专制之严酷辖制，制造了多少官场的畸形。在类似中晚唐这样的大险之期，要保存自己的躯体是很难的，更不要说保持自己的尊严了。

· 想起鲁迅和托翁

说到文学与时代、与严苛的封建专制，我们不由得会想到人类文明史上其他一些案例。让我们看一下民国内外交困之期的鲁迅，再看沙皇专制时代的托尔斯泰。这两个人被谈得太多，而且用他们比较白居易也许有些错位。不过我们仍旧可以在这种参照中得到一些启发。鲁迅作为中国新文化运动的产儿，也处于一个大变动的巨涛时代。时代洪流冲走了多少人，淹灭了多少人，比民国时期更混乱的时代，大概只有历史上的春秋战国与魏晋南北朝可以比拟。这个时期，一个知识人的选择，挺立与颓败，是需要极其注意的。托尔斯泰是俄罗斯沙皇专制统治时期艰难生存的贵族，作为一个东正教的执着追随者，他与白居易当然不可同日而语。从这种比较中，我们正好可以看到极大的精神差异和文化差异，以至于生命差异。

托翁是忠实于东正教的，是一个用生命苦苦探寻真谛之人，用尽一生自我反省和自我批判，深具罪感。最具讽刺意味的是，他的这种诚实和苦寻，最终却被东正教会开除。他深深不安于自己的贵族生活，以八十二岁的高龄离家出走，死于偏远小镇阿斯塔波沃小火车站。在老人生命垂危之时，沙皇居然还对这个荒寒的小站加以严管，表现出深深的恐惧。他们害怕"异端"，害怕一个独立思考的老人。

鲁迅是中国新文化运动结出的最重要的精神与思想成果，他无畏而彻底地思索了一生，战斗了一生，握紧了一支犀利之笔。当年各种政治势力对他的利诱以至威逼，都没能使他沦为工具，而始终坚持独立思想。他可怜那些吃"人血馒头"的人，一生都"哀其不幸，怒其不争"。先生去世时只有五十五岁，临终时还表达了决绝，反映出他的彻底和不存幻想，透露出更深层的生命信息：在一个酱缸文化浸泡和腐蚀的国度里，妥协者和宽恕者已经太多了，他不想加入这个行列。

白居易自然是一个妥协者，虽然直到最后也仍有不安，有自醒。在黑暗的时代，沉默者太多了，他甚至还算不上是一个完全的沉默者。在恐惧中，他仍然写下了不少唯唯诺诺的颂诗。"岁丰仍节俭，时泰更销兵。圣念长如此，何忧不太平。""湛露浮尧酒，熏风起舜歌。愿同尧舜意，所乐在人和。"（《太平乐词二首》）"霁色鲜宫殿，秋声脆管弦。圣明千岁乐，岁岁似今年。"（《小曲新词二首·一》）他不能沉默，就像他不能终止自己的恐惧和哀伤一样。这是庆幸之歌，胆怯之歌，也是苟活之歌。古代诗人中，即使像一些"正儒"人物，忠君思想往往也是难免的。

中国"五四"时期的新文化运动，实质上就是向往西学的过程，并在这个过程中重新整理自己的民族文化，进入痛苦的自我批判和反思。理性、科学与民主，是这一切催生出鲁迅和胡适这样的文化巨人。他们留下了太多激烈而愤懑的语言，许多时候未免偏激。鲁迅说中国文化是吃人的文化，胡适认为"全盘西化"实际上是"全面的现代化"。从他们的急切和愤慨中，我们不难听到一个清晰的理性主义的宣示。他们对于国学的整理和保存，体现为小心翼翼地鉴别和寻觅。我们可以相信，在他们心里，"正儒"与"伪儒"的分野清晰而明确。这让我们想起了中唐的韩愈，想起与他同时期被贬江州的白居易。作为两个理性主义者，以科学和民主思想为旨归的文化巨人，鲁迅与胡适不可能蒙昧无知到彻底扫除一个民族的固有文化，会那样昏聩；他们的驳辩和指证是庄严而坚定的。这种强大的理性主义与科学精神，这种来自生命的巨大激情，这种对追溯真理的坚持和叩问，让我们又一次想到了托尔斯泰。

我们无意苛求白居易，却会从中看到酱缸文化之可怕，看到东方黑夜之漫长。一个如此杰出的、才华横溢的诗人，最后却在自己精神的国度里走投无路，举手言降。"伪儒学""伪佛道"，此二者是酱缸文化中最主要的组成物和发酵物，它们所具有的强大腐蚀力，远不是饱受摧残的白居易所能够抵御的。而今天的抵御者又在哪里？鲁迅和胡适的传人又在哪里？

在深长的夜晚，可以听到不绝的呼唤。那些沉默者和行动者，无论如何是存在的。他们像夜空中闪烁的星辰，在静默地注视，光芒融化了漫漫长夜，生命汇入了时间长河。

杜

牧　二十讲

· 万卷书满堂

　　杜牧出身于唐朝豪门大族，其家世之显赫，在历代诗人中都是不多见的，可谓"一门朱紫，世代公卿"。他的祖上曾是上层统治人物，魏晋以来就世代为官。十六世祖杜预是晋代的镇南大将军、当阳侯，曾祖杜希望文武双全，清廉自守，深受唐玄宗器重，历任鸿胪卿、恒州刺史、西河太守。他骁勇善战，斩敌千余级，令吐蕃畏惧。王维在《故西河郡杜太守挽歌三首·一》中做过如此描述："天上去西征，云中护北平。生擒白马将，连破黑雕城。"杜希望还特别爱重文学，唐朝著名诗人崔颢便出其门下。祖父杜佑官至宰相，封岐国公，历经德宗、顺宗、宪宗三朝，高居相位长达十年之久，是一个在中唐时期有极大影响力的政治人物，曾经撰有《通典》二百卷。杜牧的两个伯父分别官至司农少卿和桂管观察使，其父杜从郁官至驾部员外郎。杜牧从兄杜惊迎娶了宪宗爱女岐阳公主,后来官至宰相，封邠国公。

　　杜牧对自己的家世是十分自豪的，在诗中写道："我家公相家，剑佩尝丁当。旧第开朱门，长安城中央。第中无一物，万卷书满堂。家集二百编，上下驰皇王。"（《冬至日寄小侄阿宜诗》）他最愿炫耀的还是自己家族的诗书文脉："上都有旧第，唯书万卷，终南山下有旧庐，颇有水树。"（《上知己文章启》）文中谈到的旧第，实际上是一座位于长安城中央的豪华相府，而杜家在长安城南还有一处樊川别墅，那是一方规模宏大的宰相园林，"亭馆林池，为城南之最。"（《旧唐书·杜佑传》）

杜牧出生时爷爷仍为宰相。他的父亲杜从郁曾任左拾遗、秘书丞、驾部员外郎等职。当时文坛上韩愈、白居易、刘禹锡、柳宗元等人正值壮年，以他们为代表的一些文化人物振作中唐文气，开启一代新风。此时的中唐朝局距离"安史之乱"已过去五十多年，正陷入藩镇割据跋扈、宦官专权擅政的混乱衰败期，在这样的历史条件下正直士人需要经受巨大的考验。朝堂之上清正廉洁的官吏处于一种不安与坎坷之中，需要小心谨慎地面对纷乱党争和宦竖干政，在夹缝中生活，想要有所作为就要冒极大风险。他们或者隐忍退让，委曲求全；或者抒写豪志，激烈抗争，被贬谪流放，甚至处死。在中晚唐的政治舞台上各色人物争相表演，当权人物像走马灯一样轮替更换，真正是你方唱罢我登场。

剧烈的朝廷斗争延续了许多年，波及很多仕人，当时一些重要的文化人物都自觉不自觉地被卷入。如柳宗元、刘禹锡等所参与的顺宗朝的"永贞革新"，短短一百多天便以失败告终，柳、刘二人分别被贬逐偏远的永州和朗州做司马，才三十出头正值盛年。刘禹锡在外度过了二十三年的逐臣生涯，五十五岁才被朝廷召回，任职东都尚书省。而柳宗元年仅四十七岁便病逝于贬地岭南柳州。再后来的李商隐即便官职低微，远离权力中心，也成为牛李党争的牺牲品。这些人有的抑郁塞困，一生不展；有的到了晚年才稍有缓解，其不平之气只有在文字中得以抒发。这个时期留下的斑驳诗文，成为中晚唐一笔丰厚的文化财富，而这些代表人物，更值得书写与记录。

杜牧在祖父和父亲的荫护下，度过了十年美好时光，拥有一个从物质到精神都极为丰富的少年时代。这对他的一生至关重要，无论对其诗风还是人生道路，都有决定性的作用。像他的祖父杜佑这样的人物，其影响之大可以想象。"子弟皆奉朝请，贵盛为一时冠。"（《新唐书·杜佑传》）这样一个家世显赫的豪门子弟，其生活环境对于成长而言当有两方面的意义：良性的一面是深受传统书香的熏陶，可以近距离接触上层生活，凭高望远，视野开阔；不利之处是与底层生活有所隔离，缺乏另一类更常态也是更广泛的体验。心性开敞明朗却也相对脆弱，较少更深切的生存体味和社会认知。任何人的少年时段对于人生之重要是不言而喻的，这个时期决定了他看问题的角度、立场，以及对事物的判断力。与一般人相比，杜牧显然会有很大的不同。他的视点会不自觉地抬高，对显而易见的社会与人性层面，有时也会产生一些盲角。当然，这一切在后期仍然还有弥补的机会，但这既需要时间，也会有始终难以补救的部分。

生存知识、社会知识是多方面多层次的。对于上层人物及庙堂生活，这让一般人感到陌生的诸多物事，在杜牧这里应该是熟悉的。其性格与诗风中的某些成分，将由于少年时代的生存环境所决定。比如他一生中常有一种爽直脆落、舒畅赏快的特性，喜游艺，重声色；他的心志之高，情趣之雅，或昂扬或沮丧，交替之频繁，好像都比一般人为重。他的书面知识，比如所接受的教育，在当时是第一流的。

所以仅就书面文章而言，就此出发所达成的事物，在他来说就相对容易许多。应取功名、激扬诗文，这些都是他的优势。而一旦踏上仕途，在社会上与多个层面多种角度产生摩擦和碰撞，需要经受人生磨砺，需要坚韧奋斗，需要在政治的漩涡中拼争搏击，这时候很可能就会显出他的贫弱。后来他果然遇到了始料不及的艰困之境："某入仕十五年间，凡四年在京，其间卧疾乞假，复居其半。嗜酒好睡，其癖已痼，往往闭户便经旬日，吊庆参请，多亦废阙。至于俯仰进趋，随意所在，希时徇势，不能逐人。是以官途之间，比之辈流，亦多困踬。自顾自念，守道不病，独处思省，亦不自悔。"（《上李中丞书》）这些话是他真实的心理反映，也是一段时期艰困窘境的写照。因为祖上的光耀不可能一直伴随他，那是有利的也是有限的相助。他需要清晰这一点，需要适应失去护佑的时段，需要好好设计自己的人生道路。

仅就诗的气象来说，明快绮丽、英爽挺拔是其主要质地。他一生崇尚杜甫，老杜沉郁顿挫的风格令他着迷和向往，但那是一种经过苦难煎熬而来的沉痛与悲绝，那种苍凉的生命底色不是简单的学习便可以取得。在诗歌风貌上，老杜与小杜之间的差异还是很大的。小杜还有许多诗章之外的文字，它们意气盎然，果决率真，特别是对上的状与表、进言与策略，具有非凡的气度与格局，有一种自家人说话的急切和直接。"某纵不得效用，但于一官一局，筐箧簿书之间，活妻子而老身命，作为歌诗，称道仁圣天子之所为治，则为有余，能不自慰？"（《与人论谏书》）所以尽管他的仕途不畅，心情抑郁，心志还时有昂扬。这些都让我们联想到他的出身，想到血脉的力量，他的自我认同和归属感是明显的，自青年时代就处于一种"无位而谋"

的状态。

他二十多岁就写出了《阿房宫赋》《上昭义刘司徒书》，前者希望敬宗以史为鉴，后者是劝说节度使刘悟为朝廷分忧，讨伐河朔三镇，不要居功自傲。刘悟其人非常蛮横，目无朝廷，年轻的杜牧竟然在文中向他发出警告，列举"大唐二百年"间诸多叛逆者的悲惨下场："阵刺死、帐下死、围悉死、伏剑死、斩死、绞死，大者三岁，小或一日，已至于尽死。"在文章末尾，又晓之以理动之以情："伏惟十二圣之仁，一何汪汪焉，天之校恶灭逆，复何一切焉。此乃尽将军所识，复何云云，小人无位而谋，当死罪。某恐惧再拜。"心之切、胆之大、言之豪，令人惊讶。那篇著名的《罪言》写于他正式入仕之前，所言都是国家大事。所谓"罪言"，因为唐代官制不得超越职位言事，杜牧时任淮南节度使幕府掌书记，作为地方幕僚，如此策陈国事是无名的，所以自谓"有罪"。总之，可见其心气之高，非一般人物。他的锐气需要很长时间才能折损。

仕途的曲折与崎岖，刚刚在年轻的杜牧脚下铺开，他将有警醒和觉悟的一天，只是终其一生也难以彻底改变。在遥远漫长的人生旅途上，他要经历诸多不同的风景，这当然有利于整个人格的确立和诗章的成熟。他自少年时代所养成的骄矜、疏阔和自傲的性格，将在不同环境下进一步演化，得到另一种酿造和配置。这对他虽然有点过于繁复和沉重，但未必是一件坏事。没有这一路的遭逢，就没有后来我们所看到的杜牧。原来所谓晚唐"小李杜"之"杜"不是偶然产生的，无可比拟的先天才华、青少年时代钟鸣鼎食之家的哺育、后来波诡云谲的人生经历等，这一切成就了他，确立了他。

这是一位从"万卷书满堂"的宰相府邸潇洒走出的英俊青年，

一开口就歌声嘹亮，气冲霄汉，如此丰神秀朗，如此先声夺人。直到晚年羸弱之时，人们也不曾忘记他的出身，不会忘记他来自何处。那逐渐羸弱的生命气息之下，仍然透出一丝往昔的豪华与骄傲。

· 捕狐狸的皇帝

杜牧是一个生不逢时的天才人物，他的天才不可以仅仅看成诗章和文学方面，还要包括许多其他方面。由于那样一种出身环境，他少年志高，在非同一般的期许和继承中展开广博的自我设计和准备。如二十岁就开始潜心研读《尚书》《毛诗》《左传》《国语》和十三代史书，二十三岁就写出"秦人不暇自哀，而后人哀之；后人哀之而不鉴之，亦使后人而复哀后人也"（《阿房宫赋》）这样的惊世之言。他懂得"树立其国、灭亡其国，未始不由兵也"。（《注孙子序》）可见从很早便开始思考国家兴亡得失，特别是注重研究军事，修养之全面，准备之周备，为同龄人所罕见。

人生不过是一篇大文章，世上还少有文章周密而入世粗疏之人，这往往都是统一的。杜牧具有如此才干和修养，却一生不遇，未展抱负，最终大抵只能在文字铺衍中来满足自己。而这样一来，又引起他更大的愤懑与不满足。他短促的一生竟然经历了宪、穆、敬、文、武、宣六位皇帝，可见当时社会生活多么动荡。这些皇帝不得长寿，难以善终，有的竟然还要活在恐惧不安之中。身处高大堂皇的宫阙，却要警惕时时袭来的危险，九五至尊的皇帝尚且如此，一般官吏和百姓也就可想而知了。普通人要在这样一种社会生活中安身自保，度过平安一生，必要付出很多。作为一个朝中仕人，一个从政之人，需要付出更大的心智。在乱世之中，首先要立足生存，然后才可以设计和施展自己的治世之才，而实现理想的可能性微乎其微。刚正必受摧折，危险叠加，甚至是朝不保夕。在这种阴暗混乱、污浊险恶的时空中，最活跃并屡屡得手的，只能是另一些人，比如机心深藏却没有人生理想的那一类，比如盘踞在后宫的宦官们。

杜牧青少年时代经历的几位皇帝如此不堪：穆宗耽于酒色，喜好金丹，不成器局，很快夭亡。继位的敬宗更加离谱，登基时还是一个玩心很重的少年，根本没有什么家国责任，每天忙于击球、手搏之类的游戏。他最爱干的一件事是深夜捕捉狐狸，而且十分上瘾。"帝好深夜自捕狐狸，宫中谓之'打夜狐'。"（《旧唐书·敬宗纪》）那些宦官近臣只是满足他，与之一起玩乐。这个少年皇帝在荒唐之路上越走越远，大修宫室，声色犬马，连那些宦官都难以忍受他的乖戾与暴虐。他轻则辱骂，重则捶挞，如果不能好好配合他"打夜狐"，即削职查办或一顿暴打。百般折磨之下，宦官们苦不堪言，最后竟联手将他杀死。

这位荒唐的少年皇帝在位时间不到三年：十六岁登基，十八岁被杀。朝政荒谬无序，宫廷荒诞不经，如儿戏，如群氓穿梭，成为一道封建专制的古怪风景线。尽管这属于中国封建统治史上的特殊案例，但实际上也会以各种面目出现，几成常态。其内在的荒谬性和残酷性是一直存在的，专制是社会历史中的最大痼疾、不幸和悲剧。这种悲剧通常要以各种形式上演，但它们通向的结局却无一例外。在这种黑暗、阴郁、肮脏的社会环境之下，各种健康的生长都不可能。它们败坏自己，危害社会；既毁掉区区宫阙，又戕害茫茫大地，各色生灵无一幸免。这是一种自上而下的邪恶生长，最后蔓延到不可收拾。人性之败坏普遍而拙劣，无知而盲从，愚昧而野蛮，成为封建体制下的一种常态。这种可怕的人性之精神病毒肆虐横行，其结果，就是导致整个社会机体不可挽回地迅速瓦解。

杜牧所处时期，皇帝荒淫无道，宦官擅权乱政，朝臣党争激烈，藩镇嚣张失控，一个朝代走向末世的所有元素皆已齐备，没人能够挽救。贯穿中晚唐的"牛李党争"成为整个朝政的一大顽疾，发端于宪宗朝，起因是当时的举子李宗闵、牛僧孺等人在考卷里批评朝政，主考官将他们推荐于宪宗，引起宰相李吉甫的不满，诬他们与考官有私，结果考官遭贬，李宗闵、牛僧孺也未受提拔。朝中许多大臣争相为其鸣不平，像当时身为翰林学士的白居易就曾经上书替他们辩解，宪宗只好又将李吉甫贬放淮南节度使。此时李宗闵、牛僧孺与李德裕等尚未入朝任职，派系斗争的色彩并不浓厚。穆宗登基之后，长庆元年进士科考试成为触发两派激烈冲突的导火索，从此"德裕、宗闵各分朋党，更相倾轧，垂四十年"。"牛李党争"从双方派系私利出发，互相排斥，成为当时最难以克服的政治大弊。文宗曾经就此发出感慨："去河北贼易，去朝廷朋党难。"（宋·司马光《资治通鉴》）如此复杂的人事纷争、残酷的政治角力，再加上昏君庸臣，只能使唐王朝加快走向末路。那些治世心切的儒臣欲要有所作为，也只是一种梦想，除了使自己饱受摧折，几乎不会有其他结局。但这部分仕人是儒家入世传统培育出来的人物，他们的悲剧在于不愿中断努力，而要苦苦挣扎，不肯屈服，最后直到厄运降临，付出生命的代价。

杜牧入仕之初照例是意气风发、踌躇满志，但越是如此，失望来得越快。他在这个时期留下的文字不少，大多是奋斗期的一种自我砥砺，表达了进取的豪迈和对未来的期许。"关西贱男子，誓肉虏杯羹！""安得封域内，长有扈苗征！"（《感怀诗》）"齿发甚壮，间冀有成立，他日捧持，一游门下，为拜谒之先，或希一奖。"（《上知己文章启》）等待他的命运转折很快来到，现实比他想象的不知要糟糕多少。结果初为朝官，在校书郎的位置上只干了半年就不得不走开。皇帝们或食金丹、或捉狐狸、或纵欲不已，后宫的宦官与朝中投机的臣僚忙着火中取栗，阴谋连连，机心大发，上演了一幕又一幕残忍的闹剧。所有正直或明智的官吏，除了悲愤无望，就是设法规避。

一个人或一个朝代的衰亡，走向穷途，终究是无法阻止的。这大概也是新陈代谢的规律。杜牧正像其他清醒的诗人一样，要寻找一个能够畅快呼吸的地方，尽管从小就有过奢华的生活，而且喜好玩乐，但毕竟饱读诗书奋力进取，进入宫廷的目的绝非为了和皇帝一起捉狐狸，而是"仕宦至公相，致君作尧汤"。（《冬至日寄小侄阿宜诗》）如此败坏的朝政令他绝望，四面潜伏的危机令他压抑，为了浮出肮脏的泡沫呼吸一口新鲜空气，他转目四顾寻找去处，只希望快些逃离。

唐代京官地位很高，离开京都则意味着不遇，所以少有京官要求自我外放，除非实在迫不得已。不过对于这个自小锦衣玉食的贵族少年来说，到辽阔的大地上游走，离开狭隘的上层生活，未必是一件坏事。他的眼界需要改换和开阔，需要在生气勃勃的大野上奔走，领受新鲜气流的吹拂，需要在灼人的骄阳下勘察。在社会和大自然中，与各种各样的人群、动植物交流摩擦，相伴相依。

这一次人生转折，在某种程度上比得中功名更为重要。他需要将少年时代所获取的大量书本和朝堂知识，与另一种更为真实的生活经验对接。这种对接将会发生一次又一次强烈的化学反应，对他的人与文都具有极大的重塑意义。

· 贵公子

　　杜牧生为贵公子，一切也就自然不同。他既不是涧底松，也不是山顶草，而是一株生长于高地之上、披满浓绿的茂盛乔木。他一开始就引人注目，好像是理所当然的栋梁之材。儒生们入仕总是面临百般曲折，这是一条大为不易的路径。有许多人半途而废，也有许多人从青壮熬至白发苍苍，最后倒地不起。一般士子都要度过十年寒窗，经历"头悬梁，锥刺股"的苦学，直到学成后通过州县筛选进京应试。进京之后还要四处投书自荐，寻傍名士、豪门，走权贵门路，这个过程是相当苦涩的。以唐代论，盛唐李白、杜甫、王维、孟浩然都走过这样的道路，最后只有王维如愿以偿；中唐韩愈、白居易和晚唐李商隐、温庭筠等也不曾省却这段经历。除了李白没有参加过科考，只通过献赋献诗谋仕之外，杜甫、孟浩然、温庭筠都是一生屡试不第。王维、韩愈、李商隐等进士出身的仕人，不到二十岁就准备参加科考；白居易因为战乱和家事而拖延至二十多岁。儒生们一般都要经历多次应试才能得中，一帆风顺的情形是很少的。

　　在杜牧这里则完全不同。他从小饱读诗书，蓄满壮志，四处游走，忧国忧民，但一直拖延至二十六岁才应举，大概是意识到不参加科举难以为官，人微言轻，不能参政和施展抱负。杜牧的父亲、两位伯父和堂兄杜悰等，都没有参加过科举，而是以门荫补官。在杜牧应试之初，记载中替他宣扬名誉者竟然不下二十人："大和二年，小生应进士举，当其时先进之士，以小生行可与进，业可益修，喧而誉之，争为知己者不啻二十人。"（《投知己书》）如此人脉，如此优越的条件，岂非一般人可比。结果一次即中进士，并在同一年又通过了吏部考试，成为"进士及第、制策登科"的极少数幸运儿。他自己有诗云："东都放榜未花开，三十三人走马回。秦地少年多酿酒，却将春色入关来。"（《及第后寄长安故人》）"杜舍人牧弱冠成名，当年制策登科，名震京邑。"（唐·孟棨《本事诗》）

这段得意之期是他一生中的华彩乐段，可以想象，他是如何兴奋和自傲。接连的成功使他名震京城，记载中他曾经与几个朋友到长安城南文公寺禅院游览，闲谈中发现庙里的僧人竟然不知道他的名字，马上惊叹起来，事后写道："家在城南杜曲旁，两枝仙桂一时芳。禅师都未知名姓，始觉空门意味长。"（《赠终南兰若僧》）可见年轻杜牧的心境以及当时的状态，那种得意之情、踌躇满志是显而易见的。

无论政局多么混乱，贵公子的身份是无法置换的，这就是命运。杜牧生而贵，但也会因贵而伤，而悲，而哀，而痛。他的高阔和脆弱，在短促的一生中时有所见。比如十岁时祖父和父亲先后去世，对他来说实属突然，很快就需要体味世态炎凉了。生活就是这样现实和无情，绝不会因为他是贵公子而客气多少。这样的贵公子应付突如其来的困窘会有多么狼狈，大概可想而知。从记载上看好像一切都糟透了，人生艰困无助的一课竟然这么早就开始恶补。

他在后来《上宰相求湖州第二启》中这样回忆此段人生经历，用语颇为夸张，以至于让后人多有质疑："某幼孤贫，安仁旧第，置于开元末，某有屋三十间。去元和末，酬偿息钱，为他人有，因此移去。八年中，凡十徙其居，奴婢寒饿，衰老者死，少壮者当面逃去，不能呵制。有一竖，恋恋悯叹，挈百卷书随而养之。奔走困苦，无所容庇。"从记述上看，无论如何还有房屋三十间，竟落得那样一种潦倒不堪的困境，以至于"长兄以驴游丐于亲旧，某与弟颐食野蒿藋，寒无夜烛，默所记者"。现在看未免有点太过了，世族豪门宰相之孙，一朝失去荫护会这样悲惨？积蓄和接济全部断掉，以野蒿藋为食，甚至开始乞讨，寒夜读书连取暖照明的烛火也没有，只能默诵白天所记，真是令人无法想象。但无论怎么说，他度过了一段艰辛困苦的生活是肯定的，日子一落千丈，优渥不再，而他对这些一定是相当敏感，所以叫苦声比常人要大。

不过他毕竟有过那样一个家世，到底为什么会挥霍到无以为继的程度，也只好猜想了。可以想见他这样的贵公子不善经营，不长于维持，也是可能的。不过尽管有过严重的折磨和潦倒期，自幼养成的一些习气短时间内是磨洗不掉的，而且还会跟随他的一生。虽然生活如此窘迫，但后来开始谋取仕途功名，还是有那么多人围上来帮助他，可见较之一般士子，他仍拥有极大的优势。

入仕半年后他便离开京城去了地方幕府，这除了说明朝官的无聊、宫廷生活的无序和浑浊，也可以见到他的急促和不能忍受的性格。他找到一个机会就逃离了。相对而言，幕府要自由和宽裕得多。尽管这对一般从仕者绝非是一件好事，因为唐代以京官为贵，仕途之人只有不得已才会外放，而去幕府做事更是一种万般无奈的选择。比如杜甫科举不达，曾为求官困居长安十年，"安史之乱"中投奔了肃宗，被授为左拾遗，这时他已四十六岁，后来进谏触怒皇帝被贬出朝廷，进入剑南节度使严武幕府；而韩愈是三次参加吏部考试都没有通过，在朝廷为官无望才去了地方幕府。他们二人都表达过游幕生涯的艰辛困顿与不得志。但是在杜牧这里好像就不尽如此，他是轻松自愿和欣然应召入幕的。朝中的黑暗无望，还有极大的憋屈和约束，以及时时袭来的危险，都让他无法待下去。关键是当时召他入幕的江西观察使沈传师，正是杜牧祖父杜佑赏识之人。杜沈两家不仅是世交，还有远亲关系，对方欢迎他并可以照拂他，当然是一个好的去处。就个人生活的舒适度来说，幕府和朝官在政治环境上是完全不同的，任职幕府可以远离朝廷权力斗争中心，要自由得多从容得多，也安全得多。他可以大口呼吸一下新鲜空气了。

事实上杜牧在幕府中真的度过了一些相当快乐的时日。比起朝中岁月，这里松弛而畅快，尽管幕府定制管理非常严格，但与幕府中一般应差的人相比，他算是一个特殊人物。祖辈父辈余留的资本和人脉，在这时起到了极大作用。他的生活空间很大，先后在沈传师和牛僧孺手下任职，而这两个顶头上司都与杜家关系深厚，又欣赏其才，自然对他十分爱护。

对于一位世家贵胄，人生与官场的磨炼其实才刚刚开始；他锐气固在，却要接受意想不到的锤炼和磨损。这一切他在刚开始的时候未必就做好了思想准备。"某年二十六，由校书郎入沈公幕府。自应举得官，凡半岁间，既非生知，复未涉人事，齿少意锐，举止动作，一无所据。""此时郎中六官一顾怜之，手携指画，一一诱教，丁宁纤悉。两府六年，不嫌不怠，使某无大过而粗知所以为守者，实由郎中之力也。"（《与浙西卢大夫书》）这些文字非常能够说明他初入幕府，及后来为官与生活的情状。这是贵公子的仕途之始，也可以看成他人生大戏的第一幕。

· 少年好兵书

杜牧自十五六岁就喜好兵法，读了许多这方面的著作。他较早开始这样的一种准备，在诸多仕人更不要说诗人来讲，都是极为罕见的。这当然与其出身有关、与自小蓄起的志向有关。十六世祖杜预、曾祖杜希望都是历史名臣，属于文能治国、武能安邦的将相之才，并且精研战术，驰骋疆场，屡建事功。可见杜牧对军事的向往有家族渊源。他出生时离"安史之乱"快过去了五十年，这期间国家尽管有过中兴气象，但十分短暂，很快又步入了内忧外患之期。治国必得善兵，这是他从小就懂得的道理。一个有大志向的少年除了熟读儒家经典，准备应试入仕，还要蓄养和熟悉兵谋韬略，这一点杜牧一定受到了曾祖、祖父和父亲的影响。

他在三十一岁写出的《罪言》，即是一篇非常重要的文字。要谈杜牧，差不多都要提到这篇宏文。一方面是成文早，另一方面正是此文体现出青年杜牧非凡的见识。文中对国家军事形势有深入分析和出色判断，很有一番大言良策，展现出非凡的见解，体现出了世家子弟的大格局。后来他又写出了《原十六卫》《战论》《守论》等兵学宏文，还将《注孙子》十三篇献给了当时的宰相。"伏以大儒在位，而未有不知兵者，未有不能制兵而能止暴乱者，未有暴乱不止而能活生人、定国家者。"（《上周相公书》）这是他从偏远睦州返朝后，对宰相周墀的进言，历经世事沧桑，依旧是锐气未折，豪语壮言，无所顾忌，畅笔直抒，实在难能可贵。

　　他前后在幕府做了十年。十年之后又开始长达八年的刺史任期。第一任是黄州，当时正逢边疆回鹘大乱，杜牧心焦急切，不断就用兵之事上书，在五言诗《雪中书怀》中有这样的句子："臣实有长策，彼可徐鞭笞。如蒙一召议，食肉寝其皮。"这一年他已经四十岁，诗中有岳飞《满江红》的气势，而且有一种势在必得的雄魄。他曾说过："为国家者，兵最为大。"认为主兵者"非贤卿大夫不可堪任其事"。(《注孙子序》)当他三十多岁入朝任监察御史时，还专门请教当时的右领军卫大将军董重质，了解当年宪宗皇帝以三州兵力讨伐淮西四年未能破敌的原因，潜心研究战例，总结得失。尽管几十年来多有坎坷，却一直未改初衷，一直准备着，目光投向远处和高处。他四处搜求兵书，苦苦研读，对自己所注《孙子》十三篇极为看重，最后为自己撰写墓志铭时仍专笔记之："某平生好读书，为文亦不出人。曹公曰：'吾读兵书战策多矣，孙武深矣。'因注其书十三篇，乃曰：'上穷天时，下极人事，无以加也，后当有知之者。'"(《自撰墓志铭》)

　　在李德裕任宰相主持朝政时期，杜牧非常赞赏他平藩讨伐的主张，但苦于不能亲自上阵，为此专门上书，力陈用兵之策，而且写得十分具体。结果李德裕一一采纳了他的策略，最终取胜。就此可见，杜牧远非纸上谈兵的空头讲章，而实在是心有机枢的干才。最可惜的是他始终没有韩愈那样的机会：当年宰相裴度领兵平藩，召韩愈为行军司马，并得到至关重要的辅助，连连取胜。韩愈在宪宗朝和穆宗朝两次平乱中都曾立下大功，这让杜牧非常崇拜，而且钦羡不已。当他给宰相上书的时候，我们可以相信他或许想到了诗人韩愈。

　　与大多数儒士不同，杜牧自少年至晚年，一直在兵事上投入极大关注力，并且留下了许多著作。可惜他一生都没有机会参与实践，可以说壮志未酬。这可能是让他感到最为遗憾的志业之一，也是让他大不同于一般仕人的方面，即并非一个简单的文臣，而是具有相当武略和大器局的国家栋梁。

· 才俊壮赋

杜牧入仕前即有名篇《阿房宫赋》，此文在应试前为主考官所赞叹，十分看重。《阿房宫赋》为中国文学史上不可疏遗之章，名声甚大。作者当年只有二十三岁，今天看其才力与气势实在惊人，文辞灿烂，光焰难掩。气壮、英挺、峻拔、中气充盈，这些特征在此赋中已经具备。"有唐一代，诗文兼擅者，惟韩、柳、小杜三家。"（清·洪亮吉《北江诗话》）"樊川文章风概，卓绝一代。"（清·李慈铭《越缦堂日记》）在这些绝高的评价中，他们当然不会忽略《阿房宫赋》："使天下之人，不敢言而敢怒；独夫之心，日益骄固。戍卒叫，函谷举；楚人一炬，可怜焦土。"（《阿房宫赋》）真是铿锵有力，包含之富，文势之强，令人耳目一震。宋代大才子苏东坡也极为钦佩，"在黄州，夜诵《阿房宫赋》数十遍，每遍必称好。"（明·李东阳《麓堂诗话》）杜牧的少年才力，比起王维当年有过之而无不及。与此赋差不多同时产生的《感怀诗》，是一首长达五百多言的五古，风韵直追韩愈，也是罕见的壮美之章。

人的早熟、博学，才情之展露，往往不可思议。有的甚至于青少年时代就抵达了一生创造的峰巅。这种情形中外古今皆有，算是生命无解之谜。一些少年、青年才俊，其作为有时让壮年自愧不如。这种神秘的生命轨迹在他人看来，会是惊叹而犹疑的。像"初唐四杰"之王勃，二十多岁溺水而亡。他九岁读《汉书》，竟然能够写出《指瑕》十卷，指出注者颜师古的著作错误；十六岁及第授朝散郎，成为唐代最年轻的官员。他的五言诗《送杜少府之任蜀州》、骈文《滕王阁序》都是传诵千古的名篇。有"诗鬼"之称的中唐诗人李贺只活了二十七岁，"其文思体势，如崇岩峭壁，万仞崛起，当时文士从而效之，无能仿佛者。"（《旧唐书·李贺传》）像王勃的"落霞与孤鹜齐飞，秋水共长天一色""海内存知己，天涯若比邻"，李贺的"黑云压城城欲摧""雄鸡一声天下白""天若有情天亦老"等名句，千百年来被人传吟不休。还有西方的那些少年才俊，如法国的兰波，这个"被缪斯的手指触碰过的孩子"，十四岁就开始写诗，二十岁之前即写出了一生的杰作《奥菲莉娅》。俄国的莱蒙托夫二十七岁死于决斗，却留下了《当代英雄》等不朽之作，留下了五大卷文集。他们都是这样的异才。

在唐代，王维、白居易和杜牧等人实在是早熟，其心志之盛，气势之大，都是少见的。杜牧之文章风采、气势，也可以从少年爱兵书现出端倪。少年尚武，文章英才，二者合起来就不得了。文事武备，武事文韬，有时候是相辅相成的。人在青少年时代蓄积的气概，有时候会在长期的磨损中流失一部分，但也有人自始至终都保存下来。在增长人生经验的同时，文章的锐气最后能够保留多少，就看这个人生命力的强弱了。我们不难见到这样的情形：有人青少年时代表现出过人的才华，而到了真正成熟之期，比如四五十岁的时段，反而渐渐萎靡起来、衰弱下来。这是很可惜的。

杜牧青少年时代文章的冲决力，在同时期的诗人中是第一流的，可以说灼灼夺目。他的出身和见识有助于形成较高的心气，家学传统的滋养更有助于形成纵横开阔的笔势。但说到最后，先天的才华和生命特质也许才是决定因素。"紫微才调复知兵，长觉风雷笔下生。还有枉抛心力处，多于五柳赋闲情。"（唐·崔道融《读杜紫微集》）论及杜牧之诗风，我们看来必须和他的用兵之智相结合而谈。他有一种领兵征战的勇力、气魄和铿锵，那种一马当先的勇捷之气，一个马上清俊的形象，不时地闪烁于诗行之间，这是豪纵之气、决斗之气。我们由他还能够想到俄罗斯的大诗人、年纪轻轻就死于决斗的普希金。还有英国诗人拜伦，不仅在诗歌中塑造了一批"拜伦式"英雄，而且亲自参加了希腊的解放运动，并成为主要领导人之一。他三十七岁病逝于希腊，希腊政府为他举行国葬。这些贵族的英才，他们颇有英武之气，不怯于械斗，生猛可畏。贵族与长剑、家世与兵事，这是一种非常奇怪的血脉力量。他们出生入死于硝烟弥漫中，策马奔突，毫无怯色，可贵的身躯往往得不到很好的保护，有时候甚至会轻掷宝贵的生命。

我们可以想象，如果杜牧真如他个人所希求的那样得到机会，到兵阵前沿，会是怎样一副英勇姿态？他绝非懦弱胆怯之人，而一定将像激扬文字那样，以潇洒的气魄冲锋陷阵，其少年的壮赋、青年的诗篇，都会在刀戟的铿锵中得到延续。这让我们想起俄罗斯文学巨匠托尔斯泰描绘战争的名著，如《战争与和平》《袭击》《哥萨克》等。这位贵族伯爵青年时代上过战场，出生入死，所以才留下了那么多关于战争场面的描述。看来这样的场景和传统发生在杜牧身上，也不会使我们隔膜和陌生。

杜牧一生的命运轨迹和诗词文章，都散发着这样一种气息：勇猛英武，当仁不让，酣畅淋漓，冲决和奔突，豪迈和无畏。这是一篇篇灿烂的生命华章，而不仅仅是纸上的文字涂抹。

· 志与才

一个人的志向和才气当然有关，但仍然还不是同一回事，这二者并存，尚需很多条件。我们平时说的"志大才疏"，就是二者没能匹配的缘故。实际上"志大"好求，"才大"却是一个复杂的问题，它不易达成。杜牧的志向是多方面的，但就主观而言，主要是辅佐政治、入仕治国，此径直追祖辈事业。这也是中国自古以来的价值观所决定。"叱起文武业，可以豁洪溟。"（《感怀诗》）就其性格特征来说，傲气与自负是显见的，不过，就他而言实在有许多本钱。他的人生基本呈现出从高处俯冲的态势，而不是由下往上的攀爬和挣扎。这与大多数入世的儒生大为不同。但这样的启步方式，并不能保证他的成功和一路顺畅。因为人生多变故，这里有说不尽的多种因素的综合制约，有世事机缘的问题。晚唐颓势与混乱折损了多少英杰，埋没了多少志士，杜牧不过是其中一个而已。

"使君四十四，两佩左铜鱼。为吏非循吏，论书读底书？"（《春末题池州弄水亭》）"四十已云老，况逢忧窘余。且抽持板手，却展小年书。"（《自遣》）诗文对于他来说，只是心绪发泄的端口之一，是一种纸上之物，他并不特别将此作为志向的伸展方向，所以文章成就并不能从根本上安慰他。看他一生留下的文字，很多都在表达济世之志、如何运用和落实自己的才华与心智。就实际期待和结果来看，当然远未壮志得酬。"常恨两手空，不得一马棰。"（《送沈处士赴苏州李中丞招以诗赠行》)经常感叹"徒有输心效节之志"。(《上宣州崔大夫书》)他一生五任朝官,四任刺史,十年幕府,几乎没有哪个时期是满足的得意之期,相反在他看来,都大大地屈才,不得伸展。他有出色的用兵之策,却从来未能挥师疆场;有统领大局之政干,却一直在较低的职级上徘徊。"我作八品吏,洛中如系囚。"(《洛中送冀处士东游》)"柳岸风来影渐疏,使君家似野人居。云容水态还堪赏,啸志歌怀亦自如。"(《齐安郡晚秋》)"我虽在金台,头角长垂折。"(《池州送孟迟先辈》)他是多么的不甘、沮丧和不平,但终究无可奈何。

最终,他的才力得以充分体现者,仍旧是不以为志业的诗文。因为只有在这里,他才可以意气风发,不受他人局限。至于实务上的腾挪功夫,并不以个人的意志为转移,那还需要诸多的条件,比如时势机缘,比如具体合作者的信任。在有些人眼里他似乎是一个华而不实的花花公子,尽管是一个贵公子。但凡"公子"都有一个天然的弱项,即长于言而短于行,总有不够踏实之感。有人认为杜牧"不拘细行"(五代·王定保《唐摭言》),用他自己的话说是"齿少意锐"。就这一点来讲,他与王维、韩愈、白居易、欧阳修、苏东坡等都有不同。虽然这五位大文人不算出身寒门,但他们都经过了一个艰难的个人奋斗过程。杜牧的祖荫太大,这既帮助了他,也掩盖了他,甚至还造成一定程度的误解。可见事物总是祸福相倚,得失互现。他一辈子都在这荫护之下,也在这团阴影下不得解脱。有一些奥妙玄机不是个人能够参透,有一些命运诡秘不是个体可以揣测和左右。后人可以为才华过人、出身高贵的杜牧发出叹息,但是面临现实错综复杂的诸多互制与干扰,却不是他人能够了悟和评判的。

杜牧在刺史位置上可以独立主政一方，这时候他做了许多好事，有政绩有口碑，但基本上还是未能尽兴，并且一直处于极为不满和不安之期。正像其一生的其他时段一样，他更多的是等待和张望，当然还有许多玩乐。他并不是一个甘于平凡之人，庸碌对于他不可忍受。青壮年时期如此，直到晚年，眼见其他事情无望实施也无力去做，才承认一个基本的事实：开始面对自己的诗文，即纸上事业了。杜牧在去世前一年，就诗文之事叮嘱外甥裴延翰，终于承认自己这一生还能留下一些文字，这同样是极重要的事业。他委托外甥为自己编选一部文集，名字都想好了。这是他一生的心迹和劳绩。

"谈啁酒酣，顾延翰曰：'司马迁云，自古富贵，其名磨灭者，不可胜纪。我适稚走于此，得官受俸，再治完具，俄及老为樊上翁。既不自期富贵，要有数百首文章，异日尔为我序，号《樊川集》。如此则顾樊川一禽鱼、一草木无恨矣。庶千百年未随此磨灭矣。'"（唐·裴延翰《樊川文集序》）他的外甥如实记下了这段话，它对我们非常重要，使我们得窥晚年的心境，特别是他对一生诗文的态度。这也是一种价值的判断和重估。在这之前他似乎对诗文之事并不重视，志向远不在此。"青史文章争点笔，朱门歌舞笑捐躯。谁知我亦轻生者，不得君王丈二殳。"（《闻庆州赵纵使君与党项战中箭身死辄书长句》）

人的志与才并存，剩下的就是能否实现的问题了。越是不能实现，生命就越有张力；如果是一个文人，这张力越大，文字成就也就越大。在杜牧和其他一些壮志未酬者那里，其实也正是如此。我们今人叹赏不已、百口称颂的一些诗与文，对杜牧来说，既是歪打正着，又是跌宕不凡的生命投射和自然流露，它们与其生命合而为一、密不可分。他的心志也许没有实现，但是他的文字却记录了奋力拓进的过程。这种记录是另一种实现。在历史留下的记叙关节中，在某些细节上，我们可以得知杜牧的才华是多方面的，从朝政大局到军事策略，再到社会治理，更不必说文章，都有计划力和行动力。我们可以看到志与才的高度统一，看到他果决的行动力。这最后一点却是许多人不曾具备的，他的迅捷与勇气，他起而立而行的果敢，远非一般儒家士人所具有。在这一点他有点像韩愈，但没有韩愈那么幸运。

我们可以想象，如果宰相李德裕能像当年裴度对韩愈那样，召杜牧为行军司马，他必定会如韩愈一样，一路写下许多明快兴奋、豪气大发的诗句，也会立下不朽的功勋。可历史是不能假设的，他最终还是以一介文人的身份、以一个杰出的诗文作家的荣誉载入史册。杜牧是不朽的、杰出的，但如此实现方式，却是他个人未曾预料的。

· 罪言之路

杜牧入仕不久即去了江西，进入江西观察使沈传师的幕府，做幕府团练巡官，带京衔大理评事从八品下。沈传师调任宣歙观察使，杜牧又跟随他到了宣州。四年半之后因为沈传师升迁吏部侍郎入朝，杜牧便去了扬州，进入牛僧孺淮南节度使幕府做推官，后为掌书记。掌书记之职非常重要，因为节度使府"凡文辞之事，皆出书记，非闳辨通敏兼人之才莫宜居之"。（韩愈《徐泗濠三州节度掌书记石记》）观其一生，这是他极重要的一段经历。比起在京城做校书郎，他的幕府生活松弛，好像并不繁忙，游宴很多。"十年为幕府吏，每促束于簿书宴游间。"（《上刑部崔尚书状》）此时正值入仕初期，期待很高，所以不可能安于做这种地方幕僚，而只是向权力中心进发的一个过渡期、准备期而已，仍然心系朝廷大事。从他留下的文字看，果然如此：职位低微，操心却非常之大。大约在三十一岁之际，他在扬州写下了那篇著名的大文章《罪言》。

杜牧虽然出身门第显赫高贵，却没有高门大族的世俗偏见。他在《罪言》中提出"自卑冗中拔取将相"，主张选贤任能，一个人无论才能大小，要各得其位。"譬如匠见木，碍眼皆不弃。大者粗十围，小者细一指。榱桷与栋梁，施之皆有位。"（《送沈处士赴苏州李中丞招以诗赠行》）"若以科第之徒浮华轻薄，不可任以为治，则国朝自房梁公已降，有大功，立大节，率多科第人也。若以子弟生于膏粱，不知理道，不可与美名，不令得美仕，则自尧已降，圣人贤人，率多子弟。凡此数者，进退取舍，无所依据，某所以愤懑而不晓也。"（《上宣州高大夫书》）这些言辞见解，锋锐又有真见地，而且反映了他相当急切的态度、深刻的忧虑与牵挂。

他的一系列治国论兵的宏文，大致都是在外放期间写出来的，可见他的目光投向了更辽远更开阔处，想的是整个国家的事情。如何收复失地，整饬千疮百孔的国土，如何削治藩乱，这让他用尽了心思。他在幕府和刺史任上，文字中用力最大的就是这一类，特别是用兵之策，其胸襟和目光不可谓不高阔不周密。的确，他的这些宏论绝非疏阔之文，而不乏用心缜密的筹谋。这些有的是写给宰相的，有的直接送达主持者，总之无一不是为了实用，为了采纳和上达。

欧阳修在《孙子后序》中称赞杜牧"其学能道春秋战国时事，甚博而详"。清代李慈铭的《越缦堂日记》认为："校《孙子十家注》，

曹公、李筌以外，杜牧最优。"司马光还将杜牧的《罪言》《原十六卫》
《战论》《守论》《注孙子序》《上李司徒相公论用兵书》六篇用兵之
论的要点，收入《资治通鉴》。杜牧一生都没有上过战场，却是一个
对兵事始终专注的研究者。他这样的行为给予最好的解释，当然是
因为生逢兵荒马乱之时世，救急心切，出于浓烈的家国情怀；再换
一副眼光去看，就是他的出身毕竟与常人不同。在一般经过苦苦奋
斗最终踏入仕途的儒生那里，多一些传统的入世思想，是达则兼济
天下的责任和理想；这一切在杜牧这里自然同样如此，不同的是多
了一些家族因素。他的视角和立场进一步内移，从一开始就自觉地
将自己归于最高统治集团的内部，人生际遇即便再坎坷再不顺，这
种情形也难以改变。这是一种带有血缘性质的归属感，是一种政治
家族的惯性使然。那些出身显贵来自统治阶级内部的、真正意义上
的有志才俊，往往如此。"某世业儒学，自高、曾至于某身，家风不坠，
少小孜孜，至今不怠。""于治乱兴亡之迹，财赋兵甲之事，地形之
险易远近，古人之长短得失。""今者志尚未泯，齿发犹壮，敢希指顾，
一馨肝胆，无任感激血诚之至。"（《上李中丞书》）这是何等动人肺
腑的面对统治阶层发出的心声与壮志，可惜主政朝堂者始终充耳不
闻。这是时代的悲剧，也是杜牧的悲剧。

由此来看，杜牧关于整个政治棋局的运谋，就不让人觉得突兀
和可笑了，这里并没有下层士子的自作多情。在他看来，江山自有
来处，这需要他有所行动，需要以家族接力的方式做出非凡的努力。
这样纵观他的人生道路，其怨愤不平，以及时时袭来的颓丧感也就
很好理解了。以他这样的立场与视角，一旦被朝廷疏远就会格外难
受，以至于不可接受，因而受到的伤害也就更大。简单点说，对于

晚唐的朝廷而言，杜牧可能在许多时候并不把自己当外人看。所以他时而泛起的委屈，在他人看来是不可理解的，甚至是过于夸张了；他胸怀平定回鹘的韬略，却被执政者认为"斯乃庙堂事，尔微非尔知"，他只能面对漫天大雪发出疾呼："愤悱欲谁语，忧愠不能持。"（《雪中书怀》）

他在给吏部尚书的文字中这样写道："三守僻左，七换星霜，拘挛莫伸，抑郁谁诉，每遇时移节换，家远身孤，吊影自伤，向隅独泣。"（《上吏部高尚书状》）试想一下，这时候的杜牧已经是三次主政一方的刺史了，是一般地方官吏可望而不可即的幸运者。而在他自己看来，却应该是处于更加中心的一个人物才好，应该把持朝政的枢纽，至少是封疆大吏才好。"日旗龙旆想飘扬，一索功高缚楚王。直是超然五湖客，未如终始郭汾阳。"（《云梦泽》）清人余成教在《石园诗话》中说："史称杜牧之自负才略，喜论兵事，拟致位公辅，以时无右援者，怏怏不平而终。"

人生过半百，操心四十年。国事于杜牧而言仿佛家事，愤懑不已，决不善罢甘休。他这短暂的人生之路，实际也是一部《罪言》之路、急切争鸣之路、呼号之路。我们展读他的一生，最为感到惊讶的是他如此执着，大有屈原"虽九死其犹未悔"的坚韧，颓丧之后复为振作，伤绝之后再度激越。也许是连遭危难的国运带来的巨大忧患从另一个方向激发了他，催促了他，让他挣扎和拼争，以至于不顾一切。他也有过沉湎，甚至是堕落于烟花柳巷，但可贵的是他仍然能够从欢畅的泥淖中翻转一跃，起身登高，注目更远的方向。

他抱有奢望，且一生未曾泯灭。这是怎样巨大的悲剧，怎样凄厉动人的呼号。我们从历史的回响中可以听到无数蛰伏的隐秘，它们绵绵无尽，未曾断绝：在呼啸了几千年的北风中，在人类纷至沓来的脚步声里，在轰鸣不息的时光之轮间，在如潮汐拍岸的轮回深处。

　　一个人的力量是渺小的，潮流的力量却是无可比拟的，但正是星星点点的水滴才汇成了漫卷的狂潮。它席卷而去，淘尽泥沙，历史更迭，时不我留。每逢洒满繁星的深夜，我们可以指认一颗闪烁不定却清晰可辨的星辰，它的名字就叫杜牧。

·刚健与英爽

　　杜牧文集收有四百五十篇诗文，这是他的外甥裴延翰依其生前叮嘱编成的，当有最大的权威性。后来传世的还有《别集》《外集》《集外诗》《集外文》。从文集中可见的二百余首诗，给人深刻印象的还是幕府与刺史时期的作品。这个时期他的生活更为自我，因为远离了京城，远离政治经济中心，个人的忧伤与欣悦大多写成了诗，主要是面向自身的抒发。而此时他对时势的关切则写成文，主要是向外布达，二者区别很大。所以他的诗大致是风物情怀，是柔肠，是畅抒和性情的焕发；而他的文章则多有刚健之气，有政治豪志，有图谋，有的直接就是向上献计献策。在许多时候，他的诗与文呈现"一手硬一手软"的情状：文质硬而诗意软。

　　柔软沉迷的诗情偏重于写男女情怀，而那些游历山水的诗意抒发，大多是英爽清澈的，如那些清峭而蕴藉的七言绝句，就给人以极大的审美享受。杜牧文字中最脍炙人口的可能就是这一部分了，作为佳句流传于后世的，大多出自它们。这个时期疏离而宽松的心情起到了决定性的作用，他能够非常自我地处理主客体之间的关系，而非纠缠于一些世俗之物。

怎样安顿自己的心灵，在这种难得的生活间隙中，更能直接面对这个重要的人生命题，实际上也是所有人终将面临和无法回避的。每逢闲寂下来，松弛下来，就会浮现出来，挨近过来，在许多时候它是被压抑的，不得不归于某个角落观望和等待，等待自我与其融合和连接：或化为一体，或相携而去。它们走入的方向，它们所遭逢的一路，往往是别致的、不可重复的景致，这一切便是它们的价值所在。生命景观的最好导游员就是自我，而非其他。无数的印迹汇集起来，便绘成了斑斓的生命画卷，对后人构成强烈吸引的，正是它绚丽、逼真和特异的线条与色彩。

"雪衣雪发青玉觜，群捕鱼儿溪影中。惊飞远映碧山去，一树梨花落晚风。"（《鹭鸶》）"萧萧山路穷秋雨，淅淅溪风一岸蒲。为问寒沙新到雁，来时还下杜陵无。"（《秋浦途中》）"千里长河初冻时，玉珂瑶佩响参差。浮生恰似冰底水，日夜东流人不知。"（《汴河阻冻》）这些文字清爽如洗，像一些晶莹的时光里滤出的颗粒，轻盈而饱满，沉实而密致。它们毫无写作者苦吟的那种晦涩感与雕琢气。这是杜牧特有的色泽和风格，是不需要仔细打量和诠释即可以把握的韵致和颜色，格外可人和妩媚。在这个时刻，吟哦者轻松而热切，情怀像屏风一样打开，万般风色悉数涌入。他有一种忘情忘怀的能力，所以能时时沉湎和品咂。我们不难想象他的日常状态：许多郡守政务需要打理，各种地方事宜纠缠，头绪多端。他最多的生活情状是不得清闲，除此之外还有更多思虑。与其他外放仕人不同，杜牧胸中所汇聚的始终是一些天下大事：朝堂、边塞、藩镇、宦官，混乱的国家时局与天下形势等，这一切忧烦都追逐他缠绕他，使其不得解脱。仿佛他生来就注定了要与这一切搅在一起，难分难解。眼前政务与远处朝局，近忧与远虑二者形成了双重的压迫，需要另一种力量将他牵引。

这种力量就是诗，就是美，就是蕴于天地自然间的那些具有强大吸引力的磁性矿藏，等待一个特别的人物来开发和拥有它们。它们对一个人的生命形成强大的平衡力，滋养润泽他，重新将他唤醒，让多情的目光投向这里，让其回到内心，回到少年和童年，回到欢畅的回顾和甜蜜的依偎，还有面对青山绿水的豪迈与欣悦。命运压抑了他，生活损伤了他，他在自感亏欠中睡眠了太久。尽管如数补偿之期姗姗来迟，总算是不邀而至。在这种时刻，他的情致仍然有别于一般男女情愫，有别于一般山水风物的抒写和阐发，而是另一种自然与潇洒。他是一个纵马扬鞭、从高处疾驰而下的锦衣公子，自带一种不可消除的清傲气，与此相映衬的，是极为明显的了无心机的自信与奇趣。他随手拈来，不事经营，豪情未经储蓄便一泻千里，似乎是无厚积之薄发，一切皆来自身心具备，随手点染，这个时刻的诗与思实在是奇异的。

杜牧的言论文章直追韩愈，犀利奇警，理性极强，说服力和器局都为上乘，强壮而直达，纵谈时局时有一种当仁不让之慨。解释兵事、分析形势干脆利落，心志昂扬。"兵非脆也，谷非殚也，而战必挫北，是曰不循其道也，故作《战论》焉。河北视天下犹珠玑也，天下视河北犹四支也。珠玑苟无，岂不活身；四支苟去，吾不知其为人。"（《战论并序》）完全像一个阵前的将军，凭高而视，指点江山："往年两河盗起，屠囚大臣，劫戮二千石，国家不议诛洗，束兵自守，反条大历、贞元故事，而行姑息之政，是使逆辈益横，终唱患祸，故作《守论》焉。"（《守论并序》）文章产生之缘由，在这里说得一清二楚。语势雄壮，所用言辞掷地有声，令人振作。他的文章手笔比较他的诗行，仿佛换了一个人，内容与节奏全然不同，但唯有内在的那种率性和利落，仍旧相似。

他的后期诗作与早期又有区别。如二三十岁的五古《感怀诗》《杜秋娘诗并序》《张好好诗并序》等篇什，其中优秀者大多是公子心气，闲情逸趣，有爽言，有缠绵，有清高气。而到后来这些颜色与光泽在退却，置换成清新自然和明朗淳朴，又不乏浓烈深邃的韵致。它们变得更浑厚、更内美、也更简朴。他在诗章方面最推崇杜甫和韩愈，曾经写道："杜诗韩集愁来读，似倩麻姑痒处抓。天外凤凰谁得髓，无人解合续弦胶。"（《读韩杜集》）他瞧不上当时所流行的元白二人的俗直诗风，绝不随众就俗，没有依傍潮流。这与他孤傲高耸的性格、俯视而冷峻的人生态度自有关系。

那些正直耿介、不得一展抱负的积极入世的诗人，愤世嫉俗的情怀都是相似的，而其形成的诗文又各有不同。比如白居易、元稹与韩愈、杜牧的区别就非常明显。前者沉浸于民间格调，在一种世俗的襄助下自我强化，获得某些慰藉，对底层有寄托，有凭借，当然也有依赖；而后者却忠诚于自己独立不移的情怀，远离时尚潮流，就像拒斥恶俗腐败的朝政一样。他们对尾随和依附的任何一种可能都加以拒绝和警觉，生命本色就是高标逸韵，就是独唱独吟。杜甫所说"语不惊人死不休"，在韩愈和杜牧这里不是经营和锤炼，而是许久以来将先天血脉与后天修养复杂综合而形成的一种自由、自我的颜色。杜牧是杜甫的崇拜者，但杜牧之诗没有杜甫那种沉郁和悲凉，这是因为他们的出身及经历都相差甚大的缘故，是生命底色不同所造成的。他的诗风不像韩诗那样奇崛陡峭，却更为自然流畅；他的文章亦如韩文的遒劲铿锵，峻急凌厉，却少了一点诡异和晦涩。

"诗情豪迈，语率惊人。识者以拟杜甫，故呼'大杜''小杜'以别之。后人评牧诗，如铜丸走坂，骏马注坡，谓圆快奋争也。"（元·辛文房《唐才子传》）这里道出了杜牧和杜甫之别。"圆快奋争"四字确为精当之论，"铜丸走坂"和"骏马注坡"八个字，虽生动却有分寸，因为杜牧之诗有畅势而无险势。"自中唐以后，律诗盛行，竞讲声病，故多音节和谐，风调圆美。杜牧之恐流于弱，特创豪宕波峭一派，以力矫其弊。山谷因之，亦务为峭拔，不肯随俗为波靡，此其一生命意所在也。"（清·赵翼《瓯北诗话》）在这里，将杜牧之诗与时风加以严格区别，实际上是一种极而言之。此种评价如果用到韩愈身上似乎更为恰当。杜牧诗章的风骨是峭拔却不失圆润，豪宕亦有和谐。"杜樊川诗雄姿英发，李樊南诗深情绵邈。"（清·刘熙载《艺概》）"雄姿英发"一语清晰精当，可以想见其个性张扬，俊朗飘逸。

总之，杜牧的诗作与时尚决然不同，与韩愈也不同，尽管两人同样反拨时风，但差异还是相当明显。两人之文比两人之诗似乎更近一些，但韩愈作为一个引领在前的榜样，其内在气度、文势，似乎极大地影响了杜牧。

·缠绵和沉迷

杜牧的怀才不遇感很重，这在许多官场人士那里都是常见的。我们还难以找到一个为官者，在自己的诗文中大表知遇的舒畅，即使言及也会适可而止，相反的是他们的文字中总有大量的怨与愤、悲与屈。这也正常。因为不遇总是能给他们烙下更深的生命印迹，那是对命运多舛发出的强烈回应。但在杜牧这里更进一层的，是急切和委屈。他不是一般意义上依靠个人奋斗而入仕的中下层儒生，而生来就是家势显赫的豪门弟子，一种"家集二百编，上下驰皇王。多是抚州写，今来五纪强"（《冬至日寄小侄阿宜诗》）的豪壮和自信。这是一种无法选择的出身，连带而来的是多方面的元素和因果。这就在很大程度上决定了他的性情与文章，还有他的人生道路。顺畅，在他来说是极好理解的，也是自然而然的事情；而所有的坎坷，似乎就难以接受了。

杜牧一生诗文中常有一种自信和清高，既不流俗，也少有认输。虽然在祖父和父亲去世后有过一段窘困拮据的生活，但公相之家的子弟毕竟起点不同，贫穷艰辛的生存体验不可能深刻。他在那段日子及后来在幕府、刺史、朝中的叫苦，似乎还有一定夸张的成分。"伏以睦州治所，在万山之中，终日昏氛，侵染衰病，自量忝官已过，不敢率然请告，唯念满岁，得保生还。"（《上周相公启》）"某今生四十八矣，自今年来，非惟耳聋牙落，兼以意气错寞，在群众欢笑之中，常如登高四望，但见莽苍大野，荒墟废垒，怅望寂默，不能自解。此无他也，气衰而志散，真老人态也。"（《上宰相求湖州第二启》）这里，诗人将自己的早衰、困顿和绝望的心情表现得何等充分。

他作为一位世家子弟，被朝中和地方大员多方照拂，那些凄凉悲戚、令人心酸的呼号，或是在主政一方的刺史之位，或是于朝中任职之时。仅就职位来看，难以想象会有"吊影自伤，向隅独泣"（《上吏部高尚书状》）这样的情状。正如中国民间智慧者所说"病要嚷，钱要藏", 这只是一种希望博得同情与援助的心理。在杜牧这里还有更深一层的委屈感：他的来路毕竟不同, 受此苦楚无异于人生大劫。外放偏远下州, 远离家乡京都, 尽管身为刺史主政一方, 到底还是委屈难平。

杜牧这种夸大的叫苦喊痛让我们再一次想起韩愈, 这两位旷世文人不仅在文章风骨方面一样挺拔雄峻, 而且在性情上也都单纯如孩童, 呼号声很大。只是杜牧在呼喊的同时还伴有委屈的呜咽与抽泣, 而韩愈则是一阵雷雨过后便云散天晴。同样面对生存苦境, 另一位性格上也带有纯稚之气的苏东坡却别有一番风貌。他刚到贬地黄州没有安身之处, 全家老少二十几口挤在江边简陋狭小的水上驿站, 却如此描绘："东坡居士酒醉饭饱, 倚于几上。白云左绕, 清江右洄, 重门洞开, 林峦坌入。当是时, 若有思而无所思, 以受万物之备, 惭愧! 惭愧!"(《书临皋亭》)

我们打开杜牧诗文, 会发现他在幕府和外放期间, 即所谓不得志之期, 生活还是相当惬意的。十年幕府的主要情形如何？他在《遣怀》一诗中回忆了那段风流倜傥、狂放不羁的生活："落魄江南载酒行, 楚腰肠断掌中轻。十年一觉扬州梦, 赢得青楼薄幸名。"从小养成的贵公子习气对他来说是没有办法的事, 中唐以后盛行于文人间的游冶风习与放松的幕府生活环境, 更是加重了这些嗜好。宋代《太平广记》记载他在牛僧孺淮南幕任推官、掌书记时, 几乎夜夜都去十里长街寻欢访妓。当他即将离开扬州去京城任监察御史时, 牛僧孺为其摆下送行酒宴, 特意叮嘱：我常担心你风情不节, 或有伤身体。最高地方长官发出这样的临别赠言, 稍稍出人意料, 但从中也可看出关切和爱护, 更可见杜牧当时的生活情状。

　　诗人尚在青春之期，心志与身体全都强盛，一旦沉迷即很深入，这似乎不难理解。这时候他写下了为数不少的缠绵诗，艺术与情致皆有可取，且非常感人。他为那个"天下独绝"的歌伎张好好留下了五十八行的诗句，并且写在了硬黄纸上，"高一尺一寸五分，长六尺四寸。"（清·王士禛《带经堂诗话》）宋代刘克庄在《后村诗话》中以《张好好诗并序》和《杜秋娘诗并序》为例，认为"牧风情不浅"。这方面最有名的诗还有《赠别二首》："娉娉袅袅十三余，豆蔻梢头二月初。春风十里扬州路，卷上珠帘总不如。""多情却似总无情，唯觉樽前笑不成。蜡烛有心还惜别，替人垂泪到天明。"

　　即便是凭吊怀古，感物伤别，也是含思悲凄，流情婉转："至竟息亡缘底事？可怜金谷堕楼人。"（《题桃花夫人庙》）"独倚关亭还把酒，一年春尽送春时。"（《春尽途中》）"流水旧声人旧耳，此回呜咽不堪闻。"（《入商山》）"多少绿荷相倚恨，一时回首背西风。"（《齐安郡中偶题二首·一》）"笑筵歌席反惆怅，明月清风怆别离。"（《题桐叶》）类似诗句数不胜数，在杜牧所有文字中占有突出的位置。李商隐曾写道："刻意伤春复伤别，人间惟有杜司勋。"（《杜司勋》）

　　这是古今才子之殇，没有办法。有才，多情，沉湎，缠绵，难以挣脱。因为这样的一个生命，其才华会呈现在一切方面，而不仅限于男女之事。这当然需要强大的理性去控制和节制，但有时候理性也会抵抗才华的发挥。杜牧生活的松弛期，特别是十年幕府期间，未能免于风流绮靡的生活，有人惋惜，有人羡慕，但不可否认的是，他也为我们留下了大量精美别致的诗章。这些诗大多都沉婉深切，别具意境，是同类诗作中的佼佼者，终究不同凡俗，泛出一种与情爱诗稍稍不同的色泽。他执笔写来不加掩饰，朴质真切，情有可原。

我们可以想象，诗人如果没有了这段岁月，也将是一种残缺：就当时生存状况而言，他将倍加艰难；就其整个人生传略来讲，则产生了一种复调效应，多声部的交响就此形成。

这不需要别人原谅，而只是一个生命的徐徐展开，从低婉到昂扬，从热烈到冷寂，是这样一部不断交替纷呈的华彩乐章。在诗人备受冷落的官场仕途中，所有这些来自异性的安慰，都为其看重和难忘，也才有如此真挚动人的记叙和抒写。至少从唐宋两个时代的才子文人身上，我们可以看到这种社会风习的折射，即便是稍有拘谨、心向佛道的白居易，也不乏类似的记录。

超拔于风习之上是困难的，古今来人性大致未变，所以仍然有沉沦和恪守的区别。即便是唐宋时期，在习惯于莺歌流转的府衙之间，官人们留下的文字记录也是各自有别的。杜牧在这个方面可能是一个突出者，涂抹绚丽，颜色较重。这样一个秀朗奇峭而且大有英武气概的俊才，在这些时刻流露出一些浮华之气，也使他变得更加真实。烟火之中声气可闻，与不堪忍受的伤心悲绝两相衔接，表现出复杂多变的曲折性和晦涩性，让后人在惋惜中平添一份怜惜。

·十年幕府

在人们的印象中，唐代士人入仕做官，以京官为荣，如果出仕不利，没有通过吏部铨选，才要到地方幕府去谋职。以这种方式作为从政的开端，往往是志不得展的一个过渡期，他们只要一有机会就会进京。这方面不乏先例，最典型的就是韩愈，三次都没有通过吏部选官，他为此还"三上宰相书"自荐，结果也未能如愿，只好从地方幕僚做起。杜牧入仕之初任弘文馆校书郎、试左武卫兵曹参军。这虽然只是一个正九品上的小官，校刊典籍之类，但实属清要之职，可充翰林之选。任校书郎者大都是文才出众超群之人，可以广涉经籍，增长历练和学养。据相关统计，在唐朝由校书郎起家的士大夫文人中，有过三十多位官至宰相，如名相张说和张九龄。中唐的柳宗元、白居易、元稹等，也以校书郎入仕。而与杜牧同时期的李商隐因为受党争所累，被迫离开校书郎的职位，对此一直耿耿于怀。不过在杜牧这样才志凌云的豪门子弟眼中，进秘书省做校书郎却像飞鸟入笼，实在不愿束于芸阁校雠之间，而迫切需要一个更为广大的天地。

杜牧在校书郎的官位上苦熬了半年便离开京城，去了江西观察使沈传师幕府。这位幕府主人的父亲沈既济，也是唐代著名文人，以传奇小说《枕中记》《任氏传》留名后世。沈既济与杜牧祖父杜佑关系友善，而且沈传师当年也深得杜佑赏识，将表甥女嫁给他，两家还有远亲关系。唐代幕府事务之繁忙，生活之刻板清苦，常常在其他诗人的任职经历中提及，比如大诗人杜甫为剑南参谋时就屡有抱怨："信然龟触网，直作鸟窥笼。""束缚酬知己，蹉跎效小忠。""晓入朱扉启，昏归画角终。不成寻别业，未敢息微躯。"(《遣闷奉呈严公二十韵》)韩愈为徐州张建封幕府节度使推官时，曾在《上张仆射书》中对幕府定制大发牢骚："受牒之明日，在使院中，有小吏持院中故事节目十余事来示愈。其中不可者，有自九月至明年二月之终，皆晨入夜归，非有疾病事故，辄不许出。当时以初受命，不敢言。"刚进幕府时他一一照办，不敢有怨言，但是这种"晨入夜归"的生活实在令他无法忍受，所以在上书中大放厥词，说什么若是强迫他遵守这种工作时间，他必定会疯癫的。这里又一次突出了韩愈的直率性格。但在杜牧这里情况迥然有别，他与杜甫、韩愈、李商隐等入幕做事还是大不一样。因为有地方最高长官的护怜，所以这段日月并不难过，对他来说不过是处理文书、出使和参加宴游等。他最初做幕府团练巡官，京衔为大理评事从八品下。这时杜牧不到三十岁，属于大好年华，时间对他来说好像并不紧迫，在外省增加见识，等待时机，一切似乎还来得及。

　　然而大出预料的是，这种幕府生活前后延续了竟有十年之久，实在是太长了一点。这期间他先后去了洪州、宣州、京口、扬州等地，还曾被派往京城公干。其间增广见闻，也算自由得意，但仍然有一种不得伸展的委屈感。《杜秋娘诗并序》是杜牧诗章中最长的篇制，当时他正在扬州牛僧孺的淮南幕，其弟杜颛入润州李德裕浙西幕，杜牧往来于两地之间，听闻刚从宫中被遣返回乡的金陵女子杜秋娘的生平遭际，有感而作："女子固不定，士林亦难期。""无国要孟子，有人毁仲尼。""己身不自晓，此外何思惟。因倾一樽酒，题作杜秋诗。愁来独长咏，聊可以自贻。"借杜秋娘命运无常，历数前贤志士不遇及士大夫的荣辱变幻，慨叹世路穷通难卜，倾诉自己的感伤与惆怅。

　　他在幕府中流连穿梭，从江西到安徽，再到扬州，所到之地风物皆好。特别是扬州，当时为天下最为开放富裕之地。也就在这里，刚过三十岁的杜牧与诸多艳姿绝色过从甚密，是十里长街的常客。"牧少俊，性疏野放荡，虽为检刻而不能自禁。会丞相牛僧孺出镇扬州，辟节度掌书记。牧供职之外，惟以宴游为事。扬州，胜地也，每重城向夕，倡楼之上，常有绛纱灯万数，辉耀罗列空中，九里三十步街中，珠翠填咽，邈若仙境。牧常出没驰逐其间，无虚夕。"（唐·于邺《扬州梦记》）"牧美容姿，好歌舞，风情颇张，不能自遏。时淮南称繁盛，不减京华，且多名姬绝色，牧恣心赏，牛相收街吏报杜书记平安帖子至盈箧。"（元·辛文房《唐才子传》）扬州的繁华名胜令杜牧抚今追昔："炀帝雷塘土，迷藏有旧楼。谁家唱水调，明月满扬州。骏马宜闲出，千金好暗游。喧阗醉年少，半脱紫茸裘。"（《扬州三首·一》）这些文字透露出杜牧繁多的生活信息，也就是这样的场景，使他多少忘却离开京都的苦闷。

他跟从的最高长官开始是沈传师，后来是牛僧孺、崔郸，他们或是相府通家之好，或是祖父辈的属下，或是他中进士时的座主崔郾之弟，对他总是欣赏爱护有加。像《扬州梦记》中记载，牛僧孺曾担心杜牧夜访歌馆之类地方不太安全，竟然派兵士三十人"易服随后潜护之，僧孺之密教也。而牧自谓得计，人不知之。所至成欢，无不会意。如是且数年"。

"歌谣千里春长暖，丝管高台月正圆。""滕阁中春绮席开，《柘枝》蛮鼓殷晴雷。""一声《明月》采莲女，四面朱楼卷画帘。""昔年行乐秾桃畔，醉与龙沙拣蜀罗。"（《怀钟陵旧游四首》）杜牧对那些岁月多有描述，也只是一种情状和心绪。他在这十年间经历得实在太多，张望得实在太多。许多时刻他的目光望向京都，为国事焦虑不已。边境屡屡告急，藩镇嚣嚣割据，朝堂之上党争激烈，宫中宦官飞扬跋扈，这无一不是他心中的痛楚。他在这段时间里写下了那么多痛彻心扉之文，从强国方略到用兵之策，常常如鲠在喉，一吐为快，直取要害，言之切切。这当然与其出身有关，与家族传统和风尚有关，入仕之前，甚至是少年时代，杜牧就开始研读兵书，耳濡目染全是国之大事。自始至终，他都无法停止对家国的思考，身在幕府而心系朝廷。那篇有名的《罪言》即在繁华的扬州幕时期所作，文中言及太行以北和黄河以东的军事重要性："王者不得，不可以王，霸者不得，不可以霸。"何等自信，气概夺人。除了《罪言》，还有《原十六卫》《战论》等许多重要策论，也是写于此时。在《战论》一文的最后，他说："古之政有不善，士传言，庶人谤。发是论者，亦且将书于谤木，传于士大夫，非偶言而已。"

我们展开他在幕府期间写下的全部文字，发现心气之高，志向之大，完全不像一个沉溺于酒色之中的公子哥，而是一个蓄势待发的国家栋梁。可见他之豪志不是一种浮艳的生活所能够覆盖和消磨。自小志向之远大和胸襟蓄养之沉厚，非常人可比，植根之深也超出预料，这是他的非凡之处。十年幕府生活磨砺了他，沉浸了他，蓄养了他，也耽搁了他。十年幕府在其一生中占有怎样的地位，还可仔细探究，但无可否认的是，此刻正值诗人最好的年华，也集中了最清晰的思路。处于这样的青春时段，具备如此果决的行动力与深刻的思考力，却不得切近家国大事，只能于家族好友所主持的幕府中宴饮游玩，做一点文秘工作，将大把光阴都耗费在这些似乎无关紧要的事项之上，对他来说太过折磨了。他当然知道这是一种耽搁和消磨，所以焕发起一种强烈欲望来抵抗这磨蚀，最好的办法就是进言和献策。在这个期间，他留下了大量豪迈的文字，这在同类历史文献中显得光彩夺目。十年幕府生活蓄积了杜牧的大阅历，开拓了大视野，也让他耗尽了青春。

他像一支利箭，能飞多远，真是一个严峻的考验。百步穿杨，箭飞十里，弦鸣有声，群鸟四散。当他后来收拾这一片惊惧之声的时候，该有怎样的感慨？他从遥远之地呈宰相书，一再感叹自己发疏齿落的潦倒与窘迫，这里显然有十年幕府的深深磨损以及焦虑期盼的无尽摧折。燕雀安知鸿鹄之志，丝竹管弦之后是漫长的黑夜，对他而言黎明遥遥无期。"舴艋船一棹百分空，十岁青春不负公。今日鬓丝禅榻畔，茶烟轻飏落花风。"（《醉后题僧院》）十年风流放浪以酒解忧，算是未负春光，如今鬓发霜白，只能在品茗参禅中消磨余生了。旷达的情怀和清幽的意境，蓄满虚掷醉乡的悲悔与壮志难酬的落寞，写才人之迟暮不遇，措辞委婉蕴藉，读来不胜唏嘘。

这是一段华丽丰腴的生活，也是一段荒凉孤独的生活。他的内心是冷寂的，外部的热烈难以融化生命深处的寒冰。从十里长街独自潜回寓所的时候，最为煎熬的时光也就开始了。

· 五任朝官

杜牧在仕途上一路匆促。他在幕府中耽搁得太久，一直在进言献策中张望长安，渴望回朝任职，也先后有过五次机会，可每一次似乎都因为各种原因来去匆匆，没有细细经营的时间。他宦游四方，最怀念的便是故乡长安的樊川。这是他最后一处人生驿站，是连接少年时代的美好记忆："故国池塘倚御渠，江城三诏换鱼书。贾生辞赋恨流落，只向长沙住岁余。"（《朱坡绝句三首·一》）他最后一次入朝任中书舍人正五品上，年届五十，这成为他一生所获的最高职级，可惜已临近生命尾声。冥冥之中似乎是一种巧合，韩愈与白居易也是在五十岁左右当上中书舍人。这不能不让我们产生联想：如果杜牧的寿命再长一些，很可能有一段顺畅的仕途。遗憾的是，他只在中书舍人之位上待了一年多点，就永远地离开了这个令他迷惑的世界。

　　回首来路，不胜感慨。他入仕之初即为校书郎，当时只有二十六七岁，这位一年内进士及第、制举登科的豪门子弟，可谓春风得意，看上去似乎前程似锦。但进入仕途即发现，一切远不是那么回事，残酷的现实很快使他清醒。荒淫乖戾的皇帝，横行宫廷的宦官，激烈相搏的党争，这一切交织成一场噩梦。他所做的工作不过是校理典籍之类，枯燥无趣，位卑言微。他这样一个出身名门的贵族子弟，纵马扬鞭的驰骋还差不多，要这样安顿下来苦熬，一边看着荒诞而残忍的闹剧，那简直是极大的折磨。

　　杜牧走开了。比起任朝官的日子，外放的幕府生活新鲜刺激，也自由得多。顶头上司是家族世交，也就给了如鱼得水的环境，虽远离权力中心，却有另一番景致。在他这样的年龄，可以一边从容地应付眼前，一边谋划远大的未来。"百川气势苦豪俊，坤关密锁愁开张。大和六年亦如此，我时壮气神洋洋。东楼耸首看不足，恨无羽翼高飞翔。尽召邑中豪健者，阔展朱盘开酒场。奔觥槌鼓助声势，眼底不顾纤腰娘。"（《大雨行》）志高气雄，豪纵放浪。初别朝廷是一次大解放，有如飞鸟扑向高空。原以为离开易，归来也不难。没有想到直到大和九年初才再次入朝，这已经是七年之后。

　　第二次入朝任监察御史正八品上，与初次入朝时隔近八年，时间过得实在太快了。此时朝中生态不仅没有变好，而且更加混浊，已经阴云密布，正处于一场巨大风暴前夕。令人震惊的是宦官集团竟然与皇帝斗法，宫廷里充满了浓烈的火药味。杜牧在后来的《李甘诗》中对此有过回忆和描述："时当秋夜月，日直曰庚午。喧喧皆传言，明晨相登注。予时与和鼎，官班各持斧。和鼎顾予云：'我死知处所'。当庭裂诏书，退立须鼎俎。"好在杜牧不可谓不敏，他感到了害怕，随即以身体不好为由请求去洛阳分司。"每虑号无告，长忧骇不存。随行唯踯躅，出语但寒暄。"（《昔事文皇帝三十二韵》）这是他后来对那段如履薄冰的日子的追述。还算幸运，他七月离开长安，十一月就发生了震惊天下的"甘露之变"。

在这场事变中，宦官们以极端残忍的方式，一口气杀掉了四位宰相和大批文武官员，杜牧侥幸躲过了一场灾难。他在洛阳分司监察御史任上只待了一年半，文宗开成二年（公元 837 年），便告假去扬州探望患眼病的弟弟。因为唐代"职事官假满百日，即合停解"（《唐会要》），要照顾弟弟就无法返回洛阳，最后只得放弃监察御史的官职。为了维持生计，杜牧又投奔了宣歙观察使崔郸，任宣州团练判官。

第三次任朝官为开成三年冬天。这次官职为从七品上左补阙、史馆修撰。这次赴京十分从容，他于任命后的第二年春天才上路，一路游赏山水和访问友人、凭吊名胜古迹，留下了不少诗文。他一路走一路看，未免有些耽搁。在赴京途中，杜牧的心情颇为复杂，"甘露之变"后宦官专权，党争更加激烈，使他的京都之行未免彷徨。"水叠鸣珂树如帐，长杨春殿九门珂。我来惆怅不自决，欲去欲住终如何？"（《除官赴阙商山道中绝句》）尽管犹豫不决，还是渴望回到朝中。两年后又得以升迁膳部员外郎，变为从六品上，是一个管理后勤事务的官吏；不久调任比部员外郎，在这个位置上再次外放，从此走入主政一方的刺史生涯。

这时候的杜牧已经四十岁，他从黄州刺史干起，然后是池州、睦州，一口气做了三地刺史，都是职位不高的下州。这段时间长达八年，同样构成了他人生的重要经历。他在这八年中写有大量文章，其中包括完成《注〈孙子〉十三篇》这样的军事著作。

　　第四次入朝是宣宗大中二年（公元 848 年），杜牧已经四十七岁。任司勋员外郎、史馆修撰，不久又升吏部员外郎，算是从政以来较为顺畅的阶段。在这个时期，他将累积多年的《注〈孙子〉十三篇》呈献给宰相周墀，还将二十篇文章呈献给刑部崔尚书。在《上刑部崔尚书状》中抒发了十几年宦途不得志，以及学问文章未达所期的感慨。在朝只两年多，杜牧再去湖州任刺史。这是一个上州，是他主动要求的外放，继请求外放杭州不允之后，接连向宰相三启求得，其原因主要有家庭负担沉重等，当然也包括不满当时朝政，难以有所作为的隐衷。

　　湖州刺史是一个重要的位置，不过他在这里只做了一年，即再次返回京都。"镜中丝发悲来惯，衣上尘痕拂渐难。惆怅江湖钓竿手，却遮西日向长安。"（《途中一绝》）可见进退矛盾，心情难平。回京后他先任考功郎中、知制诰，第二年升任中书舍人正五品上。这是他最后一次也是第五次入朝，为一生所做最高官职。就在这一年冬天，他的人生之路走到了尽头。

　　由此可见，杜牧的入朝之路多么曲折坎坷，完全不是最初意气风发，一年接连进士及第、制策登科时"两枝仙桂一时芳"的美好憧憬。一切远远出乎预料。这是一个壮志难酬的俊才写下的一部慷慨悲歌：从向往到回避，从沉沦到希冀，每一个段落都充满了急切和心酸；首尾相接，起伏不定，一生颠簸；短短五十年却历尽人生悲欢，激情与壮志由焕发到颓丧，抱负与理想由舒展到窘困；如此起伏跌宕，不断切换，不足四十就满身风尘，一脸衰容。

　　回到朝中是他最终的目标，但这五次任职几乎无一作为；最后一次仿佛有了好的开端，可惜刚刚展开也就结束了。

·四任刺史

杜牧四任刺史，可视为重要而特殊的人生经历。这与任职幕府和五次入朝最大的不同，在于能够主政一方，有一定自由腾挪的空间。从武宗会昌二年（公元 842 年）春天初任黄州刺史开始，连守三郡，至大中二年八月升为司勋员外郎，历时八年。从四十岁到四十八岁，可以说是人生最成熟的时段。尽管前三个州郡都属于七品职级的下州，但毕竟是一州之最高长官，可以实践自己的政治理念。事实上这个时期他像很多有才华的官员一样，堪称一位能吏，做了许多有利于当地百姓的事情，多创造和贡献。这些必须给予切实的记录。

黄州期间，杜牧将几十年累积的苛政弊端一一清理，废除以各种名目向百姓摊派征缴的苛捐杂税，还把那些鱼肉乡里的强势人物革职惩办，并告诫州县官吏"吏顽者笞而出之，吏良者勉而进之"。（《第二文》）他的为政一如历史记载中的那些文人良吏，头脑清晰，行动果决，兴利除弊之力度超出一般。这是长期纸上文章的强力落实，其志向早已有之，一旦得以实行，则必要雷厉风行。他心中所郁积的不平之气由此得以抒发，人生之不遇所形成的坎坷，在此一一铺平和展放，所以总能够赢得民心，使一方水土拨云见日，清新明朗。

除了忙于黄州的郡守政务，杜牧还时刻关心朝廷平定藩镇、北方边境与回鹘战事以及河湟地区收复等诸项事宜，写下《上李司徒相公论用兵书》《上李太尉论北边事启》。最终他的用兵策略被宰相李德裕采用，他高兴地赋诗《东兵长句十韵》："落雕都尉万人敌，黑槊将军一鸟轻。渐见长围云欲合，可怜穷垒带犹紫。凯歌应是新年唱，便逐春风浩浩声。"

当时的黄州被京官视为"鄙陋州郡"，杜牧在《祭周相公文》中言其"黄冈大泽，葭苇之场"。即便到了宋代，黄州也是一个"齐安荒僻郡，平昔处放臣"（宋·张耒《齐安秋日》）的地方。在这样一个偏陋之郡，杜牧仍旧尽职尽责，操劳不息。黄州有孔子山、孔子河，是春秋时代孔子周游列国过往之地，这些圣迹由于年久失修，濒临颓倒，杜牧一一巡视，加以修复和扩建。他设置庙学，亲自在学堂讲学，开启民智，记载中有数百弟子拥向学堂。他还特别推崇古往今来的循吏："独能不徇时俗，自行教化，唯德是务，爱人如子，废鞭笞责削之文，用忠恕抚字之道。"他主政期间，"小大之狱，必以情恕；孤独鳏寡，必躬问抚。庶使一州之人，知上有仁圣天子，所遣刺史，不为虚受。悉其和风，感其欢心，庶为瑞为祥，为歌为咏，以裨盛业，流乎无穷。"（《黄州刺史谢上表》）黄州之地自古有许多废井，杜牧担心它们"陷人以至于死"，便专门写下《塞废井文》，呼吁当地百姓改变风俗，填塞废井。作为一方郡守，他为百姓想得细密而周到。打开明清两代的《黄州府志》《问津院志》，都载有杜牧的为政事迹。

会昌四年（公元 844 年）九月杜牧迁任池州刺史。他在池州任上，正逢武宗皇帝下诏毁禁佛教，对这项举措杜牧非常赞成。他的《杭州新造南亭子记》中曾有过精辟议论和尖锐揭露，认为权贵富人做了坏事便"皆捐己奉佛以求救"，以为能"有罪罪灭，无福福至"，而且"虽田妇稚子，知所趋避。今权归于佛，买福卖罪，如持左契，交手相付"。中唐以后，士大夫文人佞佛的社会风气益重，而杜牧独标己见，与韩愈当年拒佛交相辉映。

在守池州期间，他不仅解除百姓苦役，而且为了使当地百姓能够采用正确记时方法，在城南门楼亲自设计建造一座铜壶银箭刻漏，此项技能当源于他年轻时向一位年逾九十的异人王处士所学，此人还是韩愈的好友。"为童时，王处士年七十，常来某家，精大演数与杂机巧，识地有泉，凿必涌起，韩文公多与之游。大和四年，某自宣城使于京师，处士年余九十，精神不衰。某拜于床下，言及刻漏，因图授之。会昌五年岁次乙丑夏四月，始造于城南门楼。京兆杜某记。"（《池州造刻漏记》）此外，杜牧还将池州刺史衙署的藏书楼重新修葺一新。

会昌六年九月，杜牧由池州迁任睦州刺史。他这样描述赴任途中的惊惧与睦州生活的窘境："东下京江，南走千里。曲屈越嶂，如入洞穴，惊涛触舟，几至倾没。万山环合，才千余家，夜有哭鸟，昼有毒雾，病无与医，饥不兼食，抑暗偪塞，行少卧多。逐者纷纷，归轸相接，唯牧远弃，其道益艰。"（《祭周相公文》）然而尽管如此艰难，他在操持郡务时依然心系朝纲，洞悉时政。在《上盐铁裴侍郎书》中写道："伏以盐铁重务，根本在于江淮。今诸监院，颇不得人，皆以权势干求，固难悉议停替。其于利病，岂无中策？某自池州、睦州，实见其弊。"他历陈盐政之弊，言辞犀利，"搜求胥徒，针抽缕取，千计百校，唯恐不多，除非吞声，别无赴诉。今有明长吏在上，旁县百里，尚敢公为不法，况诸监院皆是以货得之，恣为奸欺，人无语路。况土盐商皆是州县大户，言之根本，实可痛心。"

大中四年，杜牧赴湖州任刺史，在这个上州郡守的位置上只待了一年，第二年秋便重新入朝，升为考功郎中、知制诰等职，就此，一生四任刺史的经历即告结束。

他在刺史之职的具体贡献尽可历数，因长达八年，必是一段不凡的岁月。但许多时候，人们并不关心他为一地一州付出的大量心血，后代最为关注的，还是他的诗与文。他的艺术才华与生存实践其实是统一的，即便从理解诗文的角度，也须细致考察这八年刺史。

他的刺史生涯，时间之长仅次于幕府时期。在这八年里，他写下了关于国家时政、兵略策论等大量文字，同时又留下了许多诗章。"平生五色线，愿补舜衣裳。弦歌教燕赵，兰芷浴河湟。腥膻一扫洒，凶狠皆披攘。生人但眠食，寿域富农桑。"（《郡斋独酌》）"上吞巴汉控潇湘，怒似连山净镜光。魏帝缝囊真戏剧，苻坚投棰更荒唐。千秋钓舸歌明月，万里沙鸥弄夕阳。范蠡清尘何寂寞，好风唯属往来商。"（《西江怀古》）这段时间引人注目的事件，还有为宰相提供对付回鹘、平息藩镇的具体策略。杜牧在上书中详细陈述御边与平藩方略，对当时朝廷掌握形势的主动权与取得胜利奠定了策略基础。"宰相李德裕素奇其才"（《新唐书·杜牧传》），有趣的是，这位宰相只取其策，却不用其才。

"雨暗残灯棋散后，酒醒孤枕雁来初。可怜赤壁争雄渡，唯有蓑翁坐钓鱼。"（《齐安郡晚秋》）他在漫长的等待期里有许多牢骚不安，比较一下同时代的其他几个诗人任职地方时的情状，则有明显不同。像白居易的诗作《别州民》："唯留一湖水，与汝救凶年"，记下了自己刺史杭州"增筑钱塘湖堤，贮水以防天旱"的政绩。杜牧的诗章少为政州郡的细致经营的文字记录，而是其他，是心系更高更远的建言。他针对时局，如平藩安边的具体谋划十分引人注目，视界远超自己的辖区和责任，这在一般地方官吏那里是少见的。这与他长期以来大处着眼的秉性和胸襟有关，反映出暂且寄身于一州一地的心理状态。"因思上党三年战，闲咏周公七月诗。竹帛未闻书死节，丹青空见画灵旗。"（《即事黄州作》）"天下虽言无事，若上党久不能解，别生患难，此亦非难。"（《上李司徒相公论用兵书》）"伏以江淮赋税，国用根本，今有大患，是劫江贼耳。"（《上李太尉论江贼书》）"牧刚直有奇节，不为龊龊小谨，敢论列大事，指陈病利尤切至。"（《新唐书·杜牧传》）

我们披览杜牧所有文字，发现他写下的关于治国之论、用兵策议，都是呈给有关大臣的，除了到任后例行的谢表之外，最高层级是送达宰相。这与同时代的韩愈和白居易等人都有不同。

·寒冬焚稿

大中五年（公元 851 年）秋，最后一次刺史生涯结束，杜牧从湖州再次入朝。"星河犹在整朝衣，远望天门再拜归。笑向春风初五十，敢言知命且知非？"（《岁日朝回口号》）可见当时的心情是非常愉快的，虽然笑向春风，但实际上已是人生的深秋之期。生命的寒冬似乎来得太早了一些，这一年杜牧刚刚四十八周岁。他这一生实在奔波了太久，稍稍能够舒畅地喘一口气，却已临近终点。他感到了时间的紧迫："俄又梦书行纸曰：'皎皎白驹，在彼空谷。'寤寝而叹曰：'此过隙也。'"（《旧唐书·杜牧传》）

大中六年的冬天杜牧生病，有一些不祥的预感，于是开始从头检视一生文字。一篇篇审视所有诗文，好像面对了漫长而短促的往昔岁月。一切历历在目。这个过程，当然是对其一生的总结和回顾，文路与心路合而为一。"潇洒江湖十过秋，酒杯无日不迟留。""千里云山何处好，几人襟韵一生休。"（《自宣城赴官上京》）"平生自许少尘埃，为吏尘中势自回。朱绂久惭官借与，白头还叹老将来。须知世路难轻进，岂是君门不大开。霄汉几多同学伴，可怜头角尽卿材。"（《书怀寄中朝往还》）高情旷致与怜惜悲叹，犹闻在耳。有潇洒，有愧疚，有欣慰，有痛惜，更有不甘。这些生命的痕迹交叠一起，让他有一种不可遏止的激越和感动。

就在这个冬天，他做出了一个令人吃惊的决定：将一生累积的大部分诗文手稿烧掉。这当是一个痛苦的裁决。结果文稿烧掉了三分之二以上。后来他的外甥裴延翰在编定《樊川文集》时写道："尽搜文章，阅千百纸，掷焚之，才属留者十二三。"（唐·裴延翰《樊川文集序》）如果能够了解他当时的取舍，该是非常重要的，可惜现在已无从知晓。想象和推测一下，他最重视的文字会是关于国事议论、进言和兵策谋略这一类。而后人一片赞誉的才情之作，特别是那些脍炙人口的七绝，很可能大部被他一把火毁掉了。

我们最该感谢的，是他生前有一个难得的习惯：每有文字，不管多远，都要抄一份寄给自己的外甥，这个人就是裴延翰。"伏念始初出仕入朝，三直太史笔，比四出守，其间余二十年，凡有撰制，大手短章，涂稿醉墨，硕夥纤屑，虽适僻阻，不远数千里，必获写示。"（唐·裴延翰《樊川文集序》）幸亏有了这个人，有了这个习惯，才有了我们今天看到的《樊川文集》。全书总计四百五十首诗文，成为世上现存的最可靠的文本。

杜牧焚稿的行为看起来独特而莽撞，实际上并非如此。细想一下，每个为文者，甚至每个生活中的人，也都有这样的倾向：从头选择生活。虽然为时已晚，在杜牧看来所幸的是可以删除一些记忆和记录，于是也就有了这次焚稿事件。这种取舍存废当然反映了他的世界观、对事物最终的一些判断和决定。这可能主要还不是艺术的取舍，而是观念的取舍，理想的取舍，是对自己一生的行为与思想方面的再鉴定。有一些经历和记录他不想留下来，尽管后悔晚矣；有一些是警策箴言，当留给后世。

这是一个儒生入世的初衷、理想和盼念，是他所认定的最为重要的人生内容。我们不会相信他会将幕府期间的那些情事抒发保存下来，对他来说，那是一段沉沦岁月，是伤感绝望的时期，是不堪的经历。可是从诗文的华彩而言、从审美赏读而言，它们却是色彩浓烈绚烂的部分。

诗人焚掉它们，让我们疼惜，因为这好比焚掉了自己的青春年华。那其实是最可留恋的岁月，这样的岁月怎么可以焚毁？当然这只是作为旁观者和后来者的猜度。

·宰相别墅

杜牧在小时候经常跟随身为宰相的祖父，还有位居朝官的父亲，一起来到城南别墅。记载中相府高大的宅第在长安城朱雀门街东第一街，居于京城中心。除此大宅，还有朱雀门街西第三街的家庙。离长安城三十多里的下杜樊乡朱坡，就是那座规模庞大的园林别墅，是宰相杜佑经常邀请宾客来此游玩的地方。这里风景异常优美，河流清澈，逶迤如带，佳木葱茏，峻岭青翠。杜牧少年时代当然是这里的常客，此地给他留下了深刻的印象。这里是权势和财富的象征，是记忆中一切幸福与未来的蓄藏之地，是深远无边的家族渊源的汇流之地。"佑此庄贞元中置，杜曲之右，朱陂之阳，路无崎岖，地复密迩。开池水，积川流，其草树蒙笼，冈阜拥抱，在形胜信美，而跻攀莫由。"（唐·杜佑《杜城郊居王处士凿山引泉记》）"旧史称佑城南樊川有桂林亭，卉木幽邃，佑日与公卿宴集其间，元和七年，佑以太保致仕居此。"（宋·张礼《游城南记》）可见这座别墅在历任十年宰相的经营之下，其规模风貌如何。

杜佑不是一般高居宰辅之位的封建大臣，而是一个对当时和后世的政治文化产生了重要影响的历史人物。比如他竟能在繁重的为政之余，潜心撰写二百卷《通典》，记述了从远古黄帝至唐朝天宝末年的典章制度沿革，其气魄与情志可见一斑。《旧唐书·杜佑传》记载："佑性勤而无倦，虽位极将相，手不释卷。质明视事，接对宾客，夜则灯下读书，孜孜不怠。"在这样的政治与文化氛围中生活的杜家子孙，自然不难感受一座经营了几十年甚至更长时间的樊川，洋溢在这个庞大建筑群里的气息。这其实是一座沉淀了诸多时光和文明的大宅。

杜牧这样描绘儿时记忆中的这座宰相别墅："下杜乡园古，泉声绕舍啼。""倚川红叶岭，连寺绿杨堤。迥野翘霜鹤，澄潭舞锦鸡。涛惊堆万岨，舸急转千溪。"（《朱坡》）杜牧一生的记忆常常从这里出发，这里给他力量，给他非同一般的气韵，所以让他染上了常人所没有的一些气质。他的一生如此不凡，能够在论断事物时高屋建瓴，言阔旨远，不在其位而谋其政。他的文章格局与大部分诗作不尽相同：前者严谨肃穆、高阔宏远，后者大多清新情笃，才华飞扬。他的诗心守在个人胸廓深处，而文章是发往朝廷和天下的。少年时代的城南宫殿深深地诱惑并教导了他，此地的森严豪迈气象让他壮阔雄峻，而蜿蜒流水与茂树幽涧，又让他才致翩翩，别有情怀。

他在颠簸的仕途上南北奔走，少有安宁，即便如此，也心系樊川，心心念念要回来做个"樊上翁"。这是他亲口对外甥裴延翰说过的话。可是这个念想要实现太难了，不仅要有充裕的时光，还要有钱有地位有心情。在大部分时间里，诗人的一颗心被现实和时局给搞糟了，所以一切都谈不上。这座大宅在最初入朝时无暇光顾，在穷困不达的时候也无心游览。他这一生遇到了这样一些君王：食丹而亡的，纵欲早衰的，热衷捉狐狸的，委屈于宦官淫威的，不仅没有一个气正身壮的人主，甚至连一个享有正常阳寿的都没有。皇帝尚且不得安宁，一位豪门之后也只好委屈自己，小心翼翼地活着了。"顾我能甘贱，无由得自强。误曾公触尾，不敢夜循墙。岂意笼飞鸟，还为锦帐郎。网今开傅燮，书旧识黄香。姹女真虚语，饥儿欲一行。浅深须揭厉，休更学张纲。"（《除官归京睦州雨霁》）

杜牧期盼的稍稍像样的日子姗姗来迟。"某早衰多病，今春耳聋，积四十日，四月复落一牙。耳聋牙落，年如七八十人将谢之候也，今未五十，而有七八十人将谢之候，盖人生受气，坚强脆弱，品第各异也。"（《上宰相求湖州第二启》）他的晚年实在来得太早，于一般人的壮年之期就不邀而至了。在四十九岁的时候，他最后一次入朝，先任考功郎中、知制诰，第二年迁官正五品上中书舍人，这才使他有机会在祖上的城南大宅里流连。对于任何人来说，居所都不是一件小事情，能够安居也不是一件小事情，因为只有好好地住下来，才能安心做一些事情。所以豪情万丈的韩愈一有可能，便在城南建了一座别墅，"我云以病归，此已颇自由。幸有用余俸，置居在西畴。"（韩愈《南溪始泛三首·二》）西畴，即指城南韩公别墅，但他同样也没有享用太久。宋代大才子苏东坡在流放途中，只要一有机会就要盖房子，还要在房前屋后细细经营，大植花树。此刻的杜牧好像一定要抓住人生这短暂的空隙，一丝不苟地认真打理这座庞大的别墅。早在几年前做刺史时，他就将攒下的一些钱用来修复这座破败的宰相大宅，费尽心思修修补补。"上五年冬，仲舅自吴兴守拜考功郎中、知制诰，尽吴兴俸钱，创治其墅。出中书直，亟召昵密，往游其地。"（唐·裴延翰《樊川文集序》）现在老年的杜牧终于住进了这所辉煌的大宅，梦想可以延续了。他就像祖父和父亲在世时一样，一有空闲就邀来客人，特别是一些文人雅士，在这里饮酒畅谈。风物与心情统一，这当是人生最佳之境，两者缺一即是遗憾。他终于可以在这里做一个"樊上翁"了。这是他一生中最好的两个时段之一，另一个当然是少年时代。

可惜在这里断断续续住了两年左右，寒冷的冬天就来到了。他自这里出发，然后又回归这里，绕了一个很大的人生圆圈，起点和终点都是这座宰相别墅。他不曾预料的是，自己的少年如此度过，青年又将如何？更没有想到十年幕府，四任刺史，五入朝官。人生的轨迹如此曲折难测，他一心要画圆的这个人生轨迹，最终得以实现。可惜刚刚年届五十，这个出发之地就作为人生终点与之相会。如此伤感、悲哀，令人无语。

辉煌岁月成为一个家族之梦，不知在身后残酷的历史风雨中还能屹立多久。杜牧只有在他瑰丽的诗文中才是不朽的。昨日如梦，永恒如诗，他苦苦追求、为之奋斗的，竟是那么脆弱的存在。而在偏僻之隅、在空寂之地的自我吟哦，却如同日月星光一样永恒。

·斥元白

　　文史家议论最多者，就是杜牧与元稹及白居易的关系：私人交往和诗文理念。就个人关系来看，尽管他们之间的年龄差距稍大一些，但也不是没有交集的可能。元稹去世早一些，杜牧与之见面的机会很少，但白居易就不同了，他们二人相差三十一岁，白居易享有七十五岁天年，而且曾于同一时段在洛阳分司任闲职。公元836年，杜牧分司洛阳任监察御史，此时六十五岁的白居易回到洛阳已经七年，时任洛阳分司太子少傅。监察御史品级是正八品上，而太子少傅是从二品，两人地位相差悬殊，但这并不是他们未能见面的主因。从留下的文字来看，杜牧对元白二人的诗风是有些不敬甚至不屑的。当时元白二人的诗作在社会上流传广远，影响很大，如《长恨歌》，两人唱和的"元和体"等，通俗易懂，在朝野间颇受欢迎："写了吟看满卷愁，浅红笺纸小银钩。未容寄与微之去，已被人传到越州。"（白居易《写新诗寄微之偶题卷后》）

　　据白居易自己说，他自长安贬放江州途中，一路上无论是士子僧人歌女，还是贩夫走卒引车卖浆者，无不能吟咏几句其诗。这其中一个原因是，当时人们对元白指摘现实的"讽喻诗"知之甚少。元稹在《上令狐相公诗启》中说，自己千余首诗中，"其间感物寓意，可备蒙瞽之讽达者有之，词直气粗，罪戾是惧，固不敢陈露于人。"因为这些文字针砭时政太直太切，而不敢轻易示人。而那些"唯杯酒光景间，屡为小碎篇章，以自吟畅，然以为律体卑痹，格力不扬，苟无姿态，则陷流俗"之作，却为世人"妄相仿效，而又从而失之，遂至于支离褊浅之词，皆目为元和诗体"。所以当年被人们广为知晓的"元和体"，并非如今教科书上提及的讽喻现实的诗作。

　　杜牧这样才气横溢的贵公子，要接受一个在俚俗层面极受追捧的文人，可能有些困难。他个人的冲撞气、舍我其谁的悍拗之气，也与白居易犯冲。倒是韩愈狂傲不羁的性格，奇峻昂挺的文风，更合乎他的胃口。他不止一次表达了对韩愈的钦佩，笔下文字也明显受到了对方的影响。"李杜泛浩浩，韩柳摩苍苍。近者四君子，与古争强梁。"（《冬至日寄小侄阿宜诗》）这里杜牧明确地道出了自己的追慕者，认为李白、杜甫、韩愈、柳宗元是近当代"四君子"，毫不逊色于那些古代的杰出人物。"自艰难已来，儒生成名立功者，盖寡于前代，是以壮健不学之徒，不知儒术，不识大体，取求微效，终败大事，不可一二悉数。"（《上河阳李尚书书》）他鄙薄之指向似乎清晰，对那些恪守"正儒"的诗人、文化人是心存敬重的，而对一味迎合、不能恪守者是相当轻视的。

　　杜牧与韩愈在思想文化及社会精神、人生观等方面也相当一致，比如对当时盛行的佛、道的态度，他们都是反感和力拒，认为这两种宗教文化一旦形成国民化和肤浅化，就会对整个社会造成严重后果。他在《书处州韩吏部孔子庙碑阴》一文中对此观点阐述得非常充分，而且用语犀利："天不生夫子于中国，中国当何如？曰不夷狄如也。荀卿祖夫子，李斯事荀卿，一日宰天下，尽诱夫子之徒与书坑而焚之。"从荀子、商鞅对仁义的弃置，到秦皇汉武对仙道方术的迷信，再至南朝梁武帝以天子之尊"舍身事佛"，历数那些帝王强者治国用兵之雄，却未能在佛道之术下保持基本的清醒，指出："傥不生夫子，纷纭冥昧，百家斗起，是己所是，非己所非，天下随其时而宗之，谁敢非之。纵有非之者，欲何所依拟而为其辞。""百家之徒，庙貌而血食，十年一变法，百年一改教，横斜高下，不知止泊。彼夷狄者，为夷狄之俗，一定而不易，若不生夫子，是知其必不夷狄如也。"文章最后将韩愈与孔孟二圣并列："自古称夫子者多矣，称夫子之德，莫如孟子，称夫子之尊，莫如韩吏部，故书其碑阴云。"

与如此崇高的亲近形成强烈对比的，是他对元、白的态度。这两个人引起杜牧不快还有一个不大不小的原因，就是他们二人有大量"讽喻诗"并未广泛流行，可能杜牧没有读过。那些文字只能在少数朋友手中传阅，所以在当时诗坛看来，元、白等人不过是写一些男女情事、个人闲趣的通俗歌手而不入大道。暂且不说这样的见解公允与否，单就文学审美的多元性和复杂性来论，今天看也仍然需要留有余地。在元、白二人的闲适诗、情爱诗与叙事诗中，很大一部分艺术含量是很高的，如白居易的《琵琶行》《钱塘湖春行》《杭州春望》等，元稹的《离思五首》《遣悲怀三首》《菊花》等，这些作品丰腴厚重，有诸多幽思和神来之笔，远非一句俚俗趣味所能概括。它们除了通俗易懂之外，还有更深一层的生命激昂与沉郁。这些都不是从通俗层面，也不是一般民众所能够诠释和理解的。它们的朗朗上口和明晓易懂，是在外部，在显处，而腠理之下则仍然是噗噗跳动的济世之心。但这诸多元素杜牧好像视而不见。

一般来说出身阶层不同，或自己将个人给予一种自觉不自觉的划定，会极大妨碍客观而完整的认知，这在古今中外都是经常发生的。这条人与人之间的鸿沟，实际上是人性的鸿沟，要免除是困难

的。集中体现杜牧对元白诗歌艺术的评价，历来被引用最多的就是
他为李戡所撰的墓志铭。杜牧在《唐故平卢军节度巡官陇西李府君
墓志铭》一文中极赞"有道有学有文"的李戡，赞扬他读书能够"解
决微隐，苏融雪释"，并转述李戡的话："诗者可以歌，可以流于竹，
鼓于丝，妇人小儿，皆欲讽诵，国俗薄厚，扇之于诗，如风之疾速。
尝痛自元和已来有元、白诗者，纤艳不逞，非庄士雅人，多为其所
破坏。流于民间，疏于屏壁，子父女母，交口教授，淫言媟语，冬
寒夏热，入人肌骨，不可除去。吾无位，不得用法以治之。"

　　最后一句特别有趣，如果有"位"，将有何"法""治之"？我
们不得而知。杜牧在这里引用的是墓主之言，但自己想必也会同意，
所以才有这样深切而详尽的记述。这样的指斥不可谓不重，而且深
透腠理，不能说毫无道理。只是中晚唐的颓靡之风由来已久，非一
时一人之力所成，而与时代运势紧密相连。再者，元、白相当一部
分情感叙事也非俗艳，属于雅致用心之作。像元稹历来为人所称颂
的"曾经沧海难为水，除却巫山不是云"（《离思五首·四》），是为
悼念亡妻韦丛所作，意境瑰丽而不浮艳，情感悲怆而不低沉，实为
唐诗绝句之胜境，与苏轼《江城子·十年生死两茫茫》同为千古悼
亡的绝唱。

　　有人为元、白辩白的话还有：杜牧自己就写有大量男女情事，
怎么有资格指责别人？此话听来似有道理，但问题的关键并不在此。
如果其诗真的俗艳，分析其艺术得失总是应该的。在同类言情诗作上，
杜牧与他们相比确有高下之别。比如白居易的《代书诗一百韵寄微
之》："征伶皆绝艺，选伎悉名姬。粉黛凝春态，金钿耀水嬉。风流
夸堕髻，时世斗啼眉。密坐随欢促，华尊逐胜移。香飘歌袂动，翠

落舞钗遗。"元稹则更为浅俗直露:"密携长上乐,偷宿静坊姬。僻性慵朝起,新晴助晚嬉。相欢常满目,别处鲜开眉。"(《酬翰林白学士代书一百韵》)其格调和色泽与杜牧、李商隐、苏轼等抒写男女幽情之作,实在不可同日而语。

杜牧对于自己言情诗的态度,有否自我检视,好像没有记载。"既无其才,徒有其奇,篇成在纸,多自焚之。"(《献诗启》)他的晚年焚稿,当是一次严苛峻厉的自我检视与总结。

· 悍气之余绪

杜牧的外甥裴延翰在《樊川文集序》中,对杜牧发出了如此热切和高耸的赞叹:"窃观仲舅之文,高骋复厉,旁绍曲摭,洁简浑圆,劲出横贯,涤濯滓窊,支立敧倚。呵摩郅瘵,如火煦焉;爬梳痛痒,如水洗焉。其抉剔挫偃,敢断果行,若誓牧野,前无有敌。"(唐·裴延翰《樊川文集序》)这些措辞显然颇费斟酌,用尽心思,因为在他来讲,非如此则不能表达其赏赞。外甥所言可以备考,这里有相当部分属于由衷之言。

杜牧像许多古代文人一样,年轻时确有相当冲撞力,有一种天不怕地不怕的悍然冲决之气。这种气概既危险又宝贵,常常为人生某个阶段才会拥有。许多时候这股生命之力将支持一个人办成大事,虽然也会造成自伤。人生与社会在不同的历史阶段,我们常看到一些规律性的惯常事件和关节,发现有些事必须由青少年才能办成,一个老迈者或人生经验极丰厚者,自然会与某些事件或某些行动绝缘，比如冲动起来不管死活，上了年纪则毕竟少见。锐利之人必得青春朝气，同时又有周密的胆识，如此才能成大事。悍然之气不过是来自强大的生命力，于文于事都是如此。如果从历史上找一些这样的例子，大概一点都不难。写峻文、办险事者，大抵属于年轻气盛者。

韩愈和苏东坡年轻时勇气过人，连白居易这样相对温和内向的"知足保和"之人，年轻时也敢于对上勇谏，曾经当面冲撞皇帝，颇为大胆。但比较同时期的韩愈，则会发现有些例外。韩愈年轻时曾经因为直谏饱受贬放流离之苦，对此自我反省不可谓不深，却依然如故，直到晚年还是一个愤青。不过在古代的大文人中，像韩愈这样的特例还不算多。如果追溯春秋战国时的游侠刺客，就会大为惊叹。据汉代司马迁《史记·刺客列传》记载，鲁国大将曹沫"执匕首劫齐桓公"，逼桓公"许尽归鲁之侵地"，何等鲁勇。吴国人专诸将匕首藏在大鱼的腹中替公子光刺杀吴王僚。晋国豫让为替主公报仇，竟然浑身涂满黑漆，把自己弄哑，藏在一座桥下，刺杀晋国权臣赵襄子；刺杀未遂，临死前竟谋得赵襄子的衣服，拔剑斩其衣，以示为主复仇，随即伏剑自杀，留下一句"士为知己者死，女为悦己者容"（汉·刘向《战国策》）。还有那个提剑西行的猛士荆轲，击筑亡命的高渐离，这些都出于青壮之期。

再看泼辣之文，犯上大怒，以言罪人的文字狱，罗网之中多有青春。如果是青春之外的壮士，如韩愈《谏迎佛骨表》的炮制，那就更加令人敬仰。这里说到的杜牧，他早年的诗文，包括在刺史任上的一些文章和言论，足够锐利宏阔，纵言天下，有岳飞气也有孟子风。"且武者任诛，如天时有秋；文者任治，如天时有春。是天不能倒春秋，是豪杰不能总文武。是此辈受钺诛暴乎？曰于是乎在。某人行教乎？曰于是乎在。欲祸蠹不作者，未之有也。伏惟文皇帝十六卫之旨，谁复而原，其实天下之大命也，故作《原十六卫》。"（《原十六卫》）豪锐之气跃然纸上。"我感有泪下，君唱高歌酬。嵩山高万尺，洛水流千秋。往事不可问，天地空悠悠。四百年炎汉，三十代宗周。二三里遗堵，八九所高丘。人生一世内，何必多悲愁。歌阕解携去，信非吾辈流。"（《洛中送冀处士东游》）他有许多文字居高临下，一派指点天下的姿态，想不惹人反感都难。好在这其中没有多少具体斥责的内容，只有些许豪门之后的轻狂，所以未见多少追究。

"僧语淡如云，尘事繁堪织。今古几辈人，而我何能息。"（《偶游石盎僧舍》）在寂寥的佛门中，他有这样的反思，意味深长。这个人悍气固在，必有去处。这种气概是生命深处所培植，随着年纪的增长，仍旧不会消逝得无迹无痕，而是变相变形，以另一种方式表现出来。比如他那些看上去与冲撞和勇气并不搭界的男女诗、风物诗，实际上都可以看成是这种气质所转化。"六朝文物草连空，天淡云闲今古同。鸟去鸟来山色里，人歌人哭水声中。深秋帘幕千家雨，落日楼台一笛风。惆怅无因见范蠡，参差烟树五湖东。"（《题宣州开元寺水阁》）"江涵秋影雁初飞，与客携壶上翠微。尘世难逢开口笑，菊花须插满头归。但将酩酊酬佳节，不用登临恨落晖。古往今来只如此，牛山何必泪沾衣。"（《九日齐山登高》）这些诗句读来轻快、脆生，实际上存有一种果决和坚执。总之，杜牧这个人的山水情怀也超过常人，可见生命力会以各种途径往前，让其变成大色人，大勇人，大情人。比如对待张好好这样的歌妓，也是托出一片深情，淋漓抒发。"洛城重相见，婥婥为当垆。怪我苦何事，少年垂白须？朋游今在否，落拓更能无？门馆恸哭后，水云秋景初。斜日挂衰柳，凉风生座隅。洒尽满襟泪，短歌聊一书。"（《张好好诗并序》）这种事关男女情事的抒发力、追究力，都属于强悍的生命力，不可忽略。

他自年轻起便时时显露出来的冲决力，当然是一种悍力。"悍然入侵"，不管侵入哪里、哪个方向，都是很深入很致命的。所以我们切不可把杜牧那些情致文字看得太远太隔，它们其实不过是生命悍气之余绪，其绪也长，到老不绝。在诗人暮年出任湖州刺史的时候，在"春风最窈窕"的茶山下依然是"把酒坐芳草，亦有佳人携"（《茶山下作》），依然是柔肠百转："惊起鸳鸯岂无恨，一双飞去却回头。"（《入茶山下题水口草市绝句》）他晚年之佳作《将赴吴兴登乐游原一绝》，当是记录了难以泯灭的雄心与悍气："清时有味是无能，闲爱孤云静爱僧。欲把一麾江海去，乐游原上望昭陵。"昭陵，即唐太宗李世民的陵墓，诗人晚年依然在眺望太宗的"贞观之治"。

有时候生命之间的差异是惊人的，让人大为惊骇：有人处于青壮期，却性格绵软，怯懦无为，气息恹恹；而有人年迈古稀，双目炯炯，气息虽微，双臂衰萎，却心志豪壮，雄心未泯。这让我们想起了曹操的《龟虽寿》："老骥伏枥，志在千里；烈士暮年，壮心不已。"其志可以隐伏，但不可以消除。这样一种生命力，做事作文皆有其显著的特征与痕迹在，不可消磨。

实际上社会史即是一部生命史、人性史，它们光怪陆离，墨分五色，不可尽言。时光之流驶，生命之斑驳，或留下叹息，或可歌可泣。有一些大勇之人，即便临近生命的最后时刻，留下的影像仍然是两眼锐利如英雄，神色一展令人惧。他一生的雄壮关节连缀起来，在我们眼前一一闪过。这真是一种不可思议的力量，一种生命的特征。

对杜牧年轻时的豪文和壮言，我们印象格外深刻；另一方面，我们又可以转到其人生屏风之后，看那些缠绵和深婉的风情之作。他对风物，对异性的领略、怀念和叹赏，都达到了撩人魂魄的生动性和深切度。这当然都属于心灵的部分，属于生命噗噗脉动的另一种回响，源于人的另一种力量，另一种表达。这种生命即便衰老到手无缚鸡之力，也仍然怀有一颗伏虎之心。

· 才子与盲弟

关于杜牧一生的文字记载中，少有特别曲折感人的情节。原因是多方面的，存在文字的叙事未周、记录未达之故，也可能是因为贵公子自有高高在上的性情特质，所以表面上看即少一些生死相依的情感故事。他自己少涉及，别人也未给予过度关注。不过这只是外在印象，其本来面目仍存于人性内部。像这样一位敏感多情、多思多悟的诗人，心中必有内在曲折的情感依傍。他之深情，不仅是在风花雪月方面，还会有许多表现和表达。

让我们感动不已的，是他和唯一胞弟杜颛的关系。杜颛也是一位奇才，二十五岁得中进士。因为自幼体弱多病，特别是患有目疾，在母亲的呵护之下，直到十七岁才开始读《尚书》《礼记》《汉书》等典籍。杜颛颖悟异常，能够举一反三，智窍大开，写出的华章在短时间即得到传颂，令人惊叹。可惜英才不幸，时运不济，入李德裕镇海幕为巡官不久，就为眼疾拖累，从此成为兄长杜牧一生的怜惜和牵挂。"弟颛，一举进士及第，有文章时名，不幸得痼疾，坐废

十三年矣。"(《上宰相求杭州启》)

　　杜牧为了给不幸的弟弟治疗眼睛顽疾，居然放弃了许多人求之不得的监察御史之职，这是他经过十年宦游幕府之后才取得的朝廷任命，最后却因请长假而丢官。他从洛阳分司任上先去长安请医生，然后再陪医生到扬州给弟弟医治，官假超过了百日，而唐代官制告假不得超过百日。为了陪伴和照顾弟弟，只得再次丢掉朝职，重新进入幕府。后来当他好不容易再次入朝为官任膳部员外郎，又不惜远途奔波，请假前往江州去探望弟弟。当时杜顗是寄住在堂兄杜慆的刺史府中，他想把弟弟接回长安，又因为长安生活开支大，弟弟担心他官俸微薄，不愿跟随。为了给弟弟治疗眼疾，杜牧四处求访名医，不惜花费重金，以各种言词加以恳求，即"以重币卑词"延请。当他刚刚结束八年刺史的外放生涯，从偏远睦州返朝升为司勋员外郎时，听闻九疑山南有一个能治眼疾的异人，还打听到一位年逾八旬、精通医术的道士，就马上请求朝廷外放钱塘，希望以刺史之力请到异士。他连上三启请求外放："念病弟丧明，坐废十五年矣，但能识某声音，不复知某发已半白，颜面衰改。是某今生可以见顗，而顗不能复见某矣，此天也，无可奈何。某能见　而不得去，此岂天乎！而悬在相公。"(《上宰相求湖州第二启》))因为十五年的目疾，弟弟只能听到他的声音，却看不到他斑白的须发和衰老的容颜，他发出了伤绝之叹。

　　无论身处何地，杜牧都心系弟弟的眼疾，盼望能够出现奇迹。显而易见，盲弟是他的一个沉重负担、一个大大的世间拖累。他既是弟弟的眼睛，又是弟弟依靠的臂膀。这个小他四岁的盲弟，当年曾经让杜牧多么欣喜，其才其能让他惊叹。当时有个名叫崔岐的进士非常自负，却对一时广为流传的杜颉写给宰相裴度的《阙下献书》《与裴丞相度书》钦佩不已，大赞说："贾、马死来生杜颉，中间寥落一千年。"（《唐故淮南支使试大理评事兼监察御史杜君墓志铭》）就连对杜牧多有挑剔的宰相李德裕，在出为镇海节度使的时候也招其弟杜颉为巡官。杜牧兴奋地为弟弟写诗："少年才俊赴知音，丞相门栏不觉深。直道事人男子业，异乡加饭弟兄心。"（《送杜颉赴润州幕》）可见他当时比交了好运的弟弟本人更为兴奋。他为弟弟感到骄傲，不止一次提到宰相李德裕、牛僧孺对弟弟的赞誉。这种手足之情令人感动，这是一种既不可替代也无可比拟的情感，不可言表只可体味。

人的命运真是难测，就是这样一位才俊，竟然年纪轻轻便失去光明，在漫长的人生黑夜中需要兄长一路牵引，直到终点。只要这个盲弟在，杜牧就要一直小心翼翼地挽扶。不幸的杜颉让杜牧不知找了多少医生，但无一奏效，于会昌二年移往扬州之后，终于不再做医治的努力。"君因居淮南，筑室治生，不复言治眼事，闻于天下，无不嗟叹。君安泰自如，令人旁读十三代史书，一闻不遗，客来与之议论证引，听者忘去。年四十五，大中五年二月二十五日卒。"（《唐故淮南支使试大理评事兼监察御史杜君墓志铭》）这一年杜牧虚岁五十，他为弟弟作墓志铭，记述了杜颉最后的生活情况。

虽然弟弟对治疗眼疾已经失去信心，但安泰自如，好学不倦。别人为他读史书，他只须听一次即过耳不忘，与客人议论引证，清晰而准确。面对弟弟的离世，杜牧哀恸欲绝："某今年五十，假使更生十年为六十人，不夭矣，与君别止三千六百日尔！况早衰多病，敢期六十人乎，忍不抑哀，以铭吾弟。"说假使自己能够活到六十岁，要与弟弟生生分离三千六百天，况且早衰多病，哪敢期望活到那个时候。悲伤之情令人垂泪。

仿佛上苍要故意折煞这位雄心傲气的旷世才俊，不仅为他设计了无比坎坷、充满委屈的仕途，而且还让一个同样才华四溢的弟弟年轻致盲，让其伴其左右，作为牵引。这样就可使他的脚步愈发放缓，心气愈加放低，小心呵护，不再分离。这是怎样的一种情状。如果命运天定，那么上苍又是何等残忍。我们为杜牧哀，也为无常岁月哀。在这样一种艰难坎坷的兄弟伴行之途，杜牧对人生世事的洞察，视角会放得更低，体味也会更加细致，但心情将更加抑郁不展："忍过事堪喜，泰来忧胜无。治平心径熟，不遣有穷途。"（《遣兴》）

这种极其残酷的遭逢，这种巨大的命运平衡力，使人感慨万端。他就像一个乘风跃向高空的风筝，地上有一方沉重的巨石将其拴住，就因为有了这种坠压，风筝也就不会飘然而去不见踪影。它最终没有消失在苍茫的天际，而一直在那里盘旋，仰头即可望见。它在疾风中抖动，它在流云中俯视。这是飞升的高度与黝黑的泥土之间所保留的牵拉关系。从这一点上看，杜牧天生就该感激他的这位盲弟，为之垂泪、惋惜，哀其不幸不遇，同时也在这个过程中看到了自己命运的另一半。世事无料，人生无常，任何遭逢都无暇抱怨，好像天生如此，无可改变。这不是个人的力量，甚至不是人间的力量所能扭转和改变的。仿佛一切皆有玄机，自有造化，上苍如此设计，人间又能奈何。

我们重新回望英俊飘逸、才华四射的杜牧，一切也就大为不同了。他的峻急、孤傲、率性，他的诗与文，似乎都闪烁着另一种光色。在他短促的一生里，伴有一种隐约起伏的回音，漫长而细微，却终究不可消失。那是兄弟的伴唱，是生命的伴唱。

· 雄文诗为魂

　　杜牧的文章比起诗作，更为气壮雄拔，是另一种格局和气息。人们多提到他青年时代的赋、论兵之策和治国方略，那些纵横捭阖之章，那些丰赡的辞采。有人会以为这些文字大多是因为使用性较强，是对外而不是对内，是求用之途，所以才让作者更能够打起精神。这只是一个方面，其实它们具有如此质地，更多的还是由作者的生命内质所决定，是他的一颗诗心的作用，是激扬和意气风发之情的散文化表达。这些文字许多时候不过是无韵之章，本质上还是以诗为魂。

　　杜牧在表述李贺诗文之奇诡幽奥以至于难以言传的情状时，曾经做了如下传神的描摹："云烟绵联，不足为其态也；水之迢迢，不足为其情也；春之盎盎，不足为其和也；秋之明洁，不足为其格也；风樯阵马，不足为其勇也；瓦棺篆鼎，不足为其古也；时花美女，不足为其色也；荒国陊殿，梗莽丘垄，不足为其恨怨悲愁也；鲸呿鳌掷，牛鬼蛇神，不足为其虚荒诞幻也。"（《李贺集序》）这里，他将文辞之功能发挥到了极致，不仅是为了驰骋文采，主要还是刻意地求其实质，极尽所能言说其细微与奇妙，结果就有了我们看到的这段绝妙深邃的文字。这何尝不是在说自己，其诗文与李贺之深邃诡异有所接近。他的文章棱角激情及内在的阔大与豪气，哪一点不是来自一颗诗心？

"激情"是一个综合之物,而不仅是一般人误认为的"性格"之类,主要因由当然不仅如此。生命力的强度,使用和发动的路径与速度,是这些因素从根本上决定"激情"的大小和有无。而这其中又一定包含了理性精神,即思想力、思想的通透性和彻底性。杜牧那些用兵之策和治国方略,关于时代一些至大命题的解局之方,都有一种大处着眼的高度,贯穿了严格的理性精神。他的行动力体现在思想力中,而这些结合起来,就属于诗的极致化的表达与把握,是周到无疏,是慷慨而又细密的推动力和落实力,更是具体步骤。事实上这里的相当一部分,都是可以推演和实践的。比如宰相李德裕对付藩镇,在处理泽潞军事上就采用了杜牧的谋划,结果证明是完全可行的。杜牧在《上李太尉论北边事启》中,对回鹘残部的情况做了一番细致分析,然后提出具体方策:"以某所见,今若以幽、并突阵之骑,酒泉教射之兵,整饬诚誓,仲夏潜发。""五月节气,在中夏则热,到阴山尚寒,中国之兵,足以施展。行军于枕席之上,玩寇于掌股之中,軏輮悬瓶,汤沃睨雪,一举无频,必然之策。今冰合防秋,冰销解戍,行之已久,虏为长然,出其意外,实为上策。"其言说可谓洞幽入微,这非真正的智者、勇者加文心细腻者而不能为。所以说自古大勇,勇在文事。人生不过是一篇大文章,战事大致是一篇小文章。

那些疏治怠政的庸俗官吏,常常胸无文墨,根本没有构思文章的器局,没有谋篇的能力,所以才把施政搞得一塌糊涂。这些人无理想,无底线,浑浊愚昧,卑微渺小,傲慢而残忍。他们缺少的恰恰是一个文章大家、一个文人良吏的品质与训练。

有人常把诗当成华而不实的文辞彩头,实际上是不懂诗为何物。诗是对一切事物的最细微最极致的理解和把握,是远超周密的全息性概括，是一场大表达和大实践。一切将诗与现实操作对立起来的思维，都是极为粗糙的。我们从历史上看那些大诗人，如战国时代有屈原，汉代有贾谊、司马相如、苏武、李陵、张衡、班固，三国时期有曹操、曹丕、曹植父子和"建安七子"，晋代陆机、陆云，南朝谢灵运、谢朓，唐朝有张说、张九龄、高适、韦应物、韩愈、白居易、刘禹锡、柳宗元、元稹、韩偓，宋代有晏殊、范仲淹、欧阳修、王安石、苏东坡、苏辙，南宋陆游、范成大、杨万里、朱熹、辛弃疾、张孝祥、岳飞、文天祥，元代有张养浩，明代有李攀龙、王世贞，清代有王士禛、袁枚、曾国藩等等，无论主政朝堂还是奔驰疆场，无论出使他国还是治理地方，可以说个个都是治国安邦的能吏，这些人从不缺少行动力。有一句话叫"自古文人多良吏"，说的就是诗人为良吏。没有真正深入的高耸的诗才，文韬武略是不可能有的，治世之才也不可能有。当然这里不包括那些花拳绣腿，那大致不是什么真正的诗性，而只是廉价轻浮的表演。

"锢党岂能留汉鼎，清谈空解识胡儿。"（《故洛阳城有感》）杜牧对缺乏行动力的空谈是极反感的。他的气魄来自诗性的生命本身，而不是其他。我们对诗人应该给予极大的信任和倚重，并抱有最大的寄望。说到底，社稷不过是一篇大文章，而文章之核心之魂魄，不过是诗而已。在生活中我们经常把现实操作与文章建构分离，而在对待文字的时候，又把那些实用的、具体的构划文字与诗章分离开来。我们不懂得它们之间有不可分解的关系，不知道一种只是另一种的外延和衍生，不知道居于核心的，就是生命的极致的飞扬力，即所谓的诗。

人们对于诗的误解，不是对文学艺术的误解，而是对一切的误解。这样的生命隔膜实际上就是悲剧的源头。我们在漫长的历史中看不到悲剧的完结，它们首尾相接，连绵不绝，其中一个重要的原因，就是诗性被掩隐、遮蔽，以至于被埋没。没有诗，则没有清晰的理性和强大的力量，没有创造和发现，没有摧毁无数艰难险阻的无可抵挡的生命之力。这一切最终形成巨大的黑暗的屏障，将人类囚禁和包裹，不得施展，不得突围，最终成为悲剧的主角。

·再说七绝

自古至今，说到杜牧，人们谈论最多、肯定最多的，还是他的七绝。其七绝乃真绝。这不仅是因为深刻优美之类的审美初步，不是一般诗文品相给人的印象，不是读来朗朗上口和韵致之妙、免除艰涩却未俚俗的折中性，不是那种赏阅的舒服。七绝之绝，还有说不尽的元素在其中，所谓审美之复杂性就在这里。比如杜牧那些最有代表性的七绝，明亮干净却不表相化，脆生果决却有余韵，具象清晰而能概括，纯美唯美则又厚重，脱口而出但无浅直。由这一切元素综合决定，才拥有了一种无可替代的独具之美。"诗文皆别成一家，可云特立独行之士矣。"（清·洪亮吉《北江诗话》）由清代蘅塘退士选编的《唐诗三百首》，流传甚广，七言绝句条目下共收入李白、杜甫、王昌龄、王维、白居易、刘禹锡、李商隐等二十八位诗人的五十一首七绝，入选篇目最多的就是晚唐"小李杜"：李商隐七首，杜牧多达九首。这也聊可参考。

七绝被许多人视为杜牧特有的风格指代，常用的几个词就有"挺拔英爽""清新亮泽""雄姿英发""轻倩秀艳"等。这方面真的好像无人超越。这其中有一部分存在道德上的争议,而并无艺术上的讨论,如"十年一觉扬州梦,赢得青楼薄幸名",如"春风十里扬州路,卷上珠帘总不如"。今天看,仍旧是一种苛求和过责。因为我们从诗中并不能看出什么轻薄气和俗艳气。他的关于"青楼""薄幸"之说,难道不是透着深刻的追究和痛惜?一个人能有这样的愧意和罪感,不也难得?再者,能有这样的追忆者,往往都是可以信赖的人,无欺的人,而不会是伪君子。

"牧之非徒以'绮罗铅粉'擅长者,史称其刚直有大节,余观其诗,亦伉爽有逸气,实出李义山、温飞卿、许丁卯诸公上。"(清·潘德舆《养一斋诗话》)"晚唐唯小杜诗纵横排宕,得大家体势。其诗大抵取材汉赋,而极于骚,遣词用字,绝不沿袭六朝人语,所谓'高摘屈宋艳,浓熏班马香'者,可以知其祈向矣。"(清·沈其光《瓶粟斋诗话》)这些评说未有过誉,适得其中,应该是当代诗评者重要的参考文字。

杜牧那些精美剔透干练利落铮然有声的句子实在太多了,实难历数。"远上寒山石径斜,白云生处有人家。停车坐爱枫林晚,霜叶红于二月花。"(《山行》)"银烛秋光冷画屏,轻罗小扇扑流萤。天阶夜色凉如水,坐看牵牛织女星。"(《秋夕》)"折戟沉沙铁未销,自将磨洗认前朝。东风不与周郎便,铜雀春深锁二乔。"(《赤壁》)"江东子弟多才俊,卷土重来未可知。"(《题乌江亭》)"商女不知亡国恨,隔江犹唱后庭花。"(《泊秦淮》)"南朝四百八十寺,多少楼台烟雨中。"(《江南春绝句》)"二十四桥明月夜,玉人何处教吹箫。"(《寄扬州韩绰判官》)"公道世间唯白发,贵人头上不曾饶。"(《送隐者一绝》)诸如此类,举不胜举。

"某苦心为诗，本求高绝，不务奇丽，不涉习俗，不今不古，处于中间。"（《献诗启》）这里的"高绝"为高超绝妙，是"高摘屈宋艳，浓薰班马香"。（《冬至日寄小侄阿宜诗》）他对元稹和白居易不喜欢，就可知他对俗字是最忌的，但并非一味追奇。所谓"处于中间"，就是追求一种"气俊思活"。（清·洪亮吉《北江诗话》）

我们衡量杜牧的诗文，不可抽离七绝。没有七绝，杜牧将是另一副面目。我们掩卷而思，有时候甚至会觉得只有这些文字，才活化出一个俊逸的无可比拟的杜牧。他的潇洒俊朗和英挺飘逸，基本上都在这些文字中表露无遗了。他的雄拔气概似乎只有在文章中才凸显，但那些文章的核心韵致仍然能够从诗章中找到，这是一种更为靠近生命核心与本来的质地，其文字流传最广、最深入人心的，也是这一部分。他生前极其鄙视俗流功名，不屑于在俗众中寻找簇拥者，不认为那是知音，也不认为那是诗人的光荣。但是千余年之后，可能让他本人始料不及的是，正是这些风格"高绝"的绝妙之音，找到了无以计数的咏唱者。人们陶醉其中，心向往之，珍爱叹赏之情无以言表。这是空谷绝唱，将人们心灵中沉睡的那一部分唤醒，形成一场合奏与共鸣。这是淬炼而出的生命精华，靠近它们，就是向绝高和绝妙看齐。

·定格于青俊

我们纵观杜牧，遥思其人，总觉得他是一个青年才俊，好像从来不曾苍老过。

真实的杜牧像所有人一样，也有自己的晚年，有暮年吟唱，但奇怪的是他始终不给人以衰老之感。他的诗文所绘就的形象，总有一种挺括峻拔之态，是腰背不曾弓弯的永驻青春，是艺术"冻龄"。这虽然与他去世较早有关，但似乎也不尽然。因为我们知道，任何时代从来不缺年轻的小老头。

"猎敲白玉镫，怒袖紫金锤。""豪持出塞节，笑别远山眉。"(《少年行》)"细算人生事，彭殇共一筹。与愁争底事？要尔作戈矛。"(《不饮赠酒》)这些音节韵律最易陪伴青春。杜牧的情形多少有点像法国诗人兰波，定格在人们心中的兰波，也一直是一个英俊可爱的青年甚至是少年形象。这类才俊仿佛不曾老迈，总是风度翩翩，风流倜傥。他们的多爱多情，也使其放缓了衰老的速度。

"登高远望四山齐，何处风流杜牧之。""文章小杜人何在？风雨重阳菊自开。"(元·萨都剌《梦登高山得诗二首》)的确如此。我们闭目遥思：一位羽扇纶巾的锦衣公子，一个纵马于大野的英俊男儿，原野之上，广袤之地，打马驰骋，绝尘而去。"星宿罗胸气吐虹，屈蟠兵策画山东。"(清·王士禛《冬日读唐宋金元诸家诗偶有所感各题一绝于卷后凡七首·二》)他的辞锋利落，从来不吭哧，给人极为爽亮的感受。他只活了四十九岁，这样的年纪在现代已经是很年轻了，在古代则未必。可是他一直不像一个自诩的"樊上翁"，而永远是一个青年，甚至是一个少年。

我们真想跟从他的脚步再去洪州、宣州、扬州、黄州、池州、睦州和湖州，最后再到他的樊川别墅中逗留，饮一杯诗人新酿的春酒，与那些文朋诗友簇拥一起，待一些时辰。我们知道，他为了能够返回这个少年时代的宰相别墅，苦苦奋斗了一生，画了一个大大的椭圆形，最后再次回到这个人生的起点。如果他能够在这里多驻留一些时日该有多好，可惜时近黄昏，黑夜将临。这个时候，尽管华烛灿然，新月侵阶，在光色闪烁中我们依然会模糊了那个英俊的面容。曲终人散，在阵阵寒风中，他不得不离开此地。

他的《樊川文集》有沉郁低沉，有伤感幽怨，但这一切都未能折杀英豪之气。他那向上攀升和茂长的青春，几乎覆盖了我们的视野。饱经沧桑的沉稳与旷达，智谋兼备的老辣，踽踽独行的衰迈，白发和拐杖，蹒跚的步履，脸上的清泪，哀叹的回眸，这些图像都在隐去和淡远。我们看到一匹迎面驰来的白马，耳畔响起急促的嗒嗒蹄音，策马驰骋者是一位雄姿勃发的青年，阳光下锦袍闪烁，玉佩叮当，在绿色原野上一展飒爽英姿。"连环羁玉声光碎，绿锦蔽泥虹卷高。春风细雨走马去，珠落璀璨白罽袍。"（《少年行》）

他定格在我们的视野中，不再改变，不再消失。他就是诗，他就是青春。他是这二者的代名词。

李商隐 二十三讲

· 锦瑟华丽

《锦瑟》是李商隐最有名的一首诗了，而它又是如此晦涩；但它最终从文学专业人士到一般社会文化层面，渐次洇染并广泛流传开来。不过即便是这样，市井与乡间仍旧少有人知，可见至今没有抵达俚俗。艺术的产生与传播关系之有趣，既难有定规又似乎遵循某种常理。在一部分人这里，《锦瑟》已成为李商隐的代名词，一想到"锦瑟"二字，马上在脑海里出现一个相对固定的诗人形象：或风流倜傥，或英俊潇洒，或柔弱腼腆，是这样诱人的想象。实在一点说，文学成就与社会层面的影响，一般来说不仅没有等值关系，甚至许多时候还恰好相反。深刻难解的文学与思想价值，在很大程度上要表现出超常的复杂性，它需要相当多的条件与机缘才能与大众沟通。

就李商隐来说，即便是文化人，虽然普遍知道他的名字，但大多数人仍然不太知晓他的艺术，不能进入更具体的内容，深入领略其特质。这正是因为他的深邃，原本正常。他为文化人所知晓和关注的主要因缘，往往还是因为这首《锦瑟》："锦瑟无端五十弦，一弦一柱思华年。庄生晓梦迷蝴蝶，望帝春心托杜鹃。沧海月明珠有泪，蓝田日暖玉生烟。此情可待成追忆，只是当时已惘然。"

都说读不懂。但是看上去真好。局部的意思是懂的，连缀起来就"惘然"了。现代自由诗也常有这种情形，意象转换频繁而恍惚，想要弄个一清二楚是不可能的。这有点像欣赏交响乐，要将声音旋律切换为具体的视觉目标和思想意义，总是困难的。这样的文字有可能是高级的艺术，也有可能不是。但《锦瑟》显然是高级的，为什么？因为直觉告诉我们，因为经验告诉我们，因为它让我们入迷，千百年来吸引了无数的人，大家深深地喜欢它。

它是如此美丽、端庄、深切、诚恳、缠绵、深沉、隐秘，以至于伤感。就其组合的字词本身而言，已经是足够华丽了，如锦绣绘满琴体，弦柱铿然挺立，丝弦交织；蝴蝶和春心，珠泪和玉烟；一个睹物追思之人，一个万千话语无从说起之人；沧海月明，蚌在深处，珠泪晶莹；蓝田氤氲，玉烟袅袅；涟涟如珠耀，朦朦似玉晕。诗无解，则以心化之，自我消化。

这首诗不仅是千余年之后的现代人，即便是古人，那些领悟力极强的天才们也似乎不能确指。比如宋代诗人黄庭坚读此诗不晓其意，请教苏东坡，对方解释说："此出《古今乐志》，云锦瑟之为器也，其弦五十，其柱如之，其声也适、怨、清、和。案李诗'庄生晓梦迷蝴蝶'适也，'望帝春心托杜鹃'怨也，'沧海月明珠有泪'清也，'蓝田日暖玉生烟'和也。一篇之中，曲尽其意。史称其瑰迈奇古，信然。"（宋·黄朝英《缃素杂记》）黄氏所录是否为东坡之原话原意，已无可考。但就记载来看，此解反而通向了更幽深处，使它越发玄妙而难于言传。其"适、怨、清、和"四字，需要多么细微的感受才会获得。这里边需要审美者具备的条件实在是太多，除了人生深度、生活阅历之类的相助之外，还需要写作学和诗学方面的知识来参与化解。实际上，像领会音乐一样读诗是必要的。这种无解其实正是一种大理解。

宋代刘邠的《中山诗话》说："李商隐有《锦瑟》诗，人莫晓其意，或谓是令狐楚家青衣名也。"这就有点过度、过于具体地诠释，反而使诗意变得狭窄。还有人将其批点为失恋诗、悼亡诗、政治诗，或者是情感追忆，或者是哀叹落拓的命运。总而言之，各种各样的想象与评说都有，难成共识。这恰是此诗意象奇妙、幽境迷离的魅力，甚至是其价值之所在。如果像一部分人那样通过索隐、考证获取所谓确指，而且言之凿凿，就变得可怕了。最可怕的是追究作者身世遭遇，具体地对号入座，一切也就全完了。诗不是这样的，艺术往往不是这样的。艺术固然有使用性、工具性，但它是归向心性和灵魂的，不是一般的世俗的使用。有些作品的缘起也许来自具体的社会物事，但是创作者由此开端起步，抵达了一定速度之后就开始飞翔。那个时候他的能指就变得高阔了，与起始之时的具体目标拉开了不知多么遥远的距离，甚至于从创作者最初的具象铺展到连他个人都感到陌生而繁复的领域。它的多义性、费解性缘此而生，其深度和晦涩度纠缠一体，一件艺术杰作的高妙清绝，由此开始达成。

有人在分析贝多芬《命运》交响曲的时候，曾经给予了极实在和极具体的成因解释：将音乐开始的旋律，即所谓命运之神的敲门声，解释为艺术家面对上门索要欠款的讨债人的烦躁敲门而做出的回应。把音乐充分生活化世俗化，而且讨债人还有名有姓，佐证确凿。但这又能说明什么？这真的能诠释贝多芬《命运》交响曲之实际？能说明他关于命运的沉湎、联想和探究？能让这首雄浑壮美的旋律变得浅显易解？完全不能。声音的洪流，思绪的洪流，想象的洪流，席卷而去，由一个斗室涌向街头，涌出德意志，涌向了一个未知的时空。未来仍然需要继续这场盛大的演奏，一再重复的迎候、接受、聆听，有仪式，有众多的参与。它达成共识的时间还非常遥远，这个时候它的发端就显得完全不重要了。

李商隐的大量诗文有各种色彩与意义指向，尽可以欣赏和揣摩。但其最突出的光泽就如这首代表作一样：华丽。抓住了华丽就抓住了重要特征，这既是表象又是本质，然后再论其他。有人可能更注重其"伟大的社会意义"，比如揭示和记录，还有反抗和呼吁等等。这可能都是存在的，也是可以理解的。不过人们普遍喜爱他并引用他、记住他、得益于他的，仍旧是什么、主要是什么，大概不言自明。清代陆次云在《五朝诗善鸣集》中说得至为精彩："义山晚唐佳手，佳莫佳于此矣。意致迷离，在可解不可解之间，于初盛诸家中得未曾有。三楚精神，笔端独得。"

· 现代的朦胧

纵观唐宋元明清以来，文学，特别是诗的走向，大致还是通向了"现代"。这个"现代"不是一般的时间概念，而是一个艺术划分的概念。有人会认为现代汉语的自由诗直接就是从外国诗翻译而来，是伴随着西方的德先生和赛先生一起走入东方，是新文化运动的产物，是白话文运动的结果。这样说原本不错。但我们也不能否认，中国古典诗歌的艺术传统多少还是支持了现代自由诗的，多多少少应该是这样的。这需要我们于静处默默倾听，于文字间仔细体味。如果说现代诗歌艺术中传统全无，这怎么可能？如果说古代诗章对现代散文乃至于小说发展起到了作用，而唯独越过了现代自由诗本身，这恐怕也说不过去。于情于理，皆未能合。

实际上古诗之意象表达，音乐性，通俗性，或它的反面即晦涩性，已经在时间里不断发酵，早就被现代自由诗作为营养吸收了。当我们对这个过程进入具体分析，探究汉语诗史的时候，会发现有一个人对此做出了最大贡献，他就是晚唐的李商隐。他想象自由如李白，却又比李白晦涩了许多。在意境营造上，他如李贺一样冷艳诡异，但又比李贺温润明媚。他真是自我之极，对诗对心，对灵魂，对生命的快意和隐秘，极端专注，许多时候并不在意向外的传达。有些诗作连朋友也不给看，只是为了记个心绪，记个感觉，记个隐情，没有说处。当然许多古诗产生之机缘、产生之状态，也都如此。李商隐在这方面做到了极处，他的诗作从诞生缘起到去向归处，与许多人仍有不同，在数量和程度上，都具有某种指标意义。它们并非总是歌时代之欣、吟时代之痛，而是指向个人，指向自己内心，恍兮惚兮，窈兮冥兮。这也拿他没有办法。人早就不在了，责备他也没有用。所以还是要直面文本，学习其好的方面，汲取营养。

"紫府仙人号宝灯，云浆未饮结成冰。如何雪月交光夜，更在瑶台十二层？"（《无题》）"阆苑有书多附鹤，女床无树不栖鸾。星沉海底当窗见，雨过河源隔座看。"（《碧城三首·一》）"风波不信菱枝弱，月露谁教桂叶香。直道相思了无益，未妨惆怅是清狂。"（《无题二首·二》）"蜡照半笼金翡翠，麝熏微度绣芙蓉。刘郎已恨蓬山远，更隔蓬山一万重。"(《无题四首·一》)这些诗句如何作解？它们实在是迷离杳渺，不过还是那两个字：华丽。清代冯浩在《玉溪生诗集笺注》中说："自来解无题诸诗者，或谓其皆属寓言，或谓其尽赋本事。各有偏见，互持莫决。余细读全集，乃知实有寄托者多，直作艳情者少，夹杂不分，令人迷乱耳。"冯浩对李商隐多有诠释，留下了许多这方面的文字。他认为"实有寄托者多"，而"直作艳情者少"，所以也就做出了许多社会政治方面的解释，有时未免极端化，仍然属于过度诠释。偏向社会物事和偏向艳情，道理都是一样的，就是过于直接、狭窄和具体。他们忽视了文字的实际功能与艺术神秘的飞扬想象之间的区别，有时二者之间相距遥远。

诗性是酿造而来，而酿造是一种复杂的转化，是一个质变的过程，其最终结果不可以逆向还原。这里的晦涩多解实际上是一种自然而然的呈现。当然晦涩也是各不相同的，故弄玄虚非牛非马，感觉落不到实处的，那不是真的晦涩，或者说这种晦涩廉价而无聊。而当一个人要表达的内容意蕴与思想情愫极为微妙难言，非直白形式可以抵达者，写出来也就费解了。这种难解是朴素和诚实的结果，这个结果才会是有意义的。我们会在心理体验中感悟，在无以言表的情感与经验中抵达，欣赏和喜爱。对李商隐的许多好诗，我们正是出于这样的原因才认可，才推崇。

他的一些无题诗真是棒极了。没有这些"无题"，就没有人们津津乐道的李商隐，研究唐代文学史也就不会为他开专章，因为人们会少一些兴趣。兴趣于艺术非常重要，这在古代和现代都一样。一些具有"伟大社会意义"的作家，一旦离开了具体的"社会"需要，人们也就不再感兴趣。众所周知，一旦事不关己，也就高高挂起。

　　一般来说朦胧不是优点。如果朦胧来自诚恳和朴素，那就是另一回事了。这是现代主义诗歌的重要来源。陈寅恪曾说，李商隐的诗歌是最接近西方所谓的"纯诗"。此言一语中的。这里的"纯诗"，是指任何其他文字表述形式都不能取代的那种极微妙的生命情愫。而中国大量的古诗，包括那些万口传诵的所谓名篇佳句，有些并不属于这种"纯诗"。它们是非常实在的说理与记述文字，在很大程度上可以被其他写作方式所取代。我们所感受到的不可诠释的唯美的情致、意蕴、韵味，即所谓意境，那种"不隔"，那种豁然诉诸感觉的气息、温度、色泽，皆来自诗中那些极为纯粹的表达。这是诗的特质。我们离开诗的特质去谈诗的价值，是要大打折扣的。而我们一部中国古诗的诠释史、赏读史、评述史，其中有许多"隔"，是语无伦次，漫无方向，无涉要害的分析和鉴赏。这又是另一个话题了，在此可以不论。

　　说到古代朦胧诗人，人们马上会想到李商隐，可见这正是他的重要价值。这种朦胧不仅是美，也不仅是谜，更有深刻在，包括艺术的、思想的、社会的、人性的诸多方面。这种朦胧包含得太多，信息量太大，所以就有了更大的价值。

　　现代诗人与古代诗人，在表达方式上离得最近的，可能就是李商隐。

·不能强索隐

　　读商隐诗，自古至今存在一种"大方法"，就是要从根上将它的奥秘拆解，让谜语一点点化解。时间离诗人越来越远，难度也就越来越大，所以这个工作也就越有难度；而越有难度，诗人的魅力也就越是增加。这种研究工作似乎变得更复杂了，用鲁迅的话说，即"战斗正未有穷期"。

可是奥秘当有多种，既可以是艺术本身，也可以是艺术之外。有人说艺术总是内外关联，搞懂其外，才能更好地理解其内。比如把一首诗的创作背景搞明白就非常重要，由此可以得知诗人的创作初衷，即到底为什么要写这首诗。此种想法貌似有理，能够说得通，但仔细想一下，实在是过于天真，甚至还有点可怕，非常令人担心。

从过去到现在，在我们文学艺术的研究传统中，考证派和索隐派实在是太多，所以就有了太多的可怕。虽然不能完全否认它们的作用和效果，但大抵上要有足够的警戒。比如对李商隐的研究，二十世纪三十年代有些人为了猎奇，在考证无题诗或内容晦涩之作时，竟然编织出大量荒唐离奇的三角恋和风情故事，还有人竟然挖空心思地推理出诗人的四种恋爱对象，即女道士、宫女妃嫔、妻子王氏、官家歌妓和女眷。比如诗集中有许多涉及玉阳山学道的诗篇，便从中考证出有一位道士是诗人的情敌，甚至从李商隐近六百首诗作中考证出二百七十首"恋妃诗"，而所恋者竟是唐文宗的歌舞嫔妃飞鸾、轻凤姊妹等。这真是荒唐至极，令人怀疑一个为学术者之用心。

这让我们想到了现代文学中的一些公案和事端。有人对鲁迅就不乏这种刻薄，或者说用此类褊狭和低劣的用心加以中伤诋毁。这些文字离我们更近，展读之下令人厌恶。二者何其相似乃尔。艺术、学术当然不可以过于道德化，但作为一个从事者，其文字必然会留下供人评说的道德空间，走入这样的不堪之处，实在可惜可怜。

索隐不是没有用处，完全抹杀索隐之功是不对的。王国维《〈红楼梦〉评论》曾说：“《红楼梦》中所有种种之人物、种种之境遇，必本于作者之经验，则雕刻与绘画家之写人之美也，必此取一膝，彼取一臂而后可。”“苟知美术之大有造于人生，而《红楼梦》自足为我国美术上之唯一大著述，则其作者之姓名与其著书之年月，固当为唯一考证之题目。”这里所说的艺术审美之“此取一膝，彼取一臂而后可”，综合了想象力与创作者人生阅历、作品缘起之间的关系，这种论说自有其价值，也贴近实情。类似索隐，从目的到结果都有一定价值，所谓知人论世，是论艺术不可偏废之功。

在哪个方向和方面使用索隐功法，是问题的要害。如果只抓住文字中的某些局部，如只言片语、某个人名地名，某段微细的表述、某件器物、某首诗词等，将其与历史人物对号入座，类似猜谜般从中捕捉，这种考证方法实际上必然要牵强附会，有百害而无一利。从“红学”研究诞生之初至今，索隐派红学家们抛出了多少文字，直到今天仍然是兴味未减。中国古代文学方面的索隐，从曹植的《洛神赋》到李商隐的“无题诗”，从《红楼梦》到《金瓶梅》，从诗歌到散文小说，皆是如此。不仅荒谬，而且无聊；不仅无聊，而且对一代又一代的赏读者，对那些享用艺术者，产生严重的干扰和误导。离题万里，言不及义，所害甚大。

一些貌似曲折严谨却不乏窥视癖的学术达人，所谓“术业有专攻”者，实在是非文学的帮闲人士。强力索隐，对号入座，不仅在特殊年代里可以将作者置于死地，而且还有其他大弊。在平和时期，索隐也许对作者的日常生活无大害，却能将其艺术置于死地。在这种索隐之下，那些光华四射的天才想象会成为机械的操作与编织。

他们索隐考证，推敲不已，顺藤摸瓜，似乎有理有据，其实完全不得要领。语言艺术在这些人手中变成了僵死之物，化为密码和符号。它们通向的不是无限的诗境，而是具体的社会环节、人物事件和个人隐秘。如果文学艺术是如此简单，那根本就不需要审美，不需要审美的感悟力。那些难言之趣、之意、之美，原来靠机械的量化、靠换算即可完成。那么在网络数字时代，在电子计算技术空前繁荣、未来不可预期的前景之下，审美也就彻底死亡了。

所以说，对艺术作品的强索隐，其实大可休矣。索隐对于艺术家和作品而言，还是粗略一些为好，掌握一个度，适可而止。只有这样，才能客观深入地欣赏，才能够进入真正的艺术之境。如果总是挂记作者因何事而喜而怒而悲，就将力气用歪了。如果艺术作品那么直接而裸露，即不需要艺术，直接写颂扬书、呼吁书、揭发信或检举信即可。有人说艺术品之所以曲折，或因为作者胆子小之故，于是才会产生各种谜团：需要运用各种曲折之笔来遮掩真实意图，通过比兴、隐喻、象征、寓言等手法，来完成表达。那么既然如此曲折、隐晦，曲折隐晦到什么程度，也就只好由诠释者来鉴定了。这样的鉴定者越是权威越是可怕，如果他们指鹿为马、化虚为实、别有用心，如果他们完全为了满足一己之私，那结果又会如何？

真正的艺术哪里会是强力索隐者所能理解。这是一个飞翔的精灵所为，只有一个相应的精灵，才有资格伴飞。

是的，审美的过程就是一次又一次的伴飞。强索隐，是面对极其复杂的艺术审美，表现出的无能和胆怯。艺术是粮食酿成的酒，索隐者一定要把酒再变回粮食，这是根本不可能的。审美力的缺失，最后的尴尬就是在艺术之外格外用力。按部就班地逐一对号入座，会对艺术造成极大伤害，并误导许多初入门径者。

丧失了诗性的感悟力，再多的窥视和强拉硬扯，也只能走到艺术的反面。

·实不接于风流

李商隐有许多诗篇，事实上真的被索隐者搞砸了。清代纪晓岚在《四库总目提要》中说道："《无题》之中，有确有寄托者，'来是空言去绝踪'之类是也；有戏为艳体者，'近知名阿侯'之类是也；有实属狎邪者，'昨夜星辰昨夜风'之类是也。"一件艺术品的缘起、开端，与内容、题旨和意境有关，但二者实不可以对等，如此强调两者的因果关系其实并无必要。非要对号入座，并以此为能为傲，把好生生的艺术品给肢解得惨不忍睹，一切诗句差不多都要找到现实着落，这些人真是太有本事了。某篇是写给哪个官人或哪个女子的，哪一篇又是怎样陈情求官的，哪一篇具体与谁款曲互通，诉说离情别怨，等等。李商隐之学成了猜谜之学，社会政治之学，挖掘隐私之学，更是津津乐道的八卦之学。如果有人对这一现象斥一句"小人之学"，那又怎么办？《镜槛》一诗被附会为李商隐二入秘书省为正字时，曾暗恋过某个宫女。《槿花二首》被认为是写与女冠的依依惜别之情，而且这些女冠大都是鱼玄机之类的风尘女子，而非出家习道的公主。《燕台诗四首》被认为是怀念官家后宅中的姬妾而作。"燕台，唐人惯以言使府，必使府后房人也。"（清·冯浩《玉溪生诗笺注》）

还有人认为诗人在玉阳山学道时爱上了一位女道士，而这位女道士后来被别人娶走，于是就有了诗人的这些哀怨、回望和倾诉。

尽管在唐代文人中这类情事见怪不怪，有些诗人也不避讳，如元稹传奇小说《莺莺传》所写张生与崔莺莺的故事，在很大程度上就是个人经历。他与当时名妓薛涛、名伶刘采春的恋情，也记录在《折枝花赠行》《寄赠薛涛》《赠刘采春》等诗作中。再比如白居易诗中的那些"翠黛红袖"，还有杜牧的"卷上珠帘总不如"，苏轼的"采菱""拾翠"以及辛弃疾用来"揾英雄泪"的"红巾翠袖"等。虽然这些才子佳人的风流韵事并未载入正史，却如雪泥鸿爪般留下了一些痕迹。但这并不等于捕风捉影，更不能穿凿附会，无中生有。

诗评者的一部分最乐于探究男女情事。诗，所有的艺术，都必然要写到情感，尤其是两性之情。但是一定要让所有情爱都找到具体着落，这是不可能的。诗人的情爱一定要告诉大家，并非正常。诗人多情，以至于滥情，以至于不堪，阅读者才感到满足，实际上满足的是自己不正常的窥视癖。

李商隐当年就遇到了这样的尴尬，而不仅是后来和今天，于是他不得不稍作一辩："南国妖姬，丛台妙妓，虽有涉于篇什，实不接于风流。"（《上河东公启》）诗人大抵还是一个老实人，他在此如实相告，也是迫不得已。一写到女子和情爱，就要联想这位才子和某位佳人有情感纠葛，实在是非常功利和庸俗。写诗，尤其是飞扬想象之事，作者不可能将自己的情事写成报告书，如此转达给好友和后人。一个诗人要将这些事情留以备考，而且如此真切、细琐和具象，那就成了暴露癖。无有此癖，反而被看成是不正常。这也实在怪异。

不必讳言，古代诗人有时要以诗为记，即写出许多"诗日记"，但这只是一种特例，是一眼即能看出的。有时候作者还要言明在先。可见凡是属于这种性质者，不是作者言明，皆不宜当作记事诗看待，因为读者没有这样的权力。以看出某些"门道"为能事，实际上不过是无聊和无能。有的考证者具体到某首诗写了哪个女子，在哪里过往交流和倾诉情感之状，竟能一一指出。例如《明日》这首诗，有人将诗题臆断为"言外是追忆昨宵，故题曰明日也"。考证其中"知处黄金锁，曾来碧绮寮"两句，便说诗人与之相会的女子一定是深居绮窗绣户的官家女眷，两人"金风玉露一相逢"之后，"便是隔三桥"，"三桥"含银河相会之意，意谓以后相会殊为困难。这样的窥视之学怎么能算文学审美？这分明更适合做警事侦探工作。

我们作为读者，守住自己的本分更好，这就是面对文本，在赏读语言艺术中获取一份陶醉。有人说自己不醉，那也会有其他感悟。唯有对号入座不是正途。

李商隐之多情，正像一切杰出的文学家大都多情一样。他可能有沉迷情网的时刻，但哪个年轻人不曾有过这种沉迷？哪个少女不怀春，哪个少男不钟情，除非他萎靡无力弱透了，不然怎么会对青春麻木无感？年轻的诗人书生不解风情是不可能的。"重衾幽梦他年断，别树羁雌昨夜惊。"（《银河吹笙》）"春心莫共花争发，一寸相思一寸灰。"（《无题四首·二》）"兔寒蟾冷桂花白，此夜姮娥应断肠。"（《月夕》）"我为伤春心自醉，不劳君劝石榴花。"（《寄韩同年二首·二》）我们应以相同的心情心境去接近诗人，不然就辜负了他的爱与真。

李商隐当年告白，说自己的诗篇虽然有涉于"妖姬""妙妓"，但自己却是"实不接于风流"，与她们没有关系。这里不是指与风情内容无涉，而是指那些世俗的狎昵情结，那些窥视者感兴趣的男女款曲。他有寄托有比喻，但很遥远很浩渺，甚至是辽阔的思维，那种情怀一旦给拆解得格外琐屑，也就荒谬了，远离了诗人的本意，这样的歪曲实在不可以不辩。所以诗人忍不住直接说出如此关键的一句话。哪些人接于风流？是窥视者，是多情而无聊的人。这里的多情之情并非诗人之情，并非艺术家之情。我们所说诗人之情也非单指白璧无瑕，冰清玉洁；这里当然也包含了那些极为细腻曲折，包含了人性的冲动，包含了在一些特殊时刻的想象和行为。但所有这一切综合起来，与某些人心里的那种风情还是迥然不同。有人反其道而用之，指出了商隐像当年屈原所用曲笔，将男女情事引向了政治、人事，而且做出了另一种判决。这就使"不接风流"之韵，与社会功利径直对接，这样的曲解和嫁接，同样也是一种伤害。

曲解如此，夫复何言？这最终仍旧可以称之为好事者。或有人以为规避如此之多，禁忌如此之多，何有学术？何有研究？我们的回答是：审美在更多时候的确需要一点为艺术而艺术的精神。这不仅是一种冲动，而且是一种品格，更是对艺术的一种爱与知。尽管学术研究师法多端，多元多解，路径千条，但哪一些是大道和正路，仍是显而易见的。以耸人听闻、以故作惊人之语为能，毕竟可戒可惕。

· 屈杜能通幽

李商隐的诗歌艺术确受屈原和杜甫影响最大，他们二人之特质深入骨髓，并加以转化，孕育创造出独有的诗风。当然他还吸收了其他多种，从中能看到更多诗家的韵致。在同代诗人中，李商隐受李贺影响也较明显。他们二人师承"楚辞"和"齐梁艳体诗",风格上皆清丽幽艳。不过今天看,他效仿"长吉(李贺)体"的那些诗篇,都不算是最好的。除了屈原和杜甫,大概他最该感谢的还是恩人令狐楚。这位官居相位的骈体文大家,功力之深,影响之大,当时几乎没有出其右者。"楚才思俊丽。德宗好文,每太原奏至,能辨楚之所为,颇称之。"(《旧唐书·令狐楚传》)"其为文,于笺奏制令尤善,每一篇成,人皆传讽。"(《新唐书·令狐楚传》)而李商隐自十七岁就跟随这个大人物,与其子令狐绹等一起接受教诲,可谓得其精髓,功力自此养成,后来受益无穷。

据《新唐书·李商隐传》记载:"商隐初为文瑰迈奇古,及在令狐楚府,楚本工章奏,因授其学。商隐俪偶长短,而繁缛过之。"李商隐不仅学到了令狐楚骈文写作的深厚功力,而且在辞藻华美富丽方面有过之而无不及。"我是梦中传彩笔,欲书花叶寄朝云。"(《牡丹》)"自蒙半夜传衣后,不羡王祥得佩刀。"(《谢书》)这些诗句其实都是在讲当年大恩人令狐楚对他诗文的巨大助益。李商隐的骈体文之纯熟,在他一生既是从政糊口之基本功,又是心绪与精神表达之重要工具,更是化入诗行的辞章神器。通读他的骈文,会感受他诗与文的统一性,有一种相互周流借重的感觉。李商隐在跟随令狐楚之前善作古文,而古文是不喜偶对的。可见进入令狐楚的幕府,对他的一生,仅就诗文而言,可以说至为关键。没有这些少年和青年的功底,即不可能有后来那样的辞章面目。

屈原的缤纷华丽和浪漫忧郁,杜甫的苦难郁愤和深沉顿挫,当是李商隐的基本风貌与色调。他以自己之生命特质包容它们,走入屈杜二人的幽深之处,在心灵上汇合,结果产生出一种奇异的审美效果。在最初的汉语言文学的河流中，那些闪闪发光的杰作，当是《诗经》与《楚辞》。而《楚辞》中屈原力作尤其绚烂多彩，就文辞之绮丽、表述之丰腴、想象之奇异，都可以说达到了一个极数。这种浓烈的色彩与幽婉的格调，在李商隐那里得到了极好的借鉴。应该指出的是，《诗经》作为民间文学，还不具有这种文辞的个人创造色彩。《楚辞》的主要部分属于文人的个人创作，必要有个体思维的另一种深度、辞章的另一种讲究，以此来弥补其产生过程中时空的局促。因为民间文学经历了漫长时光的孕育，是众手合成。这种不可比拟性反而催生了个体创作者的一种能量，迫使其命笔的曲折化和繁琐化。简单与直白不可能承担这一沉重任务，所以就有了杜甫"为人性僻耽佳句，语不惊人死不休"（《江上值水如海势聊短述》）的专注心力。由沉浸忘我、苦搜枯肠到自然畅达，这是奇妙的转化和创造过程。文字进入此境，才有可能出现杰作。

李商隐之华丽是有名的，少有古代诗人能出其右，这一特质不可不论及屈原和杜甫。屈原更早更古，那是更遥远的表达方式，呼叹之声愈重；而商隐则将其纳入律中，在极规整的诗句中腾挪自如，很是精妙。他使屈原艳丽沉郁的诗魂得到了现代性的转化，这实在是了不起的创造性发挥。而杜甫离得更近，他的沉重苦难与李商隐个人身世之悲沟通一体，二者浑然综合。"义山之诗乃风人之绪音，屈宋之遗响，盖得子美之深而变出之者也。"（清·朱鹤龄《笺注李义山诗集序》）此评点谈屈原、宋玉和杜甫对商隐之诗的影响，极为确切。杜甫显然也受到屈原的影响，"楚辞"作为中国古诗源头之一，对于杜诗辞章的焕发有显性的影响在。但老杜将其纳入严格的律中，这就有了另一种铿锵有力的金属质地，有了所谓沉郁顿挫和悲怆豪迈。李商隐也借重了这一点。"永忆江湖归白发，欲回天地入扁舟。"
(《安定城楼》)"雪岭未归天外使，松州犹驻殿前军。"(《杜工部蜀中
离席》)还有"池光不受月，野气欲沉山"(《戏赠张书记》)，"江海
三年客，乾坤百战场"(《夜饮》)之类，这些诗句每每让人想到老杜
之风格神韵。有了令狐大人的骈文功夫，再有屈、杜二位诗圣的神助，
委婉沉郁、回环流转的李商隐，便独一无二地产生了。

　　屈原和杜甫都是诗史上少有的大气象，是开时代风气之先的圣
手，所以李商隐的学习是取其高而得其中，成为一个时代的楷模和
指标。这种学习是生命之事，而非简单的技法之摹，是先天的合作，
而不仅是后天的追赶。生命与生命之间当有共通处，有神秘的联合
与对应。我们从李商隐的诗作中，会充分地领悟到这些道理。

· 忧思有百韵

　　一般的读者都为李商隐的多情缠绵所困所迷，而少有注意另一
方面，即他的忧愤之思，甚至是壮怀激烈的一面。他的这一面常常
像爱与情一样，是私下里留给自己的，是自饮一杯，但正因为这样
才更真实。他写晚唐那场大悲大黑之政治事件，即血雨腥风的"甘
露之变"。那场发生在太和九年(公元 835 年)十一月二十一日，由
观甘露而色变引发的宦官对朝臣的大杀伐，曾让多少诗人暗自悲愤、
恐惧，李商隐自然也不例外。"玉帐牙旗得上游，安危须共主君忧。
窦融表已来关右，陶侃军宜次石头。岂有蛟龙愁失水，更无鹰隼与
高秋。昼号夜哭兼幽显，早晚星关雪涕收。"(《重有感》)他多次在

诗中表达了悲绝之情，对天子受制于家奴愤恨无比，对国家前途忧虑无比。他对百姓疾苦深深伤痛，体现了强烈的人道主义情怀，这是一个知识分子的生命底色，也是一个为仕之人的基础情感。

清代纪昀评价李商隐这类诗章，用了一句"气格苍劲"，也算中肯贴切。那首百韵长诗（《行次西郊作一百韵》）尤其要注意，气之长，意之深，内容之饱满，在李商隐一生诗作中都是少见的。"少壮尽点行，疲老守空村。生分作死誓，挥泪连秋云。廷臣例獐怯，诸将如嬴奔。""我愿为此事，君前剖心肝。叩头出鲜血，滂沱污紫宸。九重黯已隔，涕泗空沾唇。"他缠绵时无人能及，他指斥时怨声动人，哀情与悲愤透髓彻骨，令人动容。开成二年（公元837年）十二月，李商隐为令狐楚送丧后从兴元（今陕西汉中）返回京城长安，将沿途所见写成《行次西郊作一百韵》，让人想起杜甫的同类诗篇，只是看来更长更博，实得杜诗真气。杜甫的"三吏""三别"和《北征》，都是描写民生苦难的最好范本。后来的诗评家对这首长韵评价很高。"此等杰作，可称'诗史'，当与少陵《北征》并传。"（清·何焯《义门读书记》）"五言长篇，始于乐府《孔雀东南飞》一章，而蔡文姬《悲愤》诗继之。唐代则工部之《北征》《奉先述怀》二篇，玉溪《行次西郊》一篇，足以抗衡。"（清·朱庭珍《筱园诗话》）

除此之外，李商隐还有《哭刘蕡》《哭刘司户二首》《哭刘司户蕡》等沉痛忧愤、慷慨悲凉之作。关于刘司户蕡与商隐之关系，虽然记载不多，但这三首诗足以证明二人互为知音。李商隐深深赞叹对方之贞刚气节与远见卓识，对其忧肠与正义印象深刻。"只有安仁能作诔，何曾宋玉解招魂？平生风义兼师友，不敢同君哭寝门。"（《哭刘蕡》）李商隐对生前备受迫害而不幸早逝的刘司户一再追吟，将其命运与自己相比，反映出愤懑之深广。金圣叹批道："有搏胸叫天、奋颅击地、放声长号、涕泗纵横之状。"(《贯华堂选批唐才子诗》)清代姚培谦在《李义山诗笺注》中说："此痛忠直之不容于世也"，"举声一哭，盖直为天下恸，而非止哀我私也。"清代纪昀《玉溪生诗说》言："一气鼓荡，字字沉郁。"

李商隐的忧愤诗，可与幽怀诗称为双璧，相互照映。情有多深，忧有多广。我们不能指望一个生冷无情之人对世事充满忧思，充满牵挂，这是不可能的。他的这些诗有的写给友人，以获同声和鸣；更多的是写给自己，为留一份心情，抒发胸中不平之气。这种抒发对一个内心丰富的人而言，是至关重要的。如此则不得窒息，得以呼吸。无论后人将那些无题诗与时事政治怎样连接，多么牵强，但在诗人深层的忧思方面，仍然关联深重，二者相连，甚至不可剥离。我们在展读这些铿锵沉郁、义愤难言的诗行时，有时也会想起他那些情意绵绵、寄托无限的诗句。它们言说两性情事，述幽怀，诉别情，同样是深深沉浸而不能自拔。这与那些国事伤怀、悲愤难平之作，自然属于同一颗灵魂，同一种胸襟，是同一人所为。敏感多情，悲悯共在，感同身受，如此而已。

· 刚毅文心

李商隐有一首名诗《韩碑》，是一首古体诗。而他以近体诗为主。《韩碑》稍不同于他的忧愤诗，笔笔挺拔，步步顿挫，淋漓酣畅，有韩愈《石鼓歌》的气概。"公之斯文不示后，曷与三五相攀追？愿书万本诵万过，口角流沫右手胝。传之七十有二代，以为封禅玉检明堂基。"诗章的最后一段，指明韩公碑文如果不能昭示后人，宪宗中兴之伟业怎么与三皇五帝"相攀追"？诗人甘愿书写万卷、吟诵万遍，哪怕是口角流沫、右手磨茧，也要让碑文流传千秋万代，在诗人眼中，韩碑可以成为帝王举行大典的基石。他极力颂赞宪宗、裴度、韩愈平淮西的功业，这在藩镇割据日益嚣张的晚唐尤具深意。

由此可见，李商隐时常由忧愤转向刚毅，甚至是牺牲之美。虽然更多的还是自慰，但心声可闻，切真切实。从中我们可以看到他性情中的另一面，他的自我弥补和疗救。他性格中有优柔寡断的一面，也有激昂冲撞的一面。

李商隐十七岁进入令狐楚幕府，"徙倚三层阁，摩挲七宝刀。庾郎年最少，青草妒春袍。"（《春游》）这个时候他以晋代少年才子庾翼自比，而那位少年"风仪秀伟，少有经纶大略"。（《晋书·庾翼传》）他调任弘农县尉时，曾因不满于观察使孙简对蒙冤犯人的判罚而据理力争，不惜与上司闹翻，愤然离去。观察使算得上是一方诸侯，而县尉只不过是一个县令佐官，是不入流的小吏，却有这样的火气和刚性，而不仅仅是一个柔弱缠绵之人。他在《任弘农尉献州刺史乞假还京》一诗中说："黄昏封印点刑徒，愧负荆山入座隅。却羡卞和双刖足，一生无复没阶趋。"他竟然羡慕春秋时代向楚王进献和氏璧而被砍断双足的卞和，因为那样，一辈子也就可以不再向权贵奉迎叩拜了，其惨烈冲撞的心情何等激烈。后来怯于生存环境的严酷，他不得不将其中的一面隐藏起来。但他实在不能永远地压抑自己。他什么都清楚，是非曲直，以及真勇的代价，然而这又与行动力有所不同。"自叹离通籍，何尝忘叫阍！"（《哭遂州萧侍郎二十四韵》）

他的一颗心是刚毅的，而身体却常常是软弱的。所以他有各种文章，有张力，有矛盾，有非常繁复的表达。"寄托深而措辞婉。"(清·叶燮《原诗》)这往往也是文人的常态，更是存活的常态。如果一介书生将心中的坚守、将明白的一切和盘托出，并逐一落实，那就完全无法生存。细腻清晰如李商隐者，时局、历史、政治、人事，诸多得失，当然心如明镜，而且也有自己的立场，问题是何时表达和怎样表达。这里蕴藏了巨大的危险，这危险其实不是别的，正是自己的正义之心和理性精神，他要时时防止它们发作。

正义感如同疾病一样，随时都可能发作，那时候即"病来如山倒，病去如抽丝"了，一旦发作就有致命之危。这个道理不难理解，并不是什么深奥的理论和玄思。我们现在看到的诗人，其刚毅之心化为文字和诗行，也并不是刊布于世，不是发表，不是传达于上，而只是心情之存，是自我的鉴定和呼应。我们所面对的只是他的一颗文心，这一点需要明确和清楚。"一官一名，只添戮笑；片辞只韵，无救寒饥。"(《上李舍人状六》)"文革锦茵，终成虚饰；杯杓匕箸，谁与为欢？孤烛扁舟，寒更永夜，回肠延首，书不尽言。"(《谢邓州周舍人启》)可见诗人对这一切所谓文字之功用，是一清二楚的。

有人寄希望于诗人时不时地焕发勇气，并对社会层面有个交代，那属于不合实际。只有在深夜，在空余，在文中，他才可一展心声。比如他的《龙池》《骊山有感》二诗，十分尖刻地讽刺了唐玄宗霸占儿媳杨玉环的乱伦行为："夜半宴归宫漏永，薛王沉醉寿王醒"，"平明每幸长生殿，不从金舆唯寿王"。寿王即李瑁，唐玄宗的第十八子，曾纳杨玉环为妃。而白居易的《长恨歌》同写一个历史事件，则用"杨家有女初长成，养在深闺人未识。天生丽质难自弃，一朝选在君王侧"，一笔将乱伦之丑遮掩而过，并且还在诗的末尾叹惋唐玄宗与杨玉环的爱情："七月七日长生殿，夜半无人私语时：在天愿作比翼鸟，在地愿为连理枝。天长地久有时尽，此恨绵绵无绝期。"而李商隐却直接把矛头指向玄宗。明代胡应麟《诗薮》中赞道："句意愈精，筋骨愈露。"清代宋顾乐《唐人万首绝句选评》赞："微而显，婉而峻。"

李商隐对于韩愈非常钦佩，对韩愈所撰《平淮西碑》被毁极为痛切。"长绳百尺拽碑倒，粗砂大石相磨治。公之斯文若元气，先时已入人肝脾。"他对当年韩愈被宰相裴度召为行军司马，一同西行平叛之勇，对那次大胜而归，何等兴奋。"行军司马智且勇，十四万众犹虎貔。入蔡缚贼献太庙，功无与让恩不訾。"（《韩碑》）这里有多少羡慕，多少盛赞。写的是韩愈碑，钦敬的是韩愈的刚勇和力量。他之文心与韩愈此刻息息相通，当不会让人感到奇怪。一般情况下，人们一定会把李商隐和韩愈之文之人作两极观，这是错误的。李商隐何尝没有韩愈之心，只是外在差异太大，命运差异太大。李商隐与韩愈的文心是相通的。《韩碑》一诗气雄力健，此心也当如是观。他当年还曾经在赠杜牧的诗中赞其武略："心铁已从干镆利，鬓丝休叹雪霜垂。"（《赠司勋杜十三员外》）好男儿不得上疆场，但难移其志。

我们由此想到东晋"采菊东篱下"的陶潜，他也写有大量金刚怒目之诗。一个被边缘化的书生，一个退居田园、悠闲无为的自耕农，却仍然保留了那种叱咤风云的慨喟："刑天舞干戚，猛志固常在。"（《读〈山海经〉十三首·十》）可见不在其位也有其志，有大丈夫心胸。

历史赋予人的机遇就是这样诡异，当一个人的命运有了截然不同的书写，也就开始了另一种段落、另一种记载。但是如果换一个角度，稍稍地想象一下此等人物，一旦转移到沙场阵前又将是何种表达？书生韩愈当是一个很好的注脚。他随宰相出征平叛，表现出异常的勇气、果决、智谋和胸襟。他一个人出使敌营，在刀剑丛中舌战群雄，最后大获全胜，这段史实令人称奇。我们还可以联想到那个"定格于青俊"的杜牧，他是以清丽明快的风物诗、情爱诗名垂千古的，然而在短短五十年的岁月中，无论是在幕府担任闲职，还是郡守偏远之地，他都心系朝纲，审视时局，不断上表进策，言说兵事，贡献计谋。

类似的例子还不止于此。这使我们不禁想到李商隐的满腔刚毅，如果得以落实，未尝不可以在现实中还原。当然这只是一种猜想。

· 激愤与伤感

李商隐之诗，激愤者大多是关于时局和历史，更有人事；伤感，多是关于自身命运，女子，时间和友人。这二者又息息相关，并非截然隔离。没有这样的时局，哪有这么多哀痛悲伤和绝望伤怀。但形成诗，形成文字，气格却会大不同，有时还要呈现两极之象。比如他当年参加吏部的"博学宏词科"考试落选后写的《破镜》与《安定城楼》两首诗。前者写道："玉匣清光不复持，菱花散乱月轮亏。秦台一照山鸡后，便是孤鸾罢舞时。"镜破月缺，理想幻灭，孤鸾哀绝。后者写道："迢递高城百尺楼，绿杨枝外尽汀洲。贾生年少虚垂泪，王粲春来更远游。永忆江湖归白发，欲回天地入扁舟。不知腐鼠成滋味，猜意鹓雏竟未休。"以才华卓越的贾谊、王粲和高傲的鹓雏自比，睥睨蔑视那些腐鼠之辈的猜忌。前者凄婉伤恸，哀艳幽怨；

后者意境高远，风骨清峻。

　　如果找出一些类似的作品，会发现它们的面貌差异很大。后代诗评家多言说他的伤感，认为字里行间常有一种黄昏的颜色。不过那也是激愤之后、之余。他的悲凉之诗比伤感之诗更能打动人心。他写出的多是苦难，一旦委婉纤柔就显得伤感了。比如他的："死忆华亭闻唳鹤，老忧王室泣铜驼。天荒地变心虽折，若比伤春意未多。"（《曲江》）"运去不逢青海马，力穷难拔蜀山蛇。几人曾预《南薰曲》，终古苍梧哭翠华。"（《咏史》）就远不止于伤感了，而是悲绝。这里虽有"伤春""哭翠华"，其实哪里有什么"伤感"的痕迹。许多时候李商隐的伤感是外在的，内里埋藏的基本上都是激越不平、忧愤难抑之情。

　　苦难和激愤是更为谐配的，伤感通常就差了些。他一生历经六朝皇帝，国家动荡不已，作为沙粒一样的个体，躲避尚且不及，徘徊仍不从容，战斗也就成为一种苛求了。无知无感也就没有激愤，他并不是时常麻醉自己的那种人。他有情多情，却未沉浸于男女滥情之中。他并不以娱乐和低级情趣来寻求解脱，这是他与杜牧的不同之处。他一往情深，所以也就更用心，也就越发激愤。他的伤感是无力的时刻才出现的。他不会同意自己的伤感。他会赞同自己的悲愤、激愤以至于苦难观，但他不会认同自己的软弱。

　　李商隐是一个在两性、在友情诸方面都时常感到无能为力的人，如同他觉得自己像是永远走不出一座迷宫一样。他的痛苦无处倾诉，背负了那么多误解，又无处辩白。"锦段知无报，青萍肯见疑？"（《酬别令狐补阙》）"烦君最相警，我亦举家清。"（《蝉》）"行与时违，言将俗背。""时之不可，人以为悲。"（《上李尚书状》）他的人生是由不遇加别离组成的,就这样一晃即到了晚年。虽然他只活了四十六岁,但那同样是一个人的晚年:自中年啪一下就落到了晚年。这个终点似乎太过突兀。命运对于那些特别有才华的人并不眷顾,上苍对他们的苦难遭际常常是视若无睹。这实在有些奇怪。

诗人的刚毅会引出更多的激愤,这并不利于他的身心,所以在黑暗的丛林中,也就只好自我消化。"世间荣落重逡巡,我独丘园坐四春。纵使有花兼有月,可堪无酒又无人。青袍似草年年定,白发如丝日日新。欲逐风波千万里,未知何路到龙津。"(《春日寄怀》)他最有名的《乐游原》产生了一对千古传诵的佳句:"向晚意不适,驱车登古原。夕阳无限好,只是近黄昏。"这样的情与境,这样的人生觉悟以及转化和处理的过程,在诗行中的体现,古代现代,所有的读者都不会陌生。但人与人的不同,在于这种矛盾出现的频率,以及接受磨损的深度,这些部分才多有不同。有些诗人将伤感作为创作的源泉,是我们十分熟悉的,如现代文学史上那些动不动就喊:"啊,女郎!我的女郎!"这一类诗人就是如此。诗人对自己的伤感没有厌烦,诗行就会廉价起来。

展读李商隐的诗章,如果我们只是大致地浏览,或专注于某个局部,获取的印象就会支离破碎。将感触定于某一端、某个向度,总体印象或特别伤感与惆怅,当然还有多情与缠绵。这里唯有"伤感"二字或可商榷,它距离诗人似乎有些遥远,是一种非常外在的,甚至是边缘的淡淡色泽,核心部分实在是沉郁、悲痛和绝望。惆怅的叹息声沉郁而凝重,伤怀之深即转化为痛,而痛就会引起真正的悲切,堆积为苦难了。这些情感元素不是华丽的词句所能遮掩的。这些辞章由于别具一格的果断、痛哀、敏捷和锐利,从而免除了同类诗章的感伤与呻吟。我们耳熟能详的那些呻吟之声，在李商隐这里殊为少见。同样的两情之状、爱恨别离，到了李商隐笔下，则少了一些凄苦的泪痕，而多了一些历史的悲剧感，如同我们倾听柴可夫斯基的《悲怆交响曲》，突出的并不是伤感。

·刚而柔

在社会、精神、政治这些层面，李商隐常常表现出一种刚倔。特别是早期，他在性格上颇有轻狂傲性的一面，有年轻人痛陈指斥之勇。他在对待世代尊崇的儒家先哲方面，也并非一味恭敬，甚至有讥讽、有质疑。他积极并一生处心积虑地要做朝官，这与杜甫"致君尧舜上，再使风俗淳"（《奉赠韦左丞丈二十二韵》），看上去没有什么根本的区别，但如果仔细探究，仍会发现其中的差异。他的入仕之切，是实现个人的作为和意志，这些成分好像与传统儒生的恪守还有不同、有距离。他在《容州经略使元结文集后序》和《上崔华州书》中，都有质疑和叛逆思想。这里不是简单地评判其对错，而是说他的这种冲撞力，其实是一种生命的刚倔，也属于大胆的探究。

几乎与此同时，在对待女性方面，他又表现出极大的过人的柔情。像他的《燕台诗四首》《河内诗二首》《即日·地宽楼已迥》《柳枝五首》《赠柳》《春雨》《嫦娥》《辛未七夕》《银河吹笙》《水天闲话旧事》和《无题》中的诸多篇目，都委婉流转深情寓意，属于绝妙辞章。这一类诗举不胜举。他的一生，直至最后，最为人注目的仍旧还是这些柔肠百转之作。"锦长书郑重，眉细恨分明。莫近弹棋局，中心最不平。"（《无题·照梁初有情》）"春日在天涯，天涯日又斜。莺啼如有泪，为湿最高花。"（《天涯》）"竹坞无尘水槛清，相思迢递隔重城。秋阴不散霜飞晚，留得枯荷听雨声。"（《宿骆氏亭寄怀崔雍崔衮》）"荷叶生时春恨生，荷叶枯时秋恨成。深知身在情长在，怅望江头江水声。"（《暮秋独游曲江》）"天意怜幽草，人间重晚晴。"（《晚晴》）

另一些诗则写道："陶令弃官后，仰眠书屋中。谁将五斗米，拟换北窗风。"（《自贶》）"青海闻传箭，天山报合围。一朝携剑起，上马即如飞。"（《少将》）"谁瞑衔冤目，宁吞欲绝声。近闻开寿宴，不废用《咸》《英》。"（《有感二首·二》）"李杜操持事略齐，三才万象共端倪。集仙殿与金銮殿，可是苍蝇惑曙鸡？"（《漫成五章·二》）"管乐有才真不忝，关张无命欲何如？他年锦里经祠庙，《梁父吟》成恨有余。"（《筹笔驿》）

这都是出自同一位诗人，即李商隐。豪气淋漓，大言警世，这样的振聋发聩之作常见于儒家士人，他们大都有此雄健气魄。但不同的是，那些人大多缺少的，则是李商隐过人之柔肠和曼妙的表达力。人有至柔至爱之深度，那种刚倔之勇也就更可信任。这样的雄心俱在之人一旦不遇，柔情就会加倍地焕发出来。他从爱中感到了大信任、大陪伴和大感激。

事实上那些在功名上极不得意的人，阴柔一面会愈加茂盛地生长，而得意者这方面会不同程度地受到压抑。我们可以想到南唐末代皇帝李煜，贵为天子，政事那样消沉和无出路，沦为亡国之君，柔情却焕发成第一流："问君能有几多愁？恰似一江春水向东流。"（《虞美人·春花秋月何时了》）"剪不断，理还乱，是离愁，别是一番滋味在心头。"（《相见欢·无言独上西楼》）书生入仕之路若遭遇坎坷，情形更是如此。柔情是有的，不过是无暇释放，而有的大部分时间沉浸其中。

李商隐的文字从两个方面都表现出一种极致化的状态：刚如锋刃锐，柔似绕指缠。他在远望和低回时都会走入深处，久久沉浸不能自拔。心怀抱负与理想而不得实践，只是处于一种士人的惯性，还有来自心中的榜样。在幕府辗转中，在短暂的朝官的尝试中，时而受到激发。混乱无望的时局令他颓丧悲愤，但那一切就在身旁，又似乎离他无限遥远，只是一种嘈杂的回音。那些沙场的铿锵之声，对他来说只可以用想象去模拟和还原。他不同于杜牧，对于力挽危局的图谋和策划似乎不能切近，更不能参与。他的激越还停留在书生层面，一切还远不到操作的企图，而他的情感和躯体则一起留在了大后方：楚天云雨，瑶池霜月，天涯春日，桂岭莲塘，流莺绮筵，玉阳山中，灞岸柳畔，陶令篱边。在这里，他有无限的恋惜。"世界微尘里，吾宁爱与憎？"（《北青萝》）这在某种程度上也构成了他的支援和力量。这当然是爱的力量，同情的力量，是柔弱的生命弥散出的无可言喻的支持力。这样的力量有时候也足以催促一个满脸胡须的男人，于疆场驰骋，奋勇杀敌。

我们从诗人李商隐的不同吟哦中，从他或高昂或低婉的起伏中，感受这两种情愫的融合、冲决，最后汇流到一个方向。这就是生生不息的力量，一种向前进发的力量，那是生活的方向，未来的方向。前面有灯火，它在遥遥无期的远处。我们似乎可以听到他在某些时刻的低语和倾诉。倾听者可能在碧海青天的云屏之后，在烟雨蒙蒙的鸳瓦红楼之中，在明月高悬、珠泪晶莹的沧海深处，在锦瑟惊弦破梦的恍惚之间。那安慰的目光在夜色里闪烁，这是他的星光，他的希望，更是他的知音。这个时候或湘瑟秦箫合奏一曲《昭君怨》，或浅斟低唱同咏一首《梁父吟》，或在七夕一起怅望银河，向蜘蛛乞巧，谢乌鹊搭桥。在这无比温柔的夜色中，他心里翻滚的无数话语却无法表述。

· 敏而尊

作为一介书生，在丛林社会里生存，必须经过一次又一次极大的蜕变，必须突破心障，不然只得委曲求全地度过一生。李商隐是这方面的一个好标本。他固然是才华横溢之人，有漫长而复杂的为政实践，比如一生大部分时间都流转于幕府，处理了很多棘手的实务，更不要说杰出的公文才能。但就是这样一个人，直到终了也未曾在重要的朝官位置上干过，可以说郁郁不得志，被人叹为"虚负凌云万丈才，一生襟抱未曾开"。（唐·崔珏《哭李商隐》）"何事荆台百万家，惟教宋玉擅才华？""可怜庾信寻荒径，犹得三朝托后车。"（《宋玉》）"当时自谓宗师妙，今日惟观对属能。"（《漫成五章·一》）"中路因循我所长，古来才命两相妨。劝君莫强安蛇足，一盏芳醪不得尝。"（《有感》）他的自我叹息更为悲戚，这与崔珏的哀泣两相映照，令人叹怜。

李商隐自视甚高，他常提到自己与李氏王朝同宗的不凡血统。"公先真帝子，我系本王孙。"（《哭遂州萧侍郎二十四韵》）"伏以奉承大族，载属衰门。"（《祭徐氏姊文》）这是何等遥远的追溯，本可以不谈，但在他来说也是难得的一种安慰和自我鼓励。他历数自己的才华与优长，此刻已无谨慎，直言道："樊南生十六，能著《才论》《圣论》，以古文出诸公间。后联为郓相国、华太守所怜，居门下时，敕定奏记，始通今体。"（《樊南甲集序》）这是他为自己编定的文集所作的序言。从少年时代说起，古文今体，皆为笔下文章，既有本钱，也就少有自谦。

他是一个典型的敏感而自尊的人，本来有极好的人脉基础，却将一手好牌打烂。最优厚的人事条件，最终被他处理成最大的人事障碍，这里面当然有一言难尽之隐，复杂到难以言说，非当事人不可轻率议论。这里讲的主要是他与令狐楚的公子令狐绹的关系。后者做到了宰相，且居相位长达十年。他自青少年时代就在令狐楚的身旁，与令狐绹一起习业游艺，两人曾结下深厚的友谊。"足下去后，怅然不怡。今早垂致葛衣，书辞委曲，恻恻无已。自昔非有故旧援拔，卒然于稠人中相望，见其表得所以类君子者，一日相从，百年见肺肝。"（《别令狐拾遗书》）从这封写与令狐绹的信函中，可见两人交谊之深厚，而且是一朝相交，即惺惺相惜，肝胆相照，不同流俗。但后来由于二人地位悬殊，更因为在激烈的党争中多有误解，陷入了难以解脱的矛盾。这在李商隐来说是多么拘束和尴尬。从留下的文字记录看，从文本自身览鉴，或者仍然有些话可以说。

读书明理识道，使人有文明积蓄，这正是社会进步中最大的事业，没有之一。然而人类社会的"丛林"性质又是显性的，对这一点不能心存幻想。一个人既然身在"丛林"，那么他身上积蓄的文明因素越多，也就越是致命之殇。在"丛林"的追逐和围剿中，生命需要泼辣如鬣狗，顽韧如豺狼，必得有几分"滚刀肉"的脾性。汉高祖刘邦当年率兵路过陈留，谋士郦食其前来拜见，当时刘邦正在洗脚，问使者"何如人也？"使者回话说："状貌类大儒"，刘邦说自己正忙于天下大事，"未暇见儒人也"，便让使者将他打发走，郦食其瞪起眼睛按剑呵斥使者说：“走！复入言沛公，吾高阳酒徒也，非儒人也。”刘邦听到后立刻“雪足杖矛”起身礼见。（汉·司马迁《史记·郦生陆贾列传》）所谓秀才造反三年不成，主要是受制于心魔，忌讳太多，不直接不粗武。野蛮是一种力量，更是一种“丛林”品格。

敏而尊的人在秩序井然的文明社会里可以活得好，在“丛林”社会中就不行了，大半要成为牺牲品。“商隐幼能为文。令狐楚镇河阳，以所业文干之，年才及弱冠。楚以其少俊，深礼之。”（《旧唐书·李商隐传》）这里说的就是少年知遇。这是难得的人生起步，不仅被恩遇者纳入幕府，而且深得对方赞赏和怜惜，视为少俊，并深礼之。这是极罕见的人生机遇。从此李商隐就有了一个少年朋伴，二人之间无所不谈，过从甚密，这个人就是我们说过的令狐楚的儿子令狐绹。“足下与仆于天独何禀，当此世生而不同此世，每一会面，一分散，至于慨然相执手，嘅然相戚，泫然相泣者，岂于此世有他事哉！”（《别令狐拾遗书》）可见两人情谊非同寻常，迥异于世俗的利益之交。令狐绹仕途顺遂，在宣宗时登上相位。一般来说这是接连呈现的更大机遇，但出乎预料的是对方不但未能使其得济，反而成为他一生的苦难情结。就忧郁而敏感的李商隐来说，自己实在有求于对方，寄希望于对方。但从留下的文字来看，大多数的时候他只用诗文暗示，多次或明或暗地表达和申辩，试图一吐心中委屈。他这样做当然事出有因，因为有误解，有个人失误，但最终搞成这样的局面，毕竟是糟透了。

李商隐二十五岁进士及第，虽然中间有过波折，不过也算少年得志，因为《全唐诗》中有“三十老明经，五十少进士”之说，即指当时明经易考，三十岁明经及第年龄算是大的，而五十岁中进士却属年轻，像孟郊四十六岁中进士后兴奋快意地写下《登科后》："昔日龌龊不足夸，今朝放荡思无涯。春风得意马蹄疾，一日看尽长安花。"后来李商隐又三次通过吏部铨选，尽管第一次录取后在复审中又被中书省除名，但入仕之初大致还算顺利。对比一下韩愈早年入仕，是"四举于礼部乃一得，三选于吏部卒无成。"（韩愈《上宰相书》）那样一位大才子竟然前后折腾了四次才考中进士，然后又参加三次吏部考试，竟然都没有通过。李商隐三试吏部，二入秘书省，四次得任朝官，即校书郎、秘书省正字、盩厔尉和太学博士。虽然太学博士之职是由令狐绹的推荐，但正如他自己所言："三干有司，两被公选，再命芸阁，叨迹时贤。"（《祭徐氏姊文》）可惜全都没有抓住机会，几乎一生游历于幕府之间。

他没有韩愈当年那样的冲撞气，一生大致平安而卑微。而韩愈大起大落，这与其勇气有关，与其决断力有关。李商隐之性格恰恰处于另一极，绝不可能像一位百折不挠的壮士那样泼打泼上，也没有辗转于"丛林"之中的纠缠力。他类似的力气都留在了想象中，留在了心中，而没能化为迅捷的现实行动力。他是一个好书生，所以留在幕府中做一些文字工作，总是相宜和成功的。

令狐楚是李商隐踏上仕途的第一位上司，也是他的恩师，是写作的指导者，可以说是一生最大的恩人。令狐楚去世的时候，李商隐痛彻肺腑，在情感和现实生活的依仗中，都有不可接受的巨大损失。令狐楚的离世使李商隐倍加孤单，但令狐绹还在，当时这位幕府主人的公子已经官居左补阙从七品上，虽然职级不高，但常伴皇帝左右。"人生有通塞，公等系安危。"（《酬别令狐补阙》）他们时有文字往来，关系并非疏远。后来李商隐从幕府返回长安时，还曾经住在令狐绹的家里，可见仍区别于一般的朋友关系。旧情旧谊，出身来历，两人交往过从的历史，都决定了他们之间有一种特殊的联系。当两人最初面临人生的十字路口时，既可以成为极密切的兄弟、朋党，也可能演变为其他关系，但最终却发酵变质为一种不可预测、令人费解的积怨关系。他们二人走入了这样一种不幸的迷境，真是人生的莫大悲哀。后来，就李商隐诗文中所记，他在令狐绹的相府中居住了一夜又一夜，只为了能够见上这位昔日的兄长和朋友，结果只听得门外马蹄踏踏，车轮碾响，宰相回府却不得相见。那是怎样的一种心境，可想而知。他不得不低首垂眉，黯然离去。我们在这里不免假设，即便是令狐绹入相后礼绝百僚，即便是两人之间误解已深，但凭借珍贵而深长的旧谊，为什么他不可以破门而出，疾呼相拦？可以陈情，可以问询，可以朗朗大笑，可以相见甚欢。没有，一概没有。宰相出朝，地动山摇，回府想必也是气派过人，官威之大竟然吓得一个少年时代的挚友退避三舍。他只能隔户观望，心跳不已，垂首徘徊，只待天明。人情世故竟如此悲酸凄凉，不可思议。

如果换了另一类人，自然是别一种风貌。那些蝇营狗苟者，那些专于此项投机钻营之徒，可以削尖脑袋将极窄的缝隙撬开。李商隐实在是一个文明人，一个过于知晓分寸的人，这是必须的，但有时候又是多余的。在华丽堂皇而又规矩森严的宰相府邸，在都城虚幻的礼节和文明的装饰之下，他忘记了这道精美的屏风后面，遮掩的其实就是一片无边的"丛林"。俯视之下鲜血殷殷，痕迹紊乱，到处是凌乱的皮毛、丢弃的鳞爪。搏杀就在眼前，就在隔壁，近在咫尺。晓悟已经过晚。他遗忘了，忽略了，这是命运的疏失，这是文明的戕害。

天性之敏再加上后天的熏陶，让他变成了这样的一个人。

鲜活的生命之果被制作成某种文明的果脯，也是一种演变的悲剧。生命经常要走入这样一个过程，所以重新焕发和超拔既不可能，也不现实。就在这种战战兢兢的状态中，一步一步往前、再往前，直至穷途末路，生命终了。

· 令狐恩怨

在李商隐的一生中，"令狐"二字是绕不开的。令狐楚与令狐绹父子可谓中晚唐的重要人物，二人都出任过宰相。前者不仅曾经位居群臣之首，受封彭阳郡公，是牛党的重要人物之一，而且还是诗人，特别是享有盛名的骈体文大家："由博士主尚书笺奏，典内外书命，遂登枢衡，言文章者以为冠。"（唐·刘禹锡《东都留守令狐楚家庙碑》）"辞情典郁，为文士所重。"（《旧唐书·令狐楚传》）时称"韩文、杜诗，彭阳章檄"，"彭阳章檄"即指令狐楚的华丽骈文。令狐楚的文章"冠于一时"，最后结成"一百三十卷"（唐·刘禹锡《唐故相国赠司空令狐公集序》），足见其富丽堂皇。

李商隐九岁父亲病逝，四处漂泊，如他自己所说，"四海无可归之地，九族无可倚之亲。"（《祭裴氏姊文》）后来他随堂叔学习，作得一手好古文。十七岁得到天平军节度使令狐楚赏识，入幕府做巡官。当时节度使治所在山东东平湖畔。后来他在回顾这段生活时说："天平之年，大刀长戟。将军樽旁，一人衣白。"（《奠相国令狐公文》）令人感动的是令狐楚最为惜才，并不让他像一般幕僚那样处理繁多的事务，而是让他和自己的几个儿子一起学习。"令与诸子游。""商隐能为古文，不喜偶对。从事令狐楚幕。楚能章奏，遂以其道授商隐，自是始为今体章奏。"（《旧唐书·李商隐传》）由幕府主人亲授文章之法，这时候令狐楚之于李商隐，可算是父亲和师长的双重身份。而在这段时间，也使他与年长一些的令狐绹成为友伴关系，如同一对兄弟，在一起无所不谈。"官书推小吏，侍史从清郎。并马更吟去，寻思有底忙。"（《赠子直花下》）"月里谁无姊，云中亦有君。尊前见飘荡，愁极客襟分。"（《子直晋昌李花》）子直，即令狐绹的字。这时候他使用的语气极为亲近，而且目光平视，不难看出二人在情感上是何等亲密。相处随意，毫无隔阂，有一种自家人的融洽和自如在。

令狐楚在太和六年（公元832年）调至太原，任河东节度使，二十岁的诗人即跟从。为了让商隐仕途得展，令狐楚又为其办置行装，送他进京应考。这件事在《旧唐书》《新唐书》及李商隐文章中均有记载。此次未能得中，李商隐又重新回到太原幕府，后来令狐楚进京任吏部尚书，他们才不得不分离了一段时间。商隐在这期间曾回过老家，而后又进入崔戎华州刺史幕府、去京城习业、去玉阳山学道，直到二十五岁得中进士。必须说明的是，这次进士得中，还是因为当时已任左补阙令狐绹的力荐。可见一切都得助于令狐家族。令狐楚再到陕西任兴元节度使，又邀李商隐去兴元幕府，但这一次他以侍奉母亲为理由婉拒了。

在李商隐二十六岁这年，属于李党的泾原节度使王茂元聘李商隐进入幕府，并因为欣赏其才华，将最小的女儿许配给他。这是他一生中最幸福的时光之一，想不到却为后来仕途上的无尽波折埋下了伏笔："沈约怜何逊，延年毁谢庄。"(《漫成三首·二》)首句指爱我者，次句指毁我者。进士及第后第一次参加吏部铨选就通过了考试，却被中书省的一位长者除名。"雾夕咏芙蕖，何郎得意初。此时谁最赏？沈范两尚书。"(《漫成三首·三》)首联写燕尔新婚，尾联写周墀、李回两位学士对他的赏识和录用。开成四年(公元 839 年)商隐再次参加吏部考试，终于通过，授秘书省校书郎正九品上，后调补弘农尉从九品上。这个过程有过挫折，因将死囚改判活罪触怒观察使被罢官。后来虽然观察使换为姚合，但已经二十九岁的商隐索性辞去了弘农尉，入华州刺史周墀幕府。一年后，会昌二年(公元 842 年)又入岳父王茂元幕府为掌书记；不久，再次进京应吏部试，以书判拔萃，授秘书省正字正九品下。接踵而来的却是一连串大变故：母亲和岳父王茂元先后病逝。

今天看，李商隐被招入李党人物王茂元幕府并娶其小女，应该算标志性的事件。这是一个重要的转折，为令狐绹及从属的牛党所不能原谅。无论李商隐怎样为自己辩解，好像最终未能取得令狐绹的信任。"土宜悲坎井，天怒识雷霆。象卉分疆近，蛟涎浸岸腥。补嬴贪紫桂，负气托青萍。万里悬离抱，危于讼阁铃。"(《酬令狐郎中见寄》)这不是一般的分辩词句，可以说字字有委屈，句句有隐情，读来太过怜惜和沉重。最不巧的是，当李党代表人物李德裕在朝任宰相时，又恰逢李商隐母丧丁忧，为期三年，这中间即便有机会也会失去。而李党失势后，令狐绹任宰相时间长达十年。十年间李商隐尽管努力接近对方，也曾在其帮助下一度补任太学博士正六品上，却最终未能久留。李商隐在此位置上只待了很短一段时间，就再次去了东川节度使柳仲郢的幕府。临行前他千方百计与令狐绹告别，好像连一面都没见上。这让我们惋惜且又费解。他在太学博士的位置上不愿久留，匆匆辞去，其中必有缘故。因为仕途急切？还是关系悲凉？已不可考。"西北朝天路，登临思上才。城闲烟草遍，村暗雨云回。人岂无端别，猿应有意哀。征南予更远，吟断望乡台。"（《晋昌晚归马上赠》）这首诗应该是李商隐去四川之前，因没有见到令狐绹而写的文字。诗中表达了对令狐的思念之情，又言自己岂是无端远别，恐怕只有蜀地之猿为他哀鸣了。

关于李商隐与令狐绹的关系，后人普遍要为诗人一辩，认为责任完全在令狐绹一方，此人身居高位而心胸狭窄。理由是像李商隐这样的小官，根本无所谓党派争斗之要属，因为身份卑微，在两党争斗中根本就不重要。这样的解释似乎不能服人，因为我们都有一个常识，即党派之搏最终是群体之争，而在这个群体中大小角色皆有作用，其功能是不同的。在激烈的党争之中，高低职级各自发挥作用，不能互相取代。另外，我们就李商隐所留下的诗文中会有一个发现，即他对李党代表人物李德裕是极为钦敬的。"云台高议正纷纷，谁定当时荡寇勋？日暮灞陵原上猎，李将军是旧将军。"（《旧将军》）《李卫公》一诗写世情冷暖随人事盛衰而变化，对李德裕遭贬寄寓了深切的同情，哀婉感伤中充满痛怜："绛纱弟子音尘绝，鸾镜佳人旧会稀。今日致身歌舞地，木棉花暖鹧鸪飞。"在他代郑亚所作的《太尉卫公会昌一品集序》中，大赞李德裕，称他为"成万古之良相，为一代之高士"。可见他的政治倾向还是非常明显的。许多时候党派之争不讲是非，只问立场。就此而言，令狐绹对李商隐恐怕并没有多少误解，作为一个为政十年的宰相，应有基本的洞察力，这一点无须怀疑。我们应该注意到，即便在李商隐转向李党并娶王茂元的小女儿为妻之后，令狐绹也曾经写信问候过病中的诗人，这有诗人的文字为证。"嵩云秦树久离居，双鲤迢迢一纸书。休问梁园旧宾客，茂陵秋雨病相如。"（《寄令狐郎中》）诗人成为李党重要人物王茂元的乘龙快婿之后，令狐绹还曾经帮他补任太学博士，不能说没有一点"心胸"。我们就此可以假设：如果李商隐能够在太学博士的位置上稍忍一些时日，结局又会如何？不得而知。

总之，李商隐与令狐绹之间确有一个大结在，这与诗人的命运紧密相联，也是不争的事实。

· 东风无力

后来人将李商隐的一些诗过分解读，将多首爱情诗也看成了隐喻诗，即向宰相令狐绹陈情所用。而以名篇《无题·相见时难别亦难》争执最多：一方认为确凿无疑是写与令狐绹的，"此诗似邂逅有力者，望其援引入朝，故不便明言，而属之无题也。"（清·程梦星《重订李义山诗集笺注》）而另一方则认为是明白无误的爱情诗，认为只有异性之爱才有如此执着的心念。"镂心刻骨之词。千秋情语，无出其右。"（清·梅成栋《精选七律耐吟集》）两种说法都有道理。如果硬解且一定要究出缘由，也只有问诗人自己了。不过正因为这多解，这猜测，一时难定，才有另一种魅力在，即它的朦胧美。"一息尚存，志不少懈，可以言情，可以喻道。"（清·孙洙《唐诗三百首》）说得真好，在这里，清代的这位高论者，将言情和喻道做统一观，其根源在于"志不少懈"。

清代周咏棠的《唐贤小三昧集续集》认为:"玉溪《无题》诸作,深情丽藻,千古无双,读之但觉魂摇心死,亦不能明言其所以佳也。"这里将其朦胧美上升到很高的审美层次,言明其高妙的效果皆出于此。其实诗中所表达的心念,绝不仅限于异性。像同性之间的少年深谊,亲如兄弟的手足之情,在不被理解或深受误解怨怒之时,特别是一方处于能够决定自己人生荣辱之高位时,完全可以想象另一方内心的痛苦和纠缠会怎样执着。这是官场加情感的双重委屈。这样理解贬低了诗人吗? 大概没有。

"相见时难别亦难,东风无力百花残。""东风"是什么? 是时势? 是诗人的所有努力? 不知道。我们宁可认为是时势。因为没有什么比时势再强大的力量了。诗人自己知道,正像百花知道一样。"时势"即"形势",是一定要强过个人的,在诗人来说,当时的李党大势已去,而令狐绹作为宰相,也算牛党中最牛的一个了,就是这样的一个人,曾经与自己青少为伴,一起学习,一起嬉耍,而今却好似相隔万重关山。曾几何时他们还相互倾吐心曲,如李商隐年轻时所写《令狐八拾遗绹见招送裴十四归华州》一诗的尾联,借用司马相如有消渴疾,在临邛与新寡的卓文君结为夫妻,比喻自己求偶之意,希望令狐绹关心过问一下自己的婚事:"嗟予久抱临邛渴,便欲因君问钓矶。"还在《别令狐拾遗书》中诉苦说:"尔来足下仕益达,仆困不动,固不能有常合而有常离。"这是怎样一种情状、怎样一种亲密无间的关系。而现在则小心翼翼,想见一面都难。"刘郎已恨蓬山远,更隔蓬山一万重。"(《无题四首·一》)"柔情终不远,遥妒已先深。"(《独居有怀》)"新知遭薄俗,旧好隔良缘。"(《风雨》)"山驿荒凉白竹扉,残灯向晓梦清晖。右银台路雪三尺，凤诏裁成当直归。"（《梦令狐学士》）少年友伴近在咫尺，却远似天涯，只能于梦中得见，梦醒后唯有荒凉山驿中的残灯相伴，而梦中之人此时正手裁凤诏于华贵显赫的翰林院，真是情何以堪！这些文字与屈原《离骚》"托男女之辞而寓意于君，非以是直指而名之也"（南宋·朱熹《楚辞集注》），其情愫及手法何等相似，不由人不去联想，相作援引和比拟。

诗人年轻时曾经就时势对令狐绹发表过一通深沉的愤激之语："今日赤肝脑相怜，明日众相唾辱，皆自其时之与势耳。时之不在，势之移去，虽百仁义我，百忠信我，我尚不顾矣，岂不顾已而又唾之，足下果谓市道何如哉！"（《别令狐拾遗书》）违背时势，只听从自己的内心，这往往是非常杰出的人物才能做出的事情。而令狐绹并不是这样的人物。他如果是这样的一位人物，我们钟爱的诗人也就完全不是这样凄凉的结局了。令狐绹是一般的或有为的官场人物，其判断力与价值标准只是"正常"而已。况且他们二人离得太近，李商隐从少年时期就与之一起，彼此太过了解。太亲近的人反而会淡漠对方，也许并不认为李商隐有多杰出，更不要说伟大了。他或者因此而产生出一些极端化的情感：极端厌恶或极端喜赏。时势即"东风"，生不逢时，大环境如此，一切也就没有办法了。通常不会发生什么奇迹，所以才有李商隐的"百花残"之叹。

如果将此作品看成一首纯粹的爱情诗，无关乎政治人事又会怎样？那也可作同样推理。谈情说爱，其中有多少纯洁到不顾时势者？这样的人毕竟是少数的痴情之人。那么到底是什么阻碍了诗人之爱，让其有"蚕死""烛尽"之悲？这已经是生命之憾，而不是什么浅浅惋叹，更不是人们说了无数次的"伤感"。因为这里面有生命的重量，是真正的人生苦难，而不是伤情的吁叹。就这些诗文的公案，离之较近的文字是《旧唐书·李商隐传》，其中记录："令狐绹作相，商隐屡启陈情，绹不之省。"《新唐书·李商隐传》也说："绹当国，商隐归，穷自解，绹憾不置。"相对应的，是诗人类似的诗句："曾共山翁把酒时，霜天白菊绕阶墀。十年泉下无消息，九日樽前有所思。不学汉臣栽苜蓿，空教楚客咏江蓠。郎君官贵施行马，东阁无因再得窥。"（《九日》）诗人想到自己年轻时曾经陪伴令狐楚把酒赏菊，受其知遇之恩，而今令狐绹却不能像其父那样延揽人才，感慨之余写下这首悲凉之诗。过去与现在两相对比，映衬之下，凄楚之感，有情有讽有怨有悲。

如果重新回到令狐绹与诗人的关系上来，那么事情就格外严重了。同性之谊，如此接近于两性之怨，以至于引起了千年误读，难道这不是人生的大悲剧？如此之悲，仅洒一把同情泪，显然是不够的。

说到时势，也就是"东风"，有两个重要元素不可不引起我们的极大注意：一是维系令狐绹和诗人之间的一条重要纽带失去了，即老宰相令狐楚的去世。失去这样一个至为重要的关联和基础，剩下的就是党争之下所谓的人事归属问题。其二就是此时李党首领宰相李德裕已被唐宣宗远贬海南崖州，李商隐深陷姻亲关系的党派处于下风，而且绵延时间很长。这两大元素决定了李商隐悲苦的命运。如果事情能反过来，比如这个时期是李党得势朝野显赫，而李商隐又是意气风发，稍得振作，那么他如此接近昔日挚友令狐绹，大概又是另一番情致另一种结果了。这个时期就是东风劲吹了。

违背节令，一切皆不可言说，这就是人们常常叹息的"大势已去"。

· 命运的情与理

就李商隐个人成长经历来看，按一般人之常情来推断，他这一生与令狐父子的关系太深了。无论就个人学问之积累、经济之维持、社会之见识、仕途之开展，都可以说依赖于令狐巨大的不可或缺的支援。这是人生的支援，不能轻率地说一句"帮助"就算完。令狐楚逝世后，李商隐悲痛万分，在《奠相国令狐公文》中说："古有从死，今无奈何！"在《撰彭阳公志文毕有感》一诗中写下"百生终莫报，九死谅难追"之句。这里的"从死"，让人想到秦穆公下葬时为其殉葬的"三良"。还有"百生""九死"之语，可见当时商隐伤绝至此。一个自少年就"佣书贩舂"（《祭裴氏姊文》）、生活极为困窘的诗人，跟从了一个官位与文名俱为显赫的人物，而对方又是这样喜爱他、看重他，不让其陷入事务，只让他与自己的儿子一起学习成长，"委曲款言，绸缪顾遇。"（《上令狐相公状一》）"人誉公怜，人谮公骂。"（《奠相国令狐公文》）并且在后来又替他置办行资，资助进京赴考，一手提携进入仕途。这种人生知遇，在任何人来说都是终生难以忘怀的。因此我们也就理解令狐楚之死，对李商隐构成了怎样的震动。

此一打击实在是太大了，让他不可接受，一时恓惶茫然。好像神使鬼差，后来他进入李党人物幕府，并迎娶主人小女为妻，一切也就发生了重要改变。"茂元爱其才，以子妻之。茂元虽读书为儒，然本将家子，李德裕素遇之，时德裕秉政，用为河阳帅。德裕与李宗闵、杨嗣复、令狐楚大相仇怨。商隐既为茂元从事，宗闵党大薄之。时令狐楚已卒，子绹为员外郎，以商隐背恩，尤恶其无行。"(《旧唐书·李商隐传》)这些历史记载当无多少差池。由此可见，王茂元与宰相李德裕有一种知遇关系，他们与牛党李宗闵、杨嗣复、令狐楚等人结下仇怨。这就成为后来诗人一连串坎坷的最好注解。进入李党人物幕府并成为幕主东床，当是一种命运的关节。无论就政治还是人事情理方面，李商隐此举动作幅度实在有些大，需要用令人信服和可以接受的理由，对令狐绹做出解释和说明。就现存所有文字记载来看，令狐绹对他始终未曾谅解，商隐与令狐之间伤创不浅。它引起的是连锁反应，不仅是令狐绹，整个牛党都以共同缘由和相似视角来看待李商隐。这对诗人来说构成了极其不利的从仕环境。解铃还须系铃人，唯一能够得解的关键环节，仍然是令狐绹。但在这里他却求告无门，一次又一次地陷入绝境。

以后来人的眼光和视角来看这段公案，压倒性的论说几乎都站在诗人一边。是的，诗人不仅是弱者，而且还是才华灼目者，一个怀才不遇者。我们的历史总是为弱者鸣不平，为才华开绿灯。当年的人事细节早就埋没在时间的屑末之中，没有人去发掘。涉及情感之类的问题，又是最为难言的，往往只有当事人才有权言说。就此来讲，后人的道德判断通常还是显得草率了许多。

李商隐面对牛李两党，其情感的重心显然在岳父王茂元一方，即李德裕一方，这可以从他的许多诗章和论说中发现。这里可作参考的有《太尉卫公会昌一品集序》《为李贻孙上李相公启》《旧将军》《李卫公》《漫成五章·四》《海客》等。而令狐父子属于牛党，各有派属。就党争双方来说，最后会形成一个庞大的、由上而下的群体；而凡是群体就必定芜杂，泥沙俱下；仅就个体而言，又绝不能一概否定或肯定，即便是极为不堪的群体中，也会有十分卓越者。有人不止一次为诗人辩解，指出诗人当时人微言轻，所以对于党争而言是无足轻重的角色，作为令狐绹也就应该完全忽略这一点，不必计较，相反要怜惜旧谊，给予爱护和提携，不然就是心胸狭窄。人们普遍认为诗人后半生之坎坷，要由令狐绹负起责任。这听来似有道理，但我们也可以反问一句：在政治派系的搏杀中，真的可以忽略那些地位卑微的人？大概一切远没有这样简单，答案恐怕不会如此。

事实上李商隐也是非常矛盾和软弱的。他在时局中既不适又痛苦，找不到出路也不曾甘心。他那样推崇李党的代表人物，即曾经的宰相李德裕，却写过《五言述德抒情诗一首四十韵献上杜七兄仆射相公》，这是献与牛党人物杜悰的。此人为诗人杜牧的堂兄，后来也为宰相，在会昌五年（公元 845 年）曾被李德裕贬出朝廷。杜悰之母是商隐的姑母辈，二人之间沾有表兄弟的远亲关系，所以李商隐称杜悰为"杜七兄"。他在诗中写道："恶草虽当路，寒松实挺生。人言真可畏，公意本无争。"寒松即指杜悰，这四句诗应该是替杜悰鸣不平，当路之"恶草"指向何人，就颇为令人思忖和疑惑了。最后他还写道："弱植叨华族，衰门倚外兄。欲陈劳者曲，未唱泪先横。"这显然是希望对方汲引，而且在此诗受到杜悰褒奖后，又马上作了一首五言四十韵献上，并在诗的最后祝愿："待公三入相，丕祚始无穷。"可见诗人为了仕进，不惜违心讨好徒有其名而无实才、刻薄寡恩、有"秃角犀"（《新唐书·杜悰传》）之称的杜悰了。其实李商隐一生受惠最大的仍然是一些李党人物。不过他的命运实在不济：李党执政时，偏偏赶上母丧丁忧；复官不久，又是牛党得势。如此一来，他只好将余生消耗在幕府中，而只有在这里，他的生活才大致适意平顺。

总之在李商隐曲折起伏的仕途上，似乎藏有无数转折、疏离、起伏，有难言的巧合，有沮丧和背运。但究根溯源、推敲细节，一切似乎又在情理之中，虽有意外、有难测，却也大致可见。古今人情不远，人事相近，事出有因，一切远非复杂到莫测无解。

我们固然同情诗人，因为我们喜欢他的华章、他逼人的璀璨。可是在这灼灼光泽之下，还需要做另一番打量，以便更好地理解他的身世遭遇，如此就能更进一步走入那些委婉奇妙的文字了。两相映照，格外动人，无以尽言，难以传达，只有抚摸和叹息。

· 生为幕府人

李商隐的仕途起步于幕府，终结于幕府，在幕府中度过的时间最长，比较起来也最为顺遂。展开诗人全部的人生细部，我们会发现一个鲜明的对比，即他在幕府中能够很好地待下去，无论是前期令狐楚的天平军节度使和河东节度使幕府、崔戎华州刺史幕府、王茂元泾原节度使幕府，还是后期郑亚桂管观察使幕府、卢弘正武宁军节度使徐州幕府、柳仲郢东川节度使幕府等，几乎所有幕府的主人都对他礼遇有加，爱护和帮助，有一些情节还相当令人感动；但他转而出任朝官时的情形正好相反，好像总是难以为继，如两入秘书省都没有待下去，即便在令狐绹的帮助下补太学博士，也很快离去。但他最向往的还是能在朝中任职，因为在幕府任职终究不算正途。

　　离开朝廷去地方幕府做幕僚，常常是一种不得已的选择，可算一种迂回入仕的方式，像高适、岑参、令狐楚、韩愈等诗人都是进士及第之后先入幕府，而后入朝。但在幕府之间蹭蹬一生的士子还是占大多数，比如李白、杜甫在晚年还曾进入幕府。"安史之乱"发生后，李白因为进入企图谋乱的永王李璘的幕府而获罪，被营救后又入宋若思的宣城太守幕。杜甫在五十多岁的时候还做了剑南节度使严武幕府的参谋。而晚唐的"小李杜"都是二十六七岁便通过了吏部铨选，并授校书郎清要之职，应该算是很不错的入仕开端。像张九龄、白居易、元稹等诗人，都是由校书郎起步，最后抵达美好的前程。杜牧和李商隐在校书郎的职上似乎都未超过半年，杜牧自愿去了远亲江西观察使沈从师的幕府，李商隐则调补弘农尉。

　　诗人离开令天下士子瞩目心仪的芸阁去做负责刑狱的县尉，里面肯定有无法言明的苦衷。县尉之职实在折磨悲悯柔软的诗心，当年杜甫也被授予河西尉，却辞掉了这个通过千辛万苦才获取的职位，"不作河西尉，凄凉为折腰。"（《官定后戏赠》）边塞诗人高适做封丘尉时，写下"拜迎长官心欲碎，鞭挞黎庶令人悲"（《封丘作》）的诗句，后来也是辞职而去。苏东坡在杭州任通判时，说自己"执笔对之泣，哀此系中囚"。（《熙宁中，轼通守此邦，除夜直都厅，囚系皆满，日暮不得退舍，因题一诗于壁》）李商隐在弘农尉位置上没干多久，就为一件冤狱与上司发生矛盾，愤然离职。诗人三十七岁再次才选盩厔尉，后又调任京兆尹留假参军，对审囚问案难以忍受，不到一年便去了徐州武宁军节度使卢弘正的幕府。

　　不同的是高适与苏轼后来都官居高位，年轻时的治世抱负得以施展。高适驰骋沙场，讨平叛王李璘后又临危受命，讨伐安史叛军，解救睢阳之围，官至刑部侍郎、散骑常侍，进封渤海县侯。苏轼则为郡守、翰林学士、礼部尚书、帝师，并为文坛领袖。而李商隐一生去得最多的地方即是幕府，这里似乎成为他最后的接纳地。

反观唐代杜甫、韩愈等著名人物，他们在幕府任职时常常牢骚满腹。几乎所有士人都将宦游幕府看成一件不得已的苦差，只做暂时栖身而已，总是急于返回朝中，就连自愿去幕府的杜牧，这期间也不断回望长安。李商隐当然多次尝试进京，以此作为人生的更高理想，但现实之门对他好像总是关闭的。在幕府的具体情形后人很难得知，仅就留下的文字来看，身为幕府主人的节度使或刺史们，对待诗人之好，多少有些出人预料。最初令狐楚对他之关心爱护自不待言，后来崔戎、王茂元、周墀、郑亚、卢弘正、柳仲郢，每一位大人都厚待李商隐，帮助之大、呵护之细心，都值得好好记述一番。他第一次科第落选后，华州刺史崔戎收留他，同样对他极为欣赏和喜爱，送他到南山与自己的儿子们一起习业备考，并资助他再去京城应试；泾原节度史王茂元将最小的女儿许配与他；周墀予以赏识、厚待，郑亚让他做幕府判官，并一度代理昭平郡守；卢弘正聘他为判官，得侍御史衔，从六品下，是他入仕以来所获最高职级，令他情绪昂扬，精神振奋："此时闻有燕昭台，挺身东望心眼开。且吟王粲从军乐，不赋渊明归去来。""我生粗疏不足数，梁父哀吟鸲鹆舞。横行阔视倚公怜，狂来笔力如牛弩。"(《偶成转韵七十二句赠四同舍》)柳仲郢出任剑南东川节度使，李商隐随他入东川幕府做判官，并加检校工部郎中，从五品上，为一生所获最高职衔。柳仲郢怕诗人丧妻之后身边无人料理生活，还要将最美的歌女许配给他，被他婉拒。

几年后柳仲郢入朝充诸道盐铁转运使，即让商隐任盐铁推官；后来柳入朝任刑部尚书，李商隐才从推官的位子上下来，就此回家，直到逝世。

作为一个诗人的细腻，可能需要长期相处才能体味。他为人的周到，更有他的才能，要在使用的时间里一点点体现。特别是他的文秘之才，这正是每位幕府主人都必要倚重的。而只要幕府的最高首长厚爱和重用，其他同僚之争也就可以免除或忽略不计了。在朝中任职则大为不同，这里人事复杂，事出多端，人才济济，必要长期经营，也非要有一个重臣倚靠才可以。在这个环境里，他的文秘之才不仅不是唯一的，而且用非所长。他两入秘书省，大致也只是勘校文字，这当然是大材小用。李商隐的能量无法在短时间的停泊中凸显出来，这正是他的苦闷所在，焦虑所在。

他是一个情急做事之人，而不是一个隐忍等待之人。好像仕途之上一些必要的恪守与规律，在他来说还难以依从，这与唐代那些著名人物在同类职务上终得度过，然后迎来转机的情况大不一样。或许是诗人的幕府生涯过于顺畅，两相对比之下，使他更加不能忍受。结果就是一次又一次离朝，一次又一次入幕。但幕府顺遂总是相对的，与他心中的最高理想相距甚远，这又使他生出另一种烦躁和不安，于是再加尝试，也再次失败。人事纠葛矛盾重重，心底积怨和委屈越来越多，一种不可解的矛盾越积越大，最终积重难返，便是一路的颓唐与失败。

就仕途本身而言，李商隐是一个失败者，因为他最终未能立足于士大夫实现治世理想的舞台之上，只辗转奔波于幕府之间。他好像天生就属于幕府中的人。

· 爱之上

　　李商隐的爱情被说得太多了，但大多查无实据。在山上修道时，
正是他的青春岁月，爱情最易生发，而且的确写出了不少迷人的情
诗，所以格外引人想象。比如关于美丽道姑的诗章，总有人说到华
阳两姊妹，其实仍为猜测而已。"偷桃窃药事难兼，十二城中锁彩蟾。
应共三英同夜赏，玉楼仍是水晶帘。"（《月夜重寄宋华阳姊妹》）"云
母屏风烛影深，长河渐落晓星沉。嫦娥应悔偷灵药，碧海青天夜夜
心。"（《嫦娥》）"身无彩凤双飞翼，心有灵犀一点通。""岂知一夜秦
楼客，偷看吴王苑内花。"（《无题二首》）"月姊曾逢下彩蟾，倾城消
息隔重帘。已闻佩响知腰细，更辨弦声觉指纤。"（《水天闲话旧事》）
艳丽神迷之奇思异喻，妙比与联想，在几千年之情诗款语中实属罕见。
这些神思的空间太大，朦胧迷离而又唯美晶莹，令人于抚摸叹赏中
恍惚忘情。

　　就因为有这些句子，这些意境，极容易望文生义，浮想联翩，
将诗人想象成一个情种，一个古今来最能爱的人。可惜当年的文字
中并无确切记录爱情事迹的篇幅，这就让人有了更多的猜想。诗的
神往空间最大，于是也就更加放肆了，似乎更不需要其他文字的佐证。
如此连缀，无论多么牵强，好像都有道理，敷衍连绵，未免荒唐。

　　李商隐一生有过两段婚姻，第一段无考，只剩下第二段，即他
与泾原节度史王茂元小女的姻缘。他在诗中透露过此爱之深切，可
以说是一生中最让他感到幸福的终身大事。令人感叹的是婚后因为

奔波于仕途，和妻子一起的时间不多，而妻子三十多岁就病逝了。"君问归期未有期，巴山夜雨涨秋池。何当共剪西窗烛，却话巴山夜雨时。"（《夜雨寄北》）这首七言绝句乃脍炙人口的千古名篇，语言淳朴如话，情思委婉曲折，辞浅意深，含蓄缠绵，一般认为是写给妻子王氏的"寄内"诗。"忆得前年春，未语含悲辛。归来已不见，锦瑟长于人。"（《房中曲》）王氏去世时诗人正值壮年，却从此再无婚配。他在柳仲郢幕府任判官时，主人要将"本自无双"的美丽歌女张懿仙许配，他婉言相拒："诚出恩私，非所宜称。"（《上河东公启》）他对早逝的妻子一直处于无比怀念中。"剑外从军远，无家与寄衣。散关三尺雪，回梦旧鸳机。"（《悼伤后赴东蜀辟至散关遇雪》）"鸾扇斜分凤幄开，星桥横过鹊飞回。争将世上无期别，换得年年一度来。"（《七夕》）"惟有梦中相近分，卧来无睡欲如何。"（《过招国李家南园二首·二》）

殷夫曾经翻译匈牙利诗人裴多菲的《自由与爱情》："生命诚可贵，爱情价更高。若为自由故，两者皆可抛。"可见"自由"在一切之上，不仅重于"爱情"，还重于"生命"。其实"自由"包含了一切，等于一切；但"爱情"也并不是那样简单，它直接就是"自由"。

我们还原一下李商隐当年的这段情事，它一定是令人羡慕的。因为与王氏结缘之前，商隐就曾写诗戏赠同榜进士韩瞻，表达对他捷足先登先行成婚的艳羡："籍籍征西万户侯，新缘贵婿起朱楼。一名我漫居先甲，千骑君翻在上头。云路招邀回彩凤，天河迢递笑牵牛。南朝禁脔无人近，瘦尽琼枝咏《四愁》。"（《韩同年新居饯韩西迎家室戏赠》）韩瞻抢先一步娶走的就是商隐未来妻子的姐姐。这首诗中还透露出，他为追求幕府主人的幼女而消瘦，有"瘦尽琼枝"之叹。后来诗人赴东川节度使幕府之前，其妻不幸病故，在《赴职梓潼留别畏之员外同年》一诗中，再次回忆从前与韩瞻同年折桂登科，先后迎娶王茂元的两个女儿。如今对方依然鸳鸯相守，而自己却如乌鹊失巢，孤苦无依，漂泊不定。"佳兆联翩遇凤凰，雕文羽帐紫金床。桂花香处同高第，柿叶翻时独悼亡。乌鹊失栖常不定，鸳鸯何事自相将？京华庸蜀三千里，送到咸阳见夕阳。"

他获得了生命中的"自由"。"爱情"之上是什么？这要看每个人的不同。有的人为了爱可以舍弃江山，遑论其他？爱在这里显然就是一切。为了这爱，准备承受一切。李商隐承受之多可能是爱之初全无预料的，想不到少年青年时代共同学习成长之友伴，那个后来成为十年宰相的令狐绹，竟然为这门婚事一生不再原谅。不仅如此，牛党一派也都视他为背叛者。从此他的仕途之路也就走到了尽头，两党都不待见他。"茂元善李德裕，而牛、李党人蚩谪商隐，以为诡薄无行，共排笮之。"（《新唐书·李商隐传》）接踵而至的世俗压迫重于大山，让他喘不过气。爱被压在最下边，上边即是世俗的所有生存之艰。诗人无论怎样都无法摆脱，也无力摆脱。他怎么挣扎都没有成功，几乎就这样窒息。他的浪漫是一颗心，可是他要拖拽一生往前移动的，却是无比沉重的肉身。肉身是不在乎其他的，也是一种独立的存在，它之强大超出想象。它十分顽强和执拗，甚至超出了一个人的生命经验。

"非关宋玉有微辞，却是襄王梦觉迟。一自《高唐赋》成后，楚天云雨尽堪疑。"（《有感·非关宋玉有微辞》）宋玉作《高唐赋》托讽喻之意，后来一切写男女之情皆被疑为别有寄怀，然而其中是否藏有因由，只供猜度而已。李商隐的许多爱情诗，又被当作社会诗和政治诗来解读，作为诗人不遇之明证。这如果是某种误解，那么这距离也足够远的：从心灵一下腾挪到了肉身。

对于生命来说，爱之盛大可以笼罩一切，爱之灼热可以融化一切。可是它也可以消散淡远，也可以冷却。在这之后，就会发现它所带来的不可承受之重。

醉饮有佳咏，雪融有潺湲。一个挚爱者可以九死而未悔，一个伤情者可以终生留悲叹。但是一个被重压者却在窒息，在挣扎，在呼救，最后化为隐秘的沉吟。它们不得解，也无从解。它们在说爱，还是在说难言的人生之沉重，或者合二为一。

· 身累与心累

一般来说人是恐惧身累，而不太在乎心累。"劳心者治人，劳力者治于人；治于人者食人，治人者食于人；天下之通义也。"(《孟子·滕文公上》) 所以人类的最大恐惧还是源于被治。那些愉快地走向身累之途的大多并不自愿。除了极少数的修炼者，即一些所谓的异人，没有谁会自甘当一个体力劳动者。那些修炼者的主要工作也不是体力劳动，而是以最少的身体辛劳换来个人的时间和空间，争取对生命有所参悟。知识人总是歌颂那个"不为五斗米折腰"的陶渊明，钦羡他的田园与酒。其实陶渊明过得并不愉快，他的诗夸大了这种生活的超然和惬意。他既是被迫回归田园，最后也是于饥饿穷困中告别人生。"倾壶绝余沥，窥灶不见烟。"(《咏贫士七首·二》)"弊襟不掩肘，藜羹常乏斟。"(《咏贫士七首·三》)"饥来驱我去，不知竟何之。行行至斯里，叩门拙言辞。"(《乞食》) 这些诗活画出诗人当年的生活情状，而人们记住的还是他"自免去职"（《归去来兮辞并序》）的潇洒与飘逸，他的"采菊东篱下""带月荷锄归"的浪漫与逍遥。仅仅记住生活中的一面是极不准确的，更是一厢情愿的夸大和自慰。

我们想象一下李商隐的痛苦，他主要还是因为官场失意而焦虑不快。就生活而言，他一生的主要时间是在幕府中，有吃有喝有玩有乐，有厚待他的幕府主人。这样的人生于物质上看是很不错的。他爱诗并时而纵文泼墨，那么这种幕府生活也是相当适合的。"不拣花朝与雪朝，五年从事霍嫖姚。君缘接座交珠履，我为分行近翠翘。楚雨含情皆有托，漳滨卧病竟无憀。长吟远下燕台去，惟有衣香染未销。"（《梓州罢吟寄同舍》）问题是这仅仅是一般的权衡方式，对于一个十六岁便"以古文出诸公间"、二十五岁得中进士、少年伙伴已经贵为宰相，昔日旧游也"一一在烟霄"（《秋日晚思》）的才俊，对于一个才高八斗的诗人，这种舒适的生活就远远不够了。"为谁成早秀？不待作年芳。"（《十一月中旬至扶风界见梅花》）"已悲节物同寒雁，忍委芳心与暮蝉。"（《野菊》）少年成名，却一直屈沉下僚；自负高才而不得酬，常年幕游，为人作嫁。他现在"身"不累，更不怕"心"累。他想操更大的心，因为不能而更加心累，一颗心也就感到了莫大委屈，这委屈又转化为更大的痛苦。

他为一个国家操心，而不仅是为自己。他一生写下了多少忧国忧民之诗文。这样一个人要在现实生活中证明自己，也要在文字中证明自己。在古代，文学与士人往往是一体的，诗文高，就自然应该仕位高，这似乎是不言自明的道理，是通识和常理。所以大诗文家一定是心有不平，愈是大诗文家也就愈是不平。今天来看这其中好像少了一些道理，因为今天诗文之才与仕途之才已经分离。但这种分离的得与失，也只有天知道。如果两者至今不曾分离，国家治理会是更好的，会像为文一样周密，会做好治国这篇大文章。但是以做官为本位的国家，一定是最没有出息的，这样的结果就是引诱出一批畸形人生：没有理想，之所以为仕，说白了不过是寄生虫般的追逐，是怎样度过又馋又懒的一生。

李商隐有了文学之能，即应有相匹的仕途。中国自古是万般皆下品，唯有读书高。他抱定了从仕，这就是悲剧之所在。身累之恐惧，作为一个中国文人，一个士大夫，大致上都未能幸免。我们的儒家传统就培植了这样的价值观、世界观和人生观。"率身期济世，叩额虑兴兵。"（《五言述德抒情诗一首四十韵献上杜七兄仆射相公》）"急景倏云暮，颓年寖已衰。如何匡国分，不与夙心期。"（《幽居冬暮》）他要做兼济天下的大丈夫，如此而已，无可厚非。在当年诗人文人与仕人之不能剥离，已经到了这样的程度。如果在山野荒郊遇到一个正在辛勤劳作之人，谈吐清雅，见识高远，那么就要视之为"隐士"和"异人"。如上古时代巢父、许由等高士，为了躲避帝尧让位于他们，不得不遁入深山。还有春秋时期长沮和桀溺两位隐者，《论语·微子》中记载："长沮、桀溺耦而耕，孔子过之，使子路问津焉。"这些都是节操高尚、才能出众之人，却要逃入深山荒野，隐没于偏僻之地，世人将他们视为高士贤者。这种怪异现象究竟从何时改观，走向另一个极端，即怀才不遇，四处流落，羁旅异乡，大概渊源甚远。孔子也到处游走，春秋战国时代的能人才士多到处游走。屈原是被迫，后来之文人骚客却未必如此。到了现代社会分工越加细密之后，文人与仕人的分道扬镳也就开始了。但就世界范围内看来，东西方

365

文化仍然存在巨大差异。

官本位为中心的畸形文化，遏制了人的想象力和创造力。生命由此变得畸形。心累者尊，而身累者卑，这似乎已成定规。

·文秘人生

李商隐之所以在幕府中如鱼得水，很大程度上可能得益于他的文秘能力。他显然是一位最上等的卓越的案头工作者，一个很棒的文件起草人。这样的人在官场上不可或缺，对于治理者来说，一部门一官衙，离开了文墨准备那将寸步难行。所以这方面的好手自古为贵。商隐之重要，在于其文墨之得当之快捷，非一般人可比，所以也就格外受到幕主欢迎。这得益于第一个大恩人令狐楚对他文章的教诲、磨砺和锤炼。令狐楚临死前还函招他入幕，并把代草遗表的重任交与他，可以说是最后的嘱托，又该是怎样的依赖和信任。

这样一位文秘大家，不仅能够很好地揣摩官长的意旨，有时候还有一些超常发挥。他强化、突出甚至创造的部分，都为官方所激赏。比如他为王茂元起草《为濮阳公与刘稹书》，对于胆敢犯上作乱的节度使刘稹，开篇即警告其"择福莫若重，择祸莫若轻。一去不回者良时，一失不复者机事"。分析形势利害，恩威并用，可以说大言铿锵，入情入理，充分显示了语言文字的力量。他代拟的许多文书都有文采，有情致，有强大的逻辑力，既不古板，又中规中矩。

如果在朝廷内，这种特殊人才也不会显得拥挤，但毕竟还会有一些。因为宫廷内的文墨准备并不缺少，所以李商隐这样的人才不一定是最为朝中看重的。朝廷所用的文墨人士，比如知制诰、中书舍人等官人，都是皇帝身边起草诏令的近臣，像唐代大诗人张九龄、王维、韩愈、杜牧，都做过中书舍人；宋代的欧阳修、王安石做过知制诰，而白居易和苏东坡则是先做知制诰后为中书舍人。李商隐拔萃之后初入秘书省，距离这样显赫的地位还很遥远，也就没有机会尝试自己的文墨功力。而在地方幕府中就大为不同，有他在，整个幕府里也就文事齐备。他真是个大秘书。当年公文以骈体通行，而他这方面的功力无与伦比，师从骈文驰名天下的令狐楚，训练精当，再加上固有之才华，终成为骈文大家。可惜这样一来，一生文章少有直抒胸臆的机会，而必得以公事需要来施展身手。

一个敏感细腻的诗人，其文秘人生将是多么拘谨、困顿和痛苦，又会产生多么巨大的张力。一个被拘束、被定制者，却有一颗浪漫无羁的心灵，渴望自由飞翔。就此而言，这真是一个人生的悲剧。自古至今这种悲剧埋没了多少人，圈囿了多少人，改造了多少人？那个自由的灵魂，只有在月明星稀的午夜，在夕阳西下的客旅，在愁绪如麻的病中，寻找一个缝隙挣挤而出，然后奔向无垠的开阔。他画下的所有痕迹，哪怕是恍惚迷离纷乱无序的涂抹，都是弥足宝贵的。但有时这一切并不为创造者本身所看重，因为在那种特异的环境之下，他已经陷入了迷惘。当他们一有机会收集自己的所有文字时，甚至会把那些自由的吟唱轻掷一边，视而不见。这当中少有例外。在生前格外看重个人咏哦者，好像莫过于白居易，他一生中曾不止一次地亲手编撰自己的诗集。而李商隐活着的时候只编选自己的文章合集，即《樊南甲集》与《樊南乙集》。

他尽管如此为文，毕竟才能固在；文采既在，文章出手仍然大有可观。这也凝聚了一生的心血。在一些杰出文人代作的官样文章中，从来不乏杰作，它们不仅能够"代人哀""代人谀"，而且还能够寄托自己的思想观点和政治倾向，如李商隐代郑亚所作《太尉卫公会昌一品集序》，此时正逢牛党执政，李德裕被贬逐洛阳闲居，而李商隐给予了这位失势者很高的评价。

他在大中元年（公元847年）编定《樊南甲集》，共收入文章四百三十三篇，分为二十卷。这一行为足可见他对自己文秘生涯的重视。撰写公文至多是发挥一下文采，而少有思想之独创，但在诗人这里，即可突破这道藩篱。这些文秘书稿在由桂林去江陵的船上编成，后又在漫漫水路上失落了一些，损失之大不可想象。"冬如南郡，舟中忽复括其所藏，火燹墨污，半有坠落。因削笔衡山，洗砚湘江，以类相等色，得四百三十三件，作二十卷，唤曰《樊南四六》。"（《樊南甲集序》）所以这类文章到底有多少，已经不知道了。不过即便全留下来，我们也只能从中更多地看到一些政务与事功，而非个人心迹。相比之下，我们也就更加看重他的诗作。

李商隐少年师从本家堂叔，堂叔乃一异人："年十八，能通《五经》"，但"誓终身不从禄仕"，面对一切"时选"，"皆坚拒之"。这位堂叔能够写出一手好古文而极为排拒时文，为文"味醇道正，词古义奥"，且"自弱冠至于梦奠，未尝一为今体诗"。（《请卢尚书撰故处士姑藏李某志文状》）儿时的这种培植，决定了李商隐古文功底深厚，所以十六岁写出的《才论》《圣论》等，曾令当时文章大家惊叹，但已经无从查考。而如果入仕则需要学习时文，即骈体文。他后来的一些骈体文杂有古文章法，写得灵动卓然。他留下的一些古文如《断非圣人事》《让非贤人事》《李贺小传》《齐鲁二生》等，都称得上佳作。"商隐工诗，为文瑰迈奇古。"（元·辛文房《唐才子传》）这里即指出其古文瑰异古朴、高妙飘逸，这才是其价值所在。李商隐《樊南甲集序》中也说过，"有请作文，或时得好对切事，声势物景，哀上浮壮，能感动人。"这种自我认知确切而毫无夸饰。

文秘人生，使如此浪漫的一个人在文字挥洒上受到阻遏，不得一吐为快，却同时也获得了一种积蓄的力量。所以只要一有机会他就要发散自己的心志，最主要的一个途径当然就是写诗。"人生何处不离群，世路干戈惜暂分。雪岭未归天外使，松州犹驻殿前军。座中醉客延醒客，江上晴云杂雨云。美酒成都堪送老，当垆仍是卓文君。"（《杜工部蜀中离席》）诗人当然是一个"醒客"，所以他常常会离群而去。他有时是一只落寞哀鸣的孤雁，有时却是一只冲霄而飞的雄鹰，大展英姿。那种飞翔的距离和冲力，即要看积蓄在心灵深处的那股力量的强弱。

"山上离宫宫上楼，楼前宫畔暮江流。楚天长短黄昏雨，宋玉无愁亦自愁。"（《楚吟》）李商隐就是当代的宋玉，他的愁绪不为人知。他是一位天才的歌者，事无巨细皆入眼底，心头波澜时而万丈。他为幕府所用，官方所用，却不为时代所用。时代之文字又是激昂之文字，悠扬之文字。他的漫漫心绪，颜色斑驳陆离，如丛林一般茂长蔓延，自然无边，对应云霞、风暴和雷鸣。那些刻板一律的文字让他就范，牛不喝水强按头，踏蹄四溅，浑身淋湿，最后还要厉喝而行，缰绳握在主人手里，他不停地奋力挣扎，水幕腾起，冲荡如激流，最后力气使尽，才不得不安息下来。这番激情冲撞，才华四射，有时候也能博得主人激赏。他们不将其视为一个伏枥的老骥，而看作一头油亮的青牛，有青春，有光色。他们早就有所准备，给他戴上嚼链，他显得十分温顺，这当然是一种伪装。

生命焕发时节也是离开庙堂之际：他仰望星汉，心绪浩茫；他闲坐篱边，浅饮低唱；他寄宿竹坞水畔，谛听雨打枯荷而辗转反侧；他浪迹天涯，追逐流光，恨不能长绳系日；他幽居冬暮，锦瑟轻抚，回忆似水华年。这是一些何等瑰丽缤纷、奇异杳渺的思绪，只有在这些深深沉浸的时刻，面对自己的抒发，不仅真实，而且更加才情飞扬，诗意纵横。所以才出现了大美、大陶醉。他用这样的方法犒劳自己，弥补自己，享受自己，也留下了一些弥足珍贵的稀世珍篇。

·幽情别爱之隔

我们读到一些异常优美奇异，或深思别见的作家，如李商隐等，对这些文学巨擘叹为观止，常有一种不可思议之惑。这种常人难以企及之高之奇之险之美，其实是一种生命孤高的现象。因为众生就像海洋，苍茫中包含了各种可能，不可言喻之个案就会发生。这种现象不能依赖平常思维路径去接近和破解，也不能以平均值的标准去加以度量。所以我们需要换一种角度和方法，以理解他们的生活和创作，特别是面对其精神活动时，就必须如此。"义山造意幽邃，感人尤深，学者皆宜寻味。"（清·宋荦《漫堂说诗》）这里的"幽邃"二字，要给予真正的理解颇不容易。邃之深远精密，幽之深微曲折、偏僻昏暗，是不可言喻的别致幽思，是极为独到的个人空间。深邃由此而成，也就必然带来一些奇险，带来探索上的困窘和不可能。正如宋代文人良相王安石所言："世之奇伟、瑰怪、非常之观，常在于险远，而人之所罕至焉。"（《游褒禅山记》）这不是一般足迹所能踏到之处，也不是一般眼睛所能够识别的景物。那种自然造成的险峻阻隔和烟瘴迷惑无所不在，所以这些美景只能属于一些特殊的寻觅者。

一个人的先天既已确定，有些东西便难以改变；尽管每个人都要接受后天的培育，但由于这个过程极其复杂，所以也就难以预测。所有的知识都需要与生命的基础发生对接，使先天与后天合而为一。就此看，分析个案是困难的，这将变得千头万绪，既找不到起端，也看不到终点。但越是如此，也就越是需要探究，因为只有这种纵横交织的寻索，才有可能逐步接近事物的真相。李商隐对自己曾经有过阶段性的总结："时亨命屯，道泰身否。成名逾于一纪，旅宦过于十年。恩旧雕零，路歧凄怆。"（《上尚书范阳公启》）他感叹自己命运不济，成名已经超过十二年，宦游也超出十年，旧友相知凋零四散，前途却依然难测，不免凄怆彷徨。而他的主要诗章就产生在旅宦的歧路之上、凄怆之下。后代评价李商隐的诗作"于李杜后，能别开生路，自成一家者，唯李义山一人"。（清·吴乔《围炉诗话》）

我们注目李商隐命运之坎坷、事业之曲折，特别是诗文的特异奇绝，综合所有这些已成事实的客观存在，就要从他的出生、就学、经历，从无数事件中找出因果关系。我们会发现有时候似乎圆通起来了，有时候又那样文不对题。好像他的一切遭遇都在帮助他，同时又在损伤他，总是得失并存。关于命运的逻辑分析，最后常常是一笔糊涂账，无论我们愿意还是不愿意，都得承认它最终难解。

我们唯一能够达成共识者，即他最终成为一个特异的生命；也正因为这特异，所以才有了这样的人生遭逢。这二者之间互为因果，也算对等。总的来说，他与任何一个极大地平均化、概念化的社会模型，都是格格不入的，相互难以匹配。那种"平均化"与"概念化"，是指一个时期人与社会的综合结果，是一种通常面貌，如认识能力、道德标准、情感类型、表达方式等一切，并非某一个方向或方面。而李商隐是人类文明进程中走得极远极深的那一小部分，对这一小部分而言，整个社会群体还不是这样，他与他们之间的距离太大。"某始在弱龄，志惟绝俗，每北窗风至，东皋暮归。彭泽无弦，不从繁手；汉阴抱瓮，宁取机心。岩桂长寒，岭云镇在。誓将适此，实欲终焉。"（《上李尚书状》）如此流露多么准确，实际情形也真的如此。我们会发现诗人从小向往陶渊明的节操风骨，倾慕汉阴丈人的淳朴厚道，以媚俗和机心为耻。尚在"弱龄"便心志绝俗，一生注定会是绝俗之路。我们可以笼统一点说，李商隐太文明，而社会太野蛮；李商隐太精致，而社会太简陋；李商隐太个性，而社会太笼统；李商隐太多情，而社会太淡漠；李商隐太细腻，而社会太粗疏。如此对比下去，还会有很多差异，可以排成一个长列。

一个人向往文明并接受长期的后天教育，从很早就开始寻找一些人生的大榜样，结果却是一言难尽的。社会现实与这些积累下来的文明规则，有相当一部分是抵触和对立的。但即便如此，理性和理想主义者并不会因此而放弃自己的追求和坚持，于是悲剧就会或早或晚地发生。这其中有很大一批所谓聪明人，或从一开始就将文明的培育当成了工具和手段，只装入个人的工具箱中备用，而绝不受其制约和影响。说到底这也是由一个人的先天生命的性质不同而决定，说到底生命的诗性、纯粹性，并不是学得的，因为学习仅仅是起到巩固和诱发的作用。

读李商隐之诗，特别是那些无题诗，我们会发现，这是一个何等唯美和深情之人，何等缠绵和内向之人。与这样一个人日常交往起来，或者感到特别多趣味和多魅力，或者有些难以沟通。作为一般的生命，会与之多少产生一些隔膜。这里并不存在谁对谁错的问题，而只是因为我们面对了一个太过优异、太过特别的生命类型。这个人太能爱了，太专注了，有时候也太敏感太细腻了，以至于让大家受不了。"天地之灾变尽解矣，人事之兴废尽究矣，皇王之道尽识矣，圣贤之文尽知矣，而又下及虫豸草木鬼神精魅，一物以上莫不开会，此其可以当博学宏辞者邪？恐犹未也。设他日或朝廷或持权衡大臣宰相，问一事，诘一物，小若毛甲，而时脱有尽不能知者，则号博学宏辞者当其罪矣。"（《与陶进士书》）在这里，诗人仿佛对一切人情物理了如指掌，洞幽烛微，但知与行却并非同一回事。有时候突破心障与性格，如同穿凿铜墙铁壁。对李商隐这样的奇异之才，他忍受不了，也做不到。唐朝受不了他，所以李商隐在唐朝不得志；今天也受不了他，所以他在今天遭误解。"唐至太和以后，阉人暴横，党祸蔓延，义山厄塞当涂，沉沦记室，其身危，则显言不可而曲言之；其思苦，则庄语不可而谩语之。计莫若瑶台璚宇，歌筵舞榭之间，言之者可无罪，而闻之者足以动。"（清·朱鹤龄《笺注李义山诗集序》）这里所言极是，道出了其因、其命、其诗文之奥秘。

有人会将成功者称许为"英雄"。但许多时候是不能那样论断人生价值的。世俗的成功与其他方面的成功，绝非一个标准。比如我们可以问：李商隐成功了还是失败了？这是一个千古妙人，他怎么会是失败者？可是从另一些方面看，他又真是倒霉透了。他与一般的光鲜人生有些"隔"，与追名逐利的官场"隔"，与许多物事都"隔"。

这就对了，他是一个独特无双的人，一时还难以与泛泛事物达成共识。

· 诗文之别

李商隐一生作了太多的四六文。他代人所作的骈体文很多，表、祝、状、启、碑、牒、书、序等，涉及一大批人物事记，其中祭文和表各有三十篇左右，状一百多篇，启五十多篇，牒铭四十多篇，序、箴、传、祝文、杂记、黄箓斋文等近百篇。他的骈文最终比起启蒙老师，即大恩人令狐楚还要技高一筹。古人对李商隐的骈文评价甚高，如清代袁枚在《胡稚威骈体文序》中说："今人不足取，于古人偶之者，玉溪生而止耳。"清代永瑢的《四库全书简明目录》说李商隐："骈偶之文，婉约雅饬，于唐人为别格。"国学大师汪辟疆先生曾指出："樊南四六乃为唐宋文体转变中一大关键。"范文澜在《中国通史简编》中甚至说："四六文如果作为一种不切实用，但形式美丽不妨当作艺术作品予以保存的话，李商隐的四六文是惟一值得保存的。"这些判断都不失大格。

唐代文章最有名的当是韩愈，也最有价值。但是要言及当时通行的公文应用，即骈体文，就不能不谈及令狐楚和李商隐。就文章的形势走向、就内容及文学表达力，骈体文正在遭到扬弃，古文运动正在开始，即将大放光彩。而我们知道"唐宋八大家"才是最后的赢家，即以韩愈、柳宗元、欧阳修、苏轼等为首的文章大家，在文学史上取得了更大的成功。不过话又说回来，在当时这条变易之路还稍稍漫长，就现实使用来说，就其功能运用而言，成熟于南北朝的骈体文仍然非常重要，当然不乏精彩华章。"日暮途远，人间何世？将军一去，大树飘零；壮士不还，寒风萧瑟。"（北朝·庾信《哀江南赋序》）"晓雾将歇，猿鸟乱鸣；夕日欲颓，沉鳞竞跃。"（南朝梁·陶弘景《答谢中书书》）"蝉则千转不穷，猿则百叫无绝。鸢飞戾天者，望峰息心；经纶世务者，窥谷忘反。"（南朝·吴均《与朱元思书》）"暮春三月，江南草长，杂花生树，群莺乱飞。"（南朝·丘迟《与陈伯之书》）"天高地迥，觉宇宙之无穷；兴尽悲来，识盈虚之有数。""关山难越，谁悲失路之人？萍水相逢，尽是他乡之客。"（唐·王勃《滕王阁序》）"班声动而北风起，剑气冲而南斗平。暗鸣则山岳崩颓，叱咤则风云变色。以此制敌，何敌不摧；以此图功，何功不克！"（唐·骆宾王《讨武曌檄》）这些佳句，这些文章，朗朗上口，铿锵有力，辞采茂盛。而且骈体文自诞生到成熟这个过程中，对于文学及思想的表达和发展，建有不灭之功。至于它后来走向了形式主义，变得愈加畸形，则是另一回事。

李商隐的文章不可轻忽，一是数量大，二是对其诗作大有影响。可以说，不通读李文，即难以深入领略其诗之妙，并对这些诗的源路缺少进一步的认识。再就是，他的文章又分为两种，一是奉命之公文与代拟文字，二是自抒胸臆的个人之文。后一种文与其诗当有相似的价值，都属于心灵与情感的自我表达。比如说他的一些哀诔篇、一些书启、一些私人通曲信函，都属于这类文字。"孤寇行静，万方率同。将荡海腾区，夷山拓宇。高待泥金之礼，雄专瘗玉之辞。烟阁传形，革车就国。尽人臣之极分，焕今古之高名。"（《为李贻孙上李相公启》）这篇代拟之作是替夔州刺史李贻孙写给宰相李德裕的进言，措辞恳切而且很有气势，可以说情文并茂，乃属美文。"去年远从桂海，来返玉京，无文通半顷之田，乏元亮数间之屋。隘佣蜗舍，危托燕巢。春畹将游，则蕙兰绝径；秋庭欲扫，则霜露沾衣。"（《上尚书范阳公启》）这属于私函，更为款曲相通，情挚言切，意境幽远。

他的多数文章就使用上看是外向的，而诗则是内向的。大部分文章为了生活和工作之需，而大部分诗则用以安抚自己的内心。一种客观性强，一种主观性强，二者不可混淆，也不可决然割断联系。它们在形式上的互助，比精神上的互援和联系更大，这也许是让人始料不及的。李商隐诗之回环曲折，声域与音节，更有辞章之华丽，通篇的均衡美，都让人想到了他最得手的骈体文。"密迩平阳接上兰，秦楼鸳瓦汉宫盘。池光不定花光乱，日气初涵露气干。但觉游蜂饶舞蝶，岂知孤凤忆离鸾。三星自转三山远，紫府程遥碧落宽。"（《当句有对》）"日射纱窗风撼扉，香罗拭手春事违。回廊四合掩寂寞，碧鹦鹉对红蔷薇。"（《日射》）"不辞鹈鴂妒年芳，但惜流尘暗烛房。昨夜西池凉露满，桂花吹断月中香。"（《昨夜》）"多羞钗上燕，真愧镜中鸾。归去横塘晓，华星送宝鞍。"（《无题四首·三》）等等。这些神采多少都会让人联想到那些精美华丽的骈体文。他的许多优秀诗章的自娱性很强，这在很多时候只是倾诉和自遣，而并非有人认为的那样，是用于实事实记。如果它们强化的是记事功能，那就不会如此晶莹曼妙。诗心回响，我们倾听即可。总之作为读者，要跳脱一点看诗文，不能俯就字词而论，不能过分地解读。比如有一些诗中的牢骚，还有所谓的社会性、反抗性，也往往在后人的解读中被夸大了。这些不平之作大多是说过即过，是自语，既反映了诗人的内心，也是正常之见，在独见和特别之处，诸多方面并未超越同时期的诗人。他的诗的真正价值、不可替代之价值，仍然是以无题诗为代表的那些朦胧精妙之章。

他的那些记叙事件、抗辩与谴责的诗章，比如对时政的议论，对"甘露之变"的恐与愤，对边塞安定之虑，对藩镇割据之忧，这一切的反应和表述，在同时代的其他诗人比如韩愈、白居易、杜牧等人那里，也都有过；在深度与见解方面，也多有相似，作为个人的独特性虽有，但还不足以让人为之一震。而诡异之处在于，恰是李商隐的这类诗作在文学史中、在后人的评说中，占据了很大的篇幅，叹赏有加，阐发意义，不倦不休。这些所谓"现实主义"的组成部分，在审美过程中被人为地强化了某种功能，而不属于综合赏悟和概括评析，也就出现了偏颇。这一部分诗作与他的文章更为相近。而他的那些无题诗，那些困扰、同时也激越了无数人的朦胧诗，即另一些组成部分，却使他更开阔更复杂。

记事和抒愤增加了李商隐诗文的宽度和体量，却难以成为他独一无二的标志。这是我们总揽他的诗与文的时候，需要特别强调和认知的一个方面。

· 哀诔篇

因为李商隐一辈子大多在幕府中做文秘工作，写了大量公文，所以留下的少数个人之文显得更加重要。这类文章不多，大约有为别人文集写下的序文、一些信件等。其中尤其需要引起我们注意的，是他的哀诔文。它们篇目不少，如祭令狐楚、王茂元、两个姊姊、一个侄女等。这些文章读来字字真切，感人至深。比起他一生的代笔发挥，这些文字才算倾注了自己的生命情感，从色泽到内质，都那样不同。哀到深处，爱到深处，也痛到深处。或有血缘关系，或有终生不忘之恩遇，或有特别之情谊，总之落笔之下，诗人将整个身心都投入其中。"魏晋哀章，尤尊潘令；晚唐莫酹，最重樊南。潘情深而文之绮密尤工，李文丽而情之恻怆自见。"（清·孙梅《四六丛话》）这是不易之论。

"愚调京下，公病梁山。绝崖飞梁，山行一千。""公此去耶？禁不时归。凤栖原上，新旧袞衣。有泉者路，有夜者台。昔之去者，宜其在哉！"（《奠相国令狐公文》）"呜呼哀哉！人之生也变而往耶？人之逝也变而来耶？""七十之年，人谁不及，三公之位，人谁不登，何数月之间，不及从心之岁。""昔公爱女，今愚病妻。内动肺肝，外挥血泪。得仲尼三尺之喙，论意无穷；尽文通五色之毫，书情莫既。呜呼哀哉！公其鉴之。"（《重祭外舅司徒公文》）"呜呼，荥水之上，坛山之侧，汝乃曾乃祖，松槚森行；伯姑仲姑，冢坟相接。汝来往于此，勿怖勿惊。华彩衣裳，甘香饮食。汝来受此，无少无多。汝伯祭汝，汝父哭汝。哀哀寄寄，汝知之耶！"（《祭小侄女寄寄文》）这些文字不仅哀深情切，而且还有他人难以抵达的幽思与漫想，牵情远行，携义而往，最终抵达了至高至深处，难以超越。

看人用情深浅，要在特别的节点上。李商隐的《奠相国令狐公文》《祭外舅司徒公文》《重祭外舅司徒公文》《祭裴氏姊文》《祭徐氏姊文》《祭小侄女寄寄文》等，这些名篇即源路深远。借此他深吐生命深藏之悲伤，抒非同常人之情怀，并在其中谈及一些事情关节，历历在目，痛彻心扉。他在许多时候心情坏透了，面对逝去之人才能说的一些话，生前没机会说的话，这时候如大河决口，滔滔而出。许多悔疚和痛惜、苍凉，都汩汩涌流。这样的文字得意者写不出，无情者写不出，虚衍者更写不出。这也不是诗人在平常之时能够吐露的，汇成了一个时代的大恸大悲，所以才有这些心灵的感慨。

这都是一些极端之文，同类少有超出。"呜呼！昔梦飞尘，从公车轮，今梦山阿，送公哀歌。古有从死，今无奈何！"这是奠大恩师令狐楚的。此刻，一生过往从头涌过，哀上心头，悲上心头，更有深深的忧虑："送公而归，一世蒿蓬。"诗人有这样的预感：恩师逝去，从此自己在这个冷酷的世界上、在这个特别曲折危险的仕途上，就再也没有人如此有力地提携我帮助我了，我即可能一生沦为蒿蓬之人。从某种意义上看，此话可谓不幸言中：李商隐在官场上真的一生跌跌撞撞，未曾得志。

这篇奠令狐楚之文，可以用来反衬他与其子令狐绹一生复杂难言的特异关系，就此又令人心生无尽感慨。人性之隐晦，之难测，之无言，这里真是一个绝好的案例。有人认为如果将令狐绹与李商隐之关系梳理清楚，一切也就好办了，那些无题诗也大都有了至解。因为长期以来关于这些诗作到底是言情还是事关政治人事，多有纷争，争执不下。所以李商隐与令狐绹关系之细部，也就变得非常重要，引人注目，讨论颇多。这种说法虽有夸张，但也真的不失为一个路径。我们爱惜诗人，于是有许多想象就宁愿站在他这一边。但我们又不是那场梦中人，所以说话的资格到底有多少，还真是一个问号。总的可以说，他们的关系是一个悲剧，而这悲剧，又极大地强化了李商隐之诗的悲剧美，尽管诗人付出的代价实在是太大了。

诗人之哀诔，时代之哀诔，命运之哀诔。这些文字之所以非比寻常，就在于它们是从生命之要害、个人之要害、时代之要害萌发而出，其音调起伏恰好是对诗人自己一种最好的诠释：更多时候并非柔婉多情，而是垂泪哀伤。

这种悲剧美在他的哀诔文字中达到了极致，也许更多的是在写诗人自己、投向诗人自己，这也许是在不自觉中发生的。

·外有何物

李商隐青年与少年时代学过道，接受过一些驳杂的出世学问。他的一生当然受儒家思想影响最深，这是自不待言的。但是以他来对比同时代的韩愈、杜牧等人，就会发现，他与他们之间的差别还是很大的。韩愈和杜牧基本上可以说一生都是坚定的儒生，并非因为入仕之需才有志于儒学；而李商隐却对儒学时有质疑。他的这些想法是真实的，所以毋庸讳言，这对他后来的处世原则也多少构成了影响。

在他早年的《容州经略使元结文集后序》中，有过这样的话："孔氏于道德仁义外有何物？"真是令人一震之问。在他看来，仅有"道德仁义"是远远不够的，还要有许多"其他"。这看起来似乎并无大错，但这里的问题是，人世间会有多少物事游离于这四字之外？又有多少物事会与这四字对立？它们之间究竟是什么关系？这在当年李商隐那里肯定经过了许多思考。如果一个人，特别是一个儒生，在当时要独立于儒学的基本原则来处世，那么他的价值观也就发生了根本的逆转。

这绝对不是什么小事情。

这一问流露的东西何其多，可能出乎我们的预料。许多评说李商隐的诗论者都多少忽略了诗人发出的这一问，将造成巨大疏失。我们会在李商隐的一生中，找到许多与他早年这一质疑的有关之点，甚至找到一点因果关系。

在另一篇文章《上崔华州书》中，他还写道："夫所谓道，岂古所谓周公、孔子者独能也？盖愚与周、孔俱身之耳。以是有行道不系今古，直挥笔为文，不爱攘取经史，讳忌时世。百经万书，异品殊流，又岂能意分出其下哉！"又说："凡为进士者五年。始为故贾相国所憎，明年病不试，又明年复为今崔宣州所不取。"由此可见，李商隐在当时既是自由的思想解放者，又是一个相当勇敢的质疑儒家基本原则的人。出人意料的是，他在述说"甘露之变"时，对死于残忍的宦官之手的宰相发出了指斥。这对上述对象，还有所言事理诸方面，都多少有些惊人。当然历史之细节、时局之危急，个中情形也十分复杂。

李商隐不屑于恪守，与韩愈、杜牧等形成了鲜明对比。他可能不明白，就一位儒士而言，"道德仁义"这四字之外真的没有"何物"了。我们还可以从李商隐在牛李两党之间的游移中、从他离开待自己如师如父的令狐楚转向李党之举，看出一些犹豫和矛盾所在。"我爱吾师，我更爱真理"（亚里士多德），现代人也许会这样说；但"真理"并不总是在自己需要的时候才产生，而是贯彻在许多方面、许多时刻的。

就他那篇提出质疑之序文看，其中固有道理；但这篇序文给人印象最深的，还是一场辞章大放送，就此重大质疑，似乎还需要更多的"正义"与"原则"的论述和讨论，不然就有强词夺理之嫌。他的性情是阴郁内向的，这常常令人同情复又哀伤。我们虽然不能要求他像韩愈等人那样一生恪守，愈战愈勇，因为他们毕竟人与文的风格都大为不同；但我们仍然觉得李商隐将儒家学说的一些根本性原则，与另一些人生智慧作对立观，是不够周密，也不够得当的。

我们对于反映诗人价值观、人生态度与立场的这些重要言论，之所以如此看重，是因为他两脚踏入的，是以儒家思想为道德伦理及行为操守、实现治世理想的士人之途，即便那些虚与委蛇的伪君子，尚不可以公开与之产生忤逆和对立。如果直言，这既是一种磊落和勇气，但又反映出根深蒂固的矛盾立场和另一种人生态度。他离开的是社会所遵循的普遍标准与原则，尽管持有更为复杂的理由；但要跟整个风尚逆行对立的话，他将付出沉重的代价。当年的社会和官场即便是遵循一些表面化的恒常之理，一旦打破，个人之口是无以辩驳的。这也正是以令狐绹为首的那些牛党人物、一些固守正统观念者诟病诗人的依据。这些依据通俗可解，远不像诗人自己所辩白的时候那么细微和隐晦。这种通俗的责难，通常会变为一把刺向诗人的利刃。

李商隐当年"外有何物"的一句质疑，大致也就可以明了："外有"无数的艰难险阻，那是重重相叠的艰难人生的隘口，需要他付出诸多血泪才能冲破通过。其青少年时期所接受的那些驳杂的思想，比如老庄应物、魏晋玄学，即主观俯就客观事物而应对变化的那些理论，既是高人智慧，又是人生志向的消解之物。晚年他又"始克意事佛，方愿打钟扫地，为清凉山行者"。(《樊南乙集序》)这些人生的大智大慧，道理转换活泼，通行四方，如水之善，随形而变，可通融可

改造，别致有理，无懈可击；但这些通达的生存智慧却为韩愈、苏
东坡等人终生排拒，他们超脱于诡辩。韩愈一生作为一个坚定的儒者，
正气凛然，一生坚拒佛道。东坡弥留之际，径山寺长老维琳附在他
耳旁大声说："端明宜勿忘西方。""端明"，端明殿大学士，指东坡。
东坡轻轻回应："西方不无，但个里着力不得。"这时旁边又有人大喊：
"固先生平时履践至此，更须着力！"东坡再次回应说："着力即差！"
（宋·周辉《清波杂志》）可见东坡至死都是大儒风范，即"夭寿不贰，
修身以俟之，所以立命也"。（《孟子·尽心上》）在这一点上，他们
和李商隐是何等不同。尤其是韩愈一生所保持的那种锐利的进击性
和不妥协性，为世代所钦佩和崇敬。也许他就此失去了一些玄妙委
婉之情，始终作为一个刚直不阿的硬汉形象留下来，其诗文也带有
这样一种性格和锋芒。对比之下，李商隐的得与失、长与短，命运
的必然性，就多少显露出来。

借用现在时兴的一句流行语："没有对比就没有伤害"。我们从韩、
李二人的对应中发现了什么？看到了什么？就儒学与族群进步之间
的关系，古今来讨论无数，特别是新文化运动以来，讨论不仅是愈
加深入，而且通向了现代主义的深处和高处。在这个时候，如果不
能将"正儒"和"伪儒"加以区别，不能发掘古老儒学中的现代因素，
不能发现在几千年前诸种思想学说中，它是最能接近现代的一种思
维方式，可能也是一种偏颇。

万事万物皆有局限，其局限到底在哪里？恪守的意义又到底在
哪里？它与现代性衔接的边缘又在哪里？这一切都需要从长思之，
不可偏移和简化。就此而言，我们仍然还可以像诗人李商隐那样发
出一句质问："外有何物？"

· 无题的轻与重

李商隐的情爱诗，特别是那些著名的无题诗，历来评论最多也最受注目。"尝读义山'无题'诗，爱其音调清婉，虽极其秾丽，然皆托于臣不忘君之意，而深惜乎才之不遇也。"（明·杨基《无题和唐李义山商隐》）与此看法接近的古代学者还有吴乔、冯浩、纪昀等，认为商隐的无题诗中绝大部分是寓意于令狐绹。今天看对它们的过度诠释，会有不可承受之重；而仅做游戏闲笔来看，又似有不可接受之轻。它们其中一部分属于自语和自娱，并无过于具体的指向和思想玄机，尤其不可以做出有关人事细节的对号入座，那样就会失之毫厘差之千里。将它们置于纯粹艺术的"中立自然状态"，超脱于具体的人与事，倒有可能更加有助于我们的审美。这就像欣赏一部纯粹的交响乐，大可不必也不需要将其具体旋律指认为风与水、山与海、松涛与雷鸣、潺潺溪流或人之哭泣欢笑。它触动我们的直觉，产生通感、共鸣和联想，唤起我们固有的审美力，也就足够了。它的审美实现随着具体接受者的不同而发生变化。

清代冯浩在《玉溪生诗集笺注》中说，商隐之无题诗"实有寄托者多，直作艳情者少"，这里仍然赋予无题诗过于沉重的任务。他言及"令人迷乱，夹杂不分"，却将重点放在了"实有寄托"上。这个寄托说得直白一些，就是其强烈的社会性、人事性，再具体一点就是指令狐绹，当时的宰相、权势者，即时势的代表、朝廷的代表。那么如此一来有些诗便有了具体对象，是达于上者，作求仕之用，而不仅是个人私下心绪的倾吐。它的工具性和使用性突然变得严重起来。如果我们否定了这些无题诗的求仕之用，即它在仕途上的工具性，而更多与其情事暗喻联系起来又将如何？是不是会稍好一点儿？稍稍贴近了审美？答案同样是不一定，因为这方面的过度诠释更其离谱。有些所谓学术人士，居然从中考证出那么多荒唐离奇、褊狭诡诞甚至是庸俗下流的两性情节。什么偷窥宫女嫔妃，什么暗恋女道士，什么情场争夺失恋与怨恨，而且在在有名，源路清晰。它不仅给人荒谬感，而且趣味低下。无题诗加上了这样的负重，也就更加不堪承受。

实际上这样的拆解都是有悖于诗学和写作学的。它们抽离了艺术的本质属性，将诗歌错误地当成了史实记录。尽管一部分古典诗章的确具有这个功能，它们甚至可以看成诗人日记，无论是李白、杜甫还是苏东坡、陆游等大诗人，都写有许多这样的文字，但其中的边界和特征还是非常清晰的。行笔不同，韵致不同，作用和赏读的方法自然也就不同。可能有人会说，即便是诗日记也有不同，因为诗人不同而多有变异，那么李商隐的诗日记为什么不可以朦胧多解，扑朔迷离？这样说似乎有理，但既然朦胧如此、迷离如此，为什么又要做极其具体的指认？这时候割伤的危险不是更大？不可确指而非要强力为之，这势必就是一场歪曲和损毁，等于把一件晶莹剔透的艺术品摔在地上，碎为八瓣，化为屑末以验其材质。这对于艺术审美当然是极大的痛苦，是不仁不义不伦不法之举。

事实上文学表达的制约边界，远比音乐要清晰得多。尽管如此，它的诗性核心，作为诗本身这种文学形式，是更加靠拢到音乐的方向。在文学的诸种体裁中，诗是极为特别的，极致化、纵深化、模糊化，是这一艺术形式的一个基本特征。言外之意，味外之旨，象外之象，朦胧多解，当是一种常态。正如南宋诗论家严羽所讲："诗者，吟咏情性也。盛唐诸人惟在兴趣，羚羊挂角，无迹可求。故其妙处，透彻玲珑，不可凑泊，如空中之音，相中之色，水中之月，镜中之象，言有尽而意无穷。"（《沧浪诗话》）所以也正因为如此，诗与文，它们的使用性、它们的功效，往往有了很大的区别。文学作为公器，常常表现为文；而作为私用，常常表现为诗。

在古代诗人那里，诗与文相比，往往更为重文。所以李商隐生前自己动手编过文集，却没有编过诗集。其他一些诗人往往也是同样。比如王维的诗集是他死后由弟弟王缙收集编订，因为唐代宗喜欢这些诗作。韩愈一向不重视自己的诗："多情怀酒伴，余事作诗人。"（《和席八十二韵》）苏东坡也不重视自己的诗，经常酒后随意涂抹，然后不知所终，倒是对自己的《书传》《论语说》《易传》这三大著述极为重视，认为完成此事此生便不曾虚度："某凡百如昨，但抚视《易》《书》《论语》三书，即觉此生不虚过。如来书谕，其他何足道。"（《答苏伯固》）但后来又有多少人会注目他这"三大著述"？

文用以阐述思想主张、政治立场，在儒家士人看来极其重要；而诗大半是自娱自遣，或作为朋友间的沟通交流、相互欣赏之物。李商隐因为有更多委屈和心事，所以他的许多诗章并未出示，而是留给了自己。他的两性情感方面属于隐私，有些同僚之间存在的幽怨，也不足以与外人道。为什么有些诗写得如此隐晦？就因为是写给自己的，更因为诗中所表达的一切情愫，本来就难以说清，难以直言。"玉山高与阆风齐，玉水清流不贮泥。何处更求回日驭？此中兼有上天梯。"（《玉山》）"从来系日乏长绳，水去云回恨不胜。欲就麻姑买沧海，一杯春露冷如冰。"（《谒山》）"凤尾香罗薄几重，碧文圆顶夜深缝。

扇裁月魄羞难掩，车走雷声语未通。"（《无题二首·一》）"六曲连环接翠帷，高楼半夜酒醒时。掩灯遮雾密如此，雨落月明俱不知。"（《屏风》）诗人的这些词句在告诉我们什么？是不是可以诠释暗藏其中的玄机？这些诗章为我们的审美指出了一个路径，其实这样的路径不独存于李商隐的无题诗，而是存在于所有的杰作中。找到"上天梯"，无题方得解，不然也就只有"语未通"和"俱不知"了。

杜牧生前曾烧掉自己三分之二的诗文，其原因就在于这些文字既然是写给自己的，那么当自己要离开这个世界时，它们的任务也就完成了。李商隐的文字有多少失去、多少存留、多少是他不愿留下的，我们也无从知晓。

面对诗章，研究者必要认真，这是从事一切学术之正常心态。但是这种认真需要遵循审美规律和常识。体会生命的艺术，体会诗人如何通过艺术本身，帮助自己度过了至难人生，这才是最重要的。这是我们面临的真正任务，是我们大可放松并由此而获得巨大艺术犒赏之途，而绝对不是强加给它们一些不可承受之重。

· 阴郁和生长

一个人能够在社会事务上圆通周到，拥有很强的行动力，当然是极为重要的品质。但这样的人不一定拥有强大开阔的内心世界。因为想象与行动并不是同一种力。一个人长时间生活于个人的精神世界中，就像长期居于幽室，对于客观的、外部的光线也许是非常敏感的。他从幽暗之处移向旷敞之地，需要一个很长的适应期。一时目炫迷离，泪水长流，双手掩面，或许是正常的。

就此来看，诗人一般是属于"阴性"的生命，诗意的青苗需要在阴湿之地萌发，而过分裸露和曝晒于阳光之下，只会枯萎。它只需要适量的散射光，只接受必要的光能。其主要能量来源和摄入，虽然也需要所谓的光合作用，更多汲取却要来自脚下土壤的养分和雨露的滋润。

从诗章来看，李商隐于很多时间依靠想象来满足自己。他诗中的奇思异想有一种远非客观或普遍的性质。这其实正是诗之本质与核心，也是诗的感知和表达方法。他需要这种释放，因为内心蓄满了张力，充满刺激和不够顺遂的生活，使他具有了这种张力。他的表达有时候是偶然的，是灵光一现。失去了这一瞬，也就失去了一切。那么我们在领受和感悟的时候，必须抓住这一瞬，进入这一瞬；我们的心灵与那一瞬间的噗噗脉动吻合，形成共振和鸣，才会产生豁然洞开的艺术赏悟。"口号是口号，诗是诗，如果用进去还是好诗，用亦可，倘是坏诗，即和用不用都无关。"（鲁迅《致蔡斐君》）"我以为一切好诗，到唐已被做完，此后倘非能翻出如来手心之'齐天太圣'，大可不必动手，然而言行不能一致，有时也诌几句，自省殊亦可笑。玉溪生清词丽句,何敢比肩,而用典太多,则为我所不满。"（鲁迅《致杨霁云》）在这里，先生之言何等直接而明了，既易懂，又会获得多数人的同意和理解。

我们读古诗与现代自由诗，习惯上是大为不同的。我们在现代诗的赏读中不会过于挑剔它的晦涩，反而认为这是诗性本有的元素。而对于古诗，却要求明朗清晰，对于它的叙事性、说理性，都有一定的期待，并认为这是自然而然的事情，好像自己的这些要求一点都不过分。其实这样的认知，与诗的赏读并不对榫。无论是古诗还是现代诗，它们毕竟不同于散文，尤其不同于说理文和叙事文，而常常是一种微妙的情感或情绪、或意象、或色泽气息。这一切在很多时候只能依靠感悟力，不可能直接表达，说得一清二楚。真要那样，就将消除了诗的存在价值。就此而言，诗的朦胧与晦涩没有什么对不对，而是一种必然。这只是它应有的一种本分。

古诗比起现代自由诗的品质，总的来说，有许多部分离诗的本质还是远了一些。我们会不断地说到古诗的伟大，的确如此；但这伟大是从总体而言，更是从它们当中的代表性作品和代表性作家来说的。这些伟大的作品和诗人，一定是以诗本身的特质、以诗的独有品质来征服我们的。仅仅将诗当成呼吁书和大字报或战斗檄文，也会有一种异常的品格之美，但这毕竟还不是诗的常态。像明代著名诗人、"后七子"的领袖李攀龙，他才高气锐，性情狂放，其盟主地位在明代文坛上存在了二十多年，一直影响到清初。他喜欢疏阔与洪亮的诗作，清代沈德潜在《明诗别裁集》中说："沧溟（李攀龙之号）诗有虚响，有沉着。"但后来也有评价认为："凡声有余，意不逮，或意虽足，气不沉，光太露者，皆谓之虚响。"（清·施补华《岘佣说诗》）可见一个侧面、一种品格，尚不是全部，而且它们赖以存在的价值，也因为通向了诗之某种极致的品质才得以成立。

李商隐的诗就其朦胧和多解而言，可以说为古代诗歌的品质美、为它的总体价值，做出了最大的贡献。这里不可讳言的是，有一些广受赞誉的古代名诗，也许并不是什么真正的杰作，因为它们一旦离开了那些"韵"与"律"，同样可以用其他文字表达，甚至可以更强烈更清楚地表达出来。诗并非是韵律所能完成和概括的，这甚至不是它的主要标志。韵律并不难为，诗意浓烈却是至难。区别诗与非诗者，最终还不是韵律所决定。韵律只能相助，而不能定义。李商隐写出的大量美章，比如《锦瑟》这类，能够用其他文字或文学形式表达吗？显然不能。

当然，诗意以及表达，其美学品格是多种多样的。这是极为复杂的、多元并置的审美问题，还不能简单化，尤其不能定于一尊。不过我们还是要说：诗仍然是诗，而不是其他。如果我们稍稍靠近这种认识，那么就大大有助于我们对于李商隐的代表作，尤其是那些无题诗的理解。而关于它们的理解，就涉及我们所坚持的美学原则，尤其是对于韵律越来越严苛，并形成极大束缚的中国古典诗歌的审美来说，这个路径就尤其重要。它也许形成了对于中国白话文运动以来的现代自由诗成长原理的认识，会为汉诗的现代化找到一些基础性的依据。它们是根柢，是源发。任何一个族群的艺术都需要这种原初和源路。纯粹是异域诗的嫁接，不可能有自然的茂长，更无法长成伟岸的巨树、形成阔大的丛林。

就此来说，李商隐的杰作具有何等重要的意义。它让我们面对现代自由诗产生的土壤、来路及源头的时候，会切换为另一种目光打量。现代诗在何种环境和空间里生长、如何生长，会令我们深长思之。

我们既要有多元包容、广泛吸纳的胸襟，同时又要恪守本质，追寻源路，具有一种执拗、顽韧的探寻性格。二者皆备，才可以让我们更好地拥有李商隐。

2020 年 9 月 22 日至 10 月 6 日初订

2021 年 2 月 7 日至 3 月 16 日再订

整理后记

《唐代五诗人》是张炜先生第六部中国古典诗论,同为授课订稿。先生原本打算完成《斑斓志》后暂停讲授古代诗论,但听者兴犹未尽,意绪难平,于是即择取唐代王维、韩愈、白居易、杜牧和李商隐五位重要诗人。因为疫情不便集中面授,有的课程做了提前录制。

　　全书自然分成了五个单元,于历史、人性、哲学、诗学、美学、文学史和写作学的角度,判析五位诗人,打通古今,完成了现代时空下的一次深入综合的观照。这种诠释和研究具有开拓意义。像以往授课一样,先生思维缜密,充满独见,有强大的说服力,使人每每有醍醐灌顶之快。这种朴素诚恳、回到常识和创作实境的治学方法,与掌握和处理繁富材料的能力结合一体,更具创造性和洞悉力,故不唯不囿于成说,而是愈加直面文本。

　　在《王维二十五讲》中,先生着眼于大文学史观,提出了"大尺度"和"小尺度"的诗学命题,对已有的文学史论构成一定反拨。"王维在官场中的机会,与其艺术上的机会,说到底是一体的。淡漠,取消自己,平静无为,反而有了另一种进取的可能。""'禅'不是一种状态,而是一个过程,是追求自我、自由的全部努力,包括最后抵达的一个'总和'。如果仅仅将'禅'看成一种逃避、安静、平淡,是片面而简单的。我们由此可以追问诗人，只择取了整个过程的前半段，只停留于某种形式之中，而没有继续向前，最后并没有抵达那种大自由，反而把它变成了另一种束缚；正是这种束缚，让他完全舍弃了反抗和追究的欲望，走向一种稍稍廉价的消极。"(《省略的方法》)

书中的每一位诗人都得到了复活，他们生气勃勃地走到读者面前。古代诗人成为一个个真实丰赡的个体，而不是被抽取和放大某种局部的扁平人物。《韩愈二十三讲》是对生命奇迹的赞叹，简直可以视为一篇激情四射的美章，是古今两条激越奔腾的生命大河的合流，是上承千载的知识人的精神接力。"许多时候韩愈的确像个逞强好胜难以成熟的人，从青年到晚年，仿佛一直如此。他的痛与喊，因单纯而动人，因清新直爽而更具审美价值。他的率性使他变成一个生命的风火轮，一路燃烧疾驰而去，留下了一道道烧灼的痕迹。"该篇揭去了贴在韩愈身上的诸多传统标签，还原其清新生动的面目。先生与韩愈可谓文心相通，声气相投，理路同源，心灵互映。在先生眼中，韩愈是一位凌厉、率真、峻急、火热的书生，是"一个毫无城府的阳光大男孩"，"他的多趣与可爱自己并不知道，而苏东坡多少是知道一点的"。(《痛与喊》)

先生对韩愈的激赏，随处透出灵犀相通的会意与快感："人性决定诗性，韩愈的急切、痛快和好辩，使他在对待一切事物，无论是情与景，人与事，都一概全力以赴，兴致勃发。他在阐述事物的过程中一直'加速度'，有一种决战的姿态。""为了完成这种超常的表达，他必要寻找抵达极境的一些词语，于是也就有了新奇的造句方式，无论是比喻还是描述，都要浓烈深切，绝不会浅浅划过。"(《酣畅

淋漓》)

先生这样谈及白居易的《琵琶行》："有人甚至认为诗人由此诗而'掌握了现实主义的创作手法',所以更具意义和价值。听上去这种'手法'多么高明和玄妙,以至于需要一位如此杰出的天才诗人,于四十五岁之期、经过漫长复杂的人生与艺术磨砺之后,才能掌握。掌握类似手法的古代诗人,据说还有杜甫等人。总之在这些人眼里,只要是足够杰出者,无论中外古今,一律都需要掌握这种'手法'。"(《江上琵琶》)谈到诗人的"知足保和"观,先生说:"我们常说的一些养生之道是有代价的,这与文章之道虽然不尽冲突,但冲突仍是存在的。超然忘我的养生方式,或可引起文气的衰颓。许多时候这种超脱和纯然,也会诱发某种空寂单纯之美,但仍旧不出大文章。"(《养生与文颓》)可谓剥茧抽丝,层层剖析,直达人性的幽深。

如果说先生对韩愈是敬惜与深爱,对王维和白居易是清澈的辨析与洞察,对晚唐"小李杜"则是喜赏与推重。他将杜牧"定格于青俊",大赞李商隐的"锦瑟华丽",在推崇他们二人诗歌艺术的同时,又论及社会与人性的盲角、内心的脆弱与矛盾。他敏锐地捕捉到杜牧作为宰相之孙,诗章之外的那些纵论天下大势、社稷民生的文字,有一种"自家人说话的急切和直接":"这些都让我们联想到他的出身,想到血脉的力量,他的自我认同和归属感是明显的,自青年时代就处于一种'无位而谋'的状态。"(《万卷书满堂》)先生的幽思常常能进入罕至之地,在《才子与盲弟》中说:"仿佛上苍要故意折煞这位雄心傲气的旷世才俊,不仅为他设计了无比坎坷、充满委屈的仕途,而且还让一个同样才华四溢的弟弟年轻致盲,让其伴其左右,作为牵引。这样就可使他的脚步愈发放缓,心气愈加放低,小心呵护,不再分离。"

先生对李商隐的无题诗喜爱到无以复加，并反对以"伤感"来论："这里唯有'伤感'二字或可商榷，它距离诗人似乎有些遥远，是一种非常外在的，甚至是边缘的淡淡色泽，核心部分实在是沉郁、悲痛和绝望。""这些辞章由于别具一格的果断、痛哀、敏捷和锐利，从而免除了同类诗章的感伤与呻吟。我们耳熟能详的那些呻吟之声，在李商隐这里殊为少见。"（《激愤与伤感》）在《生为幕府人》中，先生十分精辟独到地分析了诗人的性格："他是一个情急做事之人，而不是一个隐忍等待之人。好像仕途之上一些必要的恪守与规律，在他来说还难以依从，这与唐代那些著名人物在同类职务上终得度过，然后迎来转机的情况大不一样。或许是诗人的幕府生涯过于顺畅，两相对比之下，使他更加不能忍受。结果就是一次又一次离朝，一次又一次入幕。"在《外有何物》中，先生提出一个为历代研究者所忽略和轻视的问题，即李商隐年轻时曾发出的那句质疑："孔氏于道德仁义外有何物？"认为"李商隐的得与失、长与短，命运的必然性，就多少显露出来"，并指出："就儒学与族群进步之间的关系，古今来讨论无数，特别是新文化运动以来，讨论不仅是愈加深入，而且通向了现代主义的深处和高处。在这个时候，如果不能将'正儒'和'伪儒'加以区别，不能发掘古老儒学中的现代因素，不能发现在几千年前诸种思想学说中，它是最能接近现代的一种思维方式，可能也是一种偏颇。"

从《读〈诗经〉》《〈楚辞〉笔记》《陶渊明的遗产》《也说李白与杜甫》《斑斓志》，到《唐代五诗人》，先生完成了个人的古典诗学体系，打开了一片绚烂的风景。正如前辈学者顾农教授评论《陶渊明的遗产》

所言:"张炜先生此书高见甚多,胜义如云。""好就好在书中多有'通古今之变'的见道之言。"确为至论。真正的诗学应该是一种生命的对接,而不单是字面的诠释。先生重视挖掘个体生命的复杂品质,让每个论题直取本源。比如历史上东西方文化复古与现代性的关系、民间文学与通俗文学的区别、生命力与审美风格、狭义诗与广义诗、诗意与诗的界限、浪漫主义与现实主义等等,这些甄别与界说皆有创见,可谓锐思灼见,对当下文学批评、写作学与美学理论,都具有非凡的意义。

2021 年 3 月 7 日　濂旭

附

记

唐代是诗的时代，出现了灿烂的"唐诗"。我心仪的大诗人除了李白和杜甫，按时期历数下来还有王维、韩愈、白居易、杜牧、李商隐等。以前讲过了李白和杜甫，心里一直放不下的还有其他，特别是这五位。因时间和精力所限，虽有浓烈兴趣，还是不想接续下去。今应听者要求，就将五位诗人集中一起来讲。

　　就篇幅看，每位诗人不过是五万多字，可毕竟要深入五个不同的精神与艺术世界，需要做巨量的功课。除了以前的阅读和了解，单是为这次讲授所做的具体准备，就耗去了大量时间。他们留下的和关于他们的文字实在太多，真可以用"汗牛充栋"这个词了。

　　由于疫情的原因，有些课不能在现场进行，只好事先录制。这里要感谢陈沛、张华亭、陈永、宿礼华四位先生，他们不辞辛苦地将录音稿整理为电子稿，这才有了进一步订正的基础。特别需要感谢的是古典文学专家李士彪教授和濂旭先生。李教授以其严谨的治学态度，多次通读审阅成稿，纠正了大量错谬，使之避免许多硬伤；濂旭先生则一如从前，在初审初订的基础上，悉心增补缺失的诗句和引文，并在成书时提出了重要意见，使全书在体例和结构方面得以改善。

　　没有如上诸位先生的贡献，即没有此书的现在面貌。

　　期待读者朋友的指正。

　　　　　　　　　　　　　　　　张炜　2021 年 3 月 17 日